鸟瞰金沙

长江流域地域文化及主要考古遗址分布图

《巴蜀史志》编辑部 考拉看看／整理
黄剑华、舒大刚／审
云何视觉制图

吴越文化
（江苏、安徽、上海、浙江）
渚玉琮
图片来源：浙江省博物馆官网）

鸿山遗址
崧泽遗址
马家浜遗址
良渚遗址
河姆渡遗址

（江西）
青铜钟
江西省博物馆官网）

文化及
分布图

制图

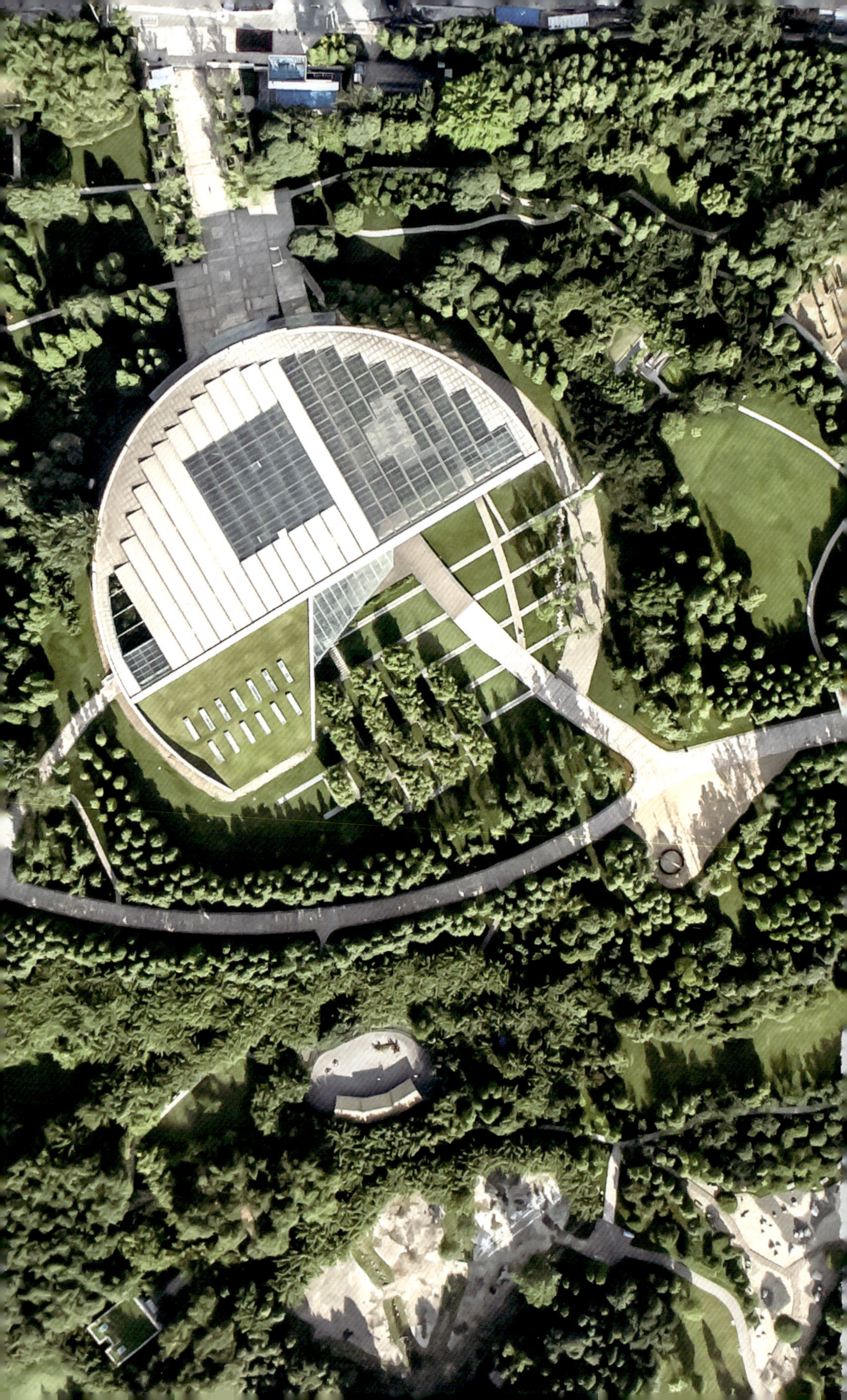

一号青铜神树

最大径 140 厘米，高 396 厘米，树枝残高 359 厘米，底座直径 93.5 厘米。

1986 年，四川广汉三星堆遗址 2 号祭祀坑出土。

形制最大，由底座、树身和龙三部分组成。

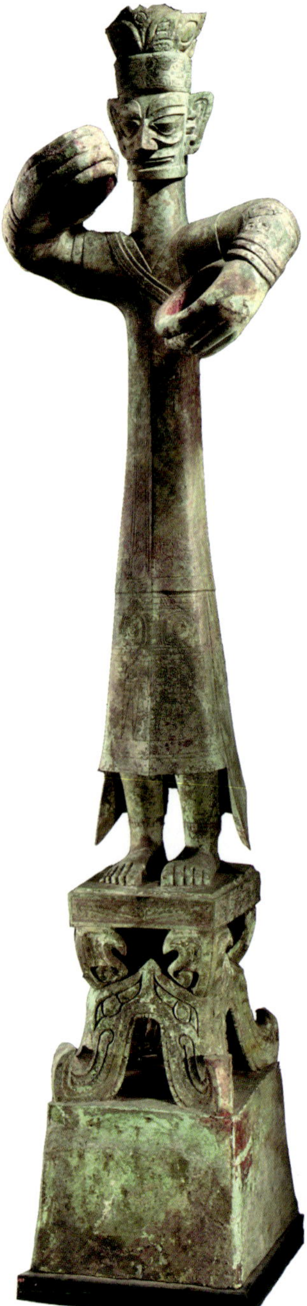

戴金面罩青铜人头像（平头顶）

头像纵径 14.5 厘米，横径 12.6 厘米，高 42.5 厘米，宽 20.5 厘米。

1986 年，四川广汉三星堆遗址 2 号祭祀坑出土。

属 A 型的金面铜人头像，铜头像为平顶，头发向后梳理，发辫垂于脑后，发辫上端用宽带套束，具有浓郁的地方民族发式风格。金面罩用金皮捶拓而成，大小、造型和铜头像面部特征相同，眼眉部镂空，制作颇为精致，给人以权威与神圣之感。

青铜立人像

高 260.8 厘米，人像高 180 厘米，底座横宽 48.5 厘米，纵长 46.7 厘米，高 35 厘米。

1986 年，四川广汉三星堆遗址 2 号祭祀坑出土。

立人像由人像和像座两部分组成。像座由座基、座腿、座台面三部分组成。

金杖

长 142 厘米，宽 4 厘米，高 2 厘米。
1986 年，四川广汉三星堆遗址 1 号祭祀坑出土。
金杖系用金条捶打成金皮后，再包卷在木杖上；出土时木杖已炭化，仅存金皮，金皮内还残留有炭化的木渣。

青铜戴冠纵目面具

长 77.4 厘米，宽 55 厘米，通高 82.5 厘米，面具高 31.5 厘米。

1986 年，四川广汉三星堆遗址 2 号祭祀坑出土。

方颐，倒八字形刀眉，眼球呈圆筒状向前伸出，鹰钩鼻，阔口，下颌略向前伸，双耳向两侧展开，额正中的方孔中补铸一高 68.1 厘米的夔龙形额饰。夔龙头与鼻梁衔接，夔龙身，尾高高竖起，与兽面形成整体造型。龙身两侧各有一环形穿，尾内卷，刀状羽翅，单翅根。

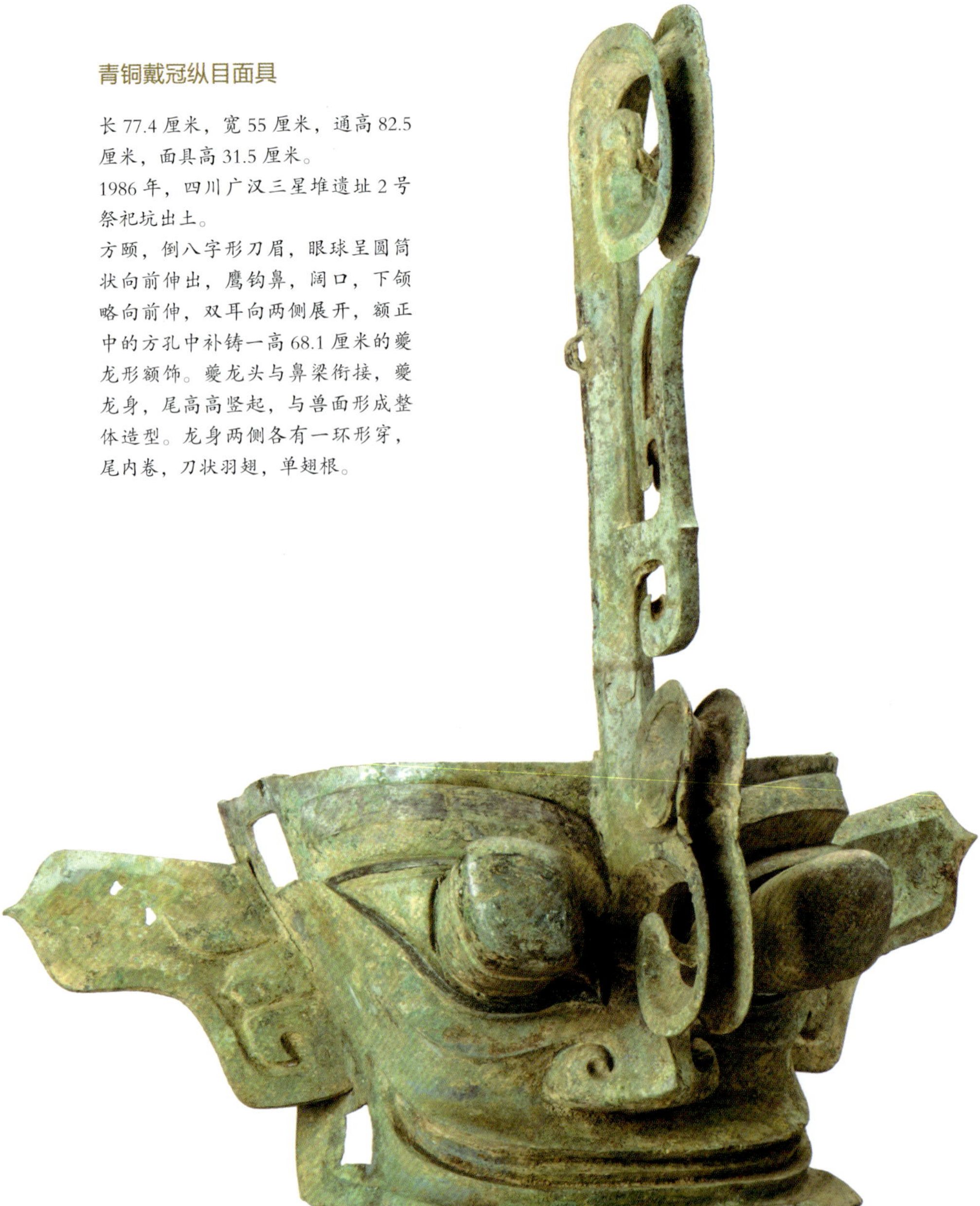

青铜持璋跪坐人像

高 4.5 厘米，宽 1.7 厘米，长 2.5 厘米。
1986 年，四川广汉三星堆遗址 2 号祭祀坑出土。
头部残。上身赤裸，两臂平抬，双手执握一璋，小指前指。璋射端为叉形，锋尖一长一短，长锋尖向前。下身着裙，腰间系带，跣足跪坐。

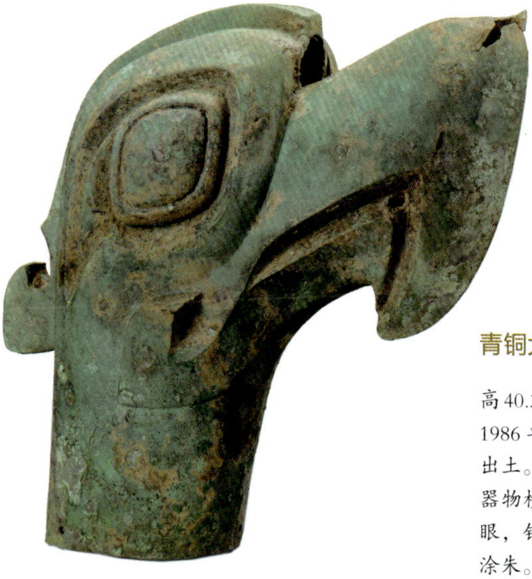

青铜大鸟头

高 40.3 厘米，横径 19.6 厘米，纵径 38.8 厘米。
1986 年，四川广汉三星堆遗址 2 号祭祀坑出土。
器物横断面呈椭圆形。矮冠末端上卷，大眼，钩喙，如鹰头。钩喙口缝及眼珠周围涂朱。器下端边沿处有三圆孔。

青铜兽首冠人像

1986年，四川广汉三星堆遗址2号祭祀坑出土。

下身残缺，面部、右耳、下颌部有多处铸造孔。兽耳冠右耳下部为补缺，左耳边缘上有三处裂纹，兽首吻部上缘有一长约12厘米的补铸形成的裂缝，延伸至左耳根部。兽颈部前面右侧有多处铸造孔。人像左腋下有一道铸造形成的缺口，人像脑后冠下部有一敲击形成的凹洞。

青铜兽面

高 20.4 厘米，宽 23.4 厘米，厚 0.2 厘米。
1986 年，四川广汉三星堆遗址 2 号祭祀坑出土。
兽面呈一对夔龙向两面展开状，卷角，龙尾上卷。方颐，长眉直达龙尾端，大眼，长直鼻，阔口，露齿，夔龙形双耳。

青铜眼形器

长 28.5 厘米，宽 12.1 厘米，高 3 厘米，厚 0.2 厘米。
1986 年，四川广汉三星堆遗址 2 号祭祀坑出土。
器形为菱形眼形器沿纵、横轴对剖后的四分之一，略呈直角三角形。眼球边沿内凹处及一个锐角各有一圆孔。

玉璧

直径 17.7 厘米，内径 6.7 厘米，高 1.8 厘米。

1986 年，四川广汉三星堆遗址 2 号祭祀坑出土。

器物一面内孔缺口打磨光滑。肉面平，周缘略呈圆棱形。肉面有数组同心圆阴线纹。线纹之间又有同心圆浅凹槽。内孔两面边缘凸起，上缘较平。

玉琮

长 8.4 厘米，宽 8.4 厘米，高 7.1 厘米，内径 7.2 厘米。

1975 年，广汉县（今广汉市）人民公园移交。

黄绿色、半透明，局部有橘红色斑点，一面有瑕疵。

玉戈

长 36.9 厘米，宽 9.1 厘米，厚 0.8 厘米。
1986 年，四川广汉三星堆遗址 1 号祭祀坑出土。
援与前锋尖残断，援下刃残缺，内部断裂，经拼接复原。

陶鸟头把勺

长 26.5 厘米，勺口径 14.4 厘米，高 8.2 厘米。
1980 年，四川广汉三星堆遗址出土。
它是三星堆最具特色的陶器之一，可能是用于舀水的工具。

商周大金面具

长 20.5 厘米，宽 10.4 厘米，高 10.7 厘米。
金质，整体呈立体脸谱，系在模具上锤揲成形，眼睛、鼻子、嘴巴、耳朵则采用剪切而成。

商周卷云纹金喇叭形器

直径 9.98 厘米，高 3 厘米。

金质，整体呈喇叭状，上小下大，器身较高，小平顶，中空，周壁向下逐渐外扩。

商周人面鱼鸟箭纹金王冠带

外径 20.4 厘米，高 2.83 厘米，厚 0.03 厘米。
金质，整体呈窄条圆环形，上大下小，由一金条围合而成。金带表面錾刻纹饰。纹饰由四组相同的图案组成，每组图案分别有一鱼、一箭、一鸟和一人面。

商周玉贝

长 3.23 厘米，宽 2.7 厘米，厚 0.63 厘米。
透闪石。玉质白中泛青，温润细腻，无杂质，器背部黏附少量铜锈。为海贝形圆雕作品。

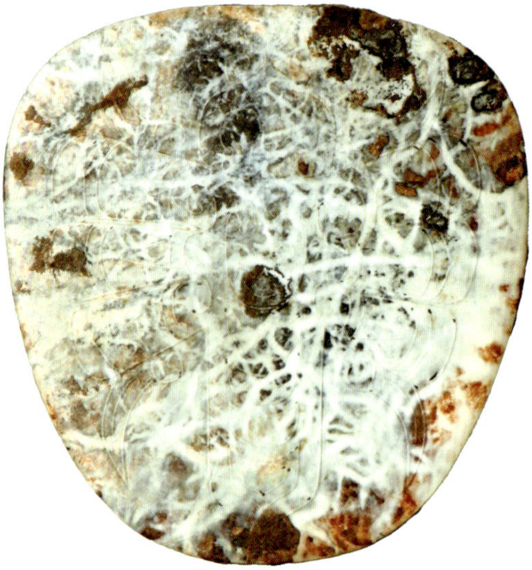

商周阳刻昆虫类动物纹玉牌

长 5.54 厘米，宽 5.3 厘米，厚 0.55 厘米。
透闪石。灰白，不透明。器略呈圆角心形，受埋藏环境影响，器内外有大量黑色、白色沁斑。

商周兽面纹玉钺

长 22.5 厘米，宽 11.48 厘米，厚 1.72 厘米。
透闪石。灰白色，不透明，夹杂有酱黄色、灰黑色、深褐色、暗褐色等多色沁斑，色彩艳丽。

商周铜立人

长 6.2 厘米，宽 5.76 厘米，高 19.2 厘米。青铜质，整器形态矮小。这件青铜圆雕作品表现了古蜀青铜雕塑工艺技术已很成熟。

商周跪坐石人像

长 8.73 厘米，宽 10.63 厘米，高 22.7 厘米。
蛇纹石化橄榄岩，石中含有大量细分散的粉粒状磁铁矿石及方解石，使石外表呈黑色条状、褐色状斑及白色划纹。

商周铜虎

长 20.5 厘米，宽 8.7 厘米，厚 0.7 厘米。
青铜质，器形扁平，一面器身凸起，纹饰下凹；另一面器身中部有两个小环形纽。

商周鸟纹带柄有领铜璧

直径 10.35 厘米，孔径 4.05 厘米，高 2.92 厘米，璧厚 0.25 厘米，柄长 2.3 厘米，柄宽 1.95 厘米。
青铜质，整体分两部分，上部呈圆环形，形如玉璧，中有一圆孔，孔缘凸出环面成高领。环缘下端有一矩形短柄。

居所
RESIDENTIAL HOUSING

（上）遗迹馆祭祀区原状展示现场

（左下）还原古蜀国都邑生产生活

（右下）象牙展示

商周大口陶瓮

口径 60 厘米，腹径 73.5 厘米，底径 18 厘米，高 103 厘米。
陶质，灰色，局部呈黄褐色，泥质陶。

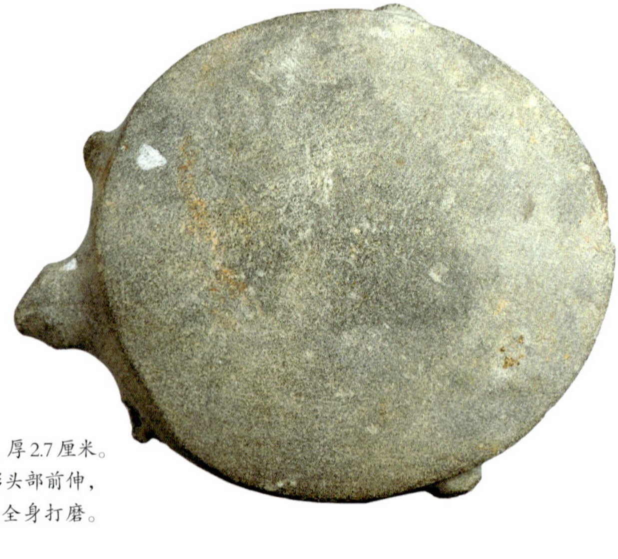

商周石鳖

长 10.8 厘米，宽 8.9 厘米，厚 2.7 厘米。砂岩，体形肥硕，三角形头部前伸，四肢短小。腹部扁平，全身打磨。造型质朴简洁。

三千年前的『双城记』

上册

从『三星堆』到『金沙城』

易旭东——著

中国工人出版社

图书在版编目（CIP）数据

三千年前的“双城记”：从“三星堆”到“金沙城”. 上册 / 易旭东著. —
北京：中国工人出版社，2023.11
ISBN 978-7-5008-8289-3

Ⅰ. ①三… Ⅱ. ①易… Ⅲ. ①文化史－成都 Ⅳ. ①K297.11

中国国家版本馆CIP数据核字（2023）第199972号

三千年前的“双城记”：从“三星堆”到“金沙城”（上册）

出 版 人 董 宽
责任编辑 刘广涛
责任校对 张 彦
责任印制 黄 丽
出版发行 中国工人出版社
地　　址 北京市东城区鼓楼外大街45号　邮编：100120
网　　址 http://www.wp-china.com
电　　话 （010）62005043（总编室）　62005039（印制管理中心）
（010）62379038（社科文艺分社）
发行热线 （010）82029051　62383056
经　　销 各地书店
印　　刷 天津中印联印务有限公司
开　　本 710毫米×1000毫米　1/16
印　　张 36.5　　彩插：2.5
字　　数 423千字
版　　次 2023年11月第1版　2023年11月第1次印刷
印　　数 1—10000
定　　价 128.00元（上下册）

序　言

双城千年又春风

党的二十大报告中指出，全面建设社会主义现代化国家，必须坚持中国特色社会主义文化发展道路，增强文化自信，围绕举旗帜、聚民心、育新人、兴文化、展形象建设社会主义文化强国，发展面向现代化、面向世界、面向未来的，民族的科学的大众的社会主义文化，为激发全民族文化创新创造活力，增强实现中华民族伟大复兴的精神力量。

要实现中华民族伟大复兴，不仅需要了解世界、理解全球文明，也需要让世界认识中国、理解中华文明。而这其中，我国百万年的人类史、一万年的文化史、五千多年的文明史起到不可替代的重要作用。

1986 年，成都平原往北，广汉鸭子河畔，三星堆遗址“沉睡数千年，一醒惊天下”，使真伪难辨的古蜀史传说成为现实，重构了中国青铜时代的文明版图，把四川地区的文明史向前推进了

2000多年。三星堆文物自1993年首次“走出国门”亮相瑞士洛桑奥林匹克博物馆以来，至今已“走过”数十个国家和地区，参观者达300万人次，引来全球各地对中华文化的关注，为世界读懂中国打开了一个瑰丽的窗口。

2023年7月26日，三星堆博物馆新馆开馆。当日下午，正在四川考察的习近平总书记来到三星堆博物馆，了解历史文化遗址发掘研究、文物保护修复等情况。展厅里，习近平总书记频频驻足，有时看完正面，还缓步绕着展柜，察看文物的不同侧面细节，赞叹“现代人也没有这种想象力、创造力”。在这个天马行空的梦幻世界，“通天神树”上，金乌栖息、游龙蜿蜒；青铜纵目面具，凸眼巨耳、神秘庄严；青铜鸟足神像，头顶尊、手撑罍、脚踏鸟；形态各异的青铜人头像，聚成气势恢宏的“方阵”……

历史长河奔流不息，文明之路绵延不绝。

我们再次敲响古蜀之门，这里曾流传着“蚕丛及鱼凫，开国何茫然”的古老传说，留下了“三星伴月”独具一格的文明印记。当青铜时代的风，轻拂过这片沧桑的土地，通过重现于世的吉光片羽，深刻感悟古蜀灿烂文明曾经的模样。三星堆，不仅是中华文明满天星斗中的璀璨星辰，也是中华文明多元一体的生动实证。

文物承载灿烂文明，传承历史文化，维系民族精神，生动诠释着中华民族文化自信的底气与底蕴。传承中华文脉，守护文物之光，只有深入认识古代之中国，才能深刻理解现代之中国，方能不断创造未来之中国。

一种富有强大生命力的文明无疑要有深厚的物质基础，三星堆文明、金沙文明是中华文明早期多元、最终走向一体的典型样本，进一步深入研究“三星堆”“金沙城”，对繁荣发展文化事业和文化产业、增强中华文明传播力、影响力，形成富有时代精神、回应时代之问的伟大思想理念，展示中华文明的精神标识和文化精髓，构建中国话语和中国叙事体系，讲好中国故事、传播好中国声音，展现可信、可爱、可敬的中国形象，意义深远。

中华文明走出历史课本的生动“路演”

三星堆开启了第二次大规模成体系的发掘。

距第一次大规模发掘“祭祀坑”，已经相隔35年。2020年至2022年，祭祀区共计开展发掘面积1834平方米，基本确认了祭祀区大致呈西北—东南走向的长方形分布范围，与北侧紧邻的三星堆城墙平行，面积将近13000平方米。

创造、打破许多中国纪录、世界纪录。截至2022年9月，6座新祭祀坑共出土编号文物15109件，近完整器物4060件。仅8号坑已提取6000多件有编号文物，近完整的器物2400件。

新一轮考古发掘的直播，网络的点击量高达数十亿人次。

网友大呼过瘾，感慨“古蜀先民太土豪了”，探索中华文化、古蜀文明的热情被点燃。

从1929年首次发现，到1934年开始发掘，再到1986年两个大型祭祀坑相继发现，金、铜、玉、石、陶4000多件精品文物横空出世，三星堆遗址是我国迄今在西南地区发现的范围最大、延续时间最长、文化内涵最丰富的古城、古国、古蜀文化遗址。“汤谷有扶桑，十日所浴”“九日居下枝，一日居上枝”，通天神树富蕴古蜀气韵；“有蜀侯蚕丛，其目纵”，纵目面具造型技法神秘诡谲。三星堆遗址代表了距今4500—3000年的古蜀文化面貌和发展水平。

三星堆“盲盒”越拆越多，带给我们无限的想象、震撼。得益于新的技术手段、传播路径的加持，开启了一场全民“沉浸式考古体验”，成为一次中华文明走出历史课本的生动“路演”。

1995年，在距离三星堆遗址40多公里之外的成都市城西苏坡乡金沙村，考古专家发现一座商代晚期遗址，将其命名为“金沙遗址”。太阳神鸟，金乌负日，仅厚0.02厘米、重20克，承载了古蜀人的宇宙世界；大金面具，怒目弯眉，穿越2000多年，依旧能看到覆面祭祀的威严霸气。

长期以来，古蜀国仅存在于语焉不详的传说故事中。

三星堆、金沙遗址的发现与发掘，真正让2500余年的古蜀国发展脉络逐渐清晰起来。尤其是近年来，随着考古发掘与史学考证的更进一步深入，三星堆文明和金沙文明的代表性文化遗存与年代愈加明晰，加之将两者反映其文明社会存在的代表性遗存进行比较，三星堆文明与金沙文明的关系已然是如此明晰。

相似的知识体系、信仰体系与价值体系，相近的器物特征，传承流转的玉器重宝，前后相继、中间交叉重叠的时空特性，远远超出区域中心的城市概念，都显示出两者废兴传承、前后承袭的发展特性。可以说，三星堆与金沙城双城互动，共同构架出古蜀文明最灿烂的篇章，双子星动，辉映寰宇。

一衣带水，以岷江上游为开端的古蜀文明，湍湍东流，汇入长江。花开并蒂，巴蜀并辉，《华阳国志·蜀志》把古蜀国历史演绎为“蜀之为国，肇于人皇，与巴同囿。至黄帝，为其子昌意娶蜀山氏之女，生子高阳，是为帝颛顼；封其支庶于蜀，世为侯伯。历夏、商、周，武王伐纣，蜀与焉”。“葬魂之舟”船棺葬这种巴蜀特有的丧葬形式，巴国青铜兵器上常见的古蜀图符，描清了巴蜀千年沟通的历史脉络，也成为今日建设成渝地区双城经济圈，成渝双城共同搏动的最好历史佐证。

跨越3000年，从“三星堆”到“金沙城”的古“双城记”，到今日成都、重庆地区的新“双城圈”，以川江水系为基础的成渝城脉，构成复杂“双城”系统的“太极图”。双城千年又春风，双城互动总能奏响华夏文明的西南强音。

还原从古巴蜀到成渝双城文化的来龙去脉

近年来，对以三星堆为代表的古蜀文明研究大热，对“三星堆”与“金沙城”的研究，或从《山海经》《楚辞》《国语》《华阳国志》等文献资料关于青铜、玉器、金箔等出土文物的历史遗存记载中寻找蛛丝马迹，或从与古埃及、印度河流域文明、古希腊文明的文化互鉴角度诠释古蜀文明的种种谜团。史家们从不同视角、地域，运用不同的理论工具、科学手段，对历史进行挖掘和阐释，试图从考古现场和史籍文献中，寻获宝墩村、三星堆与金沙城代表的古蜀文明。

一段时间，在微观史研究潮流、“后现代主义”的夹击下，以探研“历史发展主线”“历史发展的基本脉络”为基质的“宏大叙事”备受责难，贩卖“细节怀疑”、兜售“历史虚无主义”的读物大行其道，史志逐渐沦为人们茶余饭后的谈资，人们迫切需要那种能“通古今之变”的“大历史”，将过去、现在和未来贯为一体的大脉络、大趋势和大走向。

古蜀文明研究，难于三星堆的奇诡具象从未真正见诸巴蜀文献；难于区域文化生态复杂、区域文明交叠振荡；难于从宝墩文明到金沙文明3000年历史仍存在大量缺环；难于在“蚕丛及鱼凫，开国何茫然”的蜀王世系体系中无法找到能容纳如此恢宏壮丽文明的准确历史方位。

而《三千年前的“双城记”：从“三星堆”到“金沙城”》一书在对三星堆、金沙遗址的研究上却独辟蹊径，跳出对三星堆、金沙城纯粹的史志性的文物器皿研究，写成都、巴蜀、岷江长江河流文明、中国五千多年的文明史，以开放格局、国际视野，审视成都平原历史的“趋势”与“气场”，成渝地区双城经济圈“家国背景”“乡愁底板”，以史家的根底、学者的思辨、作家的笔触，将新闻手法、电影手段引入记叙结构，探骊得珠，跨文体全景展示，让历史承担文学的功能，让文学再现鲜活的历史，还原从古巴蜀到成渝双城文化形成的来龙去脉。

从“三星堆”到“金沙城”，历时3000年历史地理人文的特写，既有关于古巴蜀三星堆文明、金沙文明古族、古国源流的纵向探索，又有从产业到科技工艺、从社会生活到主观世界的全景描绘，从亚欧草原到河西走廊，从天山南北到中原大地，从陇西走廊到南阳盆地，荆楚文化、中原文化甚至南亚文明，都顺着江流河谷、岭壑栈道，先后汇入四川，与巴蜀固有的文化交融、碰撞，共同在盆地之中蒸沤、发酵。《三千年前的“双城记”：从“三星堆”到“金沙城”》可以说是真正的第一部全面记叙世界青铜文明、中国青铜文明“前世今生”的专著。

《三千年前的“双城记”：从“三星堆”到“金沙城”》一书共分为上下两册。上册从三星堆文明、金沙文明同中国青铜文化的发展，与世界一体化同步出发，阐释了“三星堆”“金沙城”的开放性、国际性。二者通过“廊、道、路、网”与周边地域沟通相连，形成共享、共通、交融的历史、地理空间，巴蜀地区产生了共同的历史记忆、文化印迹。下册讲明，成渝地区双城经济圈雏形的形成，比我们想象的要早很多，在“丝绸之路”、茶马之路之前，巴渝中心的重庆就存在着一个系统的栈道交通网络、青铜文明之路，“巴蜀一家”上溯至3000年以前。

“破圈研究，跨界写作”。细读《三千年前的“双城记”：从“三星堆”到“金沙城”》一书，从中足以看到一位学者型作家对自己倾其一生事业的深厚情结与热爱。

作者对于古巴蜀历史的研究十分勤奋，其参悟人类社会发展的真谛与规律，以史志、出土文物为切入点，结合自己数十年来现场考勘与山川地貌、乡情民俗、传说中所找寻到历史文化的蛛丝马迹，描画出古巴蜀从宝墩文明到金沙文明3000年历史的跌宕沉浮，刻绘了从“象天法地”都城规划到“人神分离”二元思想的史学全貌，基本上厘清了古巴蜀文明与世界青铜文明体系、南方青铜交通网络的内在关联。这是充满个人色彩的“职业”记录。

《三千年前的“双城记”：从“三星堆”到“金沙城”》付梓确属可以祝贺的史林志家之嘉事，对于历史学、考古学、三星堆学，乃至当今成渝地区双城经济圈建设都大有裨益。

水润天府、山城风华的城市盛景千年不绝

而今，这同一片土地上，2020 年 1 月 3 日，中央财经委员会第六次会议决定推动成渝地区双城经济圈建设，标志着成渝地区双城经济圈建设上升为国家区域发展大战略。成渝地区双城经济圈建设给予了千年巴蜀大地全新的定位，也为我们描绘了成渝地区发展的最美图景——西部经济中心、科技创新中心、改革开放新高地、高品质生活宜居地。

三年来，成渝地区双城经济圈从加快建设到成势见效，有目共睹。

成渝地区“统筹谋划、共同促进、优势互补、互利共赢”，川渝各自的政策、产业、资源等优势协同发挥，产业配套合作、技术协同攻关、特色产业集群共建；陆海互济、四向拓展的综合运输大通道，实现国内通达、国际开放，支撑打造内陆开放战略高地，东西南北四向联通，高速铁路、普速铁路、国家公路、干线航道、油气管道及储气设施等全面跃进；区域科技创新能力提升，成渝科技创新中心建成，创新能力不断增强，创新产业加快发展，建设成渝西部科技城，重庆科学城、成都科学城建设水平全面提升，绵阳科技城在探索建立区域科技创新特区的科学路径中取得长足进展；国际消费中心城市推动下的成渝地区城市品质大幅提

升；山同脉、水同源，跨流域跨区域生态保护合作不断加强，形成上下游、左右岸、干支流生态环境联防联控的生动局面。

“‘益，古大都会也。有江山之雄，有文物之盛。’成都是历史文化名城，自古就是中外交流的枢纽，是西南丝绸之路上的明珠。如今，成都是中国最具活力和幸福感的城市之一。拥有2300多年建城史的成都因海纳百川、兼容并蓄而始终保持经济发展、文化繁荣。欢迎大家到成都街头走走看看，体验并分享中国式现代化的万千气象。”

习近平主席在成都第31届世界大学生夏季运动会开幕式欢迎宴会上的这段致辞，既是对西南“丝绸之路”上巴蜀璀璨文明和历史的高度认同，也体现了对川渝地区及成都近年来高质量发展取得一系列成绩的充分肯定。于国内，成渝是“增长极”；于全球，成渝是距离欧洲最近的国家中心城市和国家泛欧泛亚开放门户。在都市喧嚣间，处处蕴含着雪山掩映、绿草茵茵、水波温柔，成渝正创造更多可感可及的公共生态产品，花重锦官、水润天府，绿满渝州、山城风华的城市盛景千年不绝。

《三千年前的“双城记”：从“三星堆”到“金沙城”》一书，是一本努力复原一幅完整的巴蜀文化图像、思想愿景，重拾那些被遗失、淡忘的灵魂的书，特别是尽可能地成为了解5000多年历史文化、经济发展、社会思想风貌的书。从区域环境史学切入，秉持“青铜神树”的科学精神，貂续“太阳神鸟”的浪漫主义遗韵，开创“小双城”时期巴蜀公共利益的社会风气，强调自然之美与自然之利于文明进程中不可或缺的作用。

文物、史志证明了政治文明的连续性，决定了巴蜀文化的连续性。三星堆与金沙城“小双城”文明的连续性，为中国史学的连续性提供了不可或缺的丰厚内容，让更多文物、文化遗产和史籍、方志活了起来。无论是古蜀人主导的成都平原，还是顽强巴人的“巫盐古道”，都已经根据世界市场的需要，改造为各种资源的整合再造，使得古蜀国更紧密地融入世界，青铜工艺与技术居于世界领先水平。

从古巴蜀“巫盐古道”的青铜文明之路，到今日“成渝地区双城经济圈”“长江经济带”“T型经济带”的经济文化空间，历史上西南地区沟通中原、南亚的盐道生命线、青铜文化网络与今日中国东西双向互济，陆海内外联动的开放格局在本书中辉映成趣。

“千年大蜀道”，时空重叠，双城千年又春风。

成都市地志办强化政治担当、自觉担负新的文化使命，勇于改革创新，努力展现新气象新作为，提供了包括史料支持在内的有利条件，首创“成都历史文化精品丛书”项目，并创新式地将《三千年前的“双城记”：从“三星堆”到“金沙城”》列为首批“成都历史文化精品丛书”，值得赞赏和推广。四川省地方志办、成都市地志办，将习近平总书记“以守正创新的正气和锐气，赓续历史文脉、谱写当代华章”的指示落到实处，成为《三千年前的“双城记”：从“三星堆”到“金沙城”》的指导、支持职能部门，值得点赞。

如何深情地凝视自己生于斯长于斯的这一方水土，从来都是一个既古老又新鲜的挑战。我们讨论“三星堆”“金沙”“巫盐古道”，可供发掘的宝藏，远不止这些。古蜀文明起源之证还需进一步巩固，古蜀文明的消亡原因也只停留在推测阶段，古蜀图符的真实含义、众多出土文物的功能性质、象征用途还都是未解之谜。

鲁迅书信《致曹聚仁》中提到，“中国学问，待重新整理者甚多，即如历史，就该另编一部。古人告诉我们唐如何盛，明如何佳，其实唐室大有胡气，明则无赖儿郎，此种物件，都须褫其华衮，示人本相，庶青年不再乌烟瘴气，莫名其妙。其他如社会史，艺术史，赌博史，娼妓史，文祸史……都未有人著手”。相信学者们经年的文化实践，结合学界、政策研究、媒体三方融合的学术实力与皓首穷经、焚膏继晷的研学态度，必能在时下这如火如荼而又研究空白领域极多的古巴蜀文化研究浪潮中，摘得属于自己推群独步的成果。

西南财经大学西财智库一直鼓励研究人员既要立足金融财经的学科优势，又要博采众长，多元相融互补，《三千年前的“双城记”：从“三星堆”到“金沙城”》的出版对于丰富西财的学术长廊彰显作为一所百年高校的时代新声，无疑是有意义和价值的。当然，作为奋力建设社科强省、文化强省的四川，也将是一次有益的探索。

巴蜀多仙山，四海渺难匹；

双城春风里，千年无穷时。

乐为之序。

于成都

2023年8月

△ 玉琮

玉色花绿，琮中空，高约50厘米。琮对应的两个外立面浅浮雕举五辐轮跪人、人首鸟身像等纹饰，另两面细阴刻古蜀文字。玉琮器型高大，色彩美观，做工细致。

自 序

惊世“小双城”其实“很中国”

“20世纪最伟大的考古发现。”

具有与内容相适应的完美形式。

“小双城”。三星堆火爆“出圈”，金沙城持续“霸屏”。

中国考古界乃至世界范围内的世纪难题，三星堆文明长期饱受各种争议。观点让人匪夷所思，三星堆不敢深入研究，真相被隐瞒。论点颇有市场，满足“吃瓜”群众对猎奇的所有想象。

不负责任的“网文”火上浇油，三星堆真相隐瞒之说甚嚣尘上，众多考古的“小白”，被这种颇具诱导性的“高解”洗脑，将之作为三星堆不敢深入研究、真相被隐瞒的理论依据。

论据活灵活现，最为常见的是古埃及人在4000多年前，不远万里地来到成都平原开枝散叶，创造了三星堆文明。为了制造“神秘”“传奇”，甚而将西亚文明、玛雅文明也给无缝链接。经过几番论证的“伪研究”后，得出三星堆文明一旦被研究透彻，就会从根源上否定华夏文明的正统性。结论貌似无懈可击，让中国考古界、三星堆文化研究者，最无奈地背上了沉重的黑锅。

真相不会被埋没，如同历史不会缺席。

古有“三星堆人”的太阳崇拜，今有成都平原城市群的人过传统的“太阳节”。

“惊世”三星堆，“横空”金沙城，其实“很中国”。

地理上的“小双城”究竟多大

考古是穿越回去的天使。

城市是寻找回来的世界。

2022年8月，在8号“祭祀坑”中又新发现一件带翅膀的“四翼小神兽”，在顶部有一个巴掌大的屈身倒立小铜人，紧贴镂空花纹，双手奋力地支撑在器盖边缘，脚趾、小腿、臂膀肌肉饱满。镂空花纹托举一方平台，平台上昂首挺立一尊小神兽。神兽背上，背着一棵神树的模型。头部造型，脑袋圆润类似老虎，还有一口锋利的牙齿。

这与此前发掘出土的四脚神兽差异显著。

古蜀人对真实动物的抽象再造，极富想象力的镂空立兽器盖，直观地显示出古蜀人对青铜尊这一祭祀礼器特有的理解和使用方式，进一步为中华文明多元一体格局提供了生动例证。

在8号坑还发现了唯一一件羽翼镂空青铜鸟。

2022年8月24日下午，考古人员又在8号祭祀坑成功提取出一件“大型立人神兽”。

这是截至目前出土的众多动物造型青铜器中最大的一件，重量近150公斤。

“壮”得一枝独秀。大口、立耳、卷发、细腰、长尾、小粗腿……

从1986年三星堆第一次发掘至今，出土的神兽都是娇小型的“选手”，长20厘米至30厘米。而“大型立人神兽”的长度、高度都在1米左右，体型非常庞大。这是从未出现过的新器型。

古蜀人把神树、神兽当作一种神灵的存在。

头上有人。庞大“选手”头顶上有犄角，犄角上站了一个身穿长袍、身形较瘦的人，宛如一个领导或骑手，正在驾驭或者控制这头大神兽。神兽的胸口，还有一棵直接铸造在上面的神树。

“大国工匠出品”。承载着古蜀人对生命的渴望、对万物生生不息的崇敬。

它姿态冷艳、神秘、梦幻，迅速走进大众视野。

流光溢彩、充满异域风情的金权杖，极度夸张的青铜纵目面具，造型瑰丽的青铜神树，伟岸、神秘、肃穆的青铜大立人像，彰显着古蜀国的赫赫神威，至高无上的王权、神权……

几乎三星堆的每一件文物出土，都能迅速在网络上“霸屏”。

中国文化传统并不只是“史官文化”，三星堆、金沙城的横空出世，令人目眩神迷，一种系统性的陌生、惊讶，逸出了传统的历史文化的认知框架，无论学界，还是观众，在这些国宝面前都可能更谦卑、敬畏：中华文明原来在成都平原，还有诸多我们“知其然而不知其所以然”的神奇，不仅极大地提升了中华文明的丰富程度，甚至世界也从更开阔的维度来看待中华文明。

神秘壮阔。古蜀文明与华夏文明、良渚文明并称中国上古三大文明。围观三星堆、金沙城，就是一个自我确证的过程，也是中华文明以更深沉、更自信、更豪迈的姿态走向未来的过程。

地理上的“小双城”究竟有多大?

视角不同，答案自然也就有天壤之别。

尽管“小双城”在传统的历史叙事中缺乏高光时刻，但最近10年却成为滋养中国历史、世界历史研究的沃土。从世界青铜文明的角度考察，远比在民族国家历史叙事中的地位更重要。

对古蜀人，与大部分现代人的想象不同，蜀道难并非总难于上青天，崇山峻岭、大江大河并不总是天堑险途。古蜀文明形成了开放、交流的传统，四川盆地文明的生态、经济与文化，聚合生发，而非孤立分化，虽与古埃及、古罗马在地理上相隔数千公里，但物资交换顺畅、文化交流不断。巴蜀文明虽看似独立，但古蜀人、古巴人构建起一条横跨亚欧大陆的文化区块链。一个世界青铜文化的网格系统。

与世界的神奇“互动”。三星堆、金沙城两个遗址与其他大约同时期的世界文明，种种“巧合”“撞款”“互动”，既彰显了联通黄河与长江文化，也表明了人类文明的绚烂多彩与互鉴共鸣。

制品精湛。三星堆、金沙城出土的文物，多用于宗教、祭祀活动。

“小双城”时代，一段充满先祖情怀、宗教幻想与浪漫之思的岁月。

祭祀仪式盛大，神权色彩浓郁。

“青铜世界”，一个超越以往行政区划、地理概念的具有文化、生态意义的“世界”，不仅有人，而且有物，不仅有人与人之间的对立和交流，也有人与物之间的联系和冲突。巴蜀文明的世界性，不仅体现为空间的广阔性，还表现为要素的多元性、联系的复杂性。“小双城”遗址不仅是人类青铜文明巅峰展现的舞台，更成为世界人类社会与外部自然“天人合一”的样板。

在“青铜伦理”的视域下，“世界”并不仅是一个地理空间，还是一个土地共同体与文化区块链。存在于世界之中的，不仅有人类，还有矿产、山水与交通，即丰富多样的产业链、供应链。

坚定历史自信，增强历史主动，必须有基本“内核”。“内核”中有两点非常重要：悠久的从古至今没有断代的历史；多文明起源的大一统的文明古国。

世界上曾经出现过古埃及、古巴比伦、古印度、古希腊、古罗马等文明古国。但是，它们最终都没有延续下来。现在世界上的很多国家的历史都比较短暂，它们很多都是一些年轻的国家。

“小双城”文明的发现，既改写了中国青铜时代的历史，也是中华文明对于世界文明的重大贡献，具有和世界级的考古发现同等重要的学术价值与重要地位。它昭示着长江与黄河流域同属中华文明母体，证明了中华文明起源的多样性。

创新与面对“读不懂”的质疑

上下五千年。中华文明从来不缺乏精彩的故事。

举世无双。巴蜀文化的延续性很强，从夏商周到明清，直到今天，一直就存在一个相对独特的文化传统、经济单元。中国历史变迁的主体，除了民族融合就是独特的制度与文化。

“青铜伦理”重塑、呈现的“历史世界”，人与自然相互作用、有机联系并协同进化的世界，是一个复杂、多元和混合的世界。青铜文明的世界历史发展，人与自然相互关系的复杂变化而出现的多向度、复杂的曲折运动，迫使人们必须积极地探索历史文化的多元维度、世界历史的丰富内涵，充分考虑人类史之外存在于自然史之中的“三维时空”。

自然进入历史，人类回归自然。

只有将世界当成一个有机的动态整体认识、探讨，人们才能够真正懂得世界在如何运行，人类为什么要敬畏、亲近自然，在小生境中把握大世界的运行，理解“无限”“永恒”的真谛。

一项前沿性的跨学科史学研究。

环境史学，环境史学家与传统史学和“新史学”相比，兼顾社会科学、自然科学两大领域。环境史学家与以往的历史学家、文化学者不同，除了需要调动视觉器官，还要调动视、听、嗅、尝等其他器官，全方位接近和感知所研究的范围，也不满足于阅读史料文献，还要从出土文物，甚至地志、民俗、传说中寻找历史文化的蛛丝马迹，探究人类社会发展的真谛。

环境史学绝非仅是环境运动或环境思想史，而是文化与自然在人类演化过程中不停歇的相互作用的历史。思想史的记忆，往往驻留于数个光彩绚烂的伟大人物，人民群众暗淡于光芒的阴影之下，直至最终被史家遗忘。我们的社会思想因此而成为寥寥个别生命的组合，成为他们彼此之间的冲突与妥协，而一种集体性的思考却在史家的选择当中，幻化为历史星空的碎片。

“还原历史”通常由两个方面组成。首先，书面记录。如书籍、报纸、期刊、日记、信件、文稿、会议记录等。其次，遗迹、遗址或遗骸。如陶器、钱币、瓦罐、青铜器、界址与工具、器皿的碎片等。前者，历史上的人们有意识地选择，用以传递给后代为目的的记录，借助于石块、纸片、玻璃等来实现。后者，属于无意识的传承，可能存在洞穴、坟冢之中，甚至散落在民间。

本书记叙“小双城”，需要清楚，文物、文献与史志记叙的是撰写的时空，而不是描述的时空；需要以“探古”的态度看待文物、文献与史料的新闻价值，构建记叙时空的“点与线”。

“点与线”就是用遗址、文物、文献与史料说话，需要强大的调查能力、扎实文笔的支撑，与历史学、调查新闻的逻辑相通，对被虚构的“误说”“戏说”曲解的历史真实来说，是一种拯救。

用文学质感来记叙。在新征程中，非虚构记叙有着更现代的叙事精神，强调作者对历史和现实的再现和见证，遵循“真实”铁律，并用独特的视角、学者的严谨、文学的技法，展示或寻常，或沉重，或无常，或戏剧，或荒诞，或残酷的烟火人间，通过一句记载、一件文物、一个场景，甚至一项工艺，探索并逼近历史的真相。历史因精神而生动，人因精神而伟大。

“接受的历史”，有很强的排他性。业已形成的思维定式，“接受的历史”的行为模式，人们会拒绝接受历史真实性的记叙。“记叙的历史”与“接受的历史”的尖锐对立，恰恰说明两者都有存在的必然性。只是我们习惯了“容易读懂”——不加分辨地接受大众传媒、社交平台的宣传。

正本清源，守正创新，必然要面对“读不懂”的质疑。

传统套路，就写貌似深奥的学术论文，或喜闻乐见的科普文章，甚至在页末、文尾加上注释、出处。那些在网上流传最广的，肯定能让读者心里感慨：“写得好，写出我心里想的。”读“双城记”，除了读出“释疑解难”，能不能还读出点原本没想到的东西？抓铁有痕，踏石留印，作为笔者，还要敢于在表现手法上创新，将史志与文学融合、文物与艺术联动、文化区块链与产业供应链互助，努力向现代“阅读前沿”靠近，向未知的深处开拓一点。

较长时间以来，历史真实有时处在“不及物”的状态，非虚构记叙恰恰是对于文化自信、历史真实与现实主义文学精神的一种恢复。资讯发达，不用看专业网站，单从微信朋友圈、抖音等即可得到颇多“畸变”的历史文化信息。我们所处的土地、城市，各种“畸变”的历史奇闻逸事层出不穷，一次又一次地告诉我们要提高对历史文化正本清源、守正创新重要性的认识。

非虚构记叙就是去掉“误说”——历史文化背后的金光。

好的非虚构记叙定要跨越“歪说”——历史文化的沼泽。

书写“大双城”的“中国故事”

建构三星堆、金沙城的“历史”，包含四个层次的维度：考古现场、文献史志、历史再现、传播接受。传播接受的历史，未必是“记录的历史”“真实的历史”，重要的是“历史再现”。

“真实”“记录”的历史，不一定为人信服，某些曲意“传播”的历史，甚至竟成为“接受的历史”的唯一模式。“非虚构”阐释历史，有时会大大超过“历史”对历史的阐释。

“破圈研究，跨界写作。”

“带着镣铐跳舞”的跨界非虚构写作，更需熟谙史志后的推想力，来撬动文物板结的现实表征，记叙人们习焉不察的生活，推翻之前来势汹汹的猜疑或成见，捕捉到转瞬即逝的历史真相。

不仅史实是真实的，那些被人遗忘的光荣与梦想也是真实的。史志虽可以敲定史实，但三星堆、金沙城却比史志更能让我们触摸到真实的温度。不仅实话构筑真实，猜疑、谎言也可反证真实。

也许没有绝对的真实，只有不同声部、音调的声音，从不同的维度、层面，或真或假，或真实或想象，带着各种色彩的声音，以不同的方式逐渐勾勒出真实的轮廓、触听到时代的心声。

还原法和比较法。还原和比较本身，相互区别又相互融合。

高级的分析方法，用历史的、流派的、风格的还原和比较。

方志与地志，是历史与地理之母。从历史人文、方志地理、宗教精神与文物解读，展示了一个优雅、沉静、时尚、灵性、诗意的三星堆、金沙城，同时也是最接近历史真实的“小双城”。

需要钩沉索隐、甄别异同的功力。不要被现实素材淹没，不能只是做现实素材的搬运工，须有一个艺术的转化。写作上经历的工序，一道也不能少，更需要轻盈、飞扬的艺术处理。

“还原历史”，既需要“历史”的理论观照，也需要“历时”

的文献检验。笔者抓住史籍、文献中的“只言片语”，攥紧方志、地志的“零星记载”，强调整体性、多样性和有机联系性，文物论证，绳贯珠联，置于历史的长河中，进行多方面阐释、论证，“还原”了一个更为真实的从“三星堆”到“金沙城”的历史时空，试图以“个人之见”匡正流行的误说、歪说。

中国古史“层累的造成”，而经过历史长河的经年冲刷，身上早就沉渍斑斑，也成了“层累”的历史，与其本来面目业已相去甚远。这一点上，先秦史特别明显。在稀缺的史籍、文献中摘抉隐微，商榷正伪，将“小双城”身上积淀已深的“历史污垢”逐层剥去，在“历史还原”的方法论上，将“小双城”从认识论的“夹缝”中拉出，具有更多的年代质感、文化向度与经济维度。

“中国式”改革贯穿于中国历史“国际化”的始终，创新是历史发展的重要动力。《周易》中已有“变易”的思想。《汉书·董仲舒传》载：“为政而不行，甚者必变而更化之，乃可理也。”

以“文化视域”作为研究“小双城”的视角。

从巴山蜀水到江南水乡的千年文脉。“线性文化空间”，绵延万里，自西至东，“天下之中”的远程交流体系。成都、重庆、武汉、杭州四个城市，之间有着极为深厚的文化底层与内在交流。

以“双城记”的视角，“采访”古籍史志，走访事件发生地，将史志事实与考据事实“融合”，深入挖掘成渝双城的特色文化符号，通过“情感体验、内心感悟、历史质询与真相推断”，结合出土文物；与同时期的中原文明、西方文明相比较，记录成都之变，再现“双城”之美，提炼展示中华文明的精神标识、文化精髓，多手法全景式地呈现巴蜀文化的“前世今生”。

徜徉在三星堆、金沙城遗址，仿佛时空交错，悬空皓月一如商周余晖，依稀可听青铜钟鸣声顺风而来，抬头可见上古太阳神鸟，郁郁葱葱的林木间，宛如声声啼归的杜鹃……

21 世纪，是历史的终结，还是历史的回归？

其实，历史从未终结，只是来到了“大双城”的转折点。

站在新的历史起点上，中国正以螺旋式，甚至腾飞式“回归”现代，为成渝地区双城经济圈建设提供史志地理、历史人文的背书，推动中华优秀传统文化创造性转化、创新性发展。

古蜀人史诗般的奋斗，打造了成都平原光荣的历史。勤劳智慧的先民垦荒务农、冶铸青铜，筚路蓝缕地创造了“小双城”文化。责任与使命，继承古蜀人与时俱进、不畏艰苦、开拓进取的宝贵精神财富，在地理、文化、经济等维度上，把优秀传统文化发扬光大，在巴蜀大地的新征程中书写“大双城”的“中国故事”。

“霸屏”的三星堆、金沙城，正在持续带给人们惊喜，新路标。仍有很多未解之谜值得研究，期待更多发现。

考古发现对复原古蜀国当时整个神庙的礼仪空间、宗教体系、社会结构、哲学思想与宇宙观，都能提供新的支撑，向读者提供面对 21 世纪社会发展的基本知识、现实思考。

考古告诉人们历史，把未知的事情变成已知。

于成都

2022 年 11 月

内容概要

“历史中国”，具有开放性、国际性，“廊、道、路、网”将中国与周边地域连在一起，形成共享、共通、交融的历史、地理空间，巴蜀地区就在这种开放中产生了共同的历史记忆、文化印迹。

中国青铜文化的发展与世界一体化同步。

三星堆、金沙城，中国西南的文明中心。

先夏时期，成都平原已经出现城市群落，“林盘”式的生活空间模式。“三代蜀王”角逐争雄局面的结束，一个勾连中原地区，植根于社会，又凌驾于生活之上的国家政权产生。

古蜀文化与古巴文化融合，和黄河流域的夏商周文化互动。

“T型经济带”，汤继强空间经济学中“大T”的“原点区域”。

纷繁故事、耀眼遗珍。

一个存续了3000年以上，距今不少于5000年，以前我们神秘、模糊、朦胧、懵懂的伟大文明——以营盘山文化为源头，以成都平原史前城址群为代表的宝墩文化、广汉三星堆遗址为代表的三星堆文化、成都金沙遗址为代表的十二桥文化、成都商业街船棺与独木棺墓葬为代表的战国青铜文化——构成系统、完整、辉煌的古蜀文化。

强大的经济、文化实力，经常举行宏大、神圣的祭祀活动，吸引远近众多的民族前来，多种文化在交流中融会。大量祭祀用品地域特征不同，表明三星堆、金沙城曾是世界的朝圣中心。

“巴适”“安逸”，四川话的意思是舒适、愉悦，表达了知足达观的人生态度。成都的城市风貌、文化，自古给人一种美好、幸福的感觉，凝练为人、城、境、业高度和谐、统一的城市理想。

相距不到40公里。从三星堆到金沙城的迁都中，王族曾发动了一次暴力性政治变革。

失落的古蜀文明，如在一夜之间消失的充满神秘的玛雅文明，又如无声无息就没了消息的印加文明，还有许多考古专家都无法解释的痕迹，出现在三星堆、金沙遗址的考古现场。

珍贵的国宝，唤起人们对古老文明的神往与好奇。记录着人类族群、民族国家的过往，也照亮未知的明天，前途漫漫。

“古成都人”辉煌的“证物”，诉说着传承千年的文化根脉。

开放、包容，给“成渝双城”走向世界提供强力支撑。

目录

第三章　从『首都』到『副都』

第四章　世界青铜文明体系

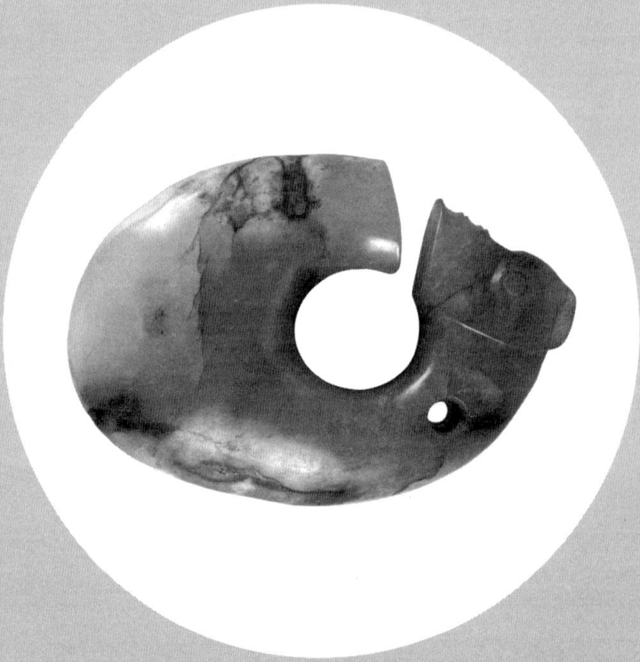

▲ 玉C形龙仔

透闪石龙溪玉，浅绿色，玉质坚硬致密，半透明，局部黑色沁，尾部表面石质钙化。此玉龙高28.5厘米。虽然与红山文化中习称的玉猪龙C形龙造型相近，但是出现在三星堆文明器物中，殊为罕见，可见上古时期先祖们的流动迁徙带来文化的融合交汇，此为物证。

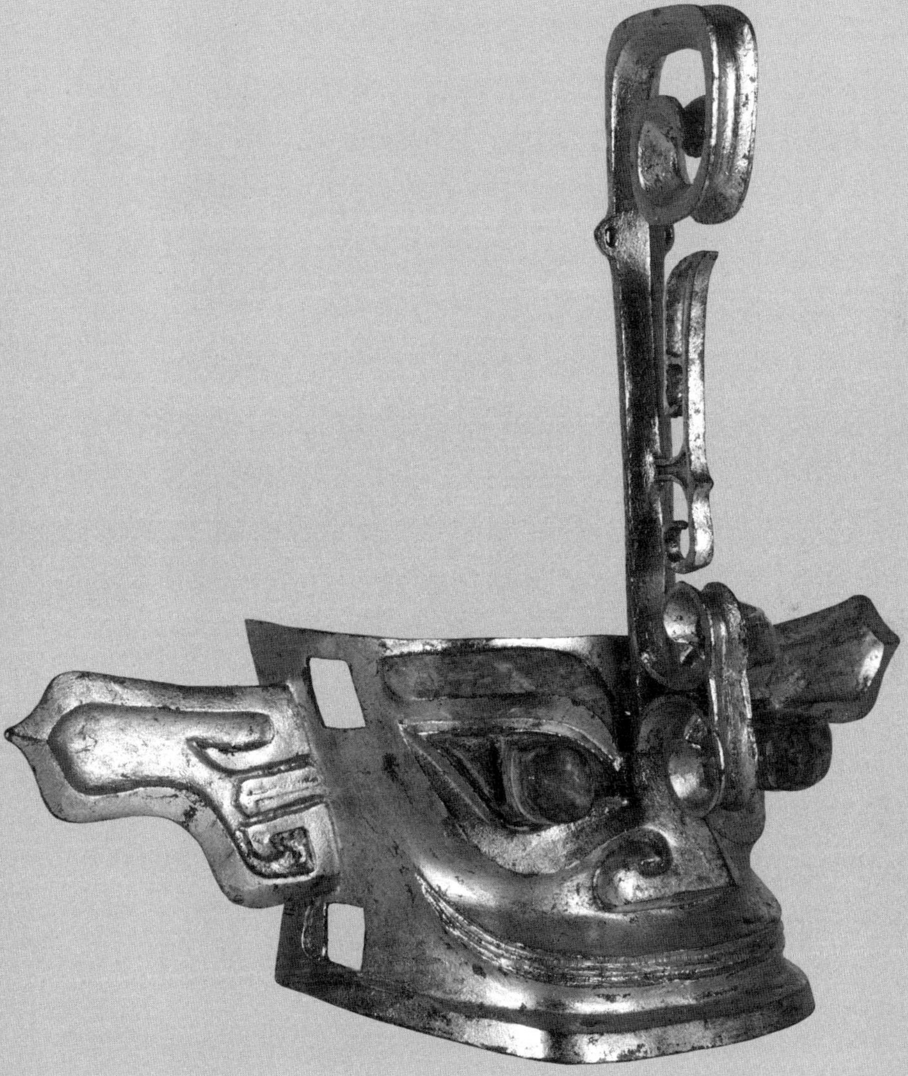

▲ 青铜金面夔龙纵目面具（正面）

青铜材质，彩绘鎏金，背面有古蜀文字，精致壮观，气势雄伟。

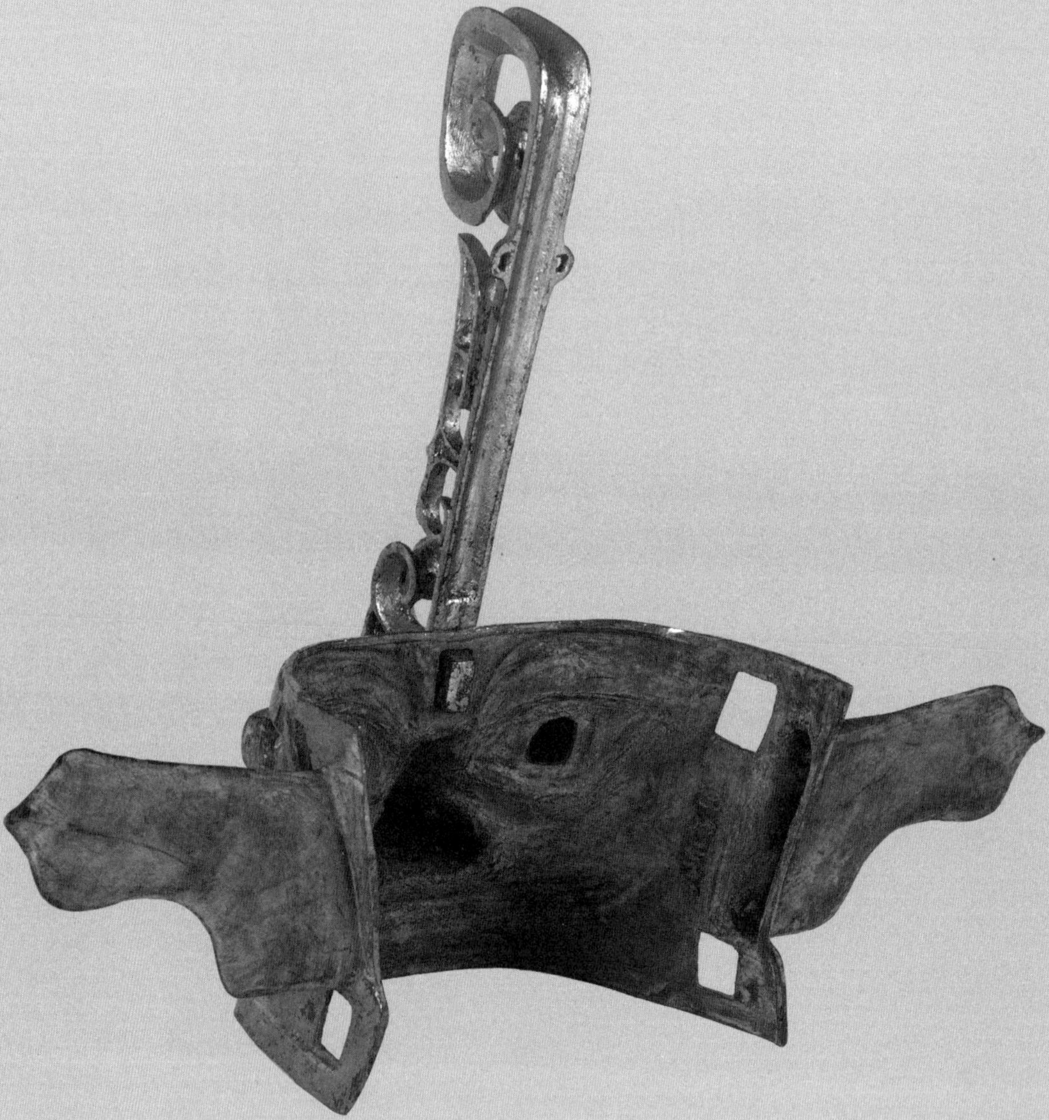

青铜金面夔龙纵目面具（背面）

第一章

诗和远方就在金沙

都城规划，“象天法地”。

二元思想，“人神分离”。

展示古蜀国恢宏的建筑、隐秘的蚕丛、大禹祭祀。

三星堆城建城理念，对成都城、秦汉帝国的都城规划影响很大。

来自不同地域的人，向三星堆聚集，带来不同的技术、艺术。

“北漂大军”后裔的“夏氏遗族”，带来的中原民族神秘、虔诚的祭祀仪式，用青铜器为古蜀国锻造出一种虚无而神秘的力量，被“南迁部队”后代的三星堆人虔诚地全盘接收。

三星堆人有 70% 的概率是古蜀人、夏朝遗民、古巴人。

三星堆城主城区人口加上“流动人口”，超过 9 万人。

三星堆的文字，可能留在被烧毁的丝绸上。

青铜神树上悬挂的铜铃、飞禽，就是祭祀中的“悬”？

被戏称为“方向盘”的轮形器，果真是“悬祭”的礼器？

政治中心的被动迁移。“辫发”族群迁至“副都”的成都金沙城，“笄发”族群北上，迁入陕西宝鸡，“投亲”随大禹治水的“北漂大军”——已在甘肃天水定居的柏灌族群的遗民。

这里，是周人的居住地、秦人的发祥地。

“兄弟分家”仪式盛大而凄凉

一场意外的大火

意外，一场毁灭性的意外。

火光熊熊，浓烟剧烈。

一个深夜，约 3200 年前。

熟睡的三星堆人，在梦中被惊醒。

大火，正在无情地吞没国家宗庙。

醒来的人，纷纷赶往宗庙。

大火凶猛，火焰噬人。

三星堆人的眼睛，下雨了……

高大、巍峨的宗庙轰然倒塌，房梁、瓦砾砸在神案上的金器、青铜器、玉器上，昔日悬挂在宗庙之中的纵目面具轰然坠落，青铜大立人也在劫难逃，被一根房梁砸成两半……

大火熄灭。瓦砾、断壁残垣，象征着国家根基的宗庙已化为废墟。祖先流传下来的青铜人、纵目面具、青铜神树，国库的象牙、钱贝，都遭到不同程度的损坏，失去了往日的奕奕神采……

祸不单行。间歇性的灾难，又不期而至。

雷雨时的闪电，划过天际。

城墙上、房檐上，流下来的雨水，汇集成一条条小溪，冲向马牧河。

雷雨交加。雷声，一个接着一个；暴雨，一波接着一波。

闪电过后，天昏地暗……

荣华谢后，山河永寂……

宗庙崩塌，带走了古蜀国的稳定。

水灾、火灾、旱灾，接踵而至。在三星堆人的心目中，曾经养育的土地被神诅咒，变成凶兆之地、妖魔鬼怪横行之窟、瘟疫肆虐鼎食之家。必须离开，寻找一片新的沃土，是近在咫尺的“副都”金沙城，还是诗与远方的关中平原？

带着无限的眷恋，该向哪里迁徙？

若要继续过幸福生活，就该离开。

如诗如歌，不一定只在远方。

仓促、彷徨、犹豫不定，目的地没有确定。古蜀国内部出现剧烈的争吵、对峙，梳麻花长辫的“辫发”族群，要去金沙城定居；发际线较高的“笄发”族群，执意要向关中平原迁徙。

谁也说服不了谁，沉默、僵持，甚至对峙。

微波脉脉。城墙边的河道很浅，鸭子河水流缓、悠游，柔波里水草招摇。

蜿蜒、曲折。沿河，有许多石阶码头。

沧桑、厚重。残石颓柱，依稀透出昔年的辉煌。

神庙、议事厅、市场和剧场的废墟中，青草蓬勃生长……

时间，商朝中期，公元前1300年左右。

成都平原的三星堆城，位于四川德阳广汉市区西北约7公里，行政区划地跨今南兴镇、三星镇，南距成都中心城区40公里，地理坐标：北纬30° 59′ 38″、东经104° 11′ 58″。

它北依鸭子河，南跨马牧河。城址跨河分布，呈现被河流分割的南、北两大区域。大城，南北长1800米至1900米、东西宽800米至2000米，城址形态呈北窄南宽、东短西长的梯形。

一线城市。在商代早期，三星堆城就已建立起3.6平方公里的城内面积，6平方公里遗址面积的大城市，几乎可与中原的几大都城抗衡。商代后期，三星堆城发展到12平方公里，除殷墟之外，堪称东亚巨城。

古埃及梅里姆达遗址，形成年代与三星堆文明相当，位于尼罗河三角洲西部边缘沙漠地区，面积0.18平方公里；希拉康坡里遗址，古埃及前王朝与三星堆城一样，由一个中心城市、附属乡村组成，面积0.06平方公里左右；两河流域南端，美索不达米亚平原的乌尔、乌鲁克古城，传说中古希伯来民族和阿拉伯民族的始祖亚伯拉罕的故乡，古城面积接近1平方公里。

“辫发”族群与“笄发”族群反复商议。

没有选择，只有迁徙、迁移。

举行一场分道扬镳的“燎祭”。

盛大、阔气而又凄凉、无奈。

文献里记载的“燎祭”“瘗埋”，隐讳而神秘，大量砸碎的祭器、象牙焚烧。祭祀，需把奉献的祭品焚烧，神明才能享用，把祭品打碎，埋到地里，才是诚心诚意地祭献给祖先。自鱼凫王时代起，古蜀国上至王族，下至庶民，渐渐形成“燎祭”的祭祀模式。如今，成都平原民间在祭奠逝者时，仍在使用“燎祭”。

祭祀时，为彰显神王的威严、营造肃穆的氛围，采用大量象牙作为主祭品。

随着青铜器制造水平逐渐提高，大型的牙璋、青铜祭品，取代象牙成为主祭品。

场景“奢侈”。临走时，三星堆人把放在神殿中的主要神器、祭器，搬到神殿前的广场，对着西北方神山中的天神先祖、神主——大禹，举行最后、最大的祭典。佩戴“三金”的祭司主持祭祀活动，命人将五谷投入坑中，覆盖在玉器、钱贝之上，投入火把，进行焚烧。等到坑里的火焰熄灭，象征王权的各种青铜器，进入输送“流程”。

输送方法是“摔”。

青铜器不易焚烧。摔，与焚烧类同，将青铜器进行毁损，这充分表达了三星堆人祭送的态度。还要奉献纺织品，将绢织物铺盖在青铜器上，再举行仪式。

焚烧过程中，祭司手舞足蹈，与各方神灵沟通、交流，确保过程顺利。

在统一挖的祭祀坑中，祭品被有序地埋藏，表示送到天上、神界。

与此同时，将从金库里搬出来的象牙投入火中。

祭　祀

“三金”，祭司的“标配”。

祭司脸上戴的黄金面具，把祭司从人变成神。

世界上所有地方的古人，都有戴面具的习俗。

祭司，左手拿根金手杖，右手拿着黄金“太阳轮”，脸上戴着金面具。人与神对话的“翻译”，能听到神的话，把神说的事翻译给人听，也能将人的话传报给神听，地位仅次于国王。

黄金“太阳轮”，古蜀国最高级别的祭祀用品，由太阳、四只火鸟组成。鸟，离太阳最近，是太阳与人之间的联络员；火飞到空中，聚合化成的神灵。四只火鸟，代表东南西北的四方天空。

神杖，全被黄金包裹，熠熠生辉，上面还刻有鸟、鱼、人三组图案。

鸟，天空；鱼，地下；人，人间。

祭司上通天，下通地，中通人间。

在古蜀国，国王负责管理，祭司负责沟通。

神人合一：黄金属于神，由祭司佩戴，青铜属于国王。黄金“太阳轮”，代表黑夜中沉睡的太阳，统治人们的精神；青铜“太阳轮”，代表白天照耀大地的太阳，统治人们的肉身。

青铜“太阳轮”以“五星”为基本设计格局，铸造得霸气十足。

祭祀大坑挖好，散发着泥土的味道。

离大坑不远，是临时筑起的高台。

尊卑不同，代表着迥然不同的地位、命运。

站在台上的祭司，头罩太阳光环，手持献祭之物，俨如一个光明的使者，或太阳神化身的形象。贵族们穿着翘头靴在手舞足蹈，与跪坐、跪拜的平民、奴隶，区别明显。

几个奴隶，扛着不同的祭祀物，匆匆奔来。

几群奴隶，分别扛着一些顶着“神兽”的“辫发”者与“笄发”者，正在小心翼翼地走来。

贵族们，往坑底奉上美玉。前来的臣民，有的随身携带，有的从家里带来，从肩上、怀里掏出各种玉器，有序地抛进坑底，为先王、祖神带去一份心意。然后，奴隶们再往坑里抛撒钱贝。

没有美玉，只有奉上一些钱贝，托先王带给祖神。

“忽得仙道”。蜀王在地震、雷击时病倒。臣民先恐惧，后抱怨，对曾经虔心敬奉的“众帝”失望，对代表众帝的形象的青铜人像流露出怨恨——关键时刻，你为什么不保佑我们?

一部分臣民捣毁青铜人、青铜树等礼器，进行“失灵神物掩埋”。

一些工匠不忍毁坏，手下留情，偷偷地保住一批本应被“摔”的祭器。

仪式特点罕见，场景与商朝“武丁盛世”时的祭仪相似，与《山海经·大荒西经》《尚书·吕刑》《国语·楚语》等文献记载的颛顼帝“乃命重黎，绝地天通”等原始仪式契合。

待众人抛完玉器、钱贝，祭祀活动进入下一个“流程”。

祭祀现象独特。有点像交接仪式，新王登基或新的接续王朝诞生，会把前一个王朝的东西，从宗庙或是主庙里面请出，埋进坑里。然后，自己再造一套，继续放进宗庙里面。

往复循环。一代、二代、三代、四代……

连“辫发”族群、“笄发”族群的“分家”，也如法炮制。

等到火焰熄灭，对先祖、祖神的祭祀完成。

最后，祭司将自己的“三金”也投入坑中，令众人回填、覆盖。

然后，带上兵器、日常用品……

盛大的祭仪结束。青铜人不见了，象牙不见了，金玉不见了，纺织物更不见了……

留下一片荒凉。

两个族群的冲突

三星堆遗址类似的“祭祀坑”，前后不少于 8 个。坑口大小不等，祭品多少不一。

神权社会，已经产生阶级分化。

古蜀王一如那尊“青铜大立人”一样，不仅拥有超尘拔俗的地位，还在祭祀中负责祈福、祷告，集神权、王权、财权于一身。贵族只能在一旁跪着禀告，有些平民、奴隶只能打下手。

“青铜大立人”本身头戴高冠，身穿窄袖、半臂式的三层衣，衣服纹饰繁复精丽，以龙纹为主，辅配鸟纹、虫纹和目纹等，身佩方格纹带饰，似乎是具有通天异禀的“祭司”“蜀王”。

三星堆人已经娴熟地运用刺绣、织锦工艺。

丝绸编织技术，又飞跃上一个全新的台阶。

受中原文化影响。人面像，又称“魌头”。《周礼·夏官》中就有“掌蒙熊皮，黄金四目，玄衣朱裳……以索室驱疫”的记载，祭祀时佩戴或使用面具，进行通灵祈祷，是一种中原传统。

“辫发”“笄发”联合执政，意味着平衡。

打破平衡，就会出现问题。

神权、王权，终究不能和平相处，必然分庭抗礼。

宗教被过分强调，财富逐渐集中到神权贵族阶层。

异曲同工。在商朝早期，一个神职集团拥有着卜筮权，假借鬼神的意志，指引国家的方向，被臣民尊敬、信仰，是比商王还有权力的统治阶层。武丁继承王位后，王权才逐渐压过神权。

大同小异。古蜀国与商王朝，王权、神权，互相依存。

对权力的渴望，注定会让“两权”族群爆发冲突。

“夏氏遗族”的“笄发”打破平衡。

踏上迁徙之途

祭祀告别仪式后，“辫发”“笄发”分别踏上迁徙之途。

迁移中，“辫发”族群迁至“副都”——成都金沙城，“笄发”族群北上，迁入陕西宝鸡，“投亲”随大禹治水的“北漂大军”——已在甘肃天水定居的柏灌族群的遗民。

这里，是周人的居住地、秦人的发祥地。

陕西宝鸡的一些出土文物，证实与古蜀国曾经的亲密关系。

小部分人留守在三星堆，一直守护着自己的精神家园。

迁到金沙的“辫发”族群，开拓创新，奋发图强，拉开开明王占统治地位时期的大幕。

如同父与子，一脉相承。

相距不到40公里。迁都中，王族发动一次暴力性政治变革，“辫发”族群取代“笄发”族群，在上层社会一家独大。金沙遗址中，梳着“笄发”的青铜人像不见了，只剩下“辫发”的青铜人像。

真相大白。出土的一条金腰带上，同样有人头、鱼、鸟、羽箭。不同的是，人头图案却从两颗变成一颗。暗喻的指向“破土而出”：拥有权力的两者间，谁更胜一筹？“笄发”消失、衰落，“辫发”成为古蜀国真正的统治者，除了继续掌握古蜀国的王权，还得到了神权。

打破平衡。金沙遗址出土的小铜立人，梳着与三星堆出土的青铜像一样的辫子，腰间插着一根短杖。头上戴着象征着太阳的高冠，手却像青铜大立人一样，无限夸大地举在胸前，依稀有“笄发”铜像的影子。神权与王权之争，“辫发”胜出。

“辫发”族群移步“副都”金沙，“笄发”族群远走关中平原。

废弃“旧都”三星堆，来到“新都”金沙城后，最终，“辫发”族群成为古蜀国世俗世界、精神世界的唯一主宰者。他们奋发有为，将金沙城重建成一个堪与三星堆媲美的国度。

远上陕南的“笄发”族群，命运多舛，在异国他乡，必须重新取得耕地、河流与青铜，甚至是强大的周王朝的信任。与已经先到曾参与过武王伐纣、神秘消失的巴人一族，不期而遇。

巴山渠水。早在5300多年前，巴賨先民就在大巴山、嘉陵江、渠江流域定居、生活，创造了灿烂的巴賨文化，在今四川达州、巴中一带，常和古蜀人区域交错在一起。商朝早期就向四方扩展。向西，到成都平原；向北，来到宝鸡。

向北迁徙的巴人，翻越到今陕南的城固、洋县地区。被商朝军队打败后，又分成两支。一支，沿嘉陵江南下，进入长江流域，与三峡西进的巴人会合，进入成都平原，开枝散叶，共同建设三星堆、金沙城。另一支，沿着嘉陵江北上，到陕西凤县一带暂住，逐渐发展壮大，又翻越秦岭，在渭水以南的清姜河流域定居。迁徙的路线，同“故道”（周道、陈仓道）一致。

在渭水河畔，这群顽强的三星堆人建立了“弓鱼国”。一个活在过去的“故国”。

对三星堆城有着无限向往、追忆、缅怀的王国。

弓鱼文化，三星堆文化的非典型、不完全延续。

进入以农业为主的时代，开明王朝成为拓地千里的强国。

鼎盛热闹。开明王曾先后举行过两场重大的祭祀活动。

第一场。在今天的三星堆遗址举行，祭祀先祖亡灵、神主大禹，留下了1号、2号“祭祀坑”中的一个。《蜀王本纪》中所称的开明，即为继承三星堆王朝而得，意为“太阳家族”。

第二场。正式迁都成都城西金沙城，真正地改朝换代，“副都”变成“首都”，进一步确立开明王“一统天下”的地位，举行一场盛大的祭天仪式，留下 1 号、2 号“祭祀坑”中的另一个。

“神主”大禹

“复禹之绩，祀夏配天，不失旧物。”

耐人寻味。两次盛大的祭祀仪式，《左传》留下了 12 个字。

“蜀夏同源”“夏周同源”。

蜀人、夏人同源；夏人、周人同源。

周人先祖，也来自成都平原。

在殷商甲骨文中有“蜀”称，古蜀人与古巴人协助周武王灭商作战。

文献记载，周始祖“逾梁山，止于岐下”。

“葬于都广之野”。周人自称“后稷”的后代。

后稷，周朝始祖，农业之神。

在《史记》中，司马迁对“后稷”记叙详细：“弃为儿时，屹如巨人之志。其游戏，好种树麻、菽，麻、菽美。及为成人，遂好耕农，相地之宜，宜穀者稼穑焉，民皆法则之。”

《山海经》也说，“后稷”，帝尧时专门研究种植五谷的农师，黄帝、嫘祖的后裔，死后葬在蚕丛王开辟的都广之野（今成都天府新区、双流区一带），不仅彰显成都平原与中原文化交流密切，反映古蜀高度发达的农耕文明，也说明“都广之野”在中国农耕文明史上具有的重要地位。

古蜀人原始的两种信仰：天地信仰、祖先信仰。

“神主”，宗庙中的前代国君的铸像。三星堆出土的青铜器中，共有各种青铜人像50多个，包括人头像、大型青铜立人像，都是古蜀先君——蚕丛、大禹、夏代宗庙中延传下来的“神主”。

《左传》说：“凡邑，有宗庙先君之主曰都，无曰邑。”一个城邑，有陈列前代国君铸像的宗庙，是都城；没有，一般为城邑。汉代以降，“神主”用画像、书写先君名讳的牌位代替。

《史记》说，大禹“河目海口”。夏代建立者大禹，父亲鲧，爷爷颛顼，颛顼的爷爷黄帝。面相有共同特点，有形状像河流一样的眼睛，上下眼眶平而长，有像大海一样的嘴，非常宽阔。

此为夏朝王族的标准形象。

“神主”的特殊身份。四尊人头像上贴有金箔，除了眼睛、眉毛以外的脸部皮肤，都用黄金来表现。正是夏王朝的列位先祖，黄帝、颛顼、昌意、鲧、大禹、夏启、夏桀等“神主”。

“神主”大禹，头顶花冠，河目海口，身躯瘦高，一袭细布长衫礼服，手臂和手粗大，两只手呈抱握状。《论语》进一步介绍，“恶衣服而致美乎黻冕，卑宫室而尽力乎沟洫”，不讲究衣服，却追求礼服礼冠；不讲究宫室殿堂，却追求沟洫水利。

《说苑》说，大禹“衣裳细布”，礼服，为华贵的丝绸一类的细布所做。这与青铜立人像表现的形象完全相同：两只手呈抱握状。一只手握治水用的耒耜，另一只手呈抱握形的手势。

“引导性”动作，与青铜像类似。在山东出土的汉画像石上，大禹的形象正是一只手执耒耜，另一只手做手势。

“神主”大禹所握的耒耜，为筒状包金箔的木耒耜，与大禹的“神主”同时出土，长142厘米，直径2.3厘米，黄金净重约0.5千克，如今大都被解读为“金杖”。

双手紧握、把握，一高一低，解释为把握、拥有，寓意统治阶级把权力、地位牢牢地抓在手中。也标示着三星堆、金沙城统治者，在血缘历史记忆、家族部落族属与政治共同体认知上的同一性、连续性。

“神主”大禹，与文献记载的大禹身高相同。

身躯瘦高。《竹书纪年》说，大禹高“九尺九寸”。

同时代的尧、舜，身高分别为“七尺二寸”“六尺一寸”。

重要历史文化信息，大量隐秘地传递、释放……

笼罩在远古迷雾中的三星堆王国，已露出些许“庐山真面目”。

重大转变。从原都邑消失，到新都城营建。

原先的平民居住区，被毁弃；前一时期的房址，被叠压。

过去的宫殿、神庙、城墙，都已毁弃。

神庙中的像设、用具，都被毁坏、掩埋于地下。

三星堆城从中心都城，跌落至普通城邑。

先前的特殊场所，出现了普通居址的堆积。

遗址内大城套小城等点滴痕迹，刻画了文明孕育、繁盛至衰落的历程。

都城规划“象天法地”

城市布局

在广汉三星堆，马牧河从西向东，贯穿全城。

遗址平面，东西长5000米至6000米，南边宽2000米至3000米，总面积约12平方公里，以南部的“三星堆”，北部的“月亮湾”“青关山”，与城西的“仁胜村”等地点最为重要。

2020年至2022年，三星堆遗址祭祀区共计开展发掘面积1834平方米，基本确认了祭祀区大致呈西北至东南走向的长方形分布范围，与北侧紧邻的三星堆城墙平行，面积将近13000平方米。

对近200个样品进行碳14测年，测年数据集中在公元前1131年至公元前1012年，除了存在打破关系的5号坑和6号坑年代稍晚之外，3号、4号、7号、8号祭祀坑的埋藏年代一致，为商代晚期。

距今4800年至3000年，文化堆积又可分为4期，每期数百年。一期的存续时间，与新石器时代晚期——铜石并用的龙山时代相若，文化内涵丰富的二至四期，横跨中原夏商周三个朝代。

目前，学术界大多倾向于将三星堆遗址划分为三个时期，代表着三种不同的考古学文化。

经历了文化发展的全过程。第一大期，宝墩村文化（公元前 2500 年至公元前 1700 年）；第二大期，三星堆文化（公元前 1700 年至公元前 1200 年）；第三大期，十二桥文化（公元前 1200 年至公元前 316 年）。再结合春秋战国时期的“晚期巴蜀文化”、秦汉初期的文化融合阶段，基本构成了 5000—2000 年前的考古学文化体系。

三星堆城规模略小于郑州商城、偃师商城，但比两城的内城要大 0.5 平方公里。

“一大多小”的城市布局。

都城构成，跨河的大城，城内二至三座。

两座小城，都位于穿城而过的河流北岸。

功能分区。城区，还有中轴线。

中轴线上，主要分布有祭坛、寺庙与宫殿等。

一次礼制、宗教改革，以马牧河为界，逐渐把世俗空间、宗教空间分隔开来。

宫殿区，西北小城。

祭祀区，西南小城。

作坊区，东北小城。

墓葬区，大城西郊。

祭祀区，专门用来祭祀天地、祖先、祈求国泰民安的场所。

8 个“祭祀坑”，大致位于古城西南的祭祀区。

马牧河、月亮湾城墙，又将古城大致的布局划分成“田”字形。同时期的中原城址，多由规划好的街道，形成比较规整的“井”字。三星堆城借助自然水系，追求天、地、人和谐，呈现出一种与自然、宇宙交流的图景，充满着方向、节令、五行和星宿的象征意味，形成独特的“相土尝水”“象天法地”的城市规划。

规模颇大。月亮湾小城，城圈内分布着大型建筑区、祭祀区、疑似手工业作坊区，类似宫城；南界，为三星堆城墙，普通居住区；南城墙外，祭祀区；城圈以外，有墓葬区。

三重城圈格局，并非一日之功，为三种墙体结构的城墙，即单向堆土、双向主副城墙式、大平层式墙体。

大约在商中期开始修建。

三种不同的墙体结构，分别代表不同的修建年代。

大城的北城墙位置，在青关山、真武宫以北的鸭子河中段（已毁），把古城南部的三星堆子城，看作城内特殊的构筑物而非城墙；将西北小城的东城墙（月亮湾城墙），复原成跨越马牧河、直抵大城南城墙的纵贯大城中央的隔墙；将古城复原为河流横贯、东西并列的城型。

西北小城，青关山土台北侧的土埂，长度与土台的东西宽度相同，土堆南侧的壕沟，围绕三个堆子开挖的水沟；西北小城的东城墙——“月亮湾古城”南，有一道明显的向南延续的城墙、城壕痕迹，跨越马牧河，一直与大城南城墙相接，大城被这道纵向内城墙、内城壕分隔为并列。壕沟宽 30—35 米，东西两端与马牧河相通。

东城墙，在向北延伸，至马屁股城墙以北的河堤处。

月亮湾城墙外的西北小城东城壕，北端在大致相当于西泉坎梁子南侧的位置，几乎成 90 度角西拐，西段接近鸭子河的河岸，越往东走，就距离鸭子河南岸越远，一直到东头拐弯处。

大城周边的城墙、城壕、城内小城的城墙与城外的城壕、有城壕作用的河流，将都城内外各功能区分隔开来，在城墙上开辟城门，在壕沟上搭建桥梁，才能沟通都城内外。

城市的主要路径，勾画城市的脉络。

人们过“水门”入城。

西城墙北段有个“水门”，马牧河沿着西城墙外的西城壕北上。

城北面，为宽阔、湍急的鸭子河。

月亮湾，北部的西北小城的东城墙，城内最突出于地表的土垄，与城南部的“三星映月堆”，成为最引人注目的地标。内城最重要的城门，三星堆城的主要出入口，朝向东南。

青关山大型建筑基址平面，为东西长、南北短的窄长方形，南北墙体基础宽厚，壁柱林立，东西两端却没有封堵，除成排的内柱外，建筑朝向月亮湾城墙、主城东城墙处。

东北小城的北城墙与西北小城的北城墙大致在同一直线上，南城墙却比西北小城向北收缩不少，显得狭窄，给人以东北小城的南城墙有避让之前既有设施的感觉。

都城功能的空间格局。

河的北边，世俗区。

河的南边，宗教区。

贯穿全城南北的内城墙，将大城划分为东西两城，以分隔城内不同社会等级、职业社群。

城市形成南北上下城区，东西并列的双城结构。

主要道路，不止东北门内大道一条。除了大城东城墙北段有一个通往西北小城的城门，在大城东城墙南段、南城墙东段，应该还有一个通往西南小城的城门。

西南小城的两个“祭祀坑”，1 号坑前的地表挖有规整的沟槽，将沟槽复原，连同 1 号坑本身，就很像前有门道、后有殿堂，两侧以廊庑、院墙联系的围院。围院的门道，也是朝向东南大致 130 度。神庙建筑在靠近北面马牧河的位置，一如后来金沙城遗址的祭祀场所，在磨底河南岸一样。

大城还有南东门、东南门，以满足城南人们的出入。

只是由于马牧河河床的摆动冲刷，大城东城墙南段、南城墙东段，都已被冲毁无存。

南城墙西段中间、西城墙南段，也都有城门。西城墙南段，已经被马牧河河水冲毁。

大城的南城墙西段，现在还有三个缺口。西侧的两个缺口，都有乡村道路通过，后来为了方便交通，挖断城墙形成的缺口，应有城门；最东侧的缺口，就是城门。

从这里入城，取垂直于东北门内大道的方向，能直接通往三星堆古城的任何地点。西北小城的青关山宫殿基址，大致位于西南小城、西北小城南北中轴线的位置。

三星堆大城内部的西北小城、西南小城之间，有城门，道路直接通行，不必迂曲绕道；从西北小城，或西南小城的东门出来，在大城东部渡过马牧河，再分别进入西南小城、西北小城。

西南小城北墙的城门，是为方便神职人员到河滨祭祀用的；西北小城因靠近马牧河，开辟城门不仅不利于防洪，出入的人群还会给对岸祭祀的举行造成干扰，应该原先就没有城门。

青关山遗址

承续三星堆人礼仪，“副都”金沙城变“首都”。

成都城区，磨底河南岸。金沙人长期在城址南部举行宗教祭祀活动。

三星堆城最高的风水宝地——青关山遗址，北濒鸭子河，南临马牧河，极为适合三星堆人居住、生活，土台面积近 5500 平方米，厚约 4 米，整体由夯土、红烧土和文化层叠压堆积形成。

站在这里，整个古城一览无余。

台地上，分布着大片红烧土、夯土，一个长 55 米、宽 15 米的长方形建筑基址，建筑由 6—8 间房屋组成。墙基内外，各有一排密集的土坑，总数近 200 个，支撑屋面出檐的“檐柱”，底部由红烧土垒砌，夹杂着大量卵石。它是二层的大型干栏式建筑，建筑面积接近 1000 平方米，也是一座大型“神庙”或宫殿，位于高台之上。

大型单层单体建筑。两面坡重檐屋顶，顺着长条形大房的纵轴，一条笔直宽敞的“穿堂过道”贯穿全屋，沿中间廊道，对称分布着单间。宽大的“木构平台”朝向中轴通道，用于摆放神像祭品等器物。平台中，各夹有两个用“U形红烧土墙基”构建的单间，用来放置大型的神像、祭器，以供人们从中央通道上进行祭祀、供奉。此建筑具有保存场所、活动场地的双重功能。

房屋两端的中央，开有两座大门。

大房两端还各有一个较大的空房间，供集体祭祀、集会议事所用。

一座既能安放、保护大量神像、器物，又能进行重大祭拜活动的“神庙”。

一个举行重要集会、议事决策，国王用金杖行使国家权力的“殿堂”。

外面，宽阔的活动场地，用于祭祀。

宗教意义。主轴、通道，呈东南—西北走向（北偏西40度），指向西北方的岷江上游——怀念祖先的故土，先祖、神主所在的神山——龙门山，古蜀文化的发源地、岷江上游最大的河谷冲积扇平原——茂县盆地。

“方位系统”特殊，与遥远的历史文化传承有关。展示着古蜀国恢宏的建筑、古羌隐秘的蚕丛、大禹祭祀。

异曲同工，为同一文化底层。

河南安阳，商人祖先故地、先商文化的腹心地带。

继洹北商城一号宫殿基址后，此处为发现的第二大商代建筑基址。

洹北商城，位于洹河北岸，与南岸的殷墟遗址隔河相望。

位于南北中轴线上的一号宫殿基址，主殿开间数“九间”，东西长173米，南北宽约90米，面积约1.6万平方米，“回”字形结构，由主殿、耳庑、廪台、南庑等部分构成，将中国四合院的历史追溯至商朝。已发掘的四个封闭式台阶上，木质踏步保存完好，每个台阶正对正室，两个正室前的祭祀坑，用猪、狗、羊作祭品。奠基时埋下。

青关山下方，同样埋藏着多处破碎的玉璧、石璧、象牙。皆为古蜀国的祭祀重器。

因发掘面积有限，青关山遗址迄今只露出“冰山一角”。

三星堆的建城理念

都城规划，“象天法地”。

二元思想，“人神分离”。

河流，代表天上的银河，将都城分为两个部分。

三星堆城建城理念，对成都城、秦汉帝国的都城规划影响很大。

春秋战国时期的古蜀都城金沙城，也是将城市规划在一条宽阔的河流岸边，却另有一条稍小的河流，从西向东，穿城而过，将都城划分为南、北两个城区。北区，布置宫殿等世俗建筑；南区，安排神庙等宗教祭祀场所。“人神分离”，各居一侧。横贯城市中间的河流，既起着分隔世俗之人、神职人员功能区的作用，也发挥着河的北边人的空间、河的南面神的空间的纽带作用。

在渭河北岸，秦国的都城咸阳，也先后建有旧、新咸阳城。

旧者，秦孝公时营建的咸阳中心区；新者，秦始皇仿效六国宫殿陆续增筑的宫殿区，还将咸阳城区扩展到渭河南岸，形成了河流横贯大咸阳的都城格局。

秦始皇不断神化自己，将自己视为三皇五帝的升华，追求神仙方术、长生不老，将原先古蜀国“象天法地”的都城规划移植至咸阳，强化了天，弱化了地，变“象天法地”为象征“天汉”。文献记载，成都“与咸阳同制”，咸阳的城市形态，“端门四达，以则紫宫，象帝居；渭水贯都，以象天汉；横桥南渡，以法牵牛”。正本清源，应是咸阳“与成都同制”。

三星堆城、金沙城，可谓咸阳城的“样板”。

中国古代，从《周礼·考工记》的王城规划，到唐长安城，再到元明清北京城，代表另一种城市主流规划思想：法象大地，按照一里九夫、天下九州的观念，将都城划为一个个的井字格。

三星堆城，一座繁华都市，却独具巴蜀特色。

居民住宅区内，房屋密集。主要为沟槽式的地面建筑，先在地面挖设沟槽，再在沟槽内栽设竹子、木头的柱网，将泥巴糊在上面，阴干或烘干，就形成墙体。在墙体之上，架设屋顶。

房屋式样，分为长方形、正方形与圆形等。形式，有独屋、联排等。最大的房屋，面积达 200 平方米。

“礼别尊卑”。这里曾是等级森严的奴隶制王国。

上层，王者、王族、神职人员，古蜀国的统治者；下层，成千上万的平民、奴隶。分界线是城墙，居住在城墙内的王族、神职人员，支配、奴役着被城墙隔离在外的广大平民、奴隶。

在三星堆遗址周围，发现 10 多处密集的古遗址群，既与三星堆相连，又被高大的城墙隔开，为王族统治下的乡村群落；发现了 4 座墓葬，与奢华的祭祀坑相比，其中没有任何随葬品。

古蜀贵族，享用精美绝伦的玉器、青铜器，身着纹饰繁复精丽的刺绣蜀锦；一般百姓则使用简单的陶器、石器，穿着“皆有尾形”的犊鼻裤，在神权体系下，按照既定的规范、准则生活。

一面，贵族控制着宗教信仰和国家政权；另一面，他们过着脱离劳动生产的奢侈生活。奴隶则被用以创造无与伦比的财富，在有生之年，不能享用；死后，依然一贫如洗。

祭政一体

政教合一的神权政体。

它类似儒家的氏族王权、近乎道家的自然神权。这派生出古蜀文化的另两个特征，注重人物造型的艺术传统、有机融合的多元文化，在神权、王权的统一和矛盾之中，呈现出神秘的地理文化韵味、飘逸的文艺想象才情，形成人神相通的神仙观念。这为成都平原诞生道教提供了丰厚的文化土壤。

在发式上，人们的社会地位区别明显。

青铜人头像中，分为两种发式。

联合执政。由“辫发”“笄发”两个族群组成。

特征鲜明。3000 多年前，古蜀国统治阶层的缩影。

“辫发”，将头发梳成一条辫子，拖在平顶的脑后。他们是成都平原的主体族群，处于新石器时代的族群。“笄发”族群，基本都将头发用发笄（簪子）别起，盘挽在头顶，头发拖向脑后。他们配有不同的发饰、冠饰，花样较多，也是中原地区数千年来，族群的主流发式。

梳着“笄发”的青铜人像，常常显示出神秘的气息，身着华丽的服饰、头戴鸟头冠、下穿鸟足裤，手中还紧攥着一根神秘的树枝，仿佛正陶醉于盛大的仪式中，正在从事着宗教活动。

从事宗教祭祀仪式的全是“笄发”人像，他们是来自中原地区的迁徙族群，掌握着天文、宗教、青铜铸造、中原政治遗产等知识的神权贵族；“辫发”人像，为成都平原的本土族群，是掌握着军事、行政权力的世俗贵族。

占有神权。“笄发”族群控制着古蜀国人的精神，充当着人与神灵联系的媒介。

占据王权。梳着“辫发”的青铜人像，神情闲适、安逸，他们是一个世俗的集团，掌握着军政权力，奴役着古蜀人的身体，驱使他们劳作、征战。

不可多得的福地，富足平和。如果民众安居乐业，可能就有人专注于思考生命存在的意义，或者探求自然的秘密、探索宇宙的奥秘以及思辨的深度和精度。可惜，从考古发现来看，没有。

商周的青铜器，相当于今天的大国重器。

礼器，政治生活中最重要的载体。

“祭”“政”不分，祭政一体，规范就是“礼”。

一张黄金面具，在当时生产水平下，至少需用工 100 天。还未包括挖矿、运输和冶炼所需的时间。

按照主人意志铸造的青铜树等，用工会更加巨大。

上有所好，下有所效。

贵族们犹恐人后，极尽奢华，无不以搜罗世间美好织造美物自诩。具有创造力的奴隶，平民中得以传承的能工巧匠，就会被以各种理由、采取各样手段，套上枷锁，赴那望不到头的明天。

铸造八棵青铜神桑、神王像与人兽面像、动植物雕像等，所需铜矿石以千吨计，铜矿的挖掘、铜锭的炼制工程量，需时漫长，消耗掉了古蜀国积累数百年的大部分人力、物力和财力。

向民间征缴，部分部族庶民自不乐意，偶有反抗、争斗。

制建蜀牢。在地下，挖成圆形的土坑，上面竖起栅栏、篱笆；在地上，围起圆形石墙，仅留一小口，以监禁罪犯，防止其逃跑。这与夏王朝的夏台（监狱）类似，“置之圜土而施职事焉”。

“圜土”，夏商周监狱的通称。监牢的形象名称，在地下挖成圆形的土牢，或在地上围起圆形土墙，以监禁罪犯，防止其逃跑。《竹书纪年》记载：“夏后芬三十六年作圜土。”

“夏后芬”，少康的孙子。夏启后的第七位夏王。“作圜土”，就是囚禁反抗者。

以畏众生。甚至，在祭祀大典中，还会专门制作罪人石像，以惩戒展示。

城，人的创造。

人，城的延伸。

在宝墩文化向三星堆文化转变时期，成都平原的宝墩古城、都江堰芒城、崇州双河古城、紫竹城、大邑高店古城、郫都古城、温江鱼凫古城等先后废弃，唯有三星堆城崛起，成为区域中心；

在向十二桥文化转变的重大节点，三星堆国发生重大的政治事件、社会变故，城中的主要居民迁徙到其他地方，大部分迁徙至离成都市中区 5 公里之处，再建金沙城，开启了一个新时代。

古蜀中心都邑的不断迁移，使一幅古蜀人的神奇生活图景在世人面前徐徐展开。

玉琮

三星堆人戴耳环、吃火锅、喝小酒

交通与坊市

三星堆城，夏商之交至商代，为古蜀国都城。

杜宇王初期，古蜀国蓬勃发展。

成都平原的核心区域，有3000—4000户人家，人口在15万至20万人之间。

王国推行坊市的运营、强化商贸道路的开拓。“成都造”漆器，精美绝伦，还出现了官方市场“成都市”。

商贾的贸易，近至汶山（今茂县、汶川一带）、笮都（今雅安、凉山地区）和僰（今川南、滇东一带），远至夜郎（今贵州六盘水、毕节一带）与滇越（今澜沧江以西、怒江以东地区）。

在沱江要冲，设立三星堆坊市。

方便今广元、绵阳一带的部族，沿着涪江南下；绵竹、什邡、彭州以西的部族，沿着鸭子河而下；由“松茂古道”而来的羌人，可从都江堰（芒城）的蒲阳河，顺河而下，到广汉附近。南、北、西三个方向，都可兼顾。只是南边的部落，需跨过金马河，走芒城、郫都一带，路途相对遥远。

南北呼应。扩建新津宝墩的聚落坊市，互通有无，彼此多有往来。

开拓商道。细致地考察汛期、枯水期的河流支系，整理交通路线。

梳理南北路。枯水期时，自今广汉起，过青白江区、越新都区，过金牛区的凤凰山，横穿平原核心地带，下双流、天府新区；汛期时，自新津起，借道大邑、崇州，在今元通古镇，跨金马河，进入都江堰、郫都，再取道东北，沿蒲阳河，到三星堆城。

拓宽西路。从今崇州北部出发，拓宽“松茂古道”，慢慢形成后来的“冉駹羌道”。岷江上游的古羌部落，为方便进出平原进行交易，越来越多的古羌人聚居在都江堰芒城、崇州江原城。

开通两条线路，连通南北。

一条，沿着杜宇一族曾经的南迁之路，自广汉到成都，经乐山、宜宾，逆金沙江而上，到朱提（今云南昭通）一带，宜宾珙县到昭通的道（后称僰道）又窄又险，直到开明二世卢帝之后，才陆续拓宽。另一条，从今崇州、大邑出发，过邛崃，再沿着青衣江、大渡河流域，经雅安，过汉源、石棉，借道西昌、德昌，入昭通到滇北。两条路线成为成都平原和古滇交往的商贸、交通动脉，终成为“南方丝绸之路”。

整修北路。自广汉出发，前接金沙城，后过德阳，绕梓潼，越大小剑山，经广元，跨潘冢（陕西宁强境内的潘冢山），入汉中，走祁山道、陈仓道出秦岭，最后成“金牛道”。

东路，几乎没有东出的陆路。被视为“天险”。“古成都人”

很少跨过龙泉山。

入中原路。北上治水，整修大禹带领“川军”到中原地区的“褒斜道”。

欣欣向荣。平原以北、以西，人丁兴旺，逐渐出现每隔十里就见炊烟之景。

平原中部的水道，持续梳理、改进。

彼时，岷江还没有分内江、外江，开阔，渊深。

大船。《战国策》中《楚策一》讲述：“方船积粟，起于汶山，循江而下，至郢三千余里。舫船载卒，一舫载五十人，与三月之粮，下水而浮，一日行三百余里；里数虽多，不费汗马之劳。”能够让装载 50 人、三月之粮的大方船，循江鱼贯而下。

轻舟。《战国策·燕二》中记述：“蜀地之甲，轻舟浮于汶，乘夏水而下江，五日而至郢。”夏季，岷江、沱江到达一年中的峰值，乘轻舟而下，经长江三峡，六天就可以到达商朝的盘龙城（今湖北武汉黄陂区）。

南北坊市，已经是人声鼎沸。丝织业、手工业水平发达。

物品交换，渐渐演变成物品交易。有专门的贝壳，或者信物进行交换。信物由坊市担保、管理。

出现“坐商”。坊市里有人常住，专职物品交易。西羌因为路途漫长，来回不便，会租赁一些场所作为专用，每次用牛马把大批货物运来后，留下专人负责交易。

跨国贸易，公平、公正。

海贝，赚来的钱币。通过“南方丝绸之路”贩卖丝绸。

象牙，货物交换的货币之一，价值比海贝还要高出许多。

三星堆出土巨额的海贝、象牙，仅是“货币”储蓄的沧海一粟，没挖掘的地方，还应埋藏着更多的海贝、象牙。与西方国家“外循环”时，“贸易顺差”令人瞩目。贩卖丝绸的数量，比买进外国商品的数量多得多，别国巨额的钱财（海贝、象牙）大量流入三星堆。

南北坊市的使用、扩展，使周边越来越多的异族部落进入平原，以游群的形式，聚居在坊市周边。物品交易，加快了人员的流动，促进了行业的分工。周边部族开始不断迁进、融入成都平原。

服饰与兵农合一

金面具与青铜面具相同，多有耳洞。

怀念立国神主大禹，三星堆人的面具都有耳朵穿孔，其传统延续到金沙城。“古成都人”确有穿耳洞的习惯，与21世纪的少男少女们一样“潮”……

《论衡·骨相篇》中说，“禹耳三漏”。《帝王世纪》里说，大禹“两耳参镂，首戴钩钤”。

“叁镂”，即“三漏”，指大禹耳朵上的三个洞。“首戴钩钤”，不是星宿，为“纶巾”的误记，根据“纶巾”发音，写成“勾今”，抄写者又把“勾今”按照星宿名，改成了“钩钤”。

“首戴钩钤”，实是“首戴纶巾”。

夏朝创始人大禹的标志——“两耳三漏”“首戴纶巾”。

这是亲缘部族身份、血缘的认同，也是四千年来的古俗流传，在四川西南部地区最为流行。如今，成都平原的部分靠近山区的乡镇，古蜀人曾经居住的故地，有些老人仍然习惯包头帕。

耳环，是整体装饰的一部分。三星堆人，将长发在头顶挽成一个发椎，穿着精美的锦绣长袍，款式特殊，衣服全是左衽，眼睛异于旁人，眼球外突。

内外“双循环”。三星堆虽不可避免地具有农业文明的封闭性、静态性，但又明显地具有向外开拓的创新性、对内充分凝聚的向心力。

神王以下设司马，司马直属神王，军队举神王旗号。王旗图案为青铜神桑侧面的巨型神鸟图形。

军队由两部分组成，神王卫队、长领族兵。

神王卫队为常备力量，约 300 人。长领族兵分为三旅，分别是步旅约 500 人，骑旅 100—200 人，射旅约 300 人。射旅，是最有影响力和战斗力的兵种。“蜀射三百”，并非空穴来风。

兵农合一。军队闲时为民，战时为兵。

最好的装备：桑弓。

最强的兵种：射旅。

杜宇王亲率古蜀军讨伐西边的僚人、讫人等异族。之后回到岷江一带驻扎，沿江耕田、渔猎，饮马江边，设立据点，以防僚人、讫人的滋扰、侵犯。岷江因驻军饮马，得名饮马河。在以后的岁月里，因为岷江河道的有效治理，郫都、双流、温江、新都、崇州的农耕条件大为改善，耕地平整、肥沃，人们成片地种植水稻，秋收时遍地金黄。五地为古蜀时的产粮圣地，史上成都最早的“上五县”。

耕地的灌溉水、饮水，都仰仗饮马河，饮马御敌，依岷江以耕。秋收金黄，颗粒归仓，民间饮马河逐渐更名为金马河。江安河之名，也来自古蜀国时期，江水不过，是为江安。

稻粟兼作的农业体系、家猪的养殖，奠定了古蜀文明，甚至天府之国农耕文明的基础。

育秧、移栽、收割等丰收的轮回，深深刻在成都平原的记忆深处、基因里，最终成为这片土地上农耕文明不可分割的一部分。

惬意生活

“最难辨认的文物”，玉板中的一场“野餐”。

四川民间收藏家收藏的三星堆文物十分特殊。

两套巨大的玉石板，浮雕壁画，由32块玉板拼成。一套较厚，2.1厘米，另一套较薄，0.8—1.1厘米。平均分割，可以拼接。玉石品质，上等。

玉石板上，刻画有人物、生活场景。

生活场景。两人乘竹筏叉鱼，竹筏上立着盛鱼的竹篓；三人耕地，一人扶犁，两人在前用力拉；四人在屋里跪着饮酒，地上摆着一爵一壶；五个人手牵手，腿分开，载歌载舞；二十一个人排列整齐地朝一个方向跪拜神坛……

一场野餐。上部分，刻画的内容为众人烹饪食物。中央有堆篝火，篝火上悬挂一尊瓦罐，火焰的线条十分清晰。三个人围拢在篝火旁，有人抱水罐，有人吹火筒，每个人似乎都很忙……

场景别致。右上方，一个特殊轮状物，不像太阳，类似于古代的木制车轮。下部分，画面上一人一马，骏马被拴缚于木桩之上，人在做着某种特殊的动作，或许在跳舞，也可能是特殊的祭祀动作。

场景呈现了三星堆人生活的真实写照。

如果圆形物体是古代的车轮，与现在的三星堆文化相矛盾。三星堆遗址发掘的过程中，还没有出现相应的车轮状文物，甚至连车辆的残骸也没有发现过。下部分的马匹，让人陷入不解。

待解难题。虽已经发现不少动物的残骸，但唯独没有马的遗骨，玉板画面与现实似乎不匹配。

三星堆的 8 座“祭祀坑”里是祭祀品，玉板上的图案，则全是活人生活的场面，显然不是“坑品”。

野餐场面。车轮、马匹和人，令人遐想。

三星堆人不仅主食丰富、可口，菜式也是花样繁多，甚至还能吃到“火锅”。

也有大量陶制酒具。古蜀先民已经开始用大米酿酒，并且有了饮酒的习惯。

陶盉，一种温酒器，二里头文化的典型器物，三星堆出土了大量的陶盉，显然是受到了二里头文化的影响。早期，陶盉形制较修长，足较粗；晚期，陶体矮胖，足较红，且有实心足尖。

中原地区先民使用的青铜酒器，主要有觚、爵、斝等。

三星堆盛行的酒器，主要是铜尊、铜罍。陶盉与平行杯同时摆放，跟现代的酒具的组套形式几乎一样。

造型奇特。“陶三足炊器”，盘面，分内外两层，大圈套小圈，外层可盛水、置物。下部，三条丰满、健康的腿，足下可生火，将上部所盛的食物加热，与如今的火锅原理完全相同。

装食物的器皿。陶器，陶高冰豆，身材修长，中间细长的部分是柄，上面有一个浅坛。三星堆文化时期，还没有桌子类的家具，多为席地而坐，柄的高度，对于坐在地上拿食物正合适。

一套完整的酒具，大的叫陶盉，相当于酒茶壶，与陶三足炊器一样，都有三条腿，非常稳定，也可以在火上加热，周围的叫平行杯，相当于今天的酒杯。

惬意生活。酒壶、酒、“火锅”有了，三星堆人会约上三五好友，吃火锅，喝小酒。

它还是一个多种功能的综合性炊具。敞口部分，可能是烙饼、烤肉、烤干果、烤植物根茎或加热干粮用的。

成都平原上的三星堆人，好酒之徒。

炊具为三足鼎立之状，三足之下可生火加温，上部可分内外两层，小口内和袋状足里面中空，可盛水，容水量很大，小口外和大口中间，如同锅状的敞口部位。造型特别，完全可以涮火锅。这与成都、重庆的老火锅像极了。

巴蜀之人爱吃火锅，是为“祖传”。

锅底下烧火，上下两部分可以拆卸组合，真是居家旅行必备炊具。

3000 多年前的成都平原，炊烟袅袅升起，养肥的家猪被架在火堆上。

当美酒从罍、尊中流出，三星堆人的喧闹可能震撼整个成都平原。

酒和青铜祭文化

行使礼仪，“礼的要素”，青铜文化的重要组成部分。

酒器常作为礼器，被用来参与各类庄严、隆重的祭祀仪典。

三星堆出土的大量陶器中，酒具的种类繁多，其中，仅瓶形杯数量就达几百件。不同于中原地区盛行的酒器——觚、爵、斝，三星堆出土的酒器多以青铜尊、罍为主。

古蜀酒器的出土，将川酒的历史前推了 2000 年。

成都平原的酿酒历史，至少可上溯至商代中期。

“以身作则”。蜀王杜宇与“第一夫人”朱利。

“上行下效”。带头喝“小亭”（今崇州隆兴镇）一带产的“务农酒”，三星堆人已饮酒成风。一些王公贵族甚至效仿“国母”，争先恐后地“种酒”（藏酒）。

春秋战国时期，蜀人的“醴酒”、巴人的“巴乡清”，都是名震天下的佳酿。“醴酒”味薄香甜，“巴乡清”清醇刚烈。

蜀人、巴人常常把美酒，献给神灵、死去的祖先。巫师也需要通过饮酒达到眩晕的状态，美酒之中浸透了魅力、法力。

中原贵族饮酒一般用青铜器，三星堆的王公贵族喝酒也用青铜器。青铜器历来为神灵所独享，唯独在酒器上，古蜀人奢侈、腐化。

即使在战场上，三星堆人一有机会，也忘不了捞点酒器回来。

三星堆人与商人之间的战争不断，一些商朝贵族在商王驱使下，孤军深入成都平原，冤枉地送了性命。彭州竹瓦街遗址，曾经出土过两件酒器——觯，上面刻着“牧正父”“覃父癸”，为商朝的两个贵族。觯，商人与古蜀人交战，吃了败仗留下的遗物。古蜀军兵缴获了兵器自己用，缴获了酒器也不“交公”。遗址中，古蜀人把罍、尊、觯等酒器，与戈、矛、钺等兵器放在一起。

战场上，兵器不可缺少。

生活中，酒也毫不例外。

夏、商两朝，两个狂饮无节制的年代，在成都平原亦有遥远的呼应。

古蜀国贵族、神职人员爱好饮酒，就连一般平民百姓也乐意来上几杯。

在三星堆，青铜酒器并不多，只有上等贵族、巫司神灵才有资格享用；到了金沙城，酒器换成了陶器，举国无大小，皆以陶器畅饮。古蜀州成了美酒之城，金沙城成了美酒之都。

三星堆人或“寡酒”，或配一二小菜。一般以第二种居多。

与酒器相伴出土的，常常是品种众多的饮食器——碗、碟、盘、豆、罐之类的陶器，应有尽有。一个灰坑，似乎就是3000多年前古蜀人的双开门电冰箱：最中间，一只盉，四周摆放着21件平底盘、豆、罐等食器。这样的“电冰箱”，考古发掘中并不多，只有贵族或殷实之家才能拥有。

金沙遗址出土了大量陶器，其中很大一部分是酒具。主要有尖底盏、尖底杯、尖底罐、小平底罐、高领罐、圈足盆、圈足钵等。一些小型陶器，可能是金沙城人的酒具，尖底杯、高领罐，适合“牛饮”；尖底盏的容量较小，用来“细酌”。

没有类似的青铜酒器出土，难道是富饶繁华的金沙城没有？三星堆贵族们因长期用含有锡的青铜器饮酒，造成慢性中毒，战斗力下降，金沙人已经意识到青铜酒器的危害，作出了明智的选择。

“崇地”的“小亭”一带，为三星堆人、金沙人的酿酒基地、作坊区。

距今 2800 年以前的金沙人，几乎每年都面临着严重的洪水危机，以酒祭神，以象牙祭祀，数百年间从未中断，整个国家的财富都奉献给了水神。在金沙人眼中，酒成为奉献给神灵的宝物。

精致生活

精致生活，令人遐想。

典型的三星堆人的面部特征：大眼、直鼻、方颐、大耳；头戴高冠，冠上刻有莲花状兽面纹、回字纹；脚踏翘头靴，身穿窄袖、半臂式三层衣服，最里面的长衣下摆类似于西方的燕尾服。

制作精美。衣服面料为丝绸，堪称中国古代最早的“龙袍”；世界上最早的一件“燕尾服”；纹饰繁复精丽，采取刺绣手法缝制。

青铜尊盛的不是酒，竟是三星堆人的存钱罐。宽25厘米、高12厘米，整体扁平，胎体薄；有类似人的五官，头部有犄角、嘴角露出獠牙。三星堆文化典型的青铜器类，曾在2号“祭祀坑”出土过多件，用途尚不能确定，是不是祭祀中的道具？

三星堆遗址3号“祭祀坑”提取的青铜兽面，是不是古蜀王客厅的屏风？

底座的铜人像作扭头状，一左一右，呈对称姿势，双手合力夹扶着屏风。头顶的柱状物有凹槽，凹槽直抵胸下，都是为了固定屏风。底座的铜人呈蹲姿，膝盖没有落地，半蹲半跪。

屏风主体为木料、绣织绣品。现在已经取出的一件为右扭头，还有一件是左扭头。神兽的前面也有明确的凹槽，堪比广州西汉南越王墓出土的屏风铜底座构件。不论陈设在宫殿，还是神庙，设计水平均为一流。

“开心大笑脸”。出土的古玉中，有件玉器外形特殊。

玉器整体呈“心”形。上方，两座云头自然形成“眼睛”，既无眉毛，也无鼻子，下方只有一张咧开的大嘴，较为圆润光滑，整体面部表情一看就是“开心大笑”。

开凿玉石，十分艰苦，用途多为祭祀、实用，造型多以严肃庄重为主。“开心大笑脸”，却显得滑稽、搞笑，与玉器的庄重风格大相径庭。“开心大笑脸”外形，应为古蜀人真实的心理写照。

“天下之中”的向心力

“夏氏遗族”迁入成都平原

一个开放、包容的文明。

中华文明早期交流、互融发展的一个高潮。

“华阳”之地的“洼地效应”。

源源不断的古羌人，慢慢地下移到盆地、平原、河谷。

《山海经·大荒北经》记载：“大荒之中，有山名曰成都载天。”

按照《山海经》提供的地理“索引”，今德阳、乐山之间，应为“茅神”“黍神”“蜀神”的地理原型，三星堆青铜大立人像的地理原型。今德阳到成都、乐山南部，与东侧资阳到荣县，西侧眉山到雅安，山地平面地形，如古汉字“天”字，称“成都载天”之山。盆地西部一带岷江、沱江、长江、横江、永宁河与赤水河干流水纹图，组成一个早期汉字——“流”。

这一带地区，又称“天流蜀方”。成都与德阳之间的广汉，恰好处于“蜀方”的中心，是三星堆遗址5号“祭祀坑”出土的鸟形金箔片造型的地理原型。

“天下之中”的向心力。

庸、蜀、羌、髳、微、卢、彭、濮，参加武王“牧誓”的八族中，以濮族人数最多，分布地域广阔，长期处于分散的部落状态，有“百濮”的称号。濮人原居住在江汉一带，先称为濮，继称为越，故“濮越同源”。成都平原富饶、平安，濮人逐渐迁入，融入了三星堆人。

四川东部的现达州、巴中嘉陵江支流流域的巴賨族群，长江中下游地区，迁徙而来的巴人族群，还有川滇黔地区、南亚过来的族群……

豫东有缗氏的后裔，先于具有先进文化的二里头人进入成都平原。

夏朝末年，因“有仍之会”有缗氏的背叛，而“克有缗而丧其国”。夏桀出兵灭了有缗氏。《读史方舆纪要》记载，有缗氏在春秋时期的“宋国”地域，即在今豫东地区。“有缗氏”族群被夏桀灭国后，辗转进入峡江地区，经“巴蜀文化走廊”，来到成都平原的富饶区域，与三星堆人融合。

继后，夏民的“混血”加入三星堆族群的行列。

处于成都平原北部边缘地带的“夏人”，在夏商纷争的过程中，常常是“旁观者”。夏商更替之际，新一代的混血夏人更加强健、智慧，纷纷逃难，有些部族直接进入成都平原。

迁移、重建，变得简单，自然的伟力，依然让人敬畏，因地制宜、开拓进取成为唯一的选择。“夏人”们居处古中国的大陆，遍地开花，依靠奴隶制与其他父系部落相爱相杀，合为一体。

在“重建”后的各地，“夏人”系趋同又各异。

“和而不同”。伴随着更大规模的人口迁移，更大的文明碰撞不可避免，“夏人”的“混血”与亚洲各地的“混血”开始交流、融合，直到新的兼容并蓄观念的和解、认同的出现。

脱颖而出。科学观念普及前，“混血”新人继续发展，成为探索中的族群，就像黑咖啡一样，激发、安抚着其他族群遇到的喜怒哀乐。夏民的“混血”与其说是“重建”，不如说是“重生”。

成都平原，夏朝建立者岷江上游的大禹古羌联盟、岷江中游的柏灌蜀族部落，最早兴旺发达的祖居之地，对于不管是“叶落归根”“衣锦还乡”的“七大姑”，还是“遭难回家”“逃避灾难”的“八大姨”，这里都是“夏氏遗族”的首选。

“鸣条之战”前，夏桀就“声东击西”。

“夏氏遗族”忍痛告别首都伊洛盆地，一路回避商军主力部队，行走在“G”形的万里“大回环”。

夏桀指令的大继承人，率领数万军民，举国搬迁、流亡，搬运铸造的传国祭祀重器，沿喜马拉雅山南麓的“蜀身毒道”，经越南、缅甸，入境云南，北上成都平原，再到广汉……

一扫而空。以商为核心的诸侯国，纵兵劫掠夏都。

“西北走廊”的诸侯国，携带战利品北上，经兴都库什山脉，入境今中国大西北地区，逐渐东进。周人后来进驻周原、商人等诸侯国，沿黄河一路东进，一支夏朝遗民出现在山西。

商人一直进军到东北。在公元前 1400 年的盘庚时期，他们才大举南下，进军河南。

几度辗转。夏朝亡国时四散的军民，抵达成都平原的广汉，应是在两年后的秋天。

当时黄河、长江流域的土著主体，石器时代的三苗九黎部落，多臣服于夏天子。

其中一路，吸引商军主力部队，向长江以南而行。

夏朝流亡军民沿长江东进，沿途掩埋带不走的祭祀用器，在今湖南宁乡、安化一带，均有迹可循。逃至湖北境内的数千军民、乐官世家，被“楚兵”俘获。最终，编钟等重器落入商军之手。

夏桀指令的次继承人，在今武汉盘龙城短暂停留，随后，乘舟南下，经鄱阳湖，抵达江西赣江东岸的大洋洲。部分祭祀重器，不得不葬于大墓。随行军民，四散流亡、藏匿。部分军民携带牛尊等重器，抵达湖南衡阳境内……

殷商在公元前1400年左右，扫荡三苗九黎土著，定都中原。

夏朝灭亡后，诸夏各部四散流亡。有一支在阿里地区农耕定居，避开战火，长期发展，形成著名的“象雄文明”。后来的诸夏，先后在妫水（阿姆河）流域、宁夏，建立了大夏国、西夏国。

世界屋脊，荒无人烟的土地。强大古国，疆域涵盖藏区西部、北部、东部。

诞生让世人炫目的历史、文明。中国的古象雄文化，西藏的源头、根基文化。在这片世界屋脊的雪域高原上，展示出的灿烂文明之光，直到现在也依然映照着整个藏区。象雄王国神秘疆域的中心地带，阿里高原上残存的遗迹，古老神秘的象雄文字、天文历算，以及藏医学、雕塑等种种古老的技术，都与这片土地息息相关。延伸出的传统风俗文化，也一直流传至今……

流亡军民的主力，随夏桀的继承人，在广汉马牧河畔驻扎。

随后，“夏氏遗族”，顺利迁徙到成都平原。

《淮南子》说："汤败桀於历山，与妹喜同舟浮江，奔南巢之山而死。""鸣条之战"中，夏桀并未死，在数百名精兵的护卫下，带着妹喜等妻妾及追随的"夏氏遗族"，向"南巢"逃窜……

夏桀一行在"先头部队"的掩护下，由长江中游溯江而上，进入成都平原。

得知消息，商汤派兵一路追杀。

从夏都斟鄩（今河南偃师东部、巩义西部的广大地区）到四川盆地，商汤带兵的追击路线，从二里头南行，越普救关（今洛阳汝阳王坪乡），直抵以盘龙城为中心的湖湘地区，溯江至成都平原，并降服沿途的氐、诸羌部落……

武丁即位时，古蜀国已在成都平原立国350年左右。

安阳殷墟，世界性的大都市。青铜器、牛、马、羊、小麦等指标，都已进入世界体系。

文明的丰富性，使得文明的界限变得模糊，富有弹性。

西南文明中心。成都平原已出现城市群落，原始形态的刻划文字、青铜器，代表着"三代蜀王"角逐争雄局面的结束，一个植根于社会、又凌驾于社会之上的国家政权产生——早期的三星堆国。

它拥有强大的力量、辽阔的城域。

古蜀与商朝的争斗

武丁时期，甲骨文卜辞中，曾多次提到"蜀"。

“至蜀有事”。商军从武汉盘龙城，追至岷江中游的武阳（今眉山彭山区牧马镇、武阳镇、成都天府新区黄龙溪镇一带），进入古蜀国设下的水军埋伏圈，猝不及防。“妇好”中箭受伤，退兵……

武丁闻讯，发出“征蜀”的“伐岷山”令。

商朝与古蜀国之间的怨恨再次加深，不可调和……

“不遑暇食，用咸和万民。”

商朝每个城市的人口，均在 2.1 万人左右。土地大小、城邑规模和民众数量，三者相称。

周朝都城的人口在万人以上。

《礼记·王制》说，“凡居民，量地以制邑，度地以居民，地、邑、民居，必参相得也”，安置民众，根据土地的广狭，确定修建城邑的大小，根据城邑的面积，决定安置民众的多少。

《管子·八观》介绍，“国城大而田野浅狭者，其野不足以养其民，城域大而人民寡者，其民不足以守其城”，城市大田地少，就不能供养百姓，城市大百姓少，百姓就不能守卫城市。

《战国策·赵策》记载，“古者四海之内分为万国，城虽大，无过三百丈者；人虽多，无过三千家者”。一丈，十尺，一尺相当于如今的 0.33 米，300 丈就是 990 米。边长为 990 米的城市，面积为 178.2 万平方米。城市里居住 4000 家，每户大约占地 220 平方米。

这是上古城市单位面积中，居住人口的数量。

三星堆古城，城区总面积约 245 万平方米。按照每 220 平方米居住一户人家计算，大约居住 11136 户人家。以每户 5 口人计算，总人口约在 55600 人。加上周边人口、流动人口，超过 9 万人。

商王朝建立后，不仅与“羌人”为敌，还视古蜀人为肉中刺。

古蜀国发展军队，长期与商朝对峙。

“妇好”率军征讨“鬼方”“冉羌”“龙羌”，把商朝的势力扩张到成都平原边缘地区。

尔苏人

引人注目的是凉山州的一个神秘族群，沿“灵关古道”一带居住的族群。

他们作为古羌直系后裔，是被商军还是秦军，追驱至此？

与三星堆人一样，尔苏藏族与大禹古羌联盟同源。

如今的大小凉山深山中，生活着一支迁徙而来的两万人的族群——尔苏人，有自己的语言、中国目前所发现的仅存的两种图画文字之一；语言属于羌语支（不是藏语支），语种与曾建立过西夏王国的党项人同源。祖先刻意切断所有族群来源的信息，只留下一句让子孙代代相传的誓言——“我们是谁，我们的来处永远不能提及，提及来处就会灭族……”

尔苏人除有族姓族名之外，还都有汉姓汉名。

“阳光部落”。迷失在银河中的尔苏人。其独特文化，几乎全部保存在“萨巴”中。

萨巴，既是祭司、大法师的名号，也是宗教、经文的名称。图画文字，以萨巴经文方式流传，里面包含着对宇宙、神鬼、万物的看法。它掌握着历史源流，除了有意抹去的本族人的历史。

大禹是古羌部落联盟的后裔。

三星堆出土的青铜神树上，有一只“公鸡昂首向天”的造型，与尔苏人“以公鸡置于树上祭天”的造型如出一辙；在出土文物中，有一些代表日月星崇拜、时辰的图形，也曾经就出现在尔苏人的经卷图画文中；代代尔苏男人普遍高大英挺，面部特征也极为夸张，高鼻、深目、阔唇等，完全如复原了的三星堆铜人面孔……

尔苏族群以前，曾住在岷江中游的成都平原，诗歌和唱经里，每卷必出现岷江、峨眉等地名。保存的三十七卷经中，每卷的开头都会念“岷江沱沱哈古什”，深信自己的民族有一个充满秘密的历史。传说中，他们曾有过自己的王国，与同样拥有未解之谜的三星堆文化联系密切，考古学家一直在努力考证尔苏人与消失的三星堆文化主人间的关系。

尔苏被当地彝族人称为“俄祖”，意为最早居住之人。在他们自己的语言中，“尔苏人”就是“白人”之意。

尔苏族崇尚“五行”占卜，语言属于羌语。信仰以白石为中心，与羌族的石崇拜相同。大禹“本以白衣，砥行显名，升为天子”。

燃香祭拜。“以白为善”，白石作为偶像的表征，常常被供奉在山上、地里、屋顶或庙内，门楣、窗口、碉楼、神树上（神林中），也供奉着白石。其他民族并不多见。

屋顶的白石，代表天神；火塘旁的白石，代表火神；山头中的白石，代表天神；田地里的白石，代表青苗土地神等。有的人家屋顶上，立有多块白石，除代表天神外，还代表别的神灵。

非常独特。尔苏族以白石为中心的多神崇拜，与羌族颇似。尔苏女人多缠黑白布帕，用银泡点缀额前，服饰精美，服色鲜亮，刺绣精良。过去，除族内婚外，尔苏族只与石棉等地的羌族通婚。

相信死后会轮回转世。

尔苏人除了有自己的宗教、萨巴（祭司兼大法师），还掌握着令当地各民族闻之色变的巫咒。

男子的歌声特别动听，曲调与西南少数民族歌谣迥然不同。拖腔有些像蒙古长调，转折的地方，又颇像陕北、甘南的民歌。

尔苏人特别崇拜鸟类中的杜鹃，认为其是神鸟、祖先。每逢杜鹃啼叫时，人们不再谈亲事，更不能结婚，也不进行一切欢庆活动，只有“火把节”到来，杜鹃吃了早饭，才能说亲，举行欢庆活动。

尔苏人的图形文字近似巴蜀图语，比甲骨文还古老，但离巴蜀文字的“距离”还远，书籍有九车之巨。尔苏人的萨巴文代代相传，大多写在经卷上，笔画上用彩色的日、月、星辰与牛、马、羊等动物图案“画”出。

文字典籍，在打败仗逃亡的路上焚毁。族群也在迁徙中神秘消失……没有确切的文字记载，主要因时代久远。

夏朝文字成为“天书”，没几人能看懂。

二里头文化中有文字，也有符号，合称为字符。陶字符在河南一系列遗址中均有发现，基本字符形不少于64种。二里头文化骨刻字符，与陶刻字符之间具有相似性，属于同一系统文字。陶寺遗址的两个朱砂体，分别是“文”与“？”（未知）。

二里头的出土文物中，发现有24个“符号”。良渚文化中的“郑”字；距今6300—4300年的“大汶口文化”中的“美术体”；距今约8000年前的“贾湖遗址”，皆发现了“类文字”。

文字可能有哑示语成分，实在难读。

蜀夏同源

公元前1920年的洪水，给华夏文化带来毁灭性打击。

《竹书纪年》记载：“夏帝桀十年，五星错行，夜中星陨如雨，地震，伊洛竭。”公元前1809年，某一夜晚天上的流星，像雨一般降落，洛阳偃师发生了地震。震后，伊河、洛河的水都干涸了。

“伊洛竭”，地震引起山崩，阻断河流的上游来水。

“星陨如雨”，也是世界上有关陨石雨最早的史料记载。

河南地震历史专家，将这次地震的震级定为6级。

大部分文物、文字被掩埋……

商灭夏，直接捣毁一切宗庙、墓葬、宫室，为夏朝歌功颂德的档案、重要器物被烧毁、捣碎，文字夏篆更是难逃一劫。传世之书《夏禹书》《禹王碑》《莱丘铭》《刺血书铭》等，化为灰烬。商军攻克王城，捣毁一切、寸草不留，此为上古时代改朝换代的一般行为准则。

鞭长莫及。远在西南的巴蜀之地，侥幸躲过一劫。

巴蜀文字的“母字”与夏朝文字，属于同一系统。

“蜀夏同源”。大禹父子建立夏朝后，生活在大禹故地的古蜀人奔走相告，祭祀相庆。大禹和古蜀王间有书信或圣旨、奏折往来，文字使用频繁。保留下来的夏朝文字，世世代代逐步积累，经过千年的积淀、发展与创新，逐步走向正规、系统，形成“三星堆文字”。

在四川民间收藏家收藏的三星堆玉器上，发现有伏羲氏的标志，出现了大量古蜀文字。

夏人以龙为图腾，商人以玄鸟为图腾。

文化统一，为文化传承中的关键一步。

因为没有传承，所以夏篆被荒废。

商人以游牧为主，定居殷墟后，才重新发展文化，创造了甲骨文。

商朝甲骨文比夏篆原始、落后，不足为奇。

春秋时期的《虞夏书》《禹王书》，相继失传。

“最难确认的史前文字。”

三星堆遗址的玉器、甲骨、树皮与蛤蜊壳上，保留有古蜀文字。

古蜀文化就是先夏文化，古蜀文字就是夏朝文字。“三星堆文字”用玉录字，不是唯一，也不会有大宗出现；还存在于龟甲、兽骨、青铜、树皮与蛤蜊壳等材质上，更多的文字也还应出现在陶土制品上。

三星堆人的构成，七成的概率是古蜀人、夏朝遗民、古巴人。

三星堆的“后人”一直生活在我们中间，特别是在四川与接近重庆地区、大小凉山彝族地区的人中间，容易找到类似三星堆头像的男人。人们只是平时不注意观察，缺乏对比分析的想象力。他们的眉毛、眼角线的轮廓与青铜面像的特征非常相似。

玉鼓乐队

透闪石龙溪玉，绿褐色，玉质坚硬通透。为器乐演奏场景群像，展示8人6种乐器，展现古蜀国礼乐制度的高度发达。

千年“游子”带回先进文明

共同的记忆

夏，曾经与商王朝进行战争最频繁的国家。

古蜀国，与商王朝军事摩擦最频繁的方国。

商朝地域非常广大，领土最大时，东北已达辽宁，西北进入黄土高原的渭水下游，南抵江汉平原、长江流域，涵盖高原、山地、平原等多种地貌。

商王朝的后半期，对陕、甘、青一带羌人的战争，从未间断。被打败的羌人，回撤至天水、陇西，大部分流落到松潘、茂汶一带，最后，落脚成都平原……

《尚书》记载：“成汤放桀于南巢。”

夏桀向“南巢”逃匿，回到湔江河谷……

《尚书》中《典宝》，今仅存序言。序言说：“夏师败绩，汤遂从之，遂伐三朡，俘获宝玉。谊伯、仲伯作《典宝》。”“三朡”，属九夷之族，随夏桀南迁，被商军追上夺取了宝玉。

宗庙礼器，故称玉为“宝玉”。

用玉祭祀神祇，可避免水旱灾害。

相当于“海外游子”漂泊千年后，拖着疲惫的身体回到“祖地”。

“南巢”，禹夏在成都平原的老家、故地。

三星堆的杜宇王，全盘接受了“同宗同源”的夏桀。

夏桀在位时的“夏氏遗族”，一支已经充分融合中原各族生命基因，跟随夏桀迁徙的夏朝遗民，带来中原的政治遗产、先进文明、生产技术。杜宇让“夏氏遗族”担任古蜀国的巫师。

《竹书纪年》《淮南子》《帝王世纪》等文献也说，夏桀带着妻妾主动逃至“巢山”。

“巢山”在哪里？

历代感念杜宇王的诗词，至少有上百首。李白、杜牧、李商隐、苏轼与黄庭坚等，都曾经感怀过。

陆游在成都七年，曾任成都府路安抚司参议官等闲职，常在“巢山”吟诗、垂钓、下棋……

写下《剑南诗稿》《天彭牡丹谱》。

《剑南诗稿》中有五首关于巢山的诗，即《巢山》二首、《山居》三首，均属于“晚造平淡”的田园诗作。

《巢山》诗说：“巢山避世纷，身隐万重云。”

《山居》诗说：“平生杜宇最相知，遗我巢山一段奇。”

陆游吟咏的“巢山”，并非合肥巢湖的巢山。

在《天彭牡丹谱》中，陆游开篇就说：“牡丹，在中州，洛阳为第一；在蜀，天彭为第一。”“洛花见记于欧阳公者，天彭往往有之。”欧阳修记载的珍异品种不稀奇，成都的彭州全都有。

成都官员，在彭州湔江河谷大都有山居别业。

“悔作东吴万里归”。陆游坚信自己“前生定蜀人”，称成都为“吾蜀”，希望在成都终老、长眠。陆游以杜宇自比，也在湔江河谷“海窝子”修“山居”，期许一如将王位禅让给鳖灵，退隐的杜宇一样，过着隐士般的生活。

彭州“海窝子”至广汉一带的湔江，应为“成汤放桀于南巢”之地。水路方便，离三星堆很近，约 53 公里。

文献中记载的“南巢”，为夏朝遗民迁徙到成都平原的聚居地，亦是夏王朝“南土”的毗邻区。“南土”，指今天的南阳、江汉平原、鄂西北一带。据不完全统计，南阳目前已发现夏文化遗址 8 处，鄂西北、江汉平原发现夏文化遗址 15 处……二里头遗址出土的大量绿松石，正是来自十堰、襄阳。

《烈女传》说：“汤遂放桀，与妾同舟，流于海，死于南巢之山。”

无法割舍。“与妺喜及诸嬖妾同舟浮海，奔于南巢之山而死”。3800 年前的相爱相杀，妺喜真正爱上的还是夏桀，并没有随伊尹归商，享受荣华富贵，仍选择陪伴夏桀走完人生之路。

走过了磨难，却败给了曲折。夏桀与妺喜的恋情，终留下遗憾，令人唏嘘。

地名，也随着人群的迁徙转移。跟随夏桀迁徙的夏朝遗民，也将中原的一些山名带入四川。《史记》中，岷山皆作汶山。洛阳附近，也有汶山。《国语》里说：“齐桓公伐楚，过汝河，望汶山。”钱穆说：“汶山，即岷山，在今鲁鲁山。”

洛阳的洛河，古称雒水。三星堆旁的鸭子河，古名正是雒水。

今山南藏语 khyung tshang，意为神鸟之居，古代戎族对三星堆城的称呼，汉语直译，即为“雒邑”“老丘”。三星堆遗址所在地广汉，一直就有“雒城”之名。“雒城”一词，为汉语和古代彝语的混合词，意思为“城市”。

三星堆一带的“洛”字，在《山海经》中已有记录。文献中记载的“雒城”，西汉时期即已存在。《中次九经》说：“岷江之首，曰女几之山。……洛水出焉，东注于江。”

洛水，亦作雒水。《汉书·地理志》上，广汉郡雒县下条说：“章山，雒水所出，南至新都谷入湔。有工官。莽曰吾雒。”雒水，即今石亭江，与湔江、绵水，同为沱江三大主源。

原洛水应从罗浮山，沿着龙泉山，一直流到乐山。“乐”在四川话里也读“luo”，沿途颇多带 luo 音的地名，罗江、雒城。洛水改道涪江，是因特大洪水，更因大禹治水，“东别为沱”。

湔江，今又称青白江，即今流经三星堆遗址旁的鸭子河，古称雁江。伊、雁二字，上古音为邻纽旁对转，音本相近。《国语》里的“伊水”，应视为今三星堆遗址旁鸭子河的古称。

来自“洛阳”的“雒城”。当年，夏桀由中州逃往湔江河谷“海窝子”故地时，看到三星堆一带的地形地貌，与二里头斟鄩竟然出奇地相似，毫不犹豫地在这里建立了一个行宫。

“城”与“成”字古通。

在先秦出土的文物与资料中，继承三星堆城的金沙城所在地成都，正称为“成”。

“越南蜀朝”的首都，称为“螺城”。螺字古音，与“雒”亦颇相近。

按照《竹书纪年》等文献的记载，夏桀在位 51 年，以斟鄩为都 31 年，“流放南巢” 20 年。根据对甲骨文的释读，夏桀在湔江河谷的“南巢”生活的时间更长……

在公元前 1600 年左右，断断续续，成都平原迎来一批批远方的“亲戚”“游子”，有从祁山道、古陈仓道、金牛道南下而来，也有逆长江而上、经嘉陵江北上，夏桀在位时的“夏氏遗族”。

同宗同源。共同祖先的古老记忆。

古蜀文明跨出成都平原。大禹率领的“北漂大军”，怀着对远方的向往，背井离乡，于 4000 多年前，翻过茫茫岷山、龙门山，沿着古松茂古道、古金牛道，来到了有黄河的河洛地区。那是“川军”首次大规模出川，直接参与华夏文明建设。

大禹世系与古蜀人同出一脉。夏朝共 14 代、17 王，统治时间 471 年。大禹，上连尧、舜，下接夏启和太康。

伏羲创造文字

近百年，散落在民间的三星堆文化器物数万件，玉器不低于 5000 件。体型巨大的不在少数。

文字，用比玉石更坚硬的金属，在玉器上雕刻而成。

工具是一种锥形具，类似今天的锥子，宽窄不同的有凹槽的刮刀。雕刻文字、图案，会有不同粗细的线条。放到显微镜下观察，会发现古蜀文字细线条，宽度为 0.2—0.4 毫米，粗的有

0.3—0.7 毫米，甚至 0.8 毫米不等；与线条平行的方向，有更细的平行纹、深浅不一的线条状，线条状边缘出现港湾状。如用现代的电动锯刀，从起刀到终刀，由浅到深，最终出现弧形。

玉的硬度高于青铜，文字应不是由青铜工具刻上的。

铁的硬度高于玉，能刻玉。从已有的考古发掘中来看，中国铁出现的年代不会早于周朝。一些三星堆玉器文字若在西周前出现，或是三星堆文明已经有了铁，或是有了硬度高于玉的特殊器物。

在众多的玉器上，发现类似“H”的文字，“风”字。伏羲姓“风”，三星堆各种玉器上雕刻有“风”。

伏羲并非神话人物，“三皇五帝”的世系中，他位居“三皇之首”“百王之先”。

中华文化的原点。炎帝、黄帝，华夏族的代表；伏羲，各族共同尊奉的先祖。伏羲八卦中，蕴含的“天人和谐”的整体性、直观性的思维方式、辩证法思想，深深地影响了古蜀国统治者。

伏羲的出生，借用周始祖后稷的事迹，见《诗经·大雅》中的“生民”篇，“厥初生民，时维姜嫄。生民如何？克禋克祀，以弗无子。履帝武敏歆，攸介攸止。载震载夙，载生载育，时维后稷”。姜嫄母亲，当初生下我们周人，怎样生下？她能虔诚地祭祀上帝，去掉无子的厄运。欣然踩上帝的脚印，之后停下休息，行止持重，腹中胎儿生长发育，那就是周人始祖后稷。

伏羲二字本义，隐含的历史文化信息十分丰富。

伏（服或匐、孵）字，由人的变形“亻”和犬会意而成。借“服或匐”声，表示犬匍匐在人的身边伺候人。借“孵”声，表示可以抱卵孵化。这与《山海经》中的记载相吻合。

“羲”（兮）字，由繁体“义”的省形“美”和“兮”会意。义，由美的省形“⺷”和我组成的字。美，指内心、外貌均美的人；我，指示自己。会意，自己要以美人为榜样来要求自己，“以人为镜可以明得失”。借“宜”声，表示效法别人要适宜，不要急于求成，东施效颦。

“义”的本义，人外表形态表现出来的性格特征。“兮”字，八（分的省形）和丂会意而成。八，表示分清；丂，一种敲击乐器，指乐曲。“兮”的字形会意，分清乐曲，古诗词中表示分句结束，像现在的标点符号。“兮”，标音又会意。“羲”的字形会意，从字形看清字义。这印证了伏羲画“八卦”，用来说明自然界变化规律，也说明伏羲创造了文字。

夏朝政权的延续

成者为王败者寇。

殷商取代了夏氏。

“夏氏遗族”，自然是要被驱逐、流放。远古时期的原始争斗规则，战败的一方会被战胜的一方，无条件地全面接管地界、各种物资，战败方的女性被收编，男性或为奴，或被驱逐、流放。

夏朝遗族分裂成四支。

第一支，在今西藏阿里地区农耕定居，长期发展，史称“羌同”“羊同”，创建了“象雄文明”，是由草原文化、高原文化、波斯文化等多种文化汇合的中华文化体。

时间无情，带走了曾经强大的王国、灿烂的文明，只留下一片广袤无人的黄土地，在高原上静静地聆听着永不停歇的鸣咽朔风，等待着那周而复始的日出日落、来来往往的路人行客。

第二支，逃亡去了北方荒漠，最后成了威胁中原王朝近2000年的匈奴民族。因与北方民族混血，越来越与中原民族隔离，一直被当作异族，被中原政权视为死敌。

这群人有天生的军事才能。同情这支“夏氏遗族”，司马迁治史严谨，考证出匈奴是夏后氏一支。遇到英明神武的汉武帝，匈奴主力被彻底打残，后来逐渐消失在北方，成为蒙古人的来源之一，千年后再来，打到了欧洲多瑙河边。

第三支，被招安的夏后氏部落，接受商汤册封，将夏王室姒姓的一些遗族迁到杞（今河南杞县一带），爵位伯爵，建立杞国。国君为姒姓，大禹的直系后裔。后来，中央曾数次废掉杞国封号。

安抚天下，以示道统。商汤需要这面旗帜，继续祭祖大禹王。

武丁曾娶一位杞国的女子为妃，为其60多个后妃之一。

第四支，既不去北方，也不留在中原之地。

《汤誓》宣布：“尔尚辅予一人，致天之罚，予其大赉汝！尔无不信，朕不食言。尔不从誓言，予则孥戮汝，罔有攸赦。”夏氏一旦被俘获，除了被殛杀、奴役外，别无可能。

去东夷（山东一带）之地？

夏氏把成鸠国彻底得罪，难说会收容，给自己立足之地。

去边陲之地？西陲、北地大漠，夏桀之子淳维已经去了……

人为刀俎，我为鱼肉？

继续往南，追随夏桀，流放到成都平原，做遗民也要保持夏氏王族的高贵姿态，不食商粟。

夏桀已经到了“南巢”的消息，不胫而走。有部分族人，沿着长江流域一路往西。荆楚之地，不会热烈欢迎。经过许多年，一路走，一路散，历经万难才到成都平原。

娴静蜿蜒。川西坝子，袅袅炊烟，人丁兴旺，聚落成群，各式各样的服饰，河道上竹排、木筏，往来如梭，一派烟雨江南的婉约景象，大小坊市，人头攒动，又具有王都之相，又惊又喜。

本着垦荒，夏氏族人带来了种子、农耕技术。中原的手工技术，特别是青铜的冶炼铸造技术。还带回大量史料记录、科技文献、夏朝文字……

夏朝的有关史料、商朝的甲骨文中，保留了中国最早的日食、月食记录，皆为世界现存最早的记录。

历史上，古蜀自始至终都是多部落、氏族的融合之地，对外来者一直包容、开放。时至今日，成都平原也延续这样的特质，何况是“同宗同源”光宗耀祖的“夏氏遗族”。故乡的古蜀国表示欢迎。

“北漂大军”后裔的“夏氏遗族”，带回的中原民族神秘、虔诚的祭祀仪式，用青铜为古蜀国锻造出一种虚无而神秘的力量，三星堆人虔诚地全盘接受。让“夏氏遗族”担当起古蜀国的“笄发”，取代本土巫师。

“祭祀坑”中，“辫发”铜像的数量远远超过“笄发”铜像。

青铜人像中，有4个戴着黄金面罩，代表着两个阶层签下的协议。

青铜时代，青铜固然珍贵，黄金更为贵重。4个青铜人像，代表古蜀国的最高权力。两个梳“辫发”，两个梳“笄发”，数量正相等。制作者在刻意维持两种政治力量的平衡。

在出土的一把金杖上，刻着一幅神秘的图画：4根羽箭平行射穿两颗人头，箭头分别穿入两条鱼的头部，箭尾是两只展翅的飞鸟。两颗人头，代表着“笄发”“辫发”两个阶层。

鱼和鸟，各为图腾。羽箭，相当于誓言。“辫发”“笄发”刻下的契约，代表着庄严、肃穆的誓言。

同时存在。商朝初建时，夏桀之后也在南方延续着夏朝政权。

《大荒南经》记载，跟随夏桀流亡的部族中，大禹儿子夏后启的一部分后代，没有随着“夏后开”在云贵建立政权，而是再次迁徙，成为水民，今天贵州水族的前身。他们拥有自己的语言“水语”，也有自己传统的文字符号“水字”，字如甲骨、相似金文。用“水字”来记录古代天文历法、民俗宗教等知识的文化典籍，被称为“水书”。水族亦被称为“从远古走来的贵族”。

“夏后开”，延续夏桀之后夏朝的国家名。

“开”本为“启”，夏后开，即夏后启。因避汉景帝刘启讳，后世改作“开”。

其部族在今河南、安徽交界处，建有繁国、蜀国（今安徽合肥）、巢国（今安徽巢湖）。部分族民随夏后开，在云贵高原建立了另一个夏朝。《山海经·大荒西经》记载，“有人珥两青蛇，乘两龙，名曰夏后开”，举行了“大乐”仪式。它与商朝分庭抗礼，又延续了九代。

“乘两龙”，表示一个王朝政权的延续。

古滇国的前身。古滇国承袭夏后开政权，大约在公元前500年，南迁至印尼苏门答腊岛。

三星堆所在的长州，今德阳至乐山的一长条丘陵，属于后夏朝的北疆。

安徽阜南出土的龙虎尊和三星堆出土的龙虎尊，“撞脸”，为同一批铸造，应都是夏朝遗物。三星堆出土的龙虎尊是本地制作，安徽阜南的龙虎尊为夏后朝留下。

西南政治、经济、文化中心

神权、王权并驾齐驱。“夏氏遗族”获得神权，取代本土巫师。

神权、王权，互相依存。只是，拥有世俗世界最高的地位，却要向拥有神权者低头的王族们，不满的情绪日益严重。何不把神权自己掌握，让权力更大？王权拥有者的权欲，进一步膨胀……

三星堆文明，在夏朝灭亡后出现。

“洼地效应”。四川盆地四周的居民，开始慢慢地迁徙成都平原，向三星堆靠拢、聚集。来自不同地域的人，带来不同的技术、艺术。各方文化汇集、交流、融合，形成中国西南地区最重要的政治、经济和文化中心。

向北，分布及陕西汉中一带；

向南，深入青衣江、大渡河流域、雅安石棉等地；

向东，延伸至重庆涪陵一带。

代表性遗址除了三星堆遗址，以及离三星堆城半径最远25公里，“城市副中心”的绵竹鲁安遗址、什邡邓通遗址外，还有青白江遗址、青白江三星遗址、盐亭张家坝遗址、涪陵镇安遗址等。

这些文明与中原地区、长江流域的夏商文化交流、互动。与金沙城、二里头、安阳殷墟、武汉盘龙城，联系密切。

青铜爬龙柱

三星堆文明青铜器中形象独特的器物，想象中的祥瑞动物；柱体中空，亦应是套插于柱顶，用于祭祀。

文字可能留在被烧毁的丝绸上

青铜器铸和冶金

史前时代的中国，可称为礼乐中国。

青铜器本身，承载着亚欧文明的交流、互鉴，并组成祭祀体系。

金器、青铜器、玉器和丝绸、象牙、钱贝……

在生产力低下的条件下，成都平原的古蜀人能纯熟地、自由地驾驭青铜器的冶炼和铸造、雕刻，技术、创造力令人惊叹。铸造青铜器，不是一人能够完成的。青铜器要浇铸成功，需要同时有多个浇铸口，协同完成，要有施工图纸，一个配置合理的“工匠团队”，才能做出通天神树、青铜立人像等“重器”。

冶金，属于长链条的生产，从矿山里采出矿，冶炼成金属原料，在城里进行合金化处理……把铜、锡、铅相混，做出陶范，浇铸成器物。青铜面具铸造完毕，工匠们按照面具脸部的大小加工金器，将金器坯料放置在平坦处砸扁，接着敷在青铜面具上捶揲，将眉眼镂空，再用器物打磨表面，直到黄金光亮显现。最后，工匠用树漆等当作胶水，将黄金面具粘到青铜面具上。

铸造工艺高妙。3000多年前的古蜀人，在铸造青铜神树时，采用分段铸造、套铸、铆铸等多种制造工艺，属于制造工艺与文创技术的结晶，是古蜀地区青铜文化发展到最高水平的产物。

青铜大立人像的体量，首屈一指，不仅为中国美术史、冶铸史罕见，比古希腊德尔菲御者铜像、宙斯或波塞冬铜像，还要早四五百年。古埃及等文明古国，也未有年代如此早的类似发现。

古蜀文化风格明显，西亚地域文化特征浓郁。三星堆的一些陶器酒杯，极似欧洲同期出土的酒杯外形。青铜雕像、金杖等物品，与著名的玛雅文明、古希腊文明、古巴比伦文明的形制，都非常接近。

黄金制品与古埃及图坦卡蒙的黄金面具，为同时代的产物。

最高权力象征——金杖，文化因素来源于西亚文明，采用了和南亚文明相似的铜焊法。铜焊法技术直到春秋时期，在中原地区才熟练运用。

早在商代，古蜀人就知道黄金为尊，才在铜头像上再包贴金面罩，不仅是为了美观，也是为了得到神灵的欢愉，以使铜头像代表的神灵更灵验一些，散发出的威力，使人无从回避。

青铜大立人像和青铜树

大立人像，可能是祭祀者。

人形刻画。立人像通高约261厘米，人像免冠高163厘米，身高、五官与常人无异，并无纵目面具的超乎寻常的夸张；耳部还留有三耳洞，正是三星堆诸多人物形象的常见习俗特征。

衣着端庄，戴天目冠。立人像衣着华丽，服饰三重，外套，绣有龙纹、卷云纹；头戴筒形冠，冠上有四目顶饰的“天目冠”；后脑，两个斜开穿孔，安插发笄；虽然跣足，但脚踝戴镯。

大立人像神情肃穆，正视前方，面相庄严。

双足立于高台之上，高台分三截，最下一截为基座，高约35厘米；中部一截，作“象脸之形”，高约35厘米；上部，基台面，高不足9厘米。三者相加，高台整体高度约80厘米。

主祭者。双手上抬，做持握物品状，与真人同样大小的形象。在祭祀场合，立于高台之上，头戴神冠，手握珍贵象牙于胸前，做着庄严的动作。

除了大立人像，还有其他一些带“动作”的人像，如青铜顶尊人像、青铜执璋人像、青铜跪姿抚腹人像，以及“神坛”上的一众执物人像，均为从祭者。

从祭者。青铜顶尊人像、青铜执璋人像、青铜跪姿抚腹人像等，皆穿戴整齐、表情肃穆、姿势相同。多人成列、成排，动作高度统一。他们的穿着不如大立人像华丽，器物体量也远小于大立人像。

青铜树，关联起受祭者、祭祀者，主祭者、从祭者。

神树上的人面鸟，为“使者”。

青铜树由底座、树身两部分组成，树成长于山顶，高度是山的近10倍。

比大山高近10倍的树，为“通天之树”。它是穿戴整齐、站于高台之上的祭祀者，与高处悬挂、体量巨大、具有超常能力（神力）的受祭者之间相互联结的媒介，向天而生长，直达天穹。

受祭者。神树上，人面鸟纵目、广耳，鸟足踏在树干顶部的花果之上。它是高悬在上的纵目面具的化身、使者，在人面鸟栖落树顶端的花果之上，正俯瞰人间，甚至享用人间供品。

人面鸟，填补了青铜树与纵目面具之间关联的缺环，证明祭祀者与受祭者之间的联系，是通过“通天之树”建立的。立人像等作为祭祀者，瓦形面具等作为受祭者。

八个“祭祀坑”代表的祭祀区，承担着国家祭祀的历史记忆，必然隆重、热烈，自当有精心准备的祭器、实施祭祀的祭法。

国家祭祀，有众多部族的首领参加。

这是一个崇高的祭祀行为。

祭司头顶方尊，上献金箔、玉器、象牙，在已逝祖先蚕丛王、大禹与历代祖先族长带领下，祭祀官员按职分级，各自手持祭祀礼器，在各自的牌位上，与太阳神灵沟通，完成献祭祈祷仪式。

祭拜时，双手各自圈握，拇食指相对，拳拳如“日”；或手持柳枝，以“拂日”“净身”；或手持玉琮、玉璧，以“仪阴阳”“礼天地”；或手持玉圭、牙璋，以“祭山川神主”……

2号“祭祀坑”出土的器物中，有44件被称为“人头像”的器物。4件戴金面罩，40件无金面罩，可能代表部族首领。36件平顶编发人头像发式相同，为来自同一民族、不同部族的代表。

天子礼器，“顶礼膜拜”。

头顶商王朝系统青铜器的铜尊，尊上装饰有龙纹。

顶尊跪坐人像，由上下两部分组成。上部，为一件55厘米青铜大口尊，铜尊口沿内侧有短柱，肩部焊有精美的龙形装饰；下部，为一呈跪姿、双手持物于身前的高 60 厘米的铜人。

下面的跪姿人像，有四根手指，还有一根藏在后面的手空心握着。手指上的指甲盖也非常形象，握着象牙、玉琮等重要物品。手握物品的姿势，为祭祀时颇为常见的一个“动作”。

世界的“朝圣中心”

不同文明之间的关系，都是互动、双向、多向的文化交流，不同的历史时段，可能出现流向的不平衡，但绝无简单、纯粹的单向接受。三星堆文化艺术，也不是与外界完全隔离的独立状态。

先秦时期的中原政权，始终将东亚大陆低地视为安全腹地，将亚欧草原高地视为“西戎”、古印欧人为“鬼方”。这使得以洛阳盆地为中心的“青铜时代的全球化”，停留在浅表的金属、作物、家畜三类技术层面，将青铜、牛羊、小麦主要引入“祀与戎”的领域，不仅加深了青铜时代东西双方的异质化，还进而使先秦时期成都平原的三星堆、金沙城，成为坚挺的东亚文明核心。

强大的经济、文化实力，经常举行宏大、神圣的祭祀活动，吸引着远近众多的民族前来，多种文化在交流中融汇。大量祭祀用品地域特征不同，表明三星堆、金沙城曾是世界的“朝圣中心”。

与此同时，这也带来了至今需要破解的重重迷雾。

“祭祀坑”内的火烧，是否真正对应祭祀中的“燎祭”？

“火燎”后埋入土中，难道计划是对应祭祀中的“瘗埋”？

青铜神树上悬挂的铜铃、飞禽，真是祭祀中的“悬”？

被戏称为“方向盘”的轮形器，果是“悬祭”的礼器？

青铜人像，造型奇特。有的转身跪着像在求婚；有的头顶Wi-Fi（无线局域网）；有的人首鸟身；有的像印度人一样，头顶上顶个罐子；有的像清朝人一样，把发辫盘在头上；有的不戴帽子，有的戴方帽子、盘发髻。四个戴金面具的最为神奇，两个圆头，两个方头。四个戴金面具的人，都没戴帽子，没有盘发髻、发辫，也和其他人不同款，有可能是外国使者。也可能是远道而来的古埃及人，埃及人爱戴金面具。

金面具与黄金手杖一样，合金成分、制作工艺宛如“埃及”，85%的金银合金金箔，先用羊皮静电法打出整张金箔，然后，压制、剪裁、镂空，再用中国的土漆完美地贴合到铜像脸上。

2001年时，中国和埃及联合发行的金面具邮票，非常有穿越感。

除了黄金面具，还有几只青铜圣甲虫。圣甲虫，埃及独有的符号，帮助法老重生的圣物。考古学家们将其定义为昆虫形挂饰，也有考古学家坚称是扇贝，即印度洋扇贝。

古蜀国文字

按照西方对文明的三项标准，城市、文字、青铜（冶金术），有没有文字是进入文明社会的关键标准之一。之前的二里头遗址，如今的三星堆遗址，是否存在文字，一直是学术界关注的焦点。

三星堆遗址的发掘过程中，没有发现类似甲骨文、金文和战国文字等成系统的文字，只在出土的陶器、金器、玉器等文物上面，发现了七个不规则的刻划符号，而且多为一器一符号。

不管字符是不是文字，都不能否定三星堆人已经进入文明时代。

古蜀国已经扩张到陕西汉中一带，必然有一套严密的组织架构。

青铜技术非常发达，铸造技术、焊接技术非常高超，黄金含量很高，青铜器上能凿出各种各样精美的孔洞等，青铜技术甚至比同时期的中原商朝还要发达。

根据西亚的两河流域、北非的埃及文明的特征，西方学者归纳出“文明三要素”，但埃及与两河流域之外的民族众多，生存环境等各有不同，难用“文明三要素”标准衡量所有民族。

玛雅文明周围缺少铜矿，就没能发展出包括青铜在内的冶金术。辉煌的印加文明，没有创造出文字，中国北方的游牧民族直到突厥时代（隋唐）才创造出文字，但汉朝匈奴就已经进入铁器时代，难道说玛雅文明、印加文明、匈奴等都没有进入文明时代吗？

西方学者提出的“文明三要素”，绝对没有“普适性”。

古代文献上记载，古蜀国存有文字。

《华阳国志》记载：“彭祖本生蜀，为殷太史……见称在昔……有周之世，限以秦巴，虽奉王职，不得与春秋盟会，君长莫同书轨。”彭祖是蜀人，因精通商朝文字，担任殷商太史官。周朝要求蜀人服从中央命令，君长之间来往，书信最好用相同的文字，车道的宽窄也最好统一。至少在商朝时，古蜀国就有文字，而且与中原文字不同。

文明高度发达，礼仪制度完整，等级制度严密，如何统治庞大的疆域，实现信息准确传达？积累高超的青铜技术，工匠们如何协同工作？这光靠语言交流几乎不可能解决，也不应仅仅依靠“结绳记事”“手势”“图画”进行，从社会发展逻辑上来看，三星堆、金沙文明应该存在文字系统。

陶器上的文字，称为陶文；青铜器上的文字，称为金文。纵观中国各个时代出土的玉器上，尚未见有大量文字出现，在三星堆民间藏品的玉器上却发现了文字。玉器上的文字，称为玉文。

从外形上看，文字是方块字。

现今民间收藏的玉器上的文字，在2000年左右，就发现约有1000多个。

类型上，有玉琮、玉板、玉枕、玉牙璋、玉阴阳人、40—80厘米的小玉立人，1.1—1.3米的大玉立人，1.1—1.2米的玉美人鱼、1.1—1.3米的玉十二生肖，玉的人首鱼身、玉人面形状等。

相同的文字，出现在不同类型的玉器上。它比甲骨文更为古老，可能是至今中国最为原始、古老的文字，既有画岩中的文字画文字，也有现今方块字的单体、复合体的文字。

与现今流行汉字一样，古蜀文字有单体字、复合体字、草书等。

汉字的单体字有“口”“乞”，组合复合字，即可变为“吃”，在民间收藏的玉器上也有。现今汉字的草书体在玉器上也有发现，一件高 80 厘米的玉琮的四个方向上，发现有 288 个草书体古蜀文字，字体龙飞凤舞，如同现今的草书汉字，在没有读懂现在发现的古蜀文字之前，对任何人都是“天书”。关键要组织权威机构鉴定玉器的真伪，由文字学家来识读、破译。

丝绸上的文字

丝绸，一种奢侈品，仪式作用十分重要。

在安阳的皇家陵墓中发现，有用青铜包裹的仪式文物、仪式玉器，先被用丝绸包裹起来，再作为祭品埋葬。“周丝绸手稿”的文献记载：早期的中文文字，用丝绸、竹子写成，用青铜铸成，或刻在石头上。三星堆遗址发现了两种丝绸：一种，在祭祀坑的灰烬层里，发现大量丝绸痕迹；另一种，在青铜器的周边上发现丝绸包裹的痕迹。丝绸的功能，被提升到精神层面。

在中国 5000 多年的历史里面，丝绸有三种语境。最高层面，做宗教信仰祭祀用的祭服，沟通天、地、人、神；第二个层面，伴随逝者而去的尸服；第三个层面，反映现实社会的日常穿着。

丝绸埋入地下，不是化作尘泥碾作土，就是在金属器物的表面留下矿化印痕，或被焚烧成灰烬。3至8号“祭祀坑”中，在青铜器表面与坑内的灰烬中发现大量丝绸残留物。在文物库房中，1986年出土于1号、2号“祭祀坑”的青铜眼泡等13类器型、40多件器物上，也发现了大量丝绸残留。考古实证与神话传说、史料记载，相互印证，3000多年前的古蜀国已有丝绸存在。

丝绸，神权政治权威的象征。在华夏“一体化”进程中，这是一个非常显著的趋同要素，神话传说、史料记载、考古发现均表明，巴蜀和中原对丝绸秉承着大致相同的知识体系、价值体系。

沟通天、地、人、神的载体、媒介。祭祀，最隆重的场合、礼仪空间，祭祀坑里的丝绸，功能被提高到形而上的层面。丝绸、蚕、桑树，体现了中国特色的“天人合一”的概念。

三星堆的文字，可能不在青铜器上，而是留在被烧毁的丝绸上。

丝绸，三星堆贵族们普遍拥有的丝织物。在丝绸残留物上，考古人员发现有红色、黄色、白色等数种颜料涂抹层。丝绸五颜六色，绚丽多彩，祭祀时，成为用来书写祭语、记叙地志、历史的载体。

“中华文明探源工程”，通过对中外各种文明的考古发现分析研究，发现并不是所有的文明都符合“文明三要素”，并提出符合中华文明特质的判断社会是否进入文明的四个标准：出现社会分工；出现阶级分化；出现都邑城市；出现区域国家。对照“文明四标准”，有无文字，并不影响三星堆、金沙文明的事实。

失落的古蜀文明，如在一夜之间消失的充满神秘的玛雅文明，又如无声无息的印第安文明一样，还有许多考古专家都难以解释的痕迹，出现在三星堆、金沙遗址的考古现场。

众多考古学家的谜题，接踵而至。

众多网友、读者的猜想，如影随形。

珍贵的国宝，唤起人们对古老文明的神往与好奇。

纷繁故事、耀眼遗珍，记录人类族群、民族国家的过往，也照亮未知明天，前途漫漫。

“古成都人”过去的辉煌“证物”，诉说着传承千年的文化根脉。

一代代人书写历史，一件件文物承载文明。

期待文字“破土而出”。

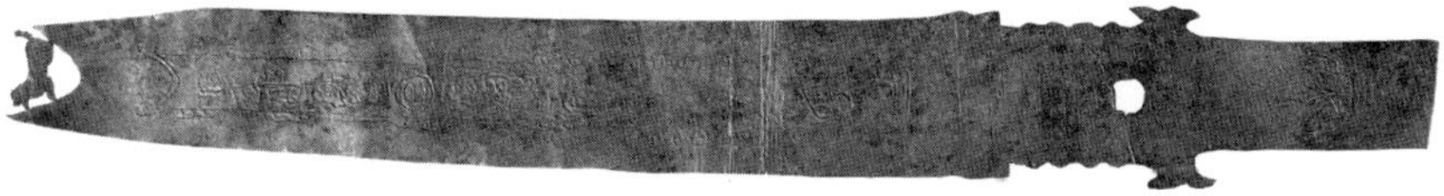

金箔牙璋

金箔极薄柔软，援部錾刻棒髻神人首纹，璋身錾刻牙璋纹，牙璋纹援部錾刻古蜀文字“蜀”。金璋长度35厘米，金箔含金量92%以上，延展性极好。

玉包金十二生肖牙璋一套

透闪石龙溪玉，玉表黑褐色，玉质硬度高，敲击声清越。十二生肖形象与十二种不同神人首形象一一配对出现，神人首皆采用金箔包玉的工艺，且每璋阴刻填金文字。十二把玉璋成组出现，完整无损，定当用于重大祭祀礼仪场景，堪称三星堆遗物中的重器，国之瑰宝。

▲ 玉日晷（正面）

绿色龙溪玉，底座上面四边带刻度、底面数十个铭文、星相图，采用阴刻、浅浮雕、圆雕、打孔嵌插等工艺；日晷由晷针（锥）、晷面、底座构成，高约35厘米。这是古蜀先人在观测天体运动和利用天文计时知识领域的重大发明。

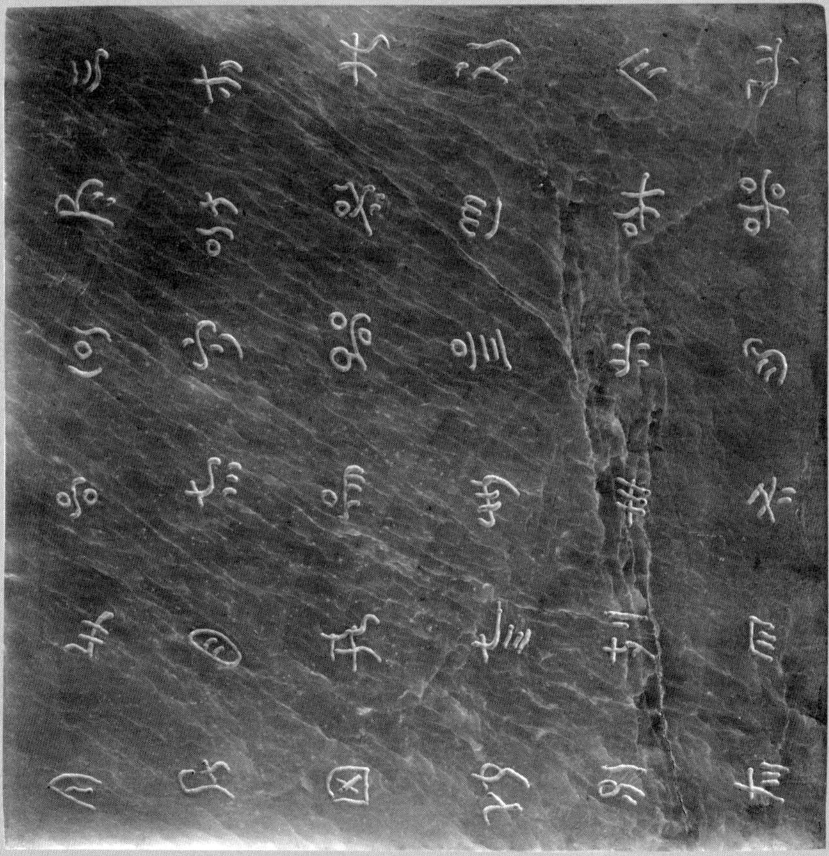

▲ 玉日晷（底面）

第二章

八百年的宝墩文明

成都平原文明起源的最古老章节。

宝墩文化由营盘山文化发展而来。

“雪山下的公园城市”群落。几个大聚落形成的古城，被数十个小部落、诸侯国围绕，有规律地排列、簇拥、拱卫挤在一起，独立又相互交融，形成串珠状分布的大小聚落。以宝墩文化为核心，带动中小坝子上发展不平衡的氏族部落，在长江上游形成独一无二的“古蜀文化区”。

文化区域。富饶沃土，人口众多。

营城理念，“因天时就地利”。

“林盘”式生活空间模式，对冲积平原微地貌的一种适应性的利用方式。

成都，从恣肆不羁的传说真正回到人间。

古蜀国的历史由传说变成了信史。

悠闲舒适生活的历史源头。

“城市胎记”。生活形态和建筑形式，给成都植入山水、田林、生态、安居的基因。

“望帝”杜宇、“第一夫人”朱利与奴隶主贵族，经常在不同的地点举行各种飨宴活动，不仅用鼎煮肉，用爵饮酒，还要钟鼓齐鸣，边赏乐观舞，边举杯豪饮，营造气氛，张扬威仪。

遥相守望。成都平原与西岭雪山共绘的壮美画卷。

不断地迁徙，足迹几乎踏遍成都平原

古蜀国的原始核心区域：宝墩

在公元前 1010 年左右，三星堆文明毁灭。

三星堆文化，由宝墩文化发展而来。

远古的成都平原，是一望无垠的沼泽、湿地。

从高空俯瞰，水泽漫漫中有一条条鱼脊形的高地，为岷江、沱江与支流冲积形成的冲积扇。

地震频繁，迫使古蜀先民们不断携家带口，从茂县盆地的东面，翻越与岷山相连的龙门山脉主干玉垒山脉，从岷江上游河谷，经汶川、都江堰，进入新津，或翻过龙门山，进入湔江河谷，顺江而下，从龙门山缓缓地走进牧马山，依次进入成都平原。

“古成都人”在这样鱼脊形的高地上，从事粗放的渔猎采集等初级农业活动。如今的温江、郫都、崇州、双流、新津、都江堰，在岷江的冲积扇上；彭州、新都与新繁镇，在湔江的冲积扇上；什邡、广汉与金堂，在石亭江的冲积扇上。三星堆遗址位于龙泉山西麓，坐落在沱江、岷江复合冲积而成的扇形平原上。北有鸭子河，西南有马牧河，为农业耕作的理想区域。

古蜀族立国的原始核心区域。

古蜀人初从岷江上游来到中游地区，牧马山浅丘地带、湔江河谷一带，正适合他们创业的诉求，从川西北高原山地，进入盆地底部的过渡地带、前站位置，背靠岷江上游根基深厚的故地，近窥水丰地沃的广阔平原，浅丘地势和近水环境，为发展农畜业提供了非常优越的条件。

7000 多年前，宝墩遗址所在地，大河纵横。直径达 30 厘米的乌木，证明大河水量颇丰。6500 年前，河水逐渐干涸，形成红土台地。古蜀先民选择了红土台地、河道之间的区域生活。

全球性的“干冷事件”。除红山文化外，北部岱海地区的老虎山文化、西部甘青地区的齐家文化、南部长江流域的石家河文化、良渚文化，东部的龙山文化，都出现了倒退，甚至毁灭。

各古老文明中都有印记。印度河流域的哈拉帕文化、两河流域的阿卡德王国灭亡、尼罗河流域古埃及王国衰落，都有类似的记载，甚至，操印欧语的先民在亚欧大陆的迁移也与它有关。

因祸得福。干旱，让成都平原的沼泽渐渐消失。

在距今 5000 年左右，宝墩人已经在成都平原定居。

“宝墩记忆”。成都平原农业的开端。

平原西部山地，正处在东南季风的迎风坡上，在地形的抬升作用下，降水充沛。大小几十条河流，在地势的制约下，流向平原腹地。如今的长江支流——岷江也通过都江堰，流入成都平原。

到处是台地，土地肥沃，创业的“古成都人”试图融入，却还是走了冤枉路。尽管已掌握当时世界最先进“黑科技”的石斧、石凿，但当掏出带来的白色稻种时，他们却发现适宜播种的原始耕地不多。

探索中，他们点燃大火，亦是点燃起滚烫的希望。

草木燃烧之际，文明的夜空迸出一道裂缝。人们在烧得黑黢黢的土地上，虔诚地撒下一片水稻种子，惊喜地发现被烧过的土地，庄稼都长得很好，认定脚下水系纵横的土地，便是生生不息的天命之地。

"如法炮制"。古蜀人开发了不少森林，庄稼也越长越好。

宝墩人的生产生活

每年的五月到九月，是水稻生长期。

进入成都平原前，茂县、汶川一带的先民，主要种植旱地作物，粟（小米）和黍，也称稷、糜子。但成都平原水网密布，河水经常泛滥，气候炎热潮湿，可能"水土不服"，逐渐弃种。

水稻种植技术，最早传到了宝墩。

出土的植物种子有两类：食物类，有水稻、粟、薏苡属、野豌豆属和豇豆属；杂草类，有莎草科、银须草、飘拂草属、蔗草属、莎草属等种子。经鉴定，宝墩文化一期的农作物种子中，水稻占比 66.8%；宝墩文化二期，水稻占比攀升到 91.4%。水稻，宝墩先民最主要的粮食作物。同时，遗址中还出土了家猪、狗、鹿等动物骨骼。

距今约4500年前，发源于西亚的大麦、小麦传入中国，在黄河流域形成粟、黍、稻、麦、大豆构成的五谷农业体系，以猪、狗、牛、羊、马为主的家畜饲养体系。到了距今3000年至2500年前的十二桥文化时期，它们才终于传播到了成都平原，不过数量极为稀少，占比可忽略不计。

水稻变为人们的主要农作物。

到了宝墩文化晚期，至三星堆、十二桥文化时期，黍和粟在农作物中的占比上升。这与成都平原经常发生洪灾、河流常常改道有关，人口快速增长，也需要更多的旱地作物作为口粮。

只是，成都平原仍然以水稻种植为主。

与宝墩遗址的稻作农业相似，商周时期的三星堆、金沙城，旱作作物的比重也很低。在上千年的时间里，先民在稻作种植方面不断地积累经验，提升技术，改良稻作农业。

成都平原地处中国西南，位于黄河上游与长江中游之间。

特殊的地理环境，使川西坝子成为地理通道、文化交融的缓冲区。

南方的稻作农业向北扩散，北方的粟作农业向南传播。

处在长江中下游、东南沿海，以稻作农业为主的“东南文化板块”与黄土高原以粟作农业为主的“西北文化板块”接合部，“杂交优势”显著，使成都平原兼收并蓄，广为接纳，又独树一帜。

宝墩人的农业生产工具，以石质工具为主。

石质工具，分为磨制、打制两类，以磨制为主。磨制类器型有斧、锛、凿、铲、刀、杵等；打制类器型有砍砸器、刮削器、盘状器、有柄石锄和斧形器等。

较多蔬菜瓜果类种子的发现，表明当时的成都平原还存在一定的园圃业。

堆满陶器的“宴飨坑”，是举行聚餐仪式的场所。

驯猪狗。在“宴飨坑”，也发现了猪的头骨、狗的肋骨与鱼鳃骨。说明宝墩人已经将这些动物驯化，作为食物。

考古人员

还发现了豇豆、豌豆、薏仁、水稻、小米等植物遗迹，这些是祖先们最常吃的东西，还把猕猴桃当零食。

耕作之余，人们用石箭、石镖狩猎。打猎之余，人们就做一做陶器，称为“神器”。

结实耐摔，作用齐全。绳纹花边陶、敞口圈足尊、喇叭口高领罐、宽沿平地尊……

比起原始的狩猎方式，狩猎的技巧高超，既安全，效率又高。

部落里的“工艺美术师”，在陶罐上刻绘下生活场景，纪史、修志，述说着质朴的烟火人间。

陶制纺轮的出土，表明当时的人们已经掌握纺织技术。

滤水器，一种“高级物品”陶器。通体椭圆，高约 20 厘米，底部有两个小圆洞，与炊具、盛具明显不同，属于一种净水器，借用鹅卵石、泥沙等，通过物理过滤方法净水。

还有打磨光滑的圆盘状陶器，用来盛放食物。

“奢侈品”，类似于制果盘。

宝墩人成年身高为165—175厘米，与当代成都人的身高差别不大。

宝墩城与其周边的城市群

由混沌迈入铜石并用时代。

城市也处于起源过程之中。

旧石器时代的人群，没有定居的概念。常常迁徙，躲避严寒与干旱、洪水，追寻猎物、水源。

四川盆地早在百万年前，就出现了人类活动的足迹，在盆地东部的峡江地区、南边的深谷洞穴，以及成都平原、川中丘陵、川西高原的阶地河流，都遍布着旧石器时代的各类遗存。

人类命运共同体，很早就开始构筑并逐渐形成。

“北有九寨黄龙、南有稻城亚丁。”

新石器时代，“萌芽”阶段的城市。

成都平原的古城，当时处于方国酋邦阶段。

宝墩遗址占地约为276万平方米，城周近6.2公里，与如今的一些小县城的面积相当。南、东、西三个方向，都有内外两道城墙护卫，北面因外有河流，内外城墙重合。目前残存的梯形城墙，底宽30余米，顶宽20余米，相当于如今双向四车道的城市公路。

内城圈平面呈长方形，方向约为北偏东 45 度。它始筑约在公元前 2500 年以前，距今 4500 年以上。

宝墩遗址是长江流域规模第二大的史前城址，仅次于长江下游的杭州良渚遗址。

出于保卫政权、宗教组织的防御需要，修筑了高大的城垣、巨大的壕沟。

戒备森严。先修建内城墙，再修建外城墙。分内、外两圈，呈“回”字形，是一座由内外两重城墙包围、内外城墙与四个方向布有壕沟的城池。它不仅有城墙，还有护城河。

城内，有各种不同功能的建筑。

外城，发现有残长 20 米、宽约 6 米、高 1 米的夯土台基，东侧还保留着 600 平方米的活动面。内城，多组大型建筑基址，面积都在 200 平方米至 300 平方米，有大型祭台等公共礼仪性建筑。

内城墙的内侧还有一条道路，最宽处有 3 米左右，路分为两层，用粉沙土铺垫，上层局部还保留了一层鹅卵石，可见修筑时经过了精心处理。

建成“一环路”，还有“新区”。

令人惊叹，古蜀人想象空间巨大。

外城墙的年代晚于内城墙。

宝墩人最早生活在内城，后来由于人口膨胀，逐渐扩展到外城。

一些大家庭也开始分家，外城“新区”成为先民的选择。

在外城角落，还有具备守卫功能的廓城。

同一时期的崇州紫竹、大邑高山等廓城，因城邦之间可能难免攻伐，修筑防卫工事是必要的选择。

内城、外城的城市格局，与同期的长江下游巨无霸“神王之国”的良渚、稍后的长江中游以天门石家河古城（早期的神农氏之都）为中心的城邦集团相同，在世界城市发展史上地位十分重要。

王权逐渐掌握到少数人手中。

城墙，成为权力与秩序的象征。

城市聚落网络状的背后，有个强力的权力机构，在背后实行全面集中的领导。

城门，代表中国古城的最高成就，犹如城市的表情，勾勒城市的沧桑。护城河，城市的血脉，被宝墩人驯服的河水，沿着护城河缓缓流过，滋养着这方土地上的人民，也为宝墩文化带来更多其他族群文化的精髓。

王权调动起大量的人力、物力，来长时间、有组织、有分工地进行修筑。

文化区域。富饶沃土，人口众多。

雪山下的成都平原核心区域的城市群。几个大聚落形成的古城，被数十个小部落、诸侯围绕，有规律地排列、簇拥、拱卫在一起，但又不具备古黄河流域聚落的“瓯脱”隙地，形成串珠状分布的大小聚落。部落独立又相互交融，以宝墩文化为核心，带动中小坝子上发展不平衡的氏族部落，在长江上游的西南地区形成了独一无二的“古蜀文化区”。

这是即将跨进文明门槛的历史见证，“坝子文化”的源头。

古巴蜀境内，曾有百十个小部落、小诸侯“戎伯”。

古蜀文化区，是“坝子文化”与“戎伯文化”的集合体。

正是有了成都平原的“大坝子”，以高度发达的宝墩文化为核心，才带动各种中小坝子上发展不平衡的文化综合体（氏族部落），在长江上游形成了华夏文化圈内独特的“文化区块链”。

“坝子文化”的强大生命力，不仅体现在当地早期文明的发生、发展的过程中，而且贯穿在整个巴蜀文明的进程中，直到今天，我们仍然可以清楚地发现“坝子文化”的印记。

4500 年前，中国西部最大的城市群，经历了从类城市、雏城市到真城市的发展过程，已处于国家、文明的起源阶段。

成都史上第一次人口大迁徙，带来陶器、古城，甚至图腾崇拜、信仰。

宝墩文明大约延续 800 年，族群一直不断地迁徙，足迹几乎踏遍成都平原。他们艰辛地与自然斗争，在水与火之中顽强地繁衍、进化，留下“古成都人”第一部关于生存、发展、文明的史诗。

宝墩的农耕文明与古蜀文化

雪山下的公园城市，烟火里的幸福成都。

从恣肆不羁的神话传说，真正回到人间。

“实锤”，古蜀国的历史由传说变成了信史。

古蜀文明根本不是“从天而降”，不是“外来”，更不是“西来”，也未“突然神秘消失”，而是有序地传承了 5500 年以上。蚕丛纵目、鱼凫神化仙去、杜宇化鹃、开明王子迁徙越南……

繁荣景象。“部落相连，钟鸣鼎食”。

告别游牧生活，天府田园风光画卷。

公园城市的雏形。“岷江水润、茂林修竹、美田弥望、蜀风雅韵”。

成都平原的远古先民，比人类其他许多部族更早地过上了相对安宁而舒适的生活。

成都人悠闲、舒适生活的历史源头。

中国史前第三城。宝墩文明如流星一般划破长空，证实了成都平原也是中国文明起源的重要一员，与华夏文明、良渚文明并称中国上古三大文明，交相辉映，光彩熠熠。

创造灿烂的“古蜀文化”。经历从蚕丛、柏灌，到鱼凫早期的“三王”的长期发展过程，经过 2000 多年的努力，终于使原来沼泽密布、荆棘丛生的广都，成为中国三大农业起源地之一。

无可匹敌。宝墩文化分布于 50 余个遗址。

向西，迎青藏高原势力东进。

向东，临长江上游，直逼长江三峡以东。

向南，面对云贵高原，逼临横断山区。

向北，穿秦岭，交通中原。

地理战略优势，决定古蜀文明的诞生、发展和繁荣。

成都平原地理区位造成的向心结构，吸引着周围边缘山地经营高地农业的群体向低地发展定居，同样也吸引了各种古文化交流、融合，沿河谷、山间谷地，逐渐走向成都平原。

《后汉书·南蛮西南夷列传》记载，汶山郡有“六夷七羌九氐”，其中“依山居止，累石为室，高者数十丈，为邛笼”的部族就是冉駹，即未南迁的蚕丛氏后裔，为进入低地平原的一支。

这既与蚕丛“居岷山石室”相同，冉駹的读音也与蚕丛相近。

在山坡上排水好的地方，种植小米。

在平原便于灌溉的河边，种植水稻。

创业的宝墩人开始种植水稻以来，成都平原长期保持着稻作、旱作混作的耕种方式。

宝墩遗址继首次发现4500年前的水稻田遗存后，考古人员又揭露了面积约600平方米的水稻田遗迹，共发现一条与该区域相连通的水沟遗迹，一处疑似田埂遗迹，另一处疑似水稻根窝遗迹。

两件土样标本植硅体检测结果显示，水稻为主要类型。水稻植硅体有扇形、双峰形和并排哑铃形三种。双峰形植硅体浓度高于100000粒/克，扇形植硅体浓度高于80000粒/克。

在地面2米以下，考古人员找到一层从西北向东南发掘区外延伸的水平地层，几乎看不到人类遗留的陶片、红烧土、炭屑等遗物，地层土质为淤泥，有大量铁锰结核。铁锰结核需要在饱氧与厌氧交替的环境中才能形成，符合水稻田需要反复灌水、放水的种植方式。

稻、粟兼作农业体系和家畜饲养，奠定了天府之国农耕文明的基础。

农耕文明对成都平原有着深远的影响。

直到都江堰治水后，才有了成熟的灌溉农业。

年复一年，种植的土壤慢慢变得贫瘠，耕地里的稻穗越来越小；砍伐过度，让森林不再茂盛，野兽几乎看不到；渔猎无休止，河鱼、走兽来不及繁衍后代。

但成都平原的台地很多，先民又发现了另一片水草丰茂、森林密布的台地。

“古成都人”不断和自然抗争，调整着生存空间。

青铜兽面

片状青铜器，三星堆文物的典型形象。

都江堰水利工程智慧的“原版”

修筑城池

生活，周而复始的迁徙。

古先民卸下行李，开始营造新家园。

远远不是终点。

又过了近 200 年，新的耕地也慢慢变得贫瘠，森林里的走兽一如既往地减少。

古先民又开始迁徙，重新建立一个家园。

受环境变化的困扰，宝墩人被迫离开故城，在对沃土的渴望中，沿着岷江古道，来到下一个区域，还是在一条大河边。至少迁徙六次，每到一处，他们都给后人留下高大的城墙、大量的陶器。

水土丰茂的成都平原，成为永远离不开的农乡。

农耕离不开水利。平原腹心，溪流密布，迫使创业的“古成都人”不断进行疏浚活动，而且要有统一的指挥，开展集团作战。分散的部落，便需聚合成稳定的族群，以应对外部侵扰。

古老的城池雏形在成都平原上萌芽。

农耕生产，必须平整土地，形成阡陌，开辟道路；农耕氏族也不丢掉从事过的渔猎、采集、畜牧生产，乐于环绕家门，开展多种经营，逐渐就有了剩余产品；交换产品，形成了交换集市之类的渠道。

定居、观象、水利、集市……催生出以修建城池为特征的邦国。

开始，只能用双手作工具在平原、河谷垦殖。后来，在长期的劳作中，古先民发明了石锄、石斧等工具，分别创造了“瞿上文明”、天府文化源头的新石器时代晚期的“宝墩文化”。

宝墩城，位于成都新津宝墩镇宝墩村，邻近文井江古河道。它距新津城西北 5 公里、双流“瞿上城”20 公里、广汉“三星堆城”90 公里、成都城区“金沙城”38 公里。

西河、铁溪河，分别从村子东北、西南面穿过，灌溉沃土。

地形奇特。一马平川的绿色沃野上，突兀地耸起一圈高两三米、宽一二十米，不规则的脊梁似的黄土埂子。埂内，阡陌纵横，沟渠交错。沟底和两侧，会发现一些散碎的砖瓦器物。

城墙中间，没有后世城墙那种城门式的缺口，斜坡式的城墙更像防洪的堤岸，主要用于防范洪水、保护稻作农耕经济发展。

城刚开始修筑时面积不算大，60 多万平方米，平面为长方形。随着人口的聚集和迅速增长，宝墩人便在旧城墙的外围又筑了一圈更大的方形圆角的城墙，使宝墩古城的面积达到 276 万平方米，成为新石器时代全国第四大史前古城。

雪山下的史前城址群。西南地区发现的年代最早、规模最大、分布最密集，有明显功能标志的聚落形态——“城邑”建筑开始出现。城墙建筑，均采用“双向堆土、斜向拍夯”的办法。

智慧展现。这样的城，既要避水，也要利用水。比三星堆古城还早1000多年，二者之间承袭关系明显。

宝墩古城、石峁古城、良渚古城与陶寺古城的面积，都超过200万平方米。

文明曙光的标志。东亚大陆上已经出现了网络状的古城聚落。尼罗河流域、两河流域南部出现了奴隶制小国，统一的古埃及国家建立，印度河流域出现奴隶制城邦。

文明与野蛮，一个区别就在于“城市”。

宝墩人聚居，逐渐有了房屋。聚居地的外沿没有城墙防护，身为君王、诸侯地位较高的人，也与百姓混居。发明了城郭后，四面环绕，除了抵御猛兽、外敌，更主要的是能防洪水。

城，人类社会的重要聚落形态，历史文化的特殊产物。作为一种宏观的历史地理现象，又是一种大规模的永久性的防御设施。代表的文化现象，被称为“城邑文化”“防御文化”。

中国古代，原始氏族社会的血缘管理依然延续，虽然也出现了城市，但城内的氏族贵族阶层与城外农村里的氏族平民，属于同宗、同族、同血缘，统一在血缘管理的共同体之中。

旱灾、水灾，交替频繁。

气候变动幅度增大，成都平原洪水突发，常常冲毁人们的定居点。

抵御洪水。宝墩时期城址，“远支流，近干流”，能避免水患，方便取水、渔猎。城池布局，大多与河流平行，加上城内地面高于城外，先民利用地势、水障沿台地边缘，筑起墙垣来防洪。

掌握筑城技术，与学习水稻栽种一样，宝墩人开始在宝墩村的古河边筑城定居。

古城格局

古城群的建造年代，与鲧筑城的年代相当。

大禹于汶川石纽山出生，父亲鲧于崇州鸡冠山出生。

大禹世系与古蜀州（今崇州）人同出一脉。

“禹”字与“蜀”字，都从虫。

“虫”符，“龙”符。

鲧，中国历史上有文字记载的建造城郭的第一人。

各个城址的防洪功能，鲧筑堤埂防洪的治水理念，即是在成都平原运用的印证。

筑城时间比宝墩古城更早的高山古城，城墙与长江中游古城的城墙比较相似。

城墙，凝结了“古成都人”的智慧。

先民来到成都平原后，重中之重就是建城墙。

高筑底宽厚达 50 多米的城垣，外挖数十米至百余米不等的环城深壕，利用北、南两条河流作为屏障，在城内开挖沟渠，疏导洪水、种植水稻，在内、外城垣间，营建成片的住房。

城墙的功能之一，挡水。不光修城墙，人们还修城壕。城墙挡水，城壕泄水，形成抵御洪水的体系，逐级挡水的体系颇有成效。双重城墙挡水，效果好，即使外墙被冲破，但内城还没被冲破过。考古发现，宝墩内城到汉代时才被冲破过。

城墙还有防御、避难的功能。

外城的修建与使用，晚于内城。

城内地貌多样，台地与低洼区域错落，宝墩人因地制宜，选择台地营建不同类型的房屋；墓葬通常分布在房前屋后、台地边缘的较低洼区域；最低洼区域仍为湖藻状态，为早期水稻田。

聚落呈现出以家户为最小单位，普通家户以该区域大房子为中心的特点。整个古城，呈现以鼓墩子三组大房子为中心的模式。

宝墩文化中，已有各种陶质的用具，其中不乏酒器。

“成都平原第一灶”，出土于宝墩遗址。它的外观呈直桶形，通体饰粗绳纹，内壁等距分布有 7 个长约 7 厘米的支丁，一侧有略呈半圆形的灶门，高 28 厘米，直径 30 厘米。利用陶灶将陶器架高烹煮，为成都平原发现年代最早的灶。

古城中心，是大型建筑。

原始议事厅、宗庙场所。和排房不同，它们的建筑面积不小，单体面积都超过 200 平方米。

筑坑规矩，筑网清晰。

在考古现场留下的照片中，能清晰地看到放置房屋柱子的方形深坑。以鼓墩子的三座建筑为例，1 米见方的方形柱坑，共有 42 个；主体建筑东西两侧各 8 个，南北两侧各 5 个，房屋内部还有 2 个；建筑长 20 米，宽 10.5 米，房屋内部的两个坑基，表明还有两根柱子帮着承重。厢房在主体建筑的两侧，北厢房长

10 米，宽 7.5 米；南厢房长 9 米，宽 8 米。

整体布局主次分明，并且相对对称。复杂而有序，分布在南北一条线上，组成了一个“品”字形复合建筑。

3 座 300 平方米以上的大型房屋，是成都平原最早的大型建筑遗址。

为修建这几座“豪宅”，“建筑师”殚精竭虑：建筑采用立柱式承重，先开挖柱坑，竖立梁柱后，再加盖主体建筑，42 根大型梁柱，主体建筑恢宏。周围还有许多小房，供部落居住。

每一个聚落点，都有一组大型建筑庙殿，相当于如今的大礼堂。

聚落内部、城池内部有大事，居民就来庙殿商议、庆祝。

古观象台。外城西南，颇为奇特的建筑遗迹：土夯基。宝墩人在空地上挖了一个平的大坑，大坑中间堆起一个土台子，已被河水破坏，残存的夯台长 20 余米，宽约 6 米，高约 1 米。

它的方向极为独到：北偏东 21 度。角度与成都平原地区，冬至日太阳光的方向一致。

沿河修筑，因河废弃。

在古城址东北、南边，还发现有大型古河道。

有与大禹父子同一时期、距今约 4200 年的护岸堤。宝墩人在堤上开挖沟槽、安插木桩，起加固作用，再在近水一侧，用大量卵石堆筑来作为护坡。

鲧、禹所在年代，先民已摸索出一套治水经验。

宝墩古城遭遇大洪水，三条较大的古河道从西北方向冲毁城墙。

附近，有两条河。一条，现在古城遗址的东北；另一条，从碾墩子、大埂子、高地之间的空地流过，古城西北城墙的组成部分——大埂子、高地、胡墩子和狗儿墩，被河流分割在另一侧。

城墙的东北、西南，有两个地势低洼的条带状，在距今4200年前，两条河流流经此处。

从古今河道的对比图看，现在的两条河从以前的位置，平移了的距离相近。

古城修筑在被两条河流夹着的高台上。

河流改道，河水不管是否有城墙围挡，只管冲过去再说。城墙遗迹间的缺口，即为河水改道从城墙上冲刷过后的痕迹。

城内有不少古河道、湖相沉积。先民在这里生活时，河道纵横，湖泽密布，后被河水冲毁，留下沉积。先民的活动轨迹遍布整个新津区，在新平、五津、安西、邓双、花源镇均有遗迹点。

水利与城郭

距今4000年以上的水利设施。

岷江水历来湍急，为了保护河岸里的城市、民居不被河水侵蚀，人们修建了堤坝。在堤坝内侧的考古过程中，工作人员发现了大房子、家族墓地等。内侧沟渠里，工作人员还发现了许多木桩的痕迹。

水坝与城墙的夯筑做法相似。

水坝护岸设施，长 147 米，上宽 12 米，下宽 14 米。

成都平原河流遍布的土地上，人与水和谐相处的智慧已然形成。都江堰水利工程智慧的“原版”。

清晰可见。堤坝上，一排排鹅卵石。用竹笼装着石头，将堤坝固定。都江堰水利工程，就是利用竹笼固定沙石的原理，这是中国水利史上的重要发明。都江堰传承、发扬的文明，源于 4000 多年前宝墩人的治水实践。

重视水患治理。多条人工与自然交汇的河道，蜿蜒流淌，远早于李冰治水的水利工程，为千年前的古城带来 200 多年的宁静生活，也为宝墩人的繁衍生息奠定了最为坚实的基础。

已经有了御洪技术。郫都古城（三道堰古城）的城垣，也采用大量河卵石来加固城墙。独特的“竹木护石”技术，也被视作在都江堰水利工程中，大放异彩的竹笼络石技术的“模板”。

工程庞大。内城墙土方量约 25 万立方米，外城墙土方量约 115 万立方米，总土方量达 140 万立方米，在惊叹于古人精湛的建筑技巧的同时，对人力、政权，也有了全新的解读。

共同见证刀耕火种之中的辉煌。

古蜀文明，呈现出从“孤立隔绝”到“包容互鉴”的演进图景。

“古成都人”的生活，开启了从“随遇而安”到“造郭守望”的历史篇章。

居住房屋，为“木骨泥墙”式建筑，展现出一幅宝墩人“建房”的生活场景。

墙基，挖有基槽，槽宽 17—30 厘米，深 20—50 厘米。基槽挖好，家就被“圈”定，人们又在槽底部挖出一个个直径为17—30厘米、距离相等的小坑，在坑内竖起竹子、木头为墙骨。需要重新回填泥土，使竹子、木头稳当地“栽”在地上。

男主人就是“建筑师”，直起腰，拍拍手上的泥土，问站在一旁观看的主妇和孩子们：“直不直？”主妇和孩子们说：“直。”于是，家人找来软柔的篾条、木条，在竖起的木头、竹子上编织。

精工细作，就像几只蜘蛛在织网。

下一道工序，是给织好的墙骨抹泥。

人们找来有黏性的土，加入一定数量的草、藤，使泥巴更具黏性，不易开裂。把调好的泥，一层层地往墙骨上抹，抹得又光又平，亮亮堂堂。

夜空里的星星，在朦胧中闪烁。

一家人毫无倦意，望着一栋房子慢慢建起，心中甜蜜。家人又从四周找来柴草，堆在湿滑的墙体下。主妇摸出两块白石，对着一碰，一点火星溅出；再一碰，几点火星溅出……柴草被点燃。

在火光和浓烟中，湿滑的墙体慢慢变干。

烘烤过的墙体没有变黑，变成“红烧土”，既结实耐用，又美观大方。

一种形制。“古城”为权力组织核心，统辖若干从属村落，为多层级的大型聚落群体，兼具治水、防御、经济文化、政治宗教中心等功能。

宝墩文化城市群，其规划、组织、施工、食物供给、指挥调度……不仅表明古先民已拥有建造宏大工程的专门技术，已具备与古城建造相应的配套系统，还展示着古城统治者统治着众多的人口，有力地控制了各自地域内丰富的自然资源、生产资源。

这是农耕社会战胜渔猎社会的结果。

岷江扇形冲积平原，宝墩文化遗址在沼泽上打桩建城，形成满月状水寨，几个4000年左右的小城，面积为10万—60万平方米，分布在宝墩古城周边。这展现了成都平原相当于中原龙山文化晚期、夏商二里头文化承接之前，古城址文化面貌与前后衔接的演变过程。

古城址与古河道关系密切。

鲧因建造城郭有功，尧把“崇地”封给了鲧。

实际建造城郭的数量，应比这些还要多。

出“若水”的三条江河口，崇州的街子、原三郎、苟家、万家与怀远，也是同一时间段所建。只是因建好后一直住人至今，才难以找到遗迹。若是仅仅只建8座城，不会受到尧帝的嘉奖。

芒城遗址、双河遗址、紫竹遗址、宝墩遗址，正位于岷江中游重要支流——文井江古河道的上、中、下三个地域，鱼凫城位于古岷江干流，郫都古城遗址位于《禹贡》江沱古河道近旁。

成都平原为农业开发、陶器制作最早的地区之一。

与鲧建城起于崇州，鲧、禹治水发源于岷江、始于江汉，正处在同一时期。

上善若水，厚德载物。

古老中华道德文明的标志。

“因天时就地利”的营城理念

古蜀文明发祥地

宝墩遗址与三星堆遗址的第一期，属于同期文化。

宝墩文化，由营盘山文化发展而来，自带马家窑文化元素，同时吸收了来自长江中游的挖壕筑城、水稻种植技术与峡江地区的部分文化元素，大大丰富了三星堆一期的文化内涵。

2013 年，在温江红桥村发现一座距今 4000 年左右的宝墩文化时期的墓葬，墓葬中安睡着一位身高 1.60 米左右、30 多岁的男子，左手边放着一根长约 1.04 米的象牙杖，身后放着象牙牌饰。

三星堆“祭祀坑”发现的神秘金杖，和宝墩文化时期的神秘象牙杖是如此形似。

宝墩文化应该属于先夏文化。

夏人尚黑。夏文化，亦是灰陶文化。

宝墩文化器物多为泥质灰陶、夹砂褐陶，如同先夏文化也可称灰陶文化。

灰陶文化时期，为史前到文明起源的过渡时期。

中国文明的起源，经历了由大体平等的“农耕聚落形态”，发展为含有不平等与初步社会分层的“中心聚落形态”，再发展为“都邑国家形态”。

宝墩文化的形成过程、表现形态，就是从“中心聚落形态”发展到“都邑国家形态”的典型。

长江文明之源，古蜀文明发祥地。

成都平原拥有孕育三星堆文化的地理环境、文化沃土。

宝墩文化与三星堆文化，在制陶、石器工艺、城墙修筑技术、建筑形态、主业经济上，延续关系明显。在宝墩文化的基础上，三星堆文化吸收中原文明、长江中下游文明等因素综合发展而成。

研究古蜀文明、中华文明的重要基石。

诸城林立，此消彼长，兴替频繁，相继衰亡，出现了拥有一定权力的特殊阶层。政治权力中心与不同社会集团之间的对立，社会复杂化程度加剧，形成成都平原文明前夜的“动荡期”。

古蜀文明历史乐章中的最美华章。

城市文明起源的最古老章节。宝墩文化将成都的历史，再往前推进了1000多年。在距今5000年前的新石器时代晚期，古成都人就已经告别游牧生活，制造出石镞、石刀，猎捕野兽，获得肉食，创造了灰陶文化。成都平原的远古先民，比人类其他许多部族，都更早地过上相对安宁、舒适的生活。

宝墩既是古蜀文明形成古城址的典型，也是巴蜀即将承接、发展中原文明，融合、创新外来文明的历史见证。宝墩城是宝墩人的都城，即使5000年时光流逝，依旧是宝墩文化。

孕育胚胎。开启巴蜀城市文明，为早期国家形成、文明的萌芽。

城池坚固。河水清澈，鱼儿肥美。

岸边，各种树木生长。

美丽轻盈跳跃的鹿，顶着树杈一般的头角，将梅花似的脚印留在河畔上。

另一边，成群的野象，朝着水源和树林旺盛的地方奔袭。

古蜀人穿梭在森林、湖泊、河流间……

成都平原的“立体农业”开始萌芽。

广都之野，“冬夏两季”播种。

农田里有稻、麦、粟、黍、豆等。

园艺发达。荔枝、柑橙、茶桑、“四季瓜果”。

古蜀丝绸兴起。

“牲具六畜”。家养鸡犬豕，野牧马牛羊。

古蜀人既养猪吃肉，也猎鹿捕鱼。古蜀人的主粮为稻谷，还需要肉类的摄入来改善生活。

聚落周围茂密的植被、丰沛的水系，提供了野菜、野果，甚至薪柴和建筑材料。竹子、木头，可以就地取材。

古蜀人在发展农耕的同时，也大力发展了家畜饲养。三星堆遗址出土了数十枚动物牙齿，基本都是猪牙、鹿牙；还出土了大量的家养动物陶塑，有猪、绵羊、水牛和公鸡等。

在三星堆文化的基础上，又发展起来十二桥文化，一支独立于商周时期的灿烂的青铜文化，不仅分布于成都平原、四川盆地西南缘，在渝东地区、峡江一带，也有广泛分布。

在十二桥文化遗址中，考古专家挖掘出一大批动物骨骼，时间主要出自殷墟第四期到西周初，出土的哺乳动物骨骼，包括狗、黑熊、猪獾、马、家猪、小麂、水鹿、斑鹿、黄牛等。

家猪、狗、黄牛和马作为家畜，占了骨骼标本的一大半，另外将近三分之一是鹿类，这说明鹿是先民们主要的狩猎对象，其他野生哺乳动物所占比例很低，应该是偶尔碰上，“打来吃一口”。

遗址中的家猪骨骼里，以 10 个月到 16 个月“寿命”的家猪个体为主，养殖行为明显。虽然十二桥文化遗址出土的鸟类、鱼类和龟鳖类动物骨骼不多，但成都平原河流纵横，气候温暖湿润，淡水资源丰富，遗址出土的网坠等器物，肯定与渔猎有关。

喂鸡，为农耕生产的特征。

公鸡报时，母鸡生蛋。游牧时代则用不着。

鸡，古名是“蜀”，不排除“蜀”的得名，最早是从事家鸡驯育而来。

池塘里，不仅有鱼、蚌、鸭，还有莲藕。这说明成都已跨入农桑时代，构成较为完整的文化发展体系，并形成以成都平原为中心的城邑，人口繁衍，成为安居乐业的“古蜀文化区”。

都广天府

成都平原历史的“活化石”。

彰显共性。新津宝墩、都江堰芒城、郫都古城、温江鱼凫村、崇州双河古城、紫竹古城，加上大邑盐茶古城、高山古城，合称成都平原八大史前城址，一如金色珠子一般，连接成一条带弧度的项链，戴在雄伟的龙门山下。

“都广”，“广都”的倒文。

祥和之象。《山海经》的《海内经》里，有“西南黑水之间，有都广之野，后稷葬焉。其城方三百里，盖天地之中，素女所出也。爰有膏菽、膏稻、膏黍、膏稷，百谷自生，冬夏播琴……”

一个梦幻般的名字——“都广之野”。

此为古成都平原的代称。

《山海经·海内经》给予“都广之野”“广都樊乡”的美誉。这与《淮南子·地形训》记述一致：“建木在都广，众帝所自上下，日中无景，呼而无响，盖天地之中也。”

“天下之中”。《山海经·中山经》把成都平原包括在天下之中，对岷江中上游地区水道的记载特别珍贵。《山海经·五藏山经》不仅以巴蜀荆楚为天下之中，更以详细记载岷江中上游而引人注目。

《山海经·海内经》四篇所说的“天下之中”，即指成都平原。

在《山海经》产生的时代，成都平原已成为“天下之中”，撰写时间应在古蜀国鼎盛发展时期。古先民自视“中心”，表现出强烈的文化自豪感，更是社会与文化发展到一定高度的表征。

“都广”即“广都”，连“百谷”都能“自生”，已是实现“内循环”，海纳百川开放型的农耕文明。

都广之野，山地、河谷低地农业结合的产物。

鸾鸟自歌，凤鸟自舞，灵寿实华，草木所聚。

爰有百兽，相群爰处，此草也，冬夏不死。

亚热带气候，一年四季雨量充足，温润潮湿，特别适合各类果树的生长，柑橘、蜜桃、荔枝、杨梅，现在都仍然是成都平原的特产。凤凰、鸾鸟以及各种飞禽走兽，都安静地在此栖息。

悠悠游游。在太阳底下暖暖地睡晒着，生活节奏散漫、悠闲。

平原一年四季都能播种百谷，出产各种豆类、稻谷、高粱与小米；气候温和，冬天夏天，都可播种；凤凰鸟欢乐地唱歌舞蹈；树梢上夏天结的果子，冬天已经成熟；树木茂盛，野兽成群；生长的草，冬天都不会死。

高低不一的小丘草坡；静淌而过的河流，泛着粼光的湖泊；还有湖面上时而掠过的白鹭；开得正盛的野菊……

一年四季，草木常青。江岸与泽地旁边，生长着繁茂的草本植物与蕨类植物。不远的地方，有丘陵山地，生长着茂盛的森林，林下遍布着低矮的杨梅、玉心花等灌木丛，树干上攀缘着南蛇藤等藤本植物，附生着蕨类植物。

"世外桃源"，一幅生机勃勃的景象，呈现出一片伊甸园式的美丽风光。

美哉，都广天府，黄帝、嫘祖、蚕丛、大禹父子……美丽的故乡。

这是"东方伊甸园"，世界级的"雪山下的公园城市"。

这是凝聚文明之城，民得安居则民心所向。

长久的岷江水患，古蜀国文明的繁荣与发展，与大规模的治水工程密不可分。要想发展壮大自身的实力，必须要有一片安宁、平和的土地繁衍、生息，部落氏族才能持续地生存、发展。

重视水患治理。统一的政权对人力、物力统一支配和征发，加之人类对大自然的长久斗争，极大地改变了人们赖以生存的自然环境。

成都平原成为人类第一次大规模定居生活的地点之一。

宝墩人的居住模式探索，取得突破性进展。

竹骨泥墙。宝墩等八座成都史前城址，发现竹（木）骨泥墙基槽式居住型建筑遗存，也延续至三星堆、十二桥文化时期，考古人员在台地边缘倒塌的红烧土基址中发现了 6 枚碳化竹片。首次明确了成都平原竹骨泥墙的存在，进一步证实竹骨泥墙建筑久远的历史。

内城、外城同时使用。宝墩古城修筑了内、外两重城墙，外城修筑年代晚于内城。地貌多样，台地与低洼区域交错分布，最大高差约 5 米。

宝墩先民因地制宜，对城内的各种地貌，采用不同的方式合理利用。选择地势较高的黄土台地营建居址。“黄金地段”，城内地势最高的鼓墩子区域，分布有三座南北向的建筑，应为大型公共性建筑。它既是宝墩城的地理中心，也可能是文化中心。已干涸的低洼区域，也被用于制作石器，或从事其他手工业活动。更为低洼的湿地，被用于水稻的种植。后来考古发现的水稻田，即位于这片区域。

“天下之中”

不约而同。不同的民族、族群相继来到成都平原，“天下之中”的向心力，是人们追求的更为宜居之地。

蚕丛被尊崇为蚕神，这是农桑业发达的反映。蚕丛氏从岷江上游兴起，故地在茂县叠溪。蚕丛死后葬叠溪，名蚕陵山。

汉代曾在叠溪设蚕陵县，划归黄水镇管辖。

西汉，益州刺史任安，拜谒距宝墩村25公里，位于新津与双流交界的蚕丛祠，感受“九倒拐”一带的“王”气，曾经在“瞿上”遗址（在今双流区胜利镇白塔村，2019年12月，胜利镇划归黄水镇管辖）上，再筑“宜城”。山，得名宜城山，寓意先人已筑过瞿上城，后人再来筑城，无疑适宜，史称“武阳城”。宜城山称延续至明代，被“牧马山”取代。

古蜀历史从营盘山文化出发，以蚕丛“瞿上”为开端，后有宝墩文化、三星堆文化、金沙文化、十二桥文化。对蚕丛纵目形象的描述，与三星堆的“青铜纵目人像”惊人吻合，也是三星堆、金沙城后世蜀人，对蜀祖蚕丛、神王大禹的图腾崇拜。

“宝墩文化”表现了古蜀国大厦的辉煌，“瞿上”起到重要的奠基作用。

神秘与沧桑，美丽与古老。

“九倒拐”，创业的“古成都人”进据成都平原的“司令部”。

如今，不忘“九倒拐”祖先们的卓著功勋，每年清明时节，双流百姓都要成群结队到洪江对面的九倒拐山崖岩墓、金花隅圣寿寺蚕从墓前，悼念祖先的亡灵，并成为当地的时尚和风俗。

情感的源流。寻找“古成都人”的面孔。

逶迤连绵的牧马山。沿着一部厚厚的社会进化史的铅字曲径，从末页慢慢地回翻，进入谁也没有见过的远古山林；踩着厚厚的地衣、苔藓，吸着湿润的腐质味，探寻蓑草披拂的岩穴……

岁月悠悠，距“营盘山”已经过去千年。

岷江上游、涪江上游和成都平原，史前文明已连成一片。

这完善了古蜀文明发展演进的脉络。

具有相同的文化特征。掀起了新石器时代晚期成都平原建设城市聚落的高潮，都江堰芒城、郫都古城、温江鱼凫城、大邑高山、大邑盐店、崇州双河、崇州紫竹，其中宝墩城的面积最大。

八座城市，均建在成都平原岷江水系冲积扇、河流之间的龙岗状台地上。城址均呈长方形，或近方形，既有利于防洪，也便于设防。格局因地而异。

兴建与废弃，都是为了寻找到一个更好、更适合居住的建城之地。

成都平原洪水泛滥，水患最多，地震频繁。为了避免地震、寒冷、冰雪、洪水、日晒，“古成都人”在许多地方建立了城墙。作为治水示范地、样本，经济实力很强大，外敌不会轻易侵犯，长期繁荣，国泰民安，但自然灾害仍频繁。

营城理念，“因天时就地利”。

世界城市发展史经历三个阶段，以“生存”为主的 1.0 时代；

以“生产”为主的2.0时代，以“生活”为导向的3.0时代。4500年以前的成都，一建城就能感受到世界“公园城市”的未来形态。

防御导向。城市1.0时代，为了更好地生存，这是人们聚集城市的重要原因。

工业革命。城市2.0时代，城市的一切资源都围绕着经济建设来展开，“生产”取代“生存”，成为时代城市的主旋律。

信息革命。城市3.0时代，城市的一切资源，开始围绕着美好生活来展开，“生活”取代“生产”，成为时代城市的主旋律。

城市的城市特质。北京“局气”，上海“腔调”，广州“搞掂”，成都“巴适”。城市的气质不同，也反映在城市风貌、城市文化等层面。

“巴适”“安逸”，四川话里的意思是舒适、愉悦，知足达观的人生态度。成都的城市风貌、文化，自古就是给人一种美好、幸福的感觉，凝练成人、城、境、业高度和谐、统一的城市理想。

地理条件对文明的进步、发展意义重大。

圣哲先贤的出现，使“人性和而才惠”的中华文明特质变得更为显著。

古城文明，就是大禹父子治水、建城的“成果”。

遇到爱情：“蓉漂”乡村游的转弯之处

西南第一大国

洪水仍频繁暴发，地震间或而至，迫使创业的“古成都人”不停地搬家、不停地建城。

一簇簇民居聚落产生，一个个古城遗址形成。匆匆一瞥，便是终年。

宝墩人在成都平原上的八百年，进步缓慢。

八百年的时光，在中国历史上几乎从汉朝到了唐朝。从大汉的开疆辟土、金戈铁马到盛唐的万国来朝、强弓劲弩，中华文明从世界的一个巅峰跨上了另一个巅峰。

百思不得其解，宝墩文明似乎误入“黑洞”。

令人吃惊。一如当年三星堆一样，变为千年之谜。

分散的人口，逐渐向成都平原腹心转移。能工巧匠，向鸭子河畔的三星堆城聚集。

这为社会进步提供人力资源，为过渡到文明阶段做好了准备。

动力源泉。加上中原文明的影响，东西方文明因素的进入，宝墩积累的挖壕筑城、治水、水稻栽培、家畜养殖等经验，为三星堆文化时期古城址的修筑、农业经济的发展，提供了技术支撑。

古蜀国与中原的商王朝并肩而立。

夏末商初，就在与中原地区华夏文化融合成长时，早于夏朝的古蜀国，大禹父子开启“江原文化”的故地、第三代蜀王“鱼凫”，融合并取代蚕丛、柏灌部族，成为最先统一蜀国之人。

蚕丛，代表栽桑、养蚕。

鱼凫，代表部族的渔猎经济生活。

鱼凫，古蜀文明由渔猎进入初级农耕时代的奠基者。从岷江上游的高山石室，到岷江中游的成都平原择居，从采集到渔猎，再到农耕文明，每一次大的转折、生产与生活方式的转变，都蕴含着古蜀先民们开拓、进取、创新的价值取向和智慧闪光。

鱼凫渐走渐远，杜宇声名鹊起。

古蜀国，从夏商到西周，就是西南第一大国。

巨细靡遗。“让生活更美好”。

“古成都人”持续与自然抗争，反复调整自身的生存空间。

离开温江鱼凫城后，取代鱼凫的杜宇，把自己统治的中心选择在古江源。

平原插秧，草原放牧。

西蜀农村，晨鸡长鸣。

文井江畔，林鸟飞翔。

岷山南麓平坝上，部落首领朱利带领族人发展着农业生产。

“自然奇观”。将四川省地图“剪辑”成成都市地图，再把成都市地图“剪辑”成崇州市地图；然后，把崇州市地图向左旋转

90度，定格在银幕上，就变成一个剪影；再把崇州市地图旋转，《蜀王本纪》《华阳国志》《水经注》等文献、古籍所说的“江源女子”的身影，明晰可见。

地形地貌。高山、丘陵、平原，崇州都“尽入囊中”。

火烧营，海拔3868米的鸡冠山最高峰，宛如一个侧面沉思的美女头像。整个山区，恰如她丰满的上体；丘陵地带，正像她弧线优美的臀部；其余占总面积50%以上的平原，由北而南，曲折多变，宛若她从腰间下垂的飘逸百褶裙……

天气特别好的时候，适合“过朱邑”观山。

奔流而下。一条文井江，延绵3700多米的落差。

一江春水，缓缓东流。

两岸风光，美不胜收。

东边割麦，西边插秧。

田间地头，一片繁忙。

生活美学。两岸点缀着雪山、森林、草甸、湿地、湖泊等多种地貌，有大熊猫、雪豹、金丝猴，有商道、泽田、聚落、民居等多样风情。山川俊秀、富足丰饶，生态宜居……

心之所向，为景。

行之所到，是游。

东西夹持。川西坝子，四周群山环抱，龙门山脉的邓峡山斜列于西，龙门山横拦于东，从平原中心向周边阶梯状抬升的封闭的菱形盆地景观。往西，距离最近的西岭雪山，与成都的直线距离约82公里，与四姑娘山景区的距离约126公里。视觉上，雪山近在咫尺，纵观南北的横断山，能肉眼看到、能标识出名的连绵雪山有许多，而海拔 3000 米以上的山峰多达 126 座。

看雪山，不以为稀。

贡嘎山，上到海拔 7556 米的“蜀山之王”。

青城山，下到海拔 1600 米的道教圣山。

海拔 6250 米的“蜀山之后”幺妹峰，海拔 6618 米的爱德嘉峰，海拔 6070 米的田海子山，海拔 5353 米的“成都第一峰”大雪塘（西岭雪山主峰），海拔 5040 米的巴郎山与海拔 2434 米的都江堰的赵公山等。

成都平原上的人们，已有超过 5000 年的观山历史。

“雪山下的公园城市”。在成都，现在有一种生活方式叫“在成都遥望雪山”，东看朝霞，西望雪山，杜甫那句“窗含西岭千秋雪”，如今已成了成都人阳台外一道不可或缺的常见风景。

遥相守望。成都平原与西岭雪山形成一幅壮美画卷。

一段浪漫的爱情故事

朱利故里，朱亭村口。

杜宇“过朱邑”观山，实为今成都平原、四川旅游业的滥觞。

祥和景象。文井江畔，朱亭部族，麦苗青青，菜花初黄。江中，竹筏往来，岸边牧童吹笛，村口小孩嬉戏。

生有国色。朱邑的“乡村游”，杜宇“邂逅”朱利。

来敏《本蜀论》，“女子朱利，自江源出”。

常璩《华阳国志》，“朱提有梁氏女利”“宇悦之，纳以为妃”。

郦道元《水经注》，“女子朱利自江源出”。

李昉《太平御览》，“自江源而出”。

朱崇河，崇州一条普通的小河，成都名字最古老的一条河。文井江在鹞子崖，为分出的岷江二级支流，流经今怀远镇北，过洄澜塔、崇福桥，至元通镇原公议乡将军桥下分二支，左为泉水堰，右称桤木河，流经公议、道明、白头、济协、隆兴等地后，注入大邑斜江，蜿蜒百里，旱时灌溉良田数十万亩，涝时排洪保千家平安，环境优美，风光秀丽，下流复合为一，统称桤木河。全长 25 公里。鞍子河、西河、西江、南河等，都是其称谓。

现在成都市第二水源地——李家岩水库，就选址在文井江上。库区主要是崇州市文井江。

大坝位于怀远镇青峰岭社区大桥上游约 1.3 公里处，离成都直线距离 45 公里。

朱崇河，朱利、大禹父亲家门口的河。大禹父亲、女子朱利，就在“岸上住”。

朱利是“望帝”杜宇的妻子，鲧禹一系。

梁姓，与鲧禹有关，属于黄帝族系。

鲧禹带领“北漂大军”北上治水，留下一部分族人，以梁为姓。

《说文解字》解释说：“梁，水桥也。”徐锴《说文解字系传》：“用桥跨水，则今之桥也。”发明木桥的氏族，在多水之区，不会生于高原。梁姓，鲧禹之后，属蜀中黄帝系的大族。

蜀族与黄帝族系，早有稳定的姻亲关系。

峰回路转。转弯处，遇到爱情。

两情相悦。“蓉漂”一段浪漫的爱情故事就此展开……

朱利诞生在文井江畔的朱亭，今崇阳街道朱氏街。

天造地设。奇男美女，结为夫妻。

把“游客”变为“崇漂”。古蜀州女婿杜宇，与大禹一样的“上门女婿”，死后化为杜鹃的“望帝”，悄悄诠释着一见钟情的含义。而这次“邂逅”，不仅成就了经典的爱情，也成就了伟大的事业。

“崇州女婿”。专业人才，有技术、项目、团队。

《蜀王本纪》称，朱利“从江源井中出”后，凿井技术在成都平原得到运用。拥有了生产、生活的新水源，离开江河湖泊的限制，到更广阔之地发展农业，为“原始农业”迈向“灌溉农业”的关键性一步。

强强联手。杜宇部族来到上芒城、下芒城一带古江源的平坝时，朱利部族正处于由住牧向农耕的转型中，农作技术发达，不仅种植麻、小麦和菽类，而且还掌握了水稻种植、酿酒的技术。

“美女配英雄”，意义重大。

杜宇与朱利婚盟，得到族人的支持，力量更为强大，统治地域逐渐扩大。

朱利辅佐杜宇称帝，带领人民治水，在文井江穿行的土地上，从一片片沼泽、山林之中，实行按季节耕种的农耕制度，实现了五谷丰登，古蜀文明开始向更平坦的广汉、郫都、成都城区迁移……

“望帝”杜宇，古蜀称帝第一人。

妻子朱利，堪称古蜀“第一夫人”。

“教民务农”。全新的农耕时代，温文尔雅的杜宇，常常戴着金灿灿的王冠，主持一年四季的播种、收获与祭祀等活动，手把手地教导“古成都人”耕地，显示出一代明君的风采。

农业经济取得突破性发展。

成都平原农作物种类繁多，有膏菽、膏稻、膏黍、膏稷等品系；“膏”，郭璞注解为“味好皆滑如膏”，谷物质量上乘；“亦沃野，地饶卮、姜、丹沙、石、铜、铁、竹、木之器”。

“冬夏播琴”，说明成都平原开始双季种植农业。

大量生产的粮食，确保了国富民强。

正向结构。内生动力为经济赋能。

杜宇、朱利“教民务农”的农本意识，使成都平原与西南、西北地区的整个“杜宇帝国”范围内发展了农业，“江源”成为长江上游农业发祥地，并奠定了后来的四川成为农业大省的地位。

一南一北。中原有妇好，古蜀有朱利。

内外兼修，异曲同工。

草场无垠，牧区风光。

“冬夏播琴”。朱利摘下凤鸟帽、脱下丝织长裙，没有在宫廷里享受奢侈的生活，而是义无反顾地选择支持杜宇的事业，与部落的其他妇女一样赶着羊群，唱着牧歌，由近而远，消失在坝子尽头……

更多的时候，朱利是住在自己的封地里。这样不仅实现了经济自由，还实现了精神自由。

她是王后、朝臣，还是封王，有很多经济来源。她还很会经营，封地——“崇地”的收入不仅可以养活百姓和官员，养活自己，还能每年拿出一部分来给杜宇纳贡。

独立居住。没有哪个王后敢不跟国王住在一起。一如商王武丁的妻子妇好一样，朱利与王分开居住，有自己独立的封地、军队。朱利勇于打破常规，是精神独立最突出的象征。

作为封地诸侯该有的进贡，朱利从未少过，为“三星堆国”女子费尽心力。

没有宫斗，朱利把所有的时间、精力，都放在辅佐杜宇“教民务农”上。

朱利把封地——古江源，经营、管理成古蜀国的农业“示范区”。“小亭”一带，成了“第一夫人”的“示范点”。

夫唱妇随，自尊、自爱和自信，淋漓尽致地展现着。

母仪天下。慈爱有加蜀民母，功德无量望帝妻。

杜宇王退位后，和爱妻朱利一起隐居于西山。

商王武丁与妇好，同心协力，开创“武丁盛世”；蜀王杜宇与朱利，共建“三星堆国”。

“农耕女神”。朱利为成都平原农业文明的开山鼻祖。

佳酿之地

“清醠之美，始于耒耜。”

酒，农业生产的附着物。

农业经济的发达与酿酒业的兴盛，二者之间的关系密不可分。

百姓食不果腹，哪有余粮能用来酿酒？

在大禹时期，古蜀州人就接触到了酒。

意外偶然。农人把采集到的果子放在一个木制容器中，果实互相挤压产生果汁，果汁吸收葡萄等植物上的酵母菌发酵，温度合适的情况下，就变成含有酒精的酒，尽管度数较低。

人尝到美味后，会觉精神愉悦，喝多了还会产生精神幻觉，羽化升仙。之后，先民们发现容器中的果汁不需要用火加热，自己就会升高温度，还会咕嘟咕嘟地冒泡。先民们认为这是一种神秘的力量。

古江源连年粮食大丰收。

在场院、稻垛堆积的粮食，不断地发霉、变质。

迫在眉睫。寻找适合储存粮食的地方，成为重中之重的大事。

时值九月，茱萸、菊花遍野，朱利带着侍女翻山越岭，到处寻找。

粮食虽变质，却流出了味道鲜美的液体。

沿着朱崇河，朱利向下游行走，到了现桤木河中游，只见遮天蔽日的群蝶争相啜饮涧水。俯身于涧边，闻得幽香缕缕，她禁不住捧起涧水尝了一口，隐感涧水甘甜中似含凛冽，令口喉畅爽。

眼前的景象，令朱利大吃一惊。

稻垛湮没在草木丛中，成了动物的乐园，野猪、山羊、野鹿，有的独自徜徉，有的捉对嬉戏，有的趴在松软的草坪上睡得正香，更多的是都围着几丛“野草”，舔食着什么……

深深吸几下，一阵风掠过桤木河，朱利闻到一缕缕药香。翕动鼻翼，药香越发浓郁，沁人心脾。

循着香气，朱利来到稻垛前，香气来自垛旁“野草”渗出的液体，珠珠相连，成丝成流，缓缓而泻，融入涧水。用随身的陶罐，朱利接了半罐“神水”，试着呷一口，甘甜醇香，润滑如玉。朱利又大饮几口，感觉气顺腑畅，心旷神怡。不久，眼前的稻垛竟如迷魂阵般旋转，脚下如踩浮云，乱了步履，自感如神似仙，荣辱皆忘，昏昏然进入了“仙境”。

继而，朱利用剩余的粮食来做酴酒，酿出了“务农酒”。

种五谷佳酿，藏天地精华。

没有喝完的酒，更不能浪费，效仿“稻垛”储粮、留种，在喜庆丰收的“九九”之日，以陶罐装起，用泥密封罐口，在祭祀神祖、天地的盛大仪式中，半埋入地下藏起，来日、来年再喝。

唯好酒方能储存，唯储存方能成就美酒。

风采独特。这处处展现了古蜀先民的知性美、勤劳勇敢、吃苦耐劳等精神。

性感会消逝，魅力可永恒。

在古代，酿酒的多为女人和奴隶，因此人们将最高的祭祀用酒称作“女酒”。

唯美酒与美人不可辜负之滥觞。

在中国的酒文化里，一直不乏红颜的身影，令酒文化多了一丝温柔。

衣香鬓影的美人们，成为与酒解不开的羁绊。

美食博主。2000 多年后，同在文井江岸边长大的花蕊夫人，别出心裁地以“务农酒”为原酒，酿制了消暑的“无汗酒”；创用净白羊头，以红姜慢炖，以酒浸润渗满姜汁的羊头，使酒香入骨，再切成如纸的薄片，香飘四溢，取名“绯羊首”。

“种酒”起源。这不仅是一种行为，更是一种民俗、文化。

种酒即藏酒，将生态原酿用陶坛封存，存埋在土里，经过天然的沉淀与发酵，让原酒在土地里与空气中以自然状态呼吸，汲取大地精华，吸收日月光辉，使原酒日渐老熟、醇美丰盈。

佳酿之地。“小亭”，稻米优质，水源甘甜，汇集川西平原的田畴沃野精华。

陆游任蜀州（今崇州）通判，在“似闲有俸钱，似仕无簿书”的闲官生活之余，学习朱利“务农酒”的酿技，选“野草”中药入曲成酒，增加强身健体、祛病延年之效，再现酒市盛况。

肆旗飘扬，弥香千里。

“兴来买尽市桥酒，大车磊落堆长瓶。”

古蜀国的大部分酒，同中原地区“汁滓相将”的酒不同，是去掉滓后仅饮汁的低度发酵酒。古蜀人庙堂祭祀用的酒，称“醴”，一种仅发酵一宿便取用、酒汁清淡、连滓一起食用的浊酒。

喝一杯低度浊酒，吃一点野生水果。

有了粮食和各种肉类，外加一些野豌豆、薏苡属等植物，至少在三千年前的古蜀人的“餐桌”上，好吃、好喝，小日子有滋有味。只是酒的质量、味道，难与今天享用的美酒相提并论。

在三星堆遗址中就曾发现大量酒器，包括各种酿酒器具、盛酒器具和饮酒器具，既有陶制，也有青铜制具。从大量饮酒器具做成束颈、侈口（口沿外展，类似广口）的形状来看，古蜀人的酒应与中原连酒糟一起饮用“汁滓相将”的酒不同，应是去掉渣滓后仅饮其汁的低度发酵酒。

以此可窥视到“古成都人”安逸生活的确凿痕迹。

青铜四羊罍

上古时期盛酒器，是重要礼器。器物埋藏于地下几千年，受到地下水等物质严重侵蚀，器表坑洼锈损，饱经沧桑。罍的肩部附圆雕的盘角羊首，形制经典。

“农耕女神”惊艳时光，温柔岁月

酿酒传统

三千年文化基因。

成都平原有多种储酒方式，尤以“崇地”藏酒而闻名。

酿酒、种酒习俗，源自朱利。古蜀州人生产美酒的传统，与四川其他地方略有不同，在制作酒曲、酿制酒品的过程中会加入中药，不仅提高了酒的品质，更形成了今日崇州酿酒的独特风格。

祖先农耕文明的智慧集成。

“种”的形式，与“天人合一”的哲学思想契合，酒则与天、地、人交流和对话。原酒道法自然升华的过程，去陈除杂，熟化增香，始得上品佳酿，并达到真正弥久醇香的境界。

金沙人超过古蜀州人和三星堆人，并未“饱暖思淫欲”，而是大量生产粮食。量入为出，粮食多了后，才酿酒、种酒。在三星堆遗址、金沙遗址，考古人员都发现了大量的酒器。

酒器，包括酿酒器具、饮酒器具两大类。

令人叹为观止。且品种繁多，埋藏集中。

成都平原酿酒历史悠久。有一说，酒的发明人杜康家族，酿酒作坊“瞿上”，即今彭州“海窝子”。另一说，在今双流牧马山附近、德阳什邡、绵竹一带。

“酒文化”可追溯至蚕丛时代。

酒祖崇拜、业神祭祀。

“愿同尧舜意，所乐在人和。”

尧酒，代表着古人的物质生活。

舜琴，代表着古人的精神生活。

《战国策》有明确记载：“梁王魏婴觞诸侯于范台。酒酣，请鲁君举觞。鲁君兴，避席择言曰：昔者帝女令仪狄作酒而美，进之禹，禹饮而甘之，遂疏仪狄，绝旨酒……”

仪狄与大禹同时，少康晚于大禹五代，亦为夏朝君主。

族姓之书、谱系之学的《世本》卷一记载：“帝女仪狄始作酒醪，变五味；少康作秫酒。”

《尚书·酒诰》正义引《世本》说：“仪狄造酒，夏禹之臣。又云：杜康造酒。”

仪狄，“夏禹之臣”，是夏朝主管酿酒的女性官员。

《说文解字》记载：“古者少康初作箕、帚、秫酒。少康，杜康也。”

宋人朱翼中在《酒经》也载明：“酒之作尚矣，仪狄作酒醪，杜康作秫酒。”

仪狄酿的是“酒醪”，只有杜康的“秫酒”才是真正的“酒”。

故后人尊崇杜康为酿酒的鼻祖，与“仓颉制字”相提并论。

杜康，又名少康，大禹的四代孙，夏朝的第六代天子。

杜康的祖先，“崇伯鲧”所在的部落族人，在“崇地”就已掌握了酿酒的基本方法。公元前 2284 年“汶川之会”后，一部分族人随 30 岁的大禹北上治水，迁往中原，将酿酒的基本技术，从成都平原的古崇州带到中国地势的第二阶梯和第三阶梯的过渡地带、北方夏禹部落居住的伊洛平原，也是“傍河而生，沿河发展”——中国古代王朝真正有迹可循的开端。

《酒诰》中记载：“酒之所兴，肇自上皇，或云仪狄，一曰杜康，有饭不尽，委余空桑，郁积成味，久蓄气芳，本出于此，不由奇方。”

《史记·夏本纪》记载：“中康崩，子帝相立。帝相崩，子帝少康立。帝少康崩，子帝予立。”

酒的出现，不会晚于夏朝。

夏代洛阳已经出现酒器，在《史记》的《酒诰》中均有记载。

因口味各异，不同民族饮的酒，都是自己酿造的。

夏人、商人酿酒多在冬季。《礼记》记载：“仲冬之月……乃命大酋，秫（即高粱）稻必齐，曲蘖必时，湛炽必洁，水泉必香，陶器必良，火齐必得，兼用六物，大酋监之，毋有差贷。”

酒文化兴起

古蜀先民爱喝醪酒，味道香甜，浓度不高，与今天的醪糟相似。

在三星堆文化时期，由粮食酿就的酒文化就已然兴起，构成古蜀文明的传统。农业生产丰收、饮食可口，生活美满。从粮食的天然发酵到人工酿酒、种酒，古先民开始进入贵族生活、政治“流程”。

酿酒，古蜀国大事，有专门负责的官员；原料、河水、火候，马虎不得，甚至连盛酒的陶器、青铜器，都要求最精美。这是一种文化符号，代表着文明过程中的历史荣光。

开明王朝时期的古成都人，嗜好“醴”酒。

醴，一种仅发酵一夜的酒，酿造时间极短，味道清淡，饮用时“汁滓相将”，连吃带喝。

商人嗜酒，多为粮食酒，由黍酿造而成。

许多礼器、明器，都以酒具的形态制造。在《史记》中，司马迁记载，商纣王“大聚乐戏于沙丘，以酒为池，县（悬）肉为林，使男女倮（裸），相逐其间，为长夜之饮”。

用酒祭祀神祖，在甲骨文中比比皆是。在 10 多万片甲骨刻辞中，有关鬯（古代祭祀用的酒，通假字，同“畅”）的甲骨文约 182 条，多用于祭祀。殷墟出土大量重酒组合的铜质酒器、陶器。

商人上下，“率肆于酒”。

贵族墓中，多有成套的觚、爵等酒器出土，有的还配有食器鼎、簋、鬲、盘等。

在妇好墓中，出土青铜容器 210 件，酒器就占到了 74%。其中，觚有 53 件，爵为 40 件，数量之巨，令人瞠目。成套觚、爵数量的多寡，也是当时显示等级身份的重要标志。贵族墓葬中，觚、爵数量多者可达 50 套以上，最少的也有 1 套。

平民与奴隶，几乎与青铜酒器无缘，使用的多是粗制的陶质酒器。

除了尊、罍、瓿外，觥、卣、盉、斝等器物，都是盛酒用的。

尊，古代酒器的通称。作为专名，一种盛酒器，敞口、高颈、圈足，常饰有动物形象。用鸟做装饰，表现了鲜明的古蜀风格。中国南方青铜器在肩部喜欢用鸟做装饰，中原地区则不常见。

罍和尊的区别，尊的口比较大，罍的口比较小。

瓿，是圆口、深腹、圈足。

南北相同。古蜀人与中原人，都爱饮酒。

“望帝”杜宇与“第一夫人”朱利、奴隶主贵族，经常在不同的地点举行各种飨宴活动，不仅用鼎煮肉，用爵饮酒，还要钟鼓齐鸣，边赏乐观舞，边举杯豪饮，营造气氛，张扬威仪。

贵族们钟鸣鼎食，豪奢宴饮。

“寓礼于食”“食以体政”的风气，对后世礼乐制度的形成影响深刻。

“液体白金”

传统上，人们认为杜康为今河南或陕西地方的人。

恰恰相反。《元一统志》卷五记载：距濛阳县十五里有杜康墓。元代濛阳县，县治在今成都彭州濛阳镇，成都市北郊 22 公里，北距三星堆遗址不到 13 公里，西离“崇阳城”80 公里。

1959 年和 1980 年，在今濛阳镇的竹瓦街，先后发现两批商末时期的青铜器窖藏。有两件青铜觯，内底有铭文。较小的一件，铭文为“覃父癸”；较大的一件，铭文为“牧正父己”。

牧正，夏牧官之长，主管畜牧。

《左传》哀公元年明确记载，少康曾在外祖父手下担任牧正，与出土材料正合。

觯，古代一种用来饮酒的器皿。

“覃父癸”的“覃”字，如酒坛之状，覃应为坛之本字。出土材料都与少康造酒的传说相吻合。

千里迢迢。少康从河南洛阳来到成都彭州发明酒?

古蜀国宗教活动中，巫师通神往往以酒为媒与神沟通，说少康曾改进过制酒工艺大有可能。《左传》中“能布其德，而兆其谋，以收夏众”的说法，也正与“少康造酒”的典故吻合。

商周到战国时期，“古成都人”的酒器在各个考古遗址中的占比都相当高。

浊醪，古人眼里的“白酒”。

“醪”，一种糯米、粳米经过发酵而成的“醪糟”，性温软，味甜。现在，不仅成都平原的不少农家，甚至成都城区市民，仍有在家中自制醪糟的习惯。洁白细腻、稠状的糟糊可当主食，上面的清亮汁液，就是“旨酒”。

论述酿酒的必备条件时，《礼记·月令》称，“秫稻必齐”“水泉必香”“陶器必良”。

古蜀文化以酒器列罍、尊为重要礼器，铜罍是青铜酒器中数量最多、使用时间最长、纹饰最为繁缛的重要器物，常常五件一组，形成列罍，以彰显主人崇高的政治地位。

酒滋润、温暖着古蜀人的日子。

既有青铜质的尊、罍、方彝，又有陶质的盉、杯、盏、瓶、觚、壶、勺、缸、瓮。从酿酒之器，到盛酒之器，从舀酒之器，到温酒、饮酒之器，无不具备，酒成为“古成都人”日常生活、祭祀活动中不可或缺之物。

金沙城也有大量的酒器、造酒作坊。

一些颈高、口直的铜尊，罐口便于密封，为发酵创造了厌氧的条件。底部小而平，便于埋在灶坑边热灰中以保温。《华阳国志》记载：“九世有开明帝，始立宗庙，以酒曰醴。”

“醴”，即为酒，2300 多年前的甜酒。

“天府之国”，富甲天下。“沃野千里，土壤膏腴，果实所生，无谷而饱。女工之业，覆衣天下，又有鱼盐铜银之利……”粮食丰产，为崇州酿酒业的兴盛、发展提供了优良的条件。

“江原县，（蜀）郡西，渡大江，滨文井江……小亭，有好稻田……”在《华阳国志》里，东晋时期的崇州人常璩，描述川西平原水旱从人、沃野稻香。“小亭”，即现在的崇州隆兴镇。

“崇阳城”距金沙城仅 30 公里，距三星堆 77 公里，自然禀赋优越，为“中国白酒原酒基地”。三星堆、金沙的酿酒基地、作坊区。

“蜀酒浓无敌”。隆兴镇梁景村酿酒历史源远流长。

崇阳 1886 清代老窖池，137 年以来一直沿用，是川西坝子最古老的窖池群。

稻米优质，水源甘甜。

酿酒用水，大多用河水、井水。《齐民要术》中记载了中国最早的酿酒操作法，“收水法，河水第一好。远河者，取汲甘井水；小咸则不佳”。成都平原水资源丰富，有桤木河、泉水河、深溪堰、千功一支渠等，纵贯全境，农田均为都江堰自流灌溉区域，土地属中性，较肥沃。

“川西第一酒村”，“古蜀国母”酿出“务农酒”之地。

这有待三星堆遗址、金沙遗址或其他出土文物，进一步论证、考定。

崇阳1886清代老窖池，是成都地区除水井坊遗址外，唯一被列入“文物保护单位”的酒窖。

司马相如琴挑卓文君前，先在崇州喝碗4500年前“古蜀国母”非遗下来的酒，以润文采；杜甫寻友观景，也爱来崇州喝酒提神。连徐霞客探访长江源头，也会捎带一壶酒壮行，然后踏上行程。

世界上有两个地方，出产金贵的液体。

中东，液体黑金，石油蕴藏量最大。

成都平原，“液体白金”，白酒生产量最大。成都地区的白酒原酒产量，占全国的50%以上。经济富裕、文化昌盛，才能产生白酒，逐渐成为中国传统白酒原酒基地。

文明从酒开始

酿酒的原料、水性、土质和气候条件得天独厚。

崇州至今还在盛产美酒，流行藏酒、种酒。

“崇阳大曲”酿造工艺，早被列为“四川省非物质文化遗产”。

“崇阳酒”荣获“国家地理标志产品”称号。

四千多年的酒文化传承，延续不断的三千年酿造技艺。

从“第一夫人”朱利的“务农酒”、种酒，到慧妃花蕊夫人消暑的“无汗酒”，再到贵妃杨玉环的“琵琶酒”，“起来携素手”，遥望星月当空，进入浩瀚的天地之境。

成都平原农业文明的开山祖师。朱利带着“嫁妆”，全力辅佐杜宇“教民务农”，把农耕技能传遍成都平原，实为古蜀国“农耕国师”，被尊称为“农耕女神”。崇州先民在城中修建一座八蜡庙，每年十二月农事完毕后举行仪式，祭祀包括农神在内的八位神仙。通向八蜡庙的一条小街，被命名为八蜡巷，后被更名为大东街。

文明从有酒开始。

“百礼之会，非酒不行。”

“庶民以为欢，君子以为礼。”

“古代初无尊卑，由种谷作酒之后，始以饮食之礼而分尊卑也”。从“古蜀国母”孕育的“务农酒”起，到唐宋以来的藏酒传统，成都平原唱蜀歌，闹蜀嫁，藏蜀酒，已成为习俗。

如今，崇州仍是成都唯一的优质粮油产业功能区，拥有数十万亩良田，西蜀粮仓名副其实，还拥有四川唯一的“古镇金三角”文化传承区，复制了人文鼎盛的“古代天府”独立于中原的繁华。

距崇州市区 8 公里，距成都市区 42 公里的隆兴镇梁景村，是成都市历史文化名村。

隆兴镇梁景村因“家家是作坊，户户飘酒香”，成为“佳酿之乡”。姚氏烧坊，繁衍生息，崇阳酒业老窖所酿“姚林酒”香飘十里，名扬四川，成就了“姚林酒，家家有”的佳话。

悠久酒文化。在古韵的情趣里，在蒹葭苍苍的崇阳城池，与晓风残月，与山水人文，与丝丝细雨，共饮一杯老酒，拥抱最好的锦绣年华，人间的快乐便悠然入怀……

白酒遗产

“四山一水五分田。”

此地森林密布，河渠纵横，动物众多。

长得像竹子的灵寿树，按时开花。鸾鸟、凤鸟自由自在地歌唱、舞蹈。

层峦叠嶂的山林，阡陌纵横的原野，清流急湍的河水。枫叶似火的鸡冠山，托起塔尖明月的凤栖山，文井江勾勒出灵动的眼眸，雪山、草甸、瀑布、河川、平原，层次分明、山水相依。

以青山为底，草树云山、千渠入院、千秋瑞雪的旷世盛景。

以江河为脉，三江润城、清泓环绕、蓝绿交融的可感可及。

这展现了“百里田园农耕韵，古窖酒魂醉川西”的意境。

成都地区是世界上最古老、最重要的白酒基地。

粮食优质，决定了酿出的酒香味浓郁、入口回甘。

成都众多“中国之最”中，堪称“世界之最”的有三项：世界上最早的雕版印刷术；世界上最早的货币“交子”；世界上最早的白酒酒坊。

巴蜀同源。一个“务农”，一个“助战”。

当“崇地”的朱利族人在“种酒”时，巴人已经娴熟地掌握了清酒的酿造方法。

约从公元前1600年开始，巴人已在三峡地区频繁活动。在长江两岸种植水稻、小麦；在与外族的血腥搏杀中，书写着自己的历史。

巴人的势力范围。今重庆奉节一带有个巴乡村，每年都要用五谷酿造一种“巴乡清”，产量不高，仅够给父母、神灵与本族最勇敢的勇士享用。“冬酿接夏而成”，第一年冬天酿造，第二年夏天才能酿成。长达半年的时间中，却始终不知经过哪些工序，让“巴乡清”变得清醇。

巴族勇士被称为“虎贲”，血腥的搏杀和死亡的荣耀，往往贯穿于他们的一生。

烈酒，正是勇士最好的注脚。

史载，秦昭王时，一只白虎为害秦、蜀、巴、汉四郡，秦王悬赏杀虎。朐忍（今重庆云阳）有巴人，用竹弩射杀白虎。秦王不敢爽约，刻石为盟：“秦犯夷，输黄龙一双；夷犯秦，输清酒一钟。”“清酒”便是“巴乡清”，可以跟黄金铸造的金龙等价，足见其身价之高。

千古之谜。神秘的酿造方法，随着武威赫赫的古巴人逐渐湮没。

白酒遗产，一种复合遗产，兼具物质文化遗产、非物质文化遗产的双重属性。它不仅包括窖池，还包括厂房、储存空间、沿街店面、古代前店后坊的格局等，是一个系统的综合体。

酿酒用具高颈罐，更便于密封罐口，防止杂菌进入。

古崇州人的酿酒技能，已达到一定的较高水平。

灿烂辉煌。4500 年前的古蜀农业生产、酒文化。

漫长未曾间断的文明进程。崇州、邛崃、绵竹、彭州四地，彼此相距不过 40 余公里，基本在一条直线上，经济、文化的交往、融合，紧密而频繁，酿酒历史无疑也会趋于同步发展。

酒具、大米同时发现。

早在 4500 年前的古巴蜀人，就已经会使用大米开始酿酒。

温酒神器。《说文・皿部》：“盉，调味也。”王国维在《说盉》说：“盉之为用，在受尊中之酒与玄酒而和之而注之于爵。或以为盉有三足或四足，兼温酒之用。”

陶盉，中国目前所考证的最早专用酒具之一，对于后世酒文化、酒具造型的影响十分深远。

▲ 金箔四鸟出廓套璧（大）

錾刻纹饰，鸟身有一文字，12 张为一套，造型出新出奇，是三星堆文明金箔艺术品的巅峰之作，极具艺术张力。

▲ 金箔四鸟出廓套璧（小）

第三章

从『首都』到『副都』

一个知识为王、工匠为术的时代。

王者们都是用仁德与技艺、知识引导族人走过蒙昧年代的先行者。在与开明王朝同时代的古希腊的神话中，也出现了一位知识的先行者——著名的普罗米修斯。

人类对知识的认知和崇敬，相互完全隔绝的东、西方，竟有惊人的相似之处。

历经夏、商、西周的连续发展，到春秋时期，中国进入生产力发展史上的铁器时代。

同期的印度河流域文明、克里特文明、迈锡尼文明，还没有走出青铜时代，就已经消亡。

“双循环”，古蜀国强势发展。

从内到外，进行了一场“洗礼”。

众星拱月。成都平原与周边同时存在几十个小城市，如同满天星斗，围绕在金沙城周围，不仅烘托出其不可动摇的中心地位，还体现对山水人居要素的综合驾驭、和谐共生的筑城智慧。

堂局完密的风水理念。“古成都人”在城北修国家祭坛。

礼乐系统，体现了古蜀国祭祀活动的隆重、庄严。

成都的浪漫情怀、审美情趣，都从金沙延续而来。

审美趣味、对细节的着意表达，都与如今的成都人对生活品质的追求相似。

“公园城市”的三千年留影

“汤继强线”

洪水泛滥，河流改道。

“坝子文化”。古蜀国不断地分散，不停地聚合。

经历 300 多年尖锐、复杂的斗争，第四代蜀王杜宇，在融合蚕丛、柏灌部族的基础上，取代了鱼凫。“杜宇王朝”国力强大，高度重视农业生产，成都平原传统稻作农业普遍推广，治水患、兴水利，均取得重大突破。

文治武功，承上启下。

万事开头难。

从头再来，却是辉煌的前夜。

王朝全力促平原商贸、水上交通。

成都平原的其他地方，特别是“南方丝绸之路”上的笮都（雅安、汉源一带）、邛都（安宁河流域一带）、滇黔之北（云南朱提一带）等地，变得越来越繁荣，大小邑落，乃至小镇，不断涌现。

“化民往往复出。”

杜宇大兴农业，正好契合先民从“西北走廊”沿着岷江峡谷高地，进入成都平原发展的本能需求，平原四周的山民，看到山下生活状态蒸蒸日上，都纷纷出来归附。

聚聚散散。最初在成都平原周边山地聚落的族群，直到解决水患，与从西北高山地带，顺着岷江河谷、湔江河谷而下的古羌族群，断断续续地迁入平原腹心北部的彭州、广汉一带。

从营盘山的“小米”，到湔江河谷的“嘉鱼”，温暖过多少先祖的胃。时至今日，虽已无法了解，但通过“它”，世界看到了在多条河流出山形成的复合冲积扇上建立的“三星堆国”。

河流台地，仍是“远支流，近干流”，既能避免水患，也便于取水、渔猎。

彭州“海窝子”的“瞿上”，恰似一个等边三角形，展示了的“古成都人”的智慧与魅力。到湔江下游鸭子河畔的广汉三星堆，约 53 公里，到市区“十二桥文化”中心金沙城，约 53 公里。

“汤继强线”，空间经济学的“硬核区域”，“T 型经济带”中“大 T”中的“小 T”：“—”，茂县、汶川、绵竹、什邡，“|”，湔江经济（文化）带，彭州、新都、青白江、广汉、金堂……

家里有矿

人口迅速膨胀，大规模的城市建设全面铺开。

三星堆城的区域划分，进一步细化、规模化。

广汉黏土作为建筑地基的条件较好，阶面常较平整，利于开垦居住。三星堆又是高于一级的阶地、河床，既方便取水，又不易遭受洪水侵害，实为成都平原选择建筑城市居住聚落的最佳位置。

3200年以前，蜀都城渐渐成型。

主体年代。三星堆文化的时间，最早可追溯到4800年以前的新石器时代晚期，最晚距今2600年，相当于春秋战国时期，延续2000多年，不曾间断，正好对应中原的夏朝、商朝与西周。

三星堆也称为“南殷墟”，与殷墟遗址基本相当。

繁衍生息。古蜀国建立了雏形的“工业基地”。

古蜀国的国家矿场。《华阳国志》里记述龙门山脉，“其宝则有璧玉、金、银、珠、碧、铜……”制作三星堆诸多器物的玉、金、铜，都在其列，演绎着古蜀文明的灿烂历史。

“家里有矿”。古蜀国是最早开采、使用黄金的地区之一，四川西北部和周缘地区，今岷江上游的阿坝地区、雅砻江与安宁河之间的古丽水地区，皆有品位颇佳、易于开采的沙金矿。

与其他“矿主”的关系也很密切。

除丽水地区外，云南的金宝山、长傍川等地与西藏一带，都是中国古代的“多金之地”。

自古，龙门山就是有名的产金区。

古称金河的湔江，也生产沙金。

就地取材。彭州的大宝铜矿，距离三星堆最近。铜矿是自然铜，含铜量在50%以上，可用通济镇一带的青杠树余烬（木质钢碳）直接冶炼，并且含量与三星堆的青铜吻合。

三星堆灿烂的青铜文化，铜源可能就在湔江流域。

大宝山废矿穴、炼铜炉的遗迹甚多。

它们，可能正是从龙门山矿山开采、冶炼后，经湔江“高速公路”运送到广汉三星堆的。

古蜀国的青铜器，有铜锡、铜铅、铜锡铅、铜铅锡四种。

礼器含锡低、含铅高，实用器含铅低，甚至不含铅，与中原殷墟出土的青铜器具的特质完全不同。三星堆的青铜器，独立于中原之外的青铜文化。

盛产美玉

大量玉器的来源，汶川的“龙溪玉”（岷玉）“盛产美石”的玉垒山脉。

《彭县地名录》中介绍：“彭县（今彭州市）北部诸山，均为玉垒山系，而其玉垒之名，也与产玉有关。最著名的龙神岗，所产的玉，与灌县西山同。”

“蛇纹玉”。远古信物的特质——“石玉不分”。玉垒山脉的玉石质地细腻质密，属石质含量很重的“软玉”。在古蜀先民多次走过的山脉，完全能开采到，并有条件进行加工制作。

当时，爱美、崇拜“蜀神”的蜀王杜宇，驱使着无数手艺精湛的工匠，翻山越岭地来到祖先曾经印满足迹的“故地”“故路”

开石采玉，以石相击，或用火攻，或用水润。

有些聪明的工匠，用捡到的坚硬的陨石碎块，锤打、斧凿，把一块块巨大的“石玉不分”的美玉坯料采下，再通过人工搬运下山，利用湔江宽阔的河道，再以竹筏顺水运到三星堆精制……

沿途河谷，有无数失落的玉石碎块。小块，都随着湔江的浪涛，付之东流。大块，也许沉眠于江底，至今不为人知。

20年前，彭州市丹景山镇的玩石爱好者，就曾在通济镇湔江河谷一带捡拾到一块重达200余公斤的蛇纹玉石料，上面还留存着没被河水冲刷磨损过的粗糙痕迹。

三星堆博物馆中收藏的部分玉石，产自湔江河谷。

宝山墨绿玉，一种珍贵、稀有的自然资源。它主产于彭州龙门山镇宝山村燕子沟景区内，因产地取名宝山墨绿玉，色重质腻，纹理细致。有的漆黑如墨，有的黑中透绿，光洁可爱，极负盛名，硬度为Mohs4o左右，素为治印、雕刻和制作首饰品的上佳珍料，与钻石、宝石、彩石，并称为“贵美石”。

四川产碧玉、龟纹玉、夏珠玉、黑玉、牙黄玉、会理玉、青金石玉、夏珠翠、蓝纹玉、桃花玉、软玉和龙溪玉等，唯独墨绿玉稀缺。

如今，在燕子沟景区内，蕴藏有大约0.7公里宽、10多公里长的墨绿玉石矿脉，每年夏季山洪暴发时，常有墨绿玉石从上游冲到湔江河谷中，如在河中寻觅奇石，常有意外收获。

纯天然岩石类原生玉矿。墨绿玉集日月精华大地灵气于一体，为上亿年的产物，药理作用特殊，被称为“药王石”，含有钙、镁、铁、锌、硒等26种微量元素，可与羊脂玉、翡翠媲美。

量丰质优。三星堆文化除了青铜器、玉器外，成都平原的陶器、丝织品、漆器和一些生产生活用具等，都可以在鸭子河上游的湔江流域找到原初缩影、制材原料。

太阳崇拜

大量陶器用土，就地以广汉黏土为原料。

力推制作青铜神桑、神王铜像。

初始，古蜀先民还没有发现浅表性铜矿。青铜主要来自武汉盘龙城、鄂东南、赣西北与滇东北的古东川地区。

三星堆对青铜的需求量巨大，先民将铜矿运回三星堆冶炼铸造，来回路途遥远，时间漫长，艰辛异常。面对棘手的难题，先民将铜像、神桑所需的铜锭先在武汉盘龙城、古东川铜矿粗冶炼，再用马、牛将铜锭的半成品，经川鄂陕三省的大宁河古栈道交通网、长江水道与川滇西南商贸通道，驮回三星堆城。

在铸造冶炼区，由青铜工匠负责神桑、神王像的制模、做范、浇铸、脱模、打磨、组装等。一些小型简易的铜制器件，直接在武汉盘龙城、古东川制作完成，然后将成品驮回成都平原。

这种情形一直持续到在龙门山、湔江河谷上游发现铜矿为止。

崇尚黄金，富有创造力的“古成都人”。

“沙里淘金”。用自然沙金加工而成。

神秘和精致。“太阳神鸟”金饰，堪称美学典范。图案由12道光芒、环绕太阳飞翔的四只神鸟组成，围绕着太阳生生不息、循环往复地飞翔，寓意深远、构图严谨、线条流畅。

精美绝伦。出现在神圣的祭祀区，自身必定承载着创造的“古成都人”对于自然的无穷想象，以及丰富的文化内涵。这是远古太阳崇拜文化的缩影，“金乌负日”之古代传说的最好印证。

世界的古老礼则。亘古以来，金碧辉煌的太阳辉映地球，滋润万物生长，古代民族认为太阳具有使万物复苏、生长的超自然力量，于是敬仰、创造出令人激动不已的太阳神话，如“夸父追日”“后羿射日”……

崇拜太阳，中华各民族共有的习俗。

三皇五帝、秦汉以后最高统治者的称号，都与太阳密切相关。

“王者之气”。大量出土的金器、玉器、象牙昭示，“主人”是“古蜀五王”里的杜宇、祖神蚕丛与神王大禹……

在对抗自然中，中原人书写“精卫填海”“愚公移山”等故事。

在古蜀国，“灵寿华实，草林所聚。爰有百兽，相群爰处”。和谐的乐土，春耕待秋收，鸾鸟且自歌，居民们怡然自乐，自由自在的道家雏形思想开始挥洒。

祭祀文化

国之大事，在祀与戎。

雪山下的公园城市。

人们与森林为伍，与鲜花为伴。

城市中，全民祭祀，处处祭祀。

想象驰骋。与树对话，向山高歌。

空气中，四处弥散着浪漫的气味。

呼吸新鲜空气，沐浴灿烂阳光，饮食山泉蔬果，倾听鸟儿欢唱……

人文总是与地貌匹配，实为道教思想的重要源头之一。

古蜀文明诞生，地域性格就开始不断发展、衍化，被时代、自然与历史抹上层层的色彩。

英雄美人、王侯将相、文人骚客、贩夫走卒们丰满了它，又纷纷挥手离去，最后沉淀为独特的气质，成就一方人情。大到国家，中到省份，小到城市，都有其独有的底色、区域的“魂”。

此处形象生动地展现了内陆农业文明的辉煌。

中华农耕文明的缔造者——后稷，周朝始祖，“好耕农，相地之宜，宜谷者稼穑焉，民皆法则之”。第一个建立粮食储备库和畎亩法，放粮救饥，赐给百姓种子，他被尊为中国“农神”。

尧舜时期，后稷为掌管农业之官。

稷，粮食；后，君王，百姓就直接尊称他为“稷王”。

《山海经》说，帝尧时，后稷为专门研究种植五谷的农师，黄帝、嫘祖的后裔，死后葬在祖神蚕丛开辟的“都广之野”，不仅彰显成都平原与北方、中原的文化交流密切，也是高度发达的古蜀农耕文明的一种反映，还说明了“都广之野”在中国农耕文明史上具有的重要地位。

农业之神的“叶落归根”之处，再次展现成都农业高度发展的历史背影。

祭祀方面的最大变化，是更换祭祀用品。

给先贤铸像、塑形，既寄托哀思，也可供后世敬仰、参拜，有利于祭祀、悼念，自无不允。初期，人像多是石制、木制，也有些许玉石、铜作，但体积小，数量少。

慢慢地，人们用铜制用品取代石制，并保留玉制、象牙，制作神王铜像，以示王鼎。

辞旧迎新。强化王权，开启新的时代，古蜀先民将原来的石制、陶制、玉制和少量铜制祭物、器物焚烧，集中掩埋，进行高规格的祭祀，表达对先祖的缅怀。

古蜀先民相信人死后有灵魂，祖先的灵魂力量强大，会护佑子孙世代永昌。祭祖仪式在古蜀国形成定制。同时期的商朝，常常采用比较血腥的人祭的方式，而古蜀人则确立了用人陶、铜像取代活人祭祀，并制定了一系列的祭祀礼节，如读祝文、献帛、献酒等。对先祖、神主的感觉，更多是骄傲、敬畏、祈福。

没有文字完整记载的时代，一个部落、氏族、方国的延续，表明自己的由来，最佳的方式莫过于祭祖祭天，以祭祀的方式来铭记。这是历史的另外一种书写形式。各个族群、政权的做法虽有异，但异曲同工。

欲革其史必毁其祀，欲灭其国则除其史。

三皇五帝时期，立兴于世。

蚕丛、柏灌时代，表现以采集经济为主的生活；鱼凫反映着以渔猎经济为主的生活；杜宇已进入以农业为主的时代；开明成为拓地千里的强国。

这是一个知识为王、工匠为术的时代。王者们都是用技艺、知识引导族人走过蒙昧年代的先行者。

无独有偶。在与开明王朝同时代的古希腊的神话中，也出现了一位知识的先行者——著名的普罗米修斯。他，从天神那里为人间盗来智慧的火种，引导着民众走出混沌愚昧的暗夜。

人类对知识的认知和崇敬，相互完全隔绝的东、西方，竟有惊人的相似之处。

历经夏、商、西周的连续发展，到春秋时期，进入生产力发展史上的铁器时代。

同期的印度河流域文明、克里特文明、迈锡尼文明，都没有走出青铜时代，就已经消亡。

古蜀国强势发展，四顾无敌。

“双循环”。古蜀国从内到外，进行了一场“洗礼”。

落到实处，就是文化、思想、技术。再落到地上，就是城市发展、城市特色、城市魅力。

商代晚期，成都上演着一场“双城记”。

时间，200年左右。

并存交错。三星堆“首都”，金沙城“副都”。

各霸一方。古蜀国与商朝，都是方国，没有隶属关系。作为生机勃勃的文明，拥有着庞大的领土、强大的国力，为了争夺附属国、水源、土地、矿藏，古蜀国很快与中原一带的商朝兵戎相见。

三星堆文化，前后延续约2000年，发展到了晚期，形成十二桥文化。

巍峨的洁白雪岭与举世瞩目的青铜文化，奏出“雪山下公园城市”的千年回响。

地震、洪水导致文明衰落

三星堆文化处于亚北方期，常伴以突发性洪水。除突发性洪水外，还有多年性持续干旱。

太阳黑子活动频繁，全球变暖，冰川融化，暴发了世界上都有记载的特大洪水。在5000年至3500年前，古蜀地区处于第二、三新冰期，气温比现在高2℃至3℃，气候湿润，雨量充沛。

岷江、沱江的源头，位于龙门山地质断裂带。长500公里、宽70公里的地质断裂带，极不平静，屡屡作怪。古地震证据较多，发生类似“5・12”汶川地震的复发周期是3000年。

地震与洪水、次生灾害，往往伴生。

上古蜀地频发的大地震、洪水，在“古成都人”心灵中留下了深刻记忆。

在成都平原生活，“古成都人”总是生活在对洪水的恐慌之中。

频频受到山洪、泥石流等灾害的影响，“古成都人”四处迁徙。在科技水平并不高的情况下，创造的“古成都人”希望有一双“千里眼”，寻找一片安宁的土地。三星堆青铜纵目像，充分体现了这一愿望。

虽然离开灾难频仍的岷江河谷，却没能够摆脱地震、洪水灾难的魔咒。

“水泻盆底”。一次特大地震、一场巨大洪水，就可以毁掉一个文明。治水，历代在成都平原生活的人群最为关注，从大禹父子开始，治水的成功与否，都关系到每一代成都人的福祉。

“天水倾盆”。历史竟如复刻一般。

夏雨集中，盆地四周高、中间低，迫使水系向盆地中心汇集。冲积扇平原上的河流，具有易迁徙性，经常改道，一旦遭遇频繁的暴雨，便成水中泽国，致使生灵涂炭。

磁极倒转。洪灾成为文明中心迁移的潜在动因。

古岷江曾在汶川雁门一带，穿过光光山，并沿今白水河、湔江，流向沱江。

距今4000年左右，龙门山一带突发强烈地震，导致山崩、滑坡，沿今白水河、湔江，流向今为沱江的古岷江，在峡谷被堵塞，光光山以下成为断头河。岷江与支流杂谷脑河、雁门沟、文政沟，被山崩堵塞了河道，引起古岷江改道，导致水位暴涨，堰塞湖湖水上涨，在雁门与汶川县城间的低矮分水岭溢出，向西南流向汶川县城，与杂谷脑河交汇。这形成今日岷江上游水系形态的“雏形”。

岷江右岸支流——杂谷脑河，古名沱水，也称陀江、沱江。一条天然的地缝，发源于鹤鸽山南麓的红水沟，从海拔4451米高处奔流而下，流经理县、注川县，在威州镇汇入峨江。因流经理县县城重镇杂谷脑，故名杂谷脑河。

岷江接纳了杂谷脑河后，水量骤增。今都江堰玉垒山出山口的水量，更是急剧增大。

原流经三星堆的古岷江枯竭，马牧河被迫改道。三星堆人赖以生存的河流消失，文明慢慢衰落。

青铜金面夔龙纵目面具

废弃“旧都”，来到“新都”

废弃三星堆

地震以及次生灾害，频频肆虐成都平原。

古历七八月份，起初是沿海，然后是中原一带涨大水，沿海与中原地区的一些古文化先后遭到毁灭性打击，大批族人死亡，消息辗转传到成都平原，引起多次遭水患袭击的三星堆人的恐慌。

洪水裹挟着泥石流、树木、烂叶，顺着古岷江涌向下游，呼啸着奔向三星堆，肆意倾泻，淹没所过之处。瓦泥垒起的屋墙，在洪水面前脆如薄纸，顷刻间便被冲垮……

在最后时刻，三星堆人匆忙决定，上山避难。

成都平原已成了一个大湖泊。

三星堆人根本没有料想到，洪水会淹没大山。三星堆人把与生活无关的祭祀用品、金属制品与易碎的玉器等暂时埋藏于统一挖的坑中，计划等洪水消退以后再取出来。何去何从，等待天神、祖先决定。

当洪水以排山倒海之势袭来时，任何远古文明都会震颤。

大灾之后，成都平原接着发生大瘟疫。

灾难频现，激发人们虔诚敬神的欲望。

古代缺乏避雷知识，时常引发雷击事件。雷电被认为是上天降下的惩罚。

于是，三星堆人不断供奉青铜器、象牙、玉器等祭品，而高大的青铜器是良性导体，又引发雷击。

在供奉、雷击，供奉、雷击……恶性循环中，大量器物的损失不可避免。

祸不单行。水量突然增加，河流改道，冲破堤防，水流携带泥沙，冲毁城墙、淹没良田。以固定农业生产为生的三星堆人，又遭受持续的旱灾、不断的雷击、瘟疫的肆虐……

不得不再次思虑迁址——迁都。

大幕拉开。三星堆文明的消亡，金沙文明的传承。

灾难可能倏然降临，汹涌的洪水和突然的地震灾祸，一次次地摧毁三星堆人的梦想，泥沙、浊流带走生活和城市，金沙城干栏式建筑能否躲避洪水？中间隔着神秘的时间黑洞。

因水而断。在三星堆前已经消失的，还有新津宝墩城、郫都古城、都江堰芒城、温江鱼凫城等，这五座古城同在成都平原核心地带，同在岷江中游，沿江分布，平均距离不超过 30 公里。

逃到高山上的人，除了病死、冻死、饿死外，仅有极少数人幸存。

同一时段，辽宁的红山文化、黄河流域的中原红山文化、山东龙山文化，长江中游的石家河文化与甘肃、青海的齐家文化，等等，都出现了同步衰落，甚至湮没无声……

文化断层的出现，成为研究中华远古历史的“盲区”。

世界古代文明发展史上“第一黑暗时期”。

毁于一旦。以西亚幼发拉底河、底格里斯河为代表的两河流域文明，尼罗河流域文明、印度河流域文明，以及欧洲等地区的古文明，几乎都在4300年前左右，出现了同步的中断、衰落。先进文化与城址一起消失。

全球性的大灾难。

磁极倒转，引发大洪水。

第一轮人类文明瑰丽辉煌的篇章，戛然而止。宏伟的三星堆古城消失。

无可奈何。“辫发”与“笄发”，举行了一场分道扬镳的“燎祭”。

“古成都人”在一场灾难后，废弃“旧都”三星堆，来到“新都”金沙城。

三星堆文化具有多种族属性，形成多种文明起源的基础。

人类文明，在互相开放、交流中发展，三星堆文化曾受到南亚、西亚、北非古文明的影响，创造出崭新的东西方复合文明，拥有冶金、纺织、建城、金属制造、科学技术等多个世界第一。

十二桥文化，是继三星堆文化后，古蜀文明发展史上的又一次高峰。

宝墩、三星堆、金沙城，古蜀文明的三部曲。

金沙文化

无缝对接。政治中心移到金沙城。

改朝换代。“副都”变“首都”。

既是王朝迁都，也是王朝更替。

权力拥有的两者间，一个消失、衰落，另一个成为古蜀国真正的统治者。

“祭祀坑”中，还出土了多尊跪坐人像，与青铜大立人相比小得可怜，最典型的跪坐人像通高仅 13.3 厘米，头戴平顶双角冠，左腿弯曲，右腿单膝跪地，手按腹部，一如在恭敬地向青铜大立人跪报。小人像基本是小方脸，典型的川西坝子人长相，地位明显低下，身穿右衽短衣，下身穿着犊鼻裤（类似丁字裤），显然只是奴仆。

两个遗址最大的不同。三星堆、金沙城的出土物颇多相似，金沙城却唯独没有神像、神树，三星堆却不断地发掘出各种新的跪坐顶尊人像、青铜人头像等，应是服务于祭祀的。

三星堆消亡，实际是“宗属”体系的解体。

古蜀国中心，面积很大，包括今成都的五城区、温江、崇州、新都、青白江、广汉、新津、双流、天府新区、大邑、都江堰与彭州、邛崃的一半。

气候温和。金沙文化处于亚大西洋期。

金沙村一带，是十二桥文化的核心区。

碧野蓝天，万物萌发。

田园牧歌，气氛祥和。

森林茂密，由近至远，直达天边；重叠的建筑，自大而小，横陈眼前。伴随着林间禽鸟的高唱，摸底河清波潋滟，掩映茅屋，流水淙淙，自然天籁之中，还夹杂着几声驯畜家禽的叫声。

纵目天际，大气涌动。

放眼春野，生机盎然。

草木际天，千里一色。

阡陌交通，鸡犬相闻。

土地平旷，屋舍俨然，真可谓良田、美池、桑竹之属。

小桥流水。近处农田中，往来种作，有人精耕细作，男女衣着，悉如外人，黄发垂髫，并怡然自乐；远方森林里，有人狩猎捕获；河中的独木舟上，有人放老鸹捕鱼；村寨院落边，有人进行手工制作，还有小孩在玩耍嬉戏，稚情欢歌……

郊区，一幅唯美的平原画卷。

站在高处，抬眼望去，浮云之下，晨雾远方，乡村、河流、旷野，星罗棋布。花蕾绽放、青草微黄的声音，被钻出泥土的牛尾笋、绿了枝条的乌木树听见。

层峦叠嶂，河流纵横，湖泽密布。

丛林中，野生亚洲象，成群结队地穿梭。各种小鹿、小麂、野猪等动物，在林间草地上自由觅食。老虎、犀牛、豺狼、豹子、熊、山魈等经常出没，间或打破林间的和谐。

“古成都人”对象牙情有独钟。

彪悍的大象，甚至可以用于战争。

大象死后，象牙用于工艺品或祭祀。

具备驯服大象的能力。古蜀国组织配备了一支强有力的象兵部队。

《吕氏春秋》记载：“商人服象，为虐于东夷（大象被用于战争），周公遂以师逐之，至于江南。”这表明商代已经有了猎象、驯象、用象祭祀等行为。

著名的象战案例。《左传·定公四年》中记载：“鍼尹固与王同舟，王使执燧象以奔吴师。”中国古史上记录的象战实例之一。文中“燧象”一词，即在象尾巴上系有引火之物的意思。

楚国在与吴国对阵时失利，楚昭王慌忙逃窜，为了逃避吴军的追击，便命令大臣鍼尹固用火炬系在象尾，让受惊吓的大象狂奔进追兵中，从而阻止了吴军的追击，楚昭王也因此而脱险。

春秋战国时期，南方地区的驭象术已趋于成熟。

《山海经·海内南经》中有“巴蛇食象”的记录。巴蛇即生活在西南的青首黑身的蛇，能够吞食大象，三年才吐出大象的骨头来。按照《山海经》的记载，巴蜀之地不仅有巨蛇，还有大象。

《国语·楚语》中，也有相关的记载：“巴浦之犀、牦、兕、象，其可尽乎。”表明西南不仅有大量的象，还有犀牛、牦牛、兕（一种形状似水牛，通身青黑色，长着一只角的动物）。

苍翠的沼坝中，雾霭缥缈，白鹭、野鹤、鹦鹉、孔雀等在湿地间自由飞翔，禽鸟争鸣；金丝猴、播猴、猕猴、藏酋猴、狒狒等灵长类动物，在坝丛间嬉戏、跳跃。

貔貅（大熊猫）在竹林间悠闲漫步。传说，黄帝、蚩尤都爱拿它当坐骑，曾一度成为勇猛的战兽，却始终没做出有效的战绩，慢慢地变成破坏铁器的“害兽”，得名“食铁兽”。

独一无二。60多根乌木的特色景观，利用金沙遗址与成都地区出土的乌木组成，陪伴沉睡了3000年的太阳神鸟，让人敬畏的乌木林。经碳14测定，它们是在距今3000年至10000年之间形成。

金沙：雪山下的公园城市

金马河潋滟浓郁，杨柳河清波涟漪。

摸底河畔，流水潺潺。

薄雾淡烟，白云飘浮。

四季轮回，花开十月。

南岸，一株巨大的乌木旁，铜铃叮咚作响，一座黄土垒成的长方形祭台上，人们虔诚地向天地神灵献上他们最为精美的礼品：象牙、鹿角、野猪獠牙，金器、铜器、玉器、石器等。

祭祀，灵魂观念的派生物。“古成都人”相信，人的灵魂可以离开躯体而存在，人死后灵魂有一种超自然的能力，能与生者在梦中交流，可以作祟于生者，使其生病或遭灾。

生态景象，原始而丰满。

俯仰百变，风雨晦明间。

深厚基因。在成都遥望雪山。

西岭雪山，绵延千里。朝霞出来，西北远处的白雪，覆盖着龙门山脉诸峰，在灿烂的阳光下，散发出神圣的光辉。金沙城就如雪山下的一座大公园，巨大的海拔落差，造就了极致的自然景观、独特的生活方式……

一幅“雪山下的公园城市”的奇丽画卷。世界唯一能遥望5000米以上雪山的“公园城市”，颜值媲美珠穆朗玛峰，生态、山水、人文之美。

雪山永远在眼前。四姑娘山，名字就带着浓浓的川味：主峰幺妹儿峰，身旁立着大姑娘、二姑娘、三姑娘。稻城亚丁的三座神山：仙乃日、央迈勇、夏纳多吉，被川藏人奉为雪域神峰。

气候湿润，河渠纵横，植物繁盛，动物成群。在宜人的环境中，“古成都人”繁衍生息，辛勤劳作，从事着农业、狩猎、渔捞、家畜饲养与手工业等活动，过着平静而充实的生活。

美好画景。人与自然和谐相处、共存相亲。

绿道、林盘、流淌的锦江之水，已经成为宜居的鲜明符号。

成都人居家园的起源，城市文化的强大基因。

一个崇尚中心、文化包容，发展军权、王权、生产力，重视民生、农桑、人口发展，追求社会长治久安，不过多把社会财富贡献给神灵，更多投入社会再生产的发展模式逐渐显现。

金沙城面积足足有5平方公里。公元前600年，古蜀国政治、经济、宗教、文化的中心。第二个都城所在。成都城市历史的真正开端。

众星拱月。成都平原与周边地区，同时存在几十个小城市，如同满天星斗，围绕在金沙城周围，既烘托出其不可动摇的中心地位，又共同构架出商代晚期至西周时期古蜀国的宏伟面貌。

环境优良，人口达数十万之巨，国力强盛。

疆域宽广。北至陕南，东至三峡，南至雅安，甚至云南北部的昭通。

五彩斑斓。十二桥文化，一幅晚期的古蜀文化图卷，悬空而建的民居、巨大的船形棺、精丽的漆木器、奇巧的蜀式铜兵器，至今难以释读的“巴蜀图语”等，都是文明华表的见证。

它的年代为公元前600年至公元前300年，大体相当于春秋晚期、战国初期。

功能明晰。全城分为宫殿区、手工作坊区、仓储区、祭祀区、墓葬区、生活区等。创造的“古成都人”似乎已经懂得城市设计和规划。

井然有序。金沙村为祭祀区（权力中心），黄忠村为宫殿区，十二桥为生活区……

曙光初照。东边，太阳在龙泉山含羞地露头，慢慢地跳出山峰，光线穿过如纱的云层，展露出无与伦比的锋芒，穿透迷蒙蒙的聚落。鸟叫声洒落林间，落满露水的路上，已经有人行走。

呼吸着新鲜空气，仿佛置身大自然中。

早起的男主人，已经在忙碌地干活儿。他有充沛的精力，清醒的头脑。

轻车熟路。要修建房屋，地基已经先打上，插上圆木、竹子做骨架，外面抹上草，混上泥巴、牛粪。然后，生起火烘干。待到泥墙快要成型时，上面混上木头条子，盖上几杆芦苇、茅草。

传统的建筑设计方法，一代一代流传下来。

民居多为20平方米的“经济适用房”，格调优雅、轻巧，讲究通风、日照，既防潮防湿，又干净舒适。

墙高度多为3米，高敞、轩朗。房顶的样式，两面斜坡式，采用卯榫加绑扎法。古蜀先民先将作为檩、椽的圆木在屋顶连成方格网，再层层地铺草，边铺边用竹篾分层绑扎，以利防风防雨，坚固耐用。居民小区，星罗棋布。

建筑场景生动。“木骨泥墙”式建筑，使用宝墩时期、三星堆时期的方法：竖起木柱作为墙架，墙架间用竹篾编扎，然后涂上一层泥，再在屋顶盖上厚厚的茅草，一栋房子就建成了。

古蜀文明之源

商末周初，成都已经是一处宗教祭祀的中心，亦是具有政治功能的文明古都，经济、文化中心。

希腊有《荷马史诗》，游吟诗人以说唱的方式讲述古希腊的来源、历史，城邦制在“史诗”的摇篮里诞生。周公有“诗史”，西周封建制在“诗史”中诞生。“诗史”是西周的“祭祖歌”，西周人在对祖先的礼赞中，总结祖先的历史经验。古蜀人也有“诗史”，成都平原太阳的祭祀、祖神祭祀，“诗史”是献祭祈祷的祭祀。

史诗、诗史与祭祀，是对人类在时间里活动轨迹的自觉“记录”。人类曾经存在着各种类型的“交往网络”“共生圈”“共同体”“文化区块”，只要大于一个洲，就可称世界体系。全球史，用跨文化、跨地区、跨民族的视角，重新审视历史，描述一个更大的历史图景。

岷山，古蜀文明的发祥地，中国山川文化的“龙首”。

“岷山”，亦称“蜀山”“汶山”“渎山”。文献记载的古史神话传说中，称“成山”“成侯山”“昆仑山”。

文明起源，文化传播，生命延续，往往与自然地理息息相关。岷山山势起伏得当，不同地貌单元的汇合拼接，多条山脉由此绵延八方，意喻开枝散叶，生生不息，绵延至今。

在构成横断山的“七脉六江”中，岷山、岷江位于最东端，横断山的东部边界，江南北同行，山水同名。它们最具有传奇色彩，在华夏民族的神话传说中，是昆仑的原型，天帝在人间的都邑。

茂县营盘山，至今仍保留有5500年以前先祖的生活遗迹，为古羌部落蚕丛王的根据地、发祥地。

在汶川境内，仍保存着典籍文献中记载的“刳儿坪、涂禹山、禹王宫、禹王庙、洗儿池、禹迹石纹”等诸多遗迹。禹碑岭村，一通石碑被一棵大树包裹，是大禹三过家门而不入之地。

夏王朝建立者大禹父子的出生地、始发地，创朝立业，一统江山。

以宝墩、三星堆、金沙城为代表的古蜀文明，源头在岷山、岷江。

天地信仰、偶像崇拜。

古蜀文化重创世祖先的祖神，先君之主的神主、神器，同中原文化区系重礼制、礼器有所不同。与汉中、关中、江汉与南亚次大陆连接，就中国与南亚的关系来说，成都是“龙头”。

古蜀国，中国神仙传说的产生地。“皆得仙道”，蚕丛、柏灌、鱼凫三王，魂化啼血杜鹃的杜宇帝，守天门的开明帝，正好同三星堆、金沙城遗址的奇特器物相印证。

青铜大耳纵目面具

青铜材质，双目柱状，大耳外展，为三星堆文明的主要代表形象。

以太阳神崇拜为主神崇拜

山水人居

成都西门，“上风上水”，为有效开发的滨河地带，具自然之美，草野之趣，能得以居息于低湿临水之地，却不为潮湿所困。

城市雏形。城西已形成大型的聚居点。

蜀王宫殿里，养着许多部族首领进贡来的名贵龟，它们的颈子像蛇，眼睛也像所有的冷血动物一样闪着冷冰冰的光，有的游来游去，像划桨似的伸展脚，有的在岸边的假山上张牙舞爪地爬，有的行动迟缓，如背负着命运的大山。

建筑技巧的继承、发展，是一个循序渐进从未中断的过程。

北方中原流行半地穴式住房，成都平原流行干栏式建筑。

十二桥遗址位于成都十二桥西路，东邻西郊河，北靠十二桥路，南倚文化公园，总面积约3万平方米。它地处成都市中区，房屋林立，现代化建筑密集，实际揭露面积仅有1800多平方米。

建筑遗址分两部分——连绵不绝的居住区，木结构宫殿建筑群。

被一次汹涌的洪水淹没后，原貌在泥沙下保存得非常完好，民居的草屋顶也被完整地保存。小型房屋分上下两层，建筑材料有圆木、方木、木板和圆竹、竹篾、茅草等。圆木多未加工，有的连树皮都没剥。用于宫殿建筑的木材，已经加工成规则的方木，两端还保存着卯榫的痕迹。方木被建筑师、木工们用斧锯加工，打上孔，紧密连接，修筑成一种大型的木结构宫殿。

先在潮湿、低洼的地里打入密集的粗壮木桩，打埋得要深，才能稳固，这本身不是房屋的居住面，上面才真正开始起筑房屋，底层为整栋房屋的基础。最下面的木桩，就像一排被拦腰截断的整齐树干。

木桩被埋植好，上铺设实木地板，作为房屋的地板、居住面。

营城实践，很好地体现了古蜀先民对山水人居要素的综合驾驭，彰显了人与自然和谐共生的筑城智慧。

十二桥畔，“水上人家”。

夏日的傍晚，熏风从水面上吹来，贵族们摇着芭蕉扇，穿着丝质的衣服，在回廊上乘凉；市民区的妇女们，蹲在自己房屋的旁边，举着棒槌似的木棍，捶打、浣洗家人的衣服。孩子们像蝴蝶似的围着长廊游玩嬉戏。

触景伤怀。只有那伤心的王妃，独自倚在竹制的门帘后，看见水中金色的鲤鱼、青色的鲢鱼，在“锦水”里快乐地游来游去，享受着河水和水草带给它们的乐趣。虽然荣华富贵享受不尽，心却是既凄凉，又失落。

层次丰富，精彩有序，贵贱贫富皆可共享。

懂生活，崇尚田园，是成都人惯有的生存状态。

龙凤呈祥

成都北门。“生态山水”。

驷马桥，原名升仙桥，横跨沙河。

沙河，为人工挖掘，都江堰水系的一部分。因形状奇特，山丘呈南北走向，由首尾相顾的两个山头组成，远观似迎春展翅、翘首远望的凤凰山，故流过的河，时称升仙水、凤凰水。

凤凰，神话中的神鸟，与“龙”一起成为中华民族精神的象征。

原始人类，中国南方稻作民族，皆以“鸟”为图腾。

凤凰古称“丹雀”，又称“阳鸟”“鸾鸟”，与稻作文化起源关系密切。

《拾遗记》卷一说：“(炎帝)时有丹雀衔九穗禾，其坠地者，帝乃拾之，以植于田，食者老而不死。”《广雅》记载：“鸾鸟，凤皇属也。”

深深植根于稻作文化中，“和”成了凤凰形象的基本特性。《山海经》介绍：“是鸟也，饮食自然，自歌自舞，见则天下安宁。”凤凰在民间，自古就代表着和美、和谐与吉祥。

“二合一”的对立统一体，雄为凤，雌为凰，阴阳调和、合和祥瑞；一个多元的和合体，在鸟图腾的基础上，融合原始时代多个不同民族崇拜的自然物特征，集大成之美而来。

《说文解字》描绘：“凤之象也，鸿前麟后，鹳颡鸳腮，龙文龟背，燕颔鸡啄，五色备举。”

在中国文化中，凤凰不仅表示自然物的“和”，也表示人类社会的“和”。

凤凰“五色”，是维系古代社会和谐安定的“德、义、礼、仁、信”五条伦理的象征。《山海经》说：“（凤凰）首文曰德，翼文曰义，背文曰礼，膺文曰仁，腹文曰信。”

小型聚落，广汉联合遗址，距离三星堆遗址约8公里。

“龙凤呈祥”。发现距今约3200年的图案：凤鸟，振翅欲飞；蛟龙，环游其间。龙角、龙须、龙爪俱全，与凤搭配的图案，诠释中华文明中“龙凤呈祥”的寓意，源远流长的历史。

陶盖顶部中央，一只有羽冠的鸟昂首而立；盖顶的边缘，清晰可见一条游龙，盘旋在鸟的周围，嘴里似乎喷出一道火焰，整体造型，动感十足。

龙的艺术形象，很早就在中国出现。

考古人员在辽宁阜新查海遗址，发现距今约8000年的砾石堆塑龙；河南濮阳西水坡遗址与湖北黄梅焦墩遗址，分别发现距今约6000年的蚌塑龙、卵石摆塑龙；距今5000多年的辽河流域，出现了中国最早的玉龙。最大的红山文化玉猪龙，是与良渚文化神人像齐名的代表作。

红山文化玉龙对同时期与稍晚的史前文化、商周时期的玉龙都产生了重要影响。

头尾相对，头部纹饰夸张，三星堆的玉蟠龙常呈玦形卷体，隐约可见红山文化玉龙的身影。

凤鸟的形象，迄今4000年的湖北石家河文化遗址中已经出现。

商代，才开始出现“龙凤配”形制的玉器。陶盖上的龙凤组合纹饰，与妇好墓出土的龙凤组合玉器年代相近。

同时，一件拳头大小的泥塑陶猪令人称道，其形象呆萌可爱、栩栩如生，堪称一绝。

“古成都人”即使在“三星堆国”的年代，审美水平也让人感叹不已……

碧澄清冽。凤凰水，古蜀国的杰作，早于李冰治水500年以上。

河道弯曲。两岸遍生竹林、桃林，颇有几分人间仙气。

这体现了成都平原寻仙求道的仙化文化。远看，凤凰山系与成都平原接壤的浅山丘，山脉逶迤，若伏若连，势来形止。鸟瞰，山势恰如一只栖止的凤凰。权威地质专家评价，山势类似北京的十三陵；人文学家喻称，“踞而侯，揽其有，来积止蓄，冲阳和阴”的“山川融结奇秀之所”，与“古者葬乎北”礼制相合。

《礼记》：“葬子北方，北首，三代之达礼也。”

堂局完密的风水，离金沙城中心区最近的丘陵。

“古成都人”在城北修国家祭坛。

开明王朝的综合实力大大超过杜宇王朝，农业发达，蚕桑、纺织规模大，手工业、商业兴旺。百姓生活富足、喜乐、幽默，源自内心的乐观、知天命。各行各业的工匠，大量的民间手工业者，长期从事成都平原和边境（夜郎、滇越）贸易活动。汶山（今茂县城区）、笮都（今西昌市），为内外贸易的重点。

建造祭祀台，表明国家机制的稳定、完善。

威严自信。祭祀台，沟通天地不可或缺的建筑，主要是为国君、贵族祭祀、观象之用。天地间万物有灵，祭祀可以祈求神灵的庇佑。巫师可以通神灵，祭祀与王权往往统一。

东周之时，天下大争，混沌之世，礼乐崩坏。周室倾颓已久，威严扫地，早已不复昔年武王伐纣的盛况。古蜀国好像置身事外，开明王仍然我行我素地祈神求福。

成都羊子山祭祀台、金沙遗址祭祀区，皆为一国的重要建筑。帝王得民心、得天下，不可或缺。

一幅美好、和谐的画面。站在此处，想象着古蜀王在巨大、高耸的方台上祭神灵，求护佑百姓，观天文，保农业生产，民乐之附之，舞之蹈之……

以“五”为尊

传统习俗，尚“五”观念。

周天轮转，代表一个完整的生命轮转、宇宙体系。

崇尚祥瑞。以太阳神崇拜为主神崇拜，“古成都人”又以“五”数为尊。这是一种精神性的转换，满足人们心理上的某种期盼、愿望，对一个民族、王朝，有凝聚人心、激发热情的效力。

开明王朝统治时期，盛行“尚五”。在郫都三道堰古城遗址，“大房子”中的五座卵石祭祀台基，显示着“五”与神圣祭祀的关系。在三星堆遗址1号、2号“祭祀坑”坑中，发现的宗教首领形象，都戴着“五”齿高冠。不但青铜太阳轮上表现为“五”条射线，石边璋上也以“五”幅图为一组，每组图案上表现“五”个人物。

彭州竹瓦街的窑藏青铜器，均以5件为一组，一大四小，相互叠放。

新都战国蜀王木椁墓中的随葬青铜器，也以“五”为基本单位组合。

开明前五代君王，谥为五色帝。以五色为庙主，“每王薨……未有谥列，但以五色为主，故其庙称青、赤、黑、黄、白帝也”。“五妇”为蜀王妃，蜀王墓前矗立的大石，称五块石。

“时蜀有五丁力士”。《华阳国志》中记载较多。“五丁”，用于各种劳役，凿出开道、王室迎送等。再演变成为五家为邻、五邻为里类的社会基层组织。

“尚五”的观念，起源于巴蜀农耕的五方神。成都为江、河、淮、济“四渎”之首，自古即有江渎祠祭祀江渎神，随着统治的强化与民间流传融合，逐渐演变为青、赤、白、黑、黄五色帝。

三星堆文化时期，东亚人群通过白令海峡从亚洲进入美洲，连续体被称为“玛雅—中国连续体”。“古成都人”对“五”的崇拜，与东亚、北亚与美洲的萨满宇宙观之间联系紧密，以宇宙整体性、连续性为特征，共同拥有一个新石器时代的“文化底层”，艺术表现手段与印第安人、西伯利亚甚至新西兰的原始艺术极为相似，为“亚美文化连续圈”提供重要佐证。

密切相连华夏文明。在中原地区，十字形源于“五”，被分为五个方位的十字形宇宙。古蜀文化尚“五”的神圣性，与殷商时代十字形的宇宙观，应为同一古老的精神谱系、文化传承。

宇宙是个十字形的结构，并非古代中国所独有的思想。东亚的中原文化、古蜀文化相信十字形的宇宙，北亚、美洲居民也都拥有这一古老信仰。史前的十字形符号，与四方空间的精神世界建构有关。

以“五”为中心的五行思想，也是中国人的思想规律，是对宇宙系统的信仰。

青铜祭器圈足上有十字形穿孔；氏族徽号、祖先名多用十字形；殷墟的墓葬用十字形营建。

中华文化基因的“双股链”。二者的文化内涵本质一样。独特的祥瑞观念，一如华夏先民尊贵“九”，中原王朝的皇帝，使用九鼎等礼器来象征地位、身份，同样地，古蜀王以“五”为吉祥、尊贵的象征。

“九五之尊”，江河文化融合后才形成的说法。

蜀郡太守李冰，对“古成都人”的尚“五”习俗也极为了解。

在修建都江堰时，李冰“作石犀五头以厌水精”。李冰尊重传统习俗，赢得了“古成都人”由衷的拥戴，形成一种前所未有的和谐局面，在治理水患、发展农业等方面都获得了极大的成功。

“五里云雾”。在彭州与什邡、广汉遍布和“五”有关的地名、物什，五仙庙（葛仙山镇）、五里地（致和街道）、五龙洞（白鹿镇塘坝村）、五珠沱、五珠桥（什邡湔氐镇）。

秦始皇统一中国后，要求“数以六为纪，符、法冠皆六寸，而舆六尺，六尺为步，乘六马”。但在成都平原与周边开凿的道路，仍称为“五尺道”。《史记》记载：“秦时，常頞略通五尺道。”

根深蒂固。秦朝虽然高度集权、令行禁止，却也难改变习俗，只能顺其自然。东汉末年，张陵在湔江河谷创建天师道，也充分利用“古成都人”尚“五”的传统习俗，以“五斗米道”为号召。《神仙传》说，葛洪“翕然，奉事之以为师”，也大获成功。

历史谱系。距今4000多年，直至开明王朝晚期，延绵了3000多年，“古成都人”一直保持着对神圣数字“五”的崇拜。宗教意识，将“古成都人”的生活宗教化。

太阳崇拜与城市布局

一种“神圣”与“世俗”之间的最高范式。

古蜀国和古埃及，都将太阳视作生命和权力的象征。

远古中国日神传说中，鸟、兽也主要是太阳神形象。古埃及的太阳城赫利奥波利斯，日神拉是一只鹰，而5000年前埃及底比斯，日神是尼罗鹅或绵羊。无论古埃及人敬畏的是翱翔于尼罗河上空的雄鹰，还是华夏先民感到迷惑不解的“大鸟”，都象征着太阳遨游太空的自然意义，体现了两大古老文明早期图腾崇拜、自然崇拜有着密不可分的关系。

印加古文明，也崇拜太阳神，并像中国古文明一样，天体神灵分成不同层级的“神子诸系”，以对应人间社会的等级分层，从而构成政教合一的文明特征。

三星堆的青铜神树与玛雅文明中的木棉圣树颇多相似。玛雅木棉圣树展现宇宙的四个方向，象征天地等元素的结合体。相似的象征意义，体现了两种文明类似的宇宙观。

三星堆青铜太阳轮中间为圆，五个柄为描绘的太阳光，外层的圆是对太阳的一种“禁锢”，希望太阳不要太耀眼，表达了希望控制、压制太阳，才把它套在一个圆中，防止其过度生长。

玛雅人的观念中，世界的定位点太阳，将世界划分为五个位置。中心位置正是一棵被称为“世界树”的木棉树；下端，根植地下；顶端，上达天界；中间的枝条，连接着人间。

商人发明的甲骨文字“日”，就是一只眼睛。

舜的重瞳，也是日神的重要隐喻。

“古成都人”的想象中，自然与人类共通众神的世界，通过一棵通天神树相连。

“语言”共通。中国古代把冬至视为一年的开始。

埃及庆祝日光节的圣地有两个：加龙神庙、卡纳克神庙。

卡纳克神庙中轴线上的大门、柱殿和祭坛，都朝向冬至日出的方向。

冬至的清晨，太阳在卡纳克神庙的轴线上升起，连续穿过阿蒙神庙的两个石门，沿着主入口的通道，指向神庙中心祭坛，日出方位，为横向东偏南 26 度左右。

英国奥斯通道式古墓，每年冬至同期左右，黎明日出的光线，穿过幽暗的墓室入口通道，照射在内部墓室楣桴上，场景令人震撼。

古爱尔兰的纽格莱奇古墓，建造时间比英国著名的巨石阵还早 1000 多年。每年冬至前后数日，日出的光线，会沿着长长的古墓甬道，十分精准地照到墓穴的深处。

数千年前，世界各地都出现了城市布局斜向的现象。

“古成都人”对城市建筑布局。

公元前1000年，冬至日出的时刻，金沙遗址的观测点，在太阳完全跃出龙泉山山脊时，早上8点12分14秒，角度为东偏南28.5度，与成都中心城区蜀都大道、东大街等横向街道的倾斜角度偏差不超过0.1度，误差不超过万分之三。

太阳完全形成的那一刻，“古成都人”测定了金沙九柱建筑的方位，修建了祭祀所用的明堂。

在冬至早上，虔诚地朝着东方。

先有古蜀国王杜宇、继有开明王早早地站在明堂楼上，成都平原，气候多云雾，上午见到太阳时，其实已升至东南方。当太阳完全出现在东方的地平线（龙泉山山脊）时，祭祀正式开始：国王念祭词，臣民跪拜，一片肃穆。

太阳崇拜，成都布局斜向之谜。

三星堆遗址→郫都古城遗址→金沙遗址，城市布局均为斜向，只是倾斜角度不同：三星堆、郫都古城遗址，大致为横向东偏南35度；金沙遗址斜向，大致为28度。这一直影响着后世成都内城的布局，直到现在仍为28度左右。

虽然靠近龙门山断裂带，但川西凹陷刚性稳定的岩石圈结构，决定成都平原不会发生破坏性的大地震；沉积盖层厚度大、质量佳，分布适宜，决定发生地震不会对主城区造成巨大的破坏。

《说文解字》上说：凡居中曰脐，“肚脐”人之中，“天脐”天之中。

现代社会把“天脐”称为大地原点。

成都的原点位在文武路与锣锅巷交叉口西侧。东经 104° 04′，北纬 30° 40′。用金沙遗址出土的“太阳神鸟”图案制作的标记，包围着这颗小圆球，“太阳神鸟”标记外侧标注着“1956 成都市平面坐标系统原点”。最外面的正方形，每个边正好对准正北、正南、正东、正西。

象征意义大于实际意义。

其实，早在周朝时，人们就开始了对中心位置的研究，确定豫州为九州的中心，测出汝南为豫州的中心。

西汉时期，人们测算的一条长达 1000 多公里的建筑基线，刚好穿过整个大地原点，且基本重合。2000 多年前测定的建筑基线，与现在的中国大地原点基本一致，相差就 2 秒经度（60 米）的距离。

智慧价值。古今测量史上的巧合，令考古与测绘界感慨不已。

玉蝙蝠人（正面）

蛇纹石玉，高约 20 厘米。男女一对，裸体，性征鲜明，背负蝙蝠张开的双翼，其上阴刻古蜀文字和星相图。玉人并拢的双足下各有一个小孔，应是套插在某个支点上。

沟通天地，对话神灵的希冀

石磬代表的礼仪文化

青铜技术和游牧文化，古代世界体系形成的技术文化基础。

世界体系不局限于经济、政治，还有科学技术、意识形态。

公元前 1 世纪的某天，当恺撒大帝身着丝绸袍服出现在剧院看台中央时，全场轰动。

古罗马贵族竞相追捧的丝绸，并非“罗马制造”，而是穿越千山万水，通过神秘商道，从万里之遥的东方运输而来，即被西方人称为“丝国”的中国。

东方起点。华丽的丝，来自中国成都平原的“锦城”。

早在商代，成都平原的中心城市成都就是热闹的城市。

祭祀繁盛，便是人类活动兴盛的表现。

祭祀活动，源于天地和谐共生的信仰与理念。

礼乐系统，体现了古蜀国祭祀活动的隆重与庄严。

祭祀太阳、天地、神祖，在心理、思维的终极意义上感悟人神沟通、上下交感的精神境界，实现人神天地和谐共生的欲念。

祭祀活动，叩拜行礼，庄重肃穆，一丝不苟。

礼节、祭品有相当的规范。

开明王朝迁都成都后，处于“礼乐征伐自天子出”的全盛时代，多时有上万之众。

三星堆“祭祀坑”8 号坑出土的石磬残片、大铜铃、大鼓（疑似），应为古蜀国祭祀礼仪乐器。

残片可以拼接成一件长 1 米、宽 52 厘米的石磬。它表面打磨平整，中心靠上的位置有一个明显的穿孔，用于悬挂。与金沙城之前出土的 1.1 米大石磬相比，它的器型不同，却都是独一无二的，利用本地的石料制作而成。

中国目前最大的石磬，仍是在金沙遗址博物馆展陈的出土的两件石磬，其中一件大石磬长 1.1 米、宽 56 厘米、厚 4 厘米，早在 2006 年就被认定为商周时期石磬中体量最大的一件。另一件长 76 厘米、宽 36.5 厘米、厚 3.5 厘米的小石磬，器身上有两道弦纹装饰。

用古蜀文明这根线穿过这孔，就可剖开共同孕育的天府文化，既喜出望外，又脑洞大开。

四川民间收藏的一套特大边璋，主要反映古蜀人祭祀大山的情景。它由 54 块石板组成，长 5.85 米。双面都阴刻有 4 排共 9 个立人、4 排共 8 座大山、2 排共 4 组回形纹，并在大山旁边，刻有 5 把牙璋、3 个手形纹、2 个尖角纹、1 个符号，与三星堆博物馆收藏的一把 54.2 厘米长的国宝级边璋上的纹饰基本一致。

民间收藏的三星堆文物，其价值被严重低估。

在有限的生命里，窥视到永恒。

成都地铁7号线，有“金沙博物馆”站，站内文化墙“古成都人”的生活场景，立柱形象取自金沙博物馆馆藏的商周十节玉琮，天花板是“太阳神鸟”形象。当乘客走出列车，就像已然走进时光隧道。

石磬，在远古时代被称作“石”“鸣球”。中国最古老的打击乐器之一。古代最为常见的石磬是上作倨句形，下作微弧形或近于直线，或上下均作倨句形。质料大多是石制，也有玉制、铜制。

石磬形制多样，磬体上雕刻有各种精美的动物纹饰，在商代墓葬中便有发现。《诗经·商颂》中，有描述殷人祭祀乐舞的诗句：“鞉鼓渊渊，嘒嘒管声。既和且平，依我磬声。”

一件单悬的石磬，称“特磬”。按音列组合的磬，称“编磬”，多为三件一组。

《周礼·考工记》里，记述了石磬的制作工艺、校音方法。后世主要用于统治者宗庙祭祀与朝聘、宴享等礼仪活动。磬和钟，作为乐器、礼器，是统治者权力、身份地位的象征。

金沙遗址出土的这两件石磬，相对完整，距今3000年左右，至今仍可敲击发音，音质纯美悦耳。

礼器的写实风格

“金沙石像”。考古人员发现了12座人像，高约20厘米，脸形方正瘦削，颧骨高凸，鼻梁颇高，大鼻头与大嘴巴，耳垂部位还存在穿孔。

石像造型大同小异，都是跪在地上、手脚被绑缚的男子。他们未穿衣物，身上除绳子外，不着寸缕，双膝跪地，被绳索反绑双手，臀部跪坐于脚后跟上。

他们的发式极为奇特，不同于同时期的周人头顶发饰，从中间向两翼左右分开，如同一本正在打开的书，发梢两侧修剪得极为短促，并微微上翘，脑后的头发被梳成两股长辫，直垂于腰间。

石像附近出土了一些石壁、石虎。

这些东西的排列有一定的规律，具有极强的宗教内涵，可能作为人祭中的“一个”，或者“人牲”的替代品。表现成都平原巫师正在进行祈雨祭祀的“场景记录”。

在《史记》中，司马迁记载“人牲”的来处：“西南夷君长以什数，夜郎最大……其外，西自同师以东，北至楪榆，名为嶲、昆明，皆编发，随畜迁徙，毋常处，毋君长，地方可数千里。”

石像赤裸，可能是祭祀用具，代表殉葬的奴隶，或是获罪的贵族。类似的石像，殷墟中亦有出土。只是，殷墟石像虽然被捆绑双脚、跪立在地，但身上明显披着衣物，且衣物显得十分高贵。

人像、石虎、石蛇等，都是古蜀国祭祀时所用的礼器。

殉葬的奴隶，还是获罪的贵族？或是对统治者不值一提的“牲畜”？《吕氏春秋》有记载，“昔者汤克夏而正天下，天大旱，五年不收。汤乃以身祷于桑林……于是剪其发，磨其手，以身为牺牲”。

剪发、磨手，古蜀人为的就是祈求上苍垂怜、风调雨顺。

造型独特。在金沙城，考古人员还发现了一批像青蛙一样的金器。

蛙象征两种事物：月亮、生殖。自古，月亮就有“蟾宫”之称。

金蛙，为“蛙崇拜”的延伸。时至今日，成都平原的一些偏僻地区，仍有“祭蛙祈雨”的祭祀仪式。

器物求雨。结合“太阳神鸟”，祭司会同时使用神鸟、金蛙，将神鸟贴在装满贡品的漆器上，并在周围以一定的规律放置金蛙。金蛙的嘴部造型，像鸟类的喙，是神鸟的化身。

有个猜测最为有趣，认为金蛙是古代风神禺强的象征。

金蛙，除了风神，还兼职瘟神、海神。

三星堆遗址 8 座“祭祀坑”，每座坑中都存放有大量的文物，分别是青铜器、玉器、骨器、金器等，反映古蜀独特又辉煌的文明。

8 号“祭祀坑”发现的“迷你版”纵目面具，高度仅 5 厘米，为最小的纵目面具。

面具下端有脖子，似乎还有连接其他物件的痕迹。再加上“迷你”的面具，可能是神树或某种器物上用于装饰的器物，并且极可能和 3 号“祭祀坑”神树上的人首鸟身像类似。下端，应该还有鸟身之类的其他附件。

还有不少“接地气”的青铜器。

“资质平平”的未被展示的文物，仍能揭开不少谜团，如青铜鸟、青铜水牛头、青铜鹿、青铜鲇鱼。

青铜蛇宽 10 厘米、残长 5.8 厘米，采用分段铸造法制成。铸件之间存在铆孔，并在分段铸成后，再铆嵌连接成形。蛇身硕大，颇具写实风格，与现实生活中的蛇毫无二致。蛇身上的龙鳞状和书中的描绘，与《山海经》中的记叙也一致。

与青铜蛇同时出土的青铜鸡，也展现出强烈的写实风格，如昂首引颈，尾羽丰满，造型十分生动。

出土的青铜器，大部分外形都具有写实风格。诸如青铜纵目面具等特殊造型的文物，只是少数，古蜀国依然崇尚写实风格，诸如类似“外星人遗迹”的谣言更是不攻自破。

特立独行，奏响生命的欢歌。

三星堆人用青铜铸造出栩栩如生的动物世界。

鸟形器。神树枝头上有鸟，尊上有鸟，出土时形单影只，不知原先栖息在哪里。

大鸟头，通高 40.3 厘米，眼睛大大，勾喙长长，有可能寓意鱼凫的“凫”字。

龙也时有出现。有着不同图腾崇拜的古蜀人，纷纷将自己部落的图腾嫁接到龙身上。崇拜猪的部落，说龙粗壮；崇拜蛇的部落，说龙头上没有角；崇拜羊的部落，说龙有胡子。

龙柱形器，一条小龙趴在青铜器上，眼睛瞪着，嘴巴张开，露出锋利的牙齿，正伸着脑袋四处张望，后爪紧紧抱着青铜柱。它有一对大耳朵，耳内侧长着一对犄角，却留着山羊胡子。

蛇多呈 S 形，既仿佛正在游弋，又或昂首攻击，眼球呈圆形凸出来，腹部有一排鳞甲，头部和背上长有翅膀。《山海经》记载，鲜山有鸣蛇，长得像蛇，却有四只翅膀，声音像磬石。

还有青铜铸造的虎、雄鸡、鹤等动物的造型。

穿越时空

“青铜椅子”神秘、有趣，是2号“祭祀坑”中出土的器物。

天大误会。青铜椅子的靠背生满铜锈，首先出土，椅背与现代椅子几乎毫无二致，背上还拥有两个长长的凸起物，应为青铜椅子的“扶手”。其实，它是一个长138厘米、宽65厘米的巨大青铜面具。

正值中原商王朝时期，民众的生活与现代人不同，往往会选择跪坐的方式休息。凡汉代之前的贵族、官僚，参加酒宴时，往往会选择跪坐的方式，源于商朝跪坐姿势的传承。

在辽宁省赤峰博物馆内，收藏着一件新石器时代的石雕人像文物，高度为38厘米，宽22厘米，石雕表现的内容为大肚孕妇坐在一件未知的器物上。石雕内容中的坐具，是名为“几”的生活用品，功能与凳子完全相同。

对坐具的释义，在许慎的《说文解字》中，为“几”。

《周礼》等文献中也提到过“五几”：玉几、雕几、彤几、髹几、素几。

汉代后，“几”已经具备相对稳定的传承。

时光隧道。古蜀的“逆天”现象。

宇航服、鞋拔子、火锅盆……

网络时代，三千年前就存在的文物完全胜任顶流“网红”。前有三星堆出土的青铜太阳轮，“撞脸”大巴车的“方向盘”，后有安徽博物院内的云纹铜五柱器酷似“路由器”。金沙遗址博物馆也有三件神器，仿佛古蜀人“穿越”制造的鞋拔子、火锅盆。

“太阳神鸟”旁边，还立着一件酷似太空服的商周铜人形器，长 4.54 厘米，宽 1.37 厘米，高 10.35 厘米，只有巴掌大小，整体形状如一个直立人。它没有人头，人头的位置，被一个夸张的圆形代替。

古蜀“太空服”，与三星堆的青铜面具风格基本一致。

它有两个类似胳膊、腿的设计，整体呈现瘦高的模样，中间还设计一个三角形，看起来就如现代人的三角内裤一般：与现在航天员穿的航空服一模一样，透露着浓浓的“高科技”味道。

这个小型青铜器，是一个非常类似于三星堆青铜大立人像的立人像，甚至连姿势也非常相似，手部的动作无法判断拿的是什么，但确实有点像古时皇帝出行前侍从拿着黄罗伞的动作。

令人迷惑。除腰部比较细外，身体臃肿，它的头部有很大的两个圆形孔洞，同宇航服玻璃面罩非常相近。整体看去，很难认为这是人的长相，像“潜水服”，更像是“宇航服”。

并非一例。从距今约 4500 年的甘肃半山文化遗址中发掘出两个陶制半身人像，脖子很长、头部很圆，额顶上有一对圆镜状的装饰物，打眼一看像“护眼镜”。

中国古人没有穿戴过类似的衣饰。

特殊表达。“古成都人”的三角形裤衩造型。

这是形状体现古蜀族群的一种生殖崇拜，代表部落人丁兴旺的美好愿景。

祭祀时，用于悬挂在某些器物上的装饰物；用小圆孔取代人头，在圆孔的位置上会有某些拼接的器物。

时空穿越。科学家相信空间重叠，能平行、回溯，更能驶向未来。黑洞的发现，意味着白洞假以时日也会得到证实，连接黑洞、白洞的时空隧道“虫洞”，存在的可能性也会飙升，现代人穿越过去，创造一个与如今相似的文明，并不全是科幻。

时光穿梭，四季循环往复。

眼前晃过璀璨金芒时，遥远的神话，深不可测的生命之光，恍惚间近在咫尺。

黄金面具

“金沙”作为地名，从五代时期就被沿用，彰显着是金的聚居地。

金沙与三星堆同根同源。

三星堆、金沙城文化的黄金制品，代表商周之交时期巴蜀地区、成渝双城冶金、制金技术的最高水平。以太阳鸟金箔为例，这片厚度只有 0.02 厘米的金箔，具有高达 94.2% 的含金量。

覆盖在青铜面具上的“金面罩”，不是在大块的“狗头金”上直接加工的。

它是依靠“炼金术”把大小不一的自然金熔铸到一起，由金块捶拓成平整的金皮，通过模压、雕刻、镂空等深加工工艺制作，依照青铜人头像造型，上齐额、下包颐，左右两侧罩耳，耳垂穿孔，眼眉部分镂空露出，最后用生漆调和石灰作为黏合剂，将金面具贴于铜头像上。三星堆的1号“祭祀坑”里，曾经出土有金料块，两面平整，略呈长方形，侧面还留有“浇口帽”，是经过集合小粒自然金熔铸加工而成的。

青铜人头像，象征着古蜀王国盛大祭祀活动中的巫师、君王形象。制作黄金面罩，是为了使青铜人头雕像的面容呈现出如太阳般灿烂的光芒，以突出神权、王权象征者的独特地位。

它不是纯粹的“人面像”，造型奇特：粗眉上挑、双眼斜长、眼球突出、双耳向两侧展开，鼻梁短，鼻子却很大，口部更是阔而深，仿佛带着一抹神秘的微笑。五官夸张，是为了强化神性，属于一种人神同形、人神合一的意象造型。

金面罩、金权杖“个性鲜明”，用于祭祀活动。与中国其他区域的文明相比，金沙、三星堆使用黄金的年代最早，是与神沟通的重要道具。它与埃及、迈锡尼和中国历史时期墓葬中出土的金面具的区别较大。

三星堆的黄金面具用于增添巫师的神秘感，赋予人神沟通的能力。埃及的图坦卡蒙黄金面具、古希腊的阿伽门农黄金面具，造型写实，直接覆于逝者面部，为帮助戴者重生、永生的神圣道具。

“金杖”也和西亚文化中的“短杖”不同，长度已经超过140厘米，纹饰图案记载似乎是“鱼凫王”的传说，充满三星堆人祭祖彭州“海窝子鱼凫”、温江“柳城鱼凫”的浪漫怀想。

凸显古蜀先民沟通天地、对话神主的希冀。

三星堆遗址已发现了8件金面具，与金沙遗址出土发现的2件金面具，在造型风格上均具有一致性。其中还包括许多祭祀物品，象牙、金器、铜器、玉器、石器等，都有极强的相似性，相似的知识体系、信仰体系与价值体系。三星堆与金沙城前后相继、交叉、重叠，前接续宝墩文化，后延伸为十二桥文化，共同构架出古蜀文明最灿烂的篇章，也滋生孕育出源远流长的天府文化。

一脉相承，用于祭祀活动。

三星堆、金沙城都发现象牙、金面具等相似性的文物，金沙城唯独没有神像、神树传统，祭祀体系发生了变化。是父子，还是兄弟？政治中心的转移，祭祀本身的变革，都包含丰富的内涵。

在冶金技术的发展、黄金崇拜的观念的双重作用下，金沙文化孕育出令后世惊艳的黄金面具，不但融合了“古成都人”渴望超越、敬仰神明，而且体现了透过自然，表达思想的独特审美方式。

高大的祭台、巍峨的神坛、拜祭的人群、天幕的火光，渴望与自然和谐相处的精神追求，从祖神、神王，逐渐向太阳、天地“聚焦”，展示了“古成都人”浓郁的生命意识、博大的宇宙情怀，“天人合一”的哲学思想、丰富的想象力、非凡的艺术创造力与精湛的工艺水平的完美结合，勾勒出瑰异的青铜文明，在华夏文明生成过程中持续地贡献。

辉映锦绣古蜀气象的三星堆，见证千年风流繁华的金沙城。

傲立商周潮头，一头挑起“北方丝绸之路”，一头挑起“南方丝绸之路”。

将翱翔太空的美梦寄托在神鸟上

祭祀、礼乐、占卜

物质丰裕。祭天祀地，劳作生息，饮酒作乐。

古蜀国祭祀礼节复杂。

祭品讲究规范、等级。

众多祭祀，不同形状的青铜人像、人头像，透露古蜀国已是阶级分化的神权社会。

重视祭祀。古蜀王一如那尊青铜大立人一样，不仅拥有超尘拔俗的地位，还在祭祀中负责祈福、祷告，集王权和神权于一身，贵族只能在一旁跪着禀告，还有些平民、奴隶只能打下手。

天、地、人，中国古代宇宙观最基本的三要素。

天命观念，商周时代逐渐明确。

主宰人间一切的神，称“天”，天的意志，称“天命”。

周人深入地发挥“天命”思想，提出“天命靡常”“以德配天”。儒家的天命观，由此而来，经过孔子、孟子的阐述，儒家明确宣扬“天命”“天道”，对人事的终极起决定作用。

古蜀国手工业甚为发达，门类齐全、技术先进。

铜制品、玉石制品与黄金制品，造型奇特、制作精美，表现出浓厚而神秘的宗教文化色彩，独具民族特色和地域特征，作为极为罕见的人类上古史奇珍，在世界上享有极高的声誉。

金沙遗迹祭祀区的黄土台建造之前，祭祀品以石器、象牙为主。

在建造黄土台之后，古蜀先民开始大批应用金器、铜器、玉器等。

全盛时代。“礼乐征伐自天子出”。

开明王朝建立了一套完备的礼乐制度，祭祀制度的地位十分重要。

与商周文化“和而不同”的占卜习俗。“古成都人”也喜好烧灼龟甲，观察兆纹，预测吉凶。大凡祭祀、征伐、田猎、使命、往来、年岁、婚娶等，在“古成都人”眼中，大小事情都需要占卜。

占卜文化发达，与大量产龟密切相连。

龟看似笨拙，寿命却相当长。3000多年前，成都平原江河密布、湖沼众多，各种各样的龟爬来游去，在河滩上行动迟缓，像背负着命运的大山。“百年鹤，千年龟”，古代先民对龟类崇拜的习俗被慢慢培养起来。

中国最大的祭祀台

“扬雄《蜀记》以杜宇自天而降，号曰天隳”。

杜宇住在城北天隳山（天回山）上，利妃生一女，可爱至极，取名为凤。

红颜薄命。公主从小体弱多病，直至二十岁，尚未出阁，病死宫中。杜宇悲伤不已，将爱女葬于天回山西南边毗邻的土坡上，以便随时看到爱女之墓。他还常在宫中说，凤儿年方二九，取九九长寿之意，不忍说已满二十岁。

爱女情深，杜宇将凤儿以王妃的规格下葬。墓上覆盖大石镜，形状像古代的量器斛（十斗为一斛），后人称为石斛山。

凤凰水迂回处，一座边长为 140 米、高 12 米的正方形，呈三级递高，每级高 4 米，用泥草制作而成的土砖修建，以土夯实。它是四面皆有供登台的阶梯的土台，即著名的羊子山（凤凰山）祭台。

这是古蜀国最早的遗迹，杜宇、开明王朝兴旺的象征，用于观望、集会、祭祀的地方。它也是中国最大的祭祀台，距今 3700 年以上。比足球场还要大，足有四层楼高。

羊子山，大、小羊子山的合称。大羊子山，人工堆砌的回字形三级四方台，年代上限为商代晚期，下限至春秋晚期，高达 10 米，面积逾 10000 平方米，用土总量超过 70000 立方米；边长超过 100 米，由 160 余万块土砖堆砌而成；距金沙遗址直线距离约 7 公里，建筑方向为北偏西 55 度，与金沙遗址建筑方向基本一致。

在开明王建都成都时，与中原王朝高台流行的时间相吻合。

这座建筑物无论是体量，还是高度，都是当时的冠军。其土坯工程技术、夯土技术，也领先于同时期的中原遗址。

遗址台基下，发现人类处于进化状态之中，知道如何使用火、保存火，却不知如何制造火，以狩猎、采集单一食物来源的旧石器时代的打制石器，比宝墩、三星堆、金沙文化还要早得多。

一万年前，祖先就在成都生活的最早、唯一的证明。

建筑技巧上，十二桥遗址的大型廊庑式木结构宫殿建筑，与羊子山国家祭坛的三道式砖坯建筑十分相似。尽管一个是土建，一个是木建，但技术革新已使两座遗址有了互通的血脉。

这使人想起周代的灵台、鲁国的观台与楚国的五仞台。

在平原的腹心地带，祭祀台显得十分高大。

在《归藏》《左传》中，被称为“钧台”“璿台”。

在《史记》中，司马迁曾历数历代传天者，考古所见，也有以候气、观斗、测影为职之官，证明至少在新石器时代，天文官制系统已经具有基本的雏形。古人或以司历之官，名为“历正”。

这些“台”是皇权神授的象征之所，不仅观测天象，还是告朔之地。

“筑灵台，祭苍天，安黎民”。最早的记载是在《诗经》中的《诗序》，“天子有灵台者，可以观天象，周文王受命而作邑于丰，立灵台”。据说挖土修灵台，土坑积水成灵沼。

如此，作出的每项决策、任命，都是在执行上天的旨意。

知天命、顺天意、天命不可违。

沟通天地。祭坛建好后，要知道日升月落，昼夜交替，四季变化。杜宇王、开明王可能还兴致勃勃地前来“踩场”，耸立在面前的是一座高达 12 米的雄伟之坛，一级一级地往上走，台阶坡度 13 度，比较平缓，并不费力。登上祭坛顶时，有一种豪迈的感觉，觉得自己头顶苍天、脚踩大地，为自己的设想、建筑师们的技艺而志得意满。

开明王的盛大祭祀

三星堆文明毁灭，公元前 1260 年后，金沙文明崛起。

维系社会稳定，增强社会凝聚力。

手工业生产服务于宗教信仰，统治阶层将社会财富用于祭祀活动。

鼎盛热闹。开明王曾先后举行过两场重大的祭祀活动，都在今天的三星堆遗址举行。第一场，祭祀杜宇王亡灵；第二场，祈福“副都”金沙城变成“首都”。两次盛大的祭祀活动，《左传》留下了 12 个字，“复禹之绩，祀夏配天，不失旧物”。

《诗经》里的《生民》。

周朝贵族在祭祀祖先时，总会唱祖先后稷。

一个重视农业的民族，在祖庙里高唱《生民》，缅怀大禹之功业、神化祖先的同时，也是对农业的一种表态，神化农业能手，实是对农业的一种尊崇，对“民以食为天”信仰的尊崇。

“蜀周同源”。史载：“后稷之兴，在陶唐、虞、夏之际，皆有令德”，协助大夏“治梁（山）及岐（山）”的水利，还曾经“建步立亩”“经理疆界”，是中国田亩制度的创始人。

《诗经》中，《生民》《思文》两首诗，都是颂扬后稷创业的史诗。

天蒙蒙亮，开明王就率领王室、贵族从金沙城出发，众人一路骑马、坐车，朝羊子山赶来。

与民同乐。开明王率领的队伍，绵延达 5 公里。

事前，按照选定的祭祀日期，开明王遍告百官、附属国诸侯，邀请他们参与羊子山祭祀。

仲春时节，漫山遍野，千树万树桃花怒放，如彩云似红霞，辉映着观宫亭榭。

百姓依然沿袭远古蜀人种植桑树的习惯，养蚕织绸。在今凤凰山与天回镇一带，春天到来时，田野上，一棵又一棵的桑树嫩芽绽放，微风拂过，真有“陌上柔桑破嫩芽”的诗意感觉。

沿途，钟鼓齐鸣的声音，随风飘动的旗帜。

金沙城的百姓也都纷纷赶往羊子山，男女老少身着花衣锦衫，戴着金银珠贝之类的装饰物，成群结队，欢声笑语，朝北而去。队伍像一条汹涌浩荡的江河，把两边的庄稼、树木都映红了。

高下相照。各种楼台亭阁以绸缎扎制，幻若海市蜃楼。

天空中，飘飞着纸鸢，似群鸟翱翔，如春燕低飞；山道上，彩衣华服，逶迤不绝。管弦笙鼓之音与香烟青雾缭绕于山前山后，其乐融融，一片繁荣景象。

日暮时分。城里出去祈神求福的人，从早晨开始，从未中断。

全然不分。人与自然一体、人与动物一体、人与人一体。

“天时地利”。羊子山渔猎画像砖，把“古成都人”爱吃、会吃、懂吃，表现得淋漓尽致。

上半部分，有一个莲池。游鱼，河中嬉戏，两个猎人正隐藏在莲池旁边的树荫下，张开的弓箭犹如满月，向天空中结队飞翔的鸿雁瞄准射击……下半部分，收割水稻图。三人执镰，弯腰割稻，二人绑扎稻草，一人挑起一担谷穗，疾步飞奔……

川西坝子的秋天：天空中，白云淡淡，群雁结队往南飞。

渔猎画像，将农、渔、猎等生产场景形象地展现。

画面离 21 世纪的现实生活并不遥远。

用嘴巴衡量生命价值，巴适、安逸的人生不需要解释。“千年佛系心态”，性格与道家《逍遥游》一脉相承，造就成都人心态松弛、笑对无常，大事绝不慌张，小事更是“算咾算咾嘛”。

聪颖的“古成都人”，创造了璀璨的历史文明，异彩纷呈的古蜀文化，树立了大美成都。

今人重塑了“古成都人”的精神面貌，滋润的生活方式。难怪，成都人都喜欢称自己“老子”。

灾后重建都城

精神遗产。人类文明飞升转型，人类精神迸发理性之光，穿透神话思维的屏障，东西方文明都开始从神话故事中走来，走向人类自己，讲自己的成长故事，开辟了精神生活的理性样式。

金沙遗址在公元前 300 年左右，龙门山区地震引发的山洪、泥石流中毁灭，与 2300—2600 年前的区域大地震重叠。洪水后，次生灾害，瘟疫流行，多数人死亡，生产力大大下降，国力衰减。

焦急徘徊。在宫中，开明王十二世六神无主，消息不断传来，洪水已到某区域，脑子里浮现出一排排巨浪，巨浪里漂浮着他的黎民百姓。“神力”无边的蜀王，在洪水面前，也变得软弱无力。

洪水冲击土地、建筑的声音临近，宏伟的十二桥一带的居住区就要被淹没。那些本该与房子合为一体的方木雕梁、房檐地板顷刻消失，被湮没在浑浊的洪水里，发出痛苦的呻吟。

开明王临时制作的木船，无助地在水面上打着转转。

开明王弃宫逃离，而来不及逃走的百姓，仍在水中挣扎沉浮……

开明王的眼睛湿润，声音嘶哑，感情复杂，心里比被刀扎还难受。

“巨浪滔天”。十二桥倒塌的木结构房屋，洪水不是慢慢淹过来，也不是从不同的方向或分成几个小股冲来，而是“哗”的一下，就把一栋一栋的房子掀倒，势不可当。

金沙城被洪水毁灭，十二桥被泥沙湮没。

金沙城，与3200多年前的三星堆城的命运相同。

国运也被洪水、瘟疫左右。

灾后重建。开明王带领军民，一边在城里掩埋瘟疫中病死且已经腐朽的尸体，一边在“十二桥”废墟西北边的武担山一带修建“北少城”……

筑城不易，当地低洼潮湿，土质松软，需要取土填埋。唐代新罗（今韩国）人崔致远，在《桂苑笔耕集》追记：“蜀地无土，昔张仪筑子城，犛土于学射山，日役往返，九载后始成。”

凤凰水在祭祀台之南潺潺流过，再缓缓流经凤凰山南麓，进入锦江……

水上有升仙桥，引流而修的升仙湖。

励志之桥。司马相如进京，从升仙桥经过，对即将离别的妻子和前来送行的官员题桥志奋：“不乘高车驷马，不过汝下。”不乘坐高车驷马，决不回来见父老乡亲，一任激情澎湃。

《凤求凰》的琴韵，始终荡漾在升仙水上，升仙水又被誉为“诗意之水”“幸运之水”“爱情之水”。湖畔有茶铺，800多年前，陆游就因为暴雨，被迫在当时的“河边茶座”里消遣。

“古成都人”不断迁徙

此处是迎接与送别之地，也是成都的“两路口”。

“金牛道”起点，通秦往蜀的“高速公路”，比公元前500年波斯国王大流士一世修筑的“波斯御道”还早1700多年，比公元前312年由凯库斯督造的从塔兰托直达罗马的“阿庇亚大道”还早1500多年。北上，穿越秦岭的险峻山谷，连接“北方丝绸之路”；南下，出成都万里桥，上“西夷道”，“南方丝绸之路”的起点。

中国交通史，值得骄傲的不仅有横跨欧亚的“北方丝绸之路”，已经超过3000公里的贯通川、渝、陕、鄂、湘、黔的“巫盐古道”，还有由金牛道、松茂古道为骨脊构成的川陕、川甘蜀道。

今天提倡的“一带一路”的交会处。

“古成都人”走向世界的路径。

成都处在中西文化交流的前沿。

文化基因开放。北与中原进行双向交流，正东方向有荆楚、苏州、杭州以及长江下游的其他城市，南方文化的西进；东北方向有中原、河南、山东，北方文化的斜插；西北有青藏高原、云贵高原，厚重氐羌文化的南下；南通南中、东南亚，并与西亚交往。

大山高耸、路途艰难，似乎从未阻止过“古成都人”与外界文化的交流与往来，创造的“古成都人”以无比坚定的信念、力量，与周围，甚至世界上的其他文明，进行着深刻的交流、互动。

“太阳神鸟”，象征“古成都人”遨游远方的期许。

三千年前，“古成都人”将翱翔太空的美梦寄托在神鸟身上。

开放、包容的思想，与天府文化中的“开放包容”遥相呼应。

“太阳神鸟”造型独特，与“创新创造”的天府文化一脉相承。

长江上游最大的都市。古蜀文化与良渚文化、巴渝文化水乳交融，融合石峁文化、石家河文化、红山文化，诞生大禹父子的“江原文化”，哺育夏文化，承接商文化、盘龙城文化、荆楚文化的进入。西亚与埃及“闻风而动”，尼罗河彼岸的法老面具、金杖，也间接地传播到成都平原。产自印度洋的玉海贝（饰品）被三星堆人、金沙人使用，贸易发达，人群流动频繁，形成若干市场……还出现了青羊肆等以类划分的专业市场。

语言被中原人称为“左言”。在商周时代，人们就发明了象形文字，常被刻在青铜兵器上。

金沙文化的扩张也最广：向南，达到滇北一带；朝北，达到陕南地区。

春秋战国之际，人们同时使用同一系统的中原地区的汉字、巴蜀文字。

成都平原的东部，巴人活跃，和金沙属于同一性质的文化。

许多文明都崇拜太阳，但将太阳以辉煌艺术的表现形式展现，唯有金沙做到了。

神秘传奇。由蚕丛、柏灌、鱼凫、杜宇、鳖灵等古蜀先民们创造的真实历史。

空间坐标，成都先民生活的地理环境。

时间坐标，古蜀历史所在的时间范围。

让生活更美好。“古成都人”在岷江上游河谷、龙门山、成都平原三大地理单元上，不断地迁移。

成都平原是中国唯一处于内地，却享有“海洋性气候”的“飞地”。因为水患等原因，曾经并不适合居住，“古成都人”均生活在高山、高原地带。直到水患解决，“古成都人”才从盆地山区、山前地带，一点一点往下游迁徙，逐步进入腹心地带，住了一段时间，“古成都人”发现不行，再继续往平原移动，最终定居，成就“天府之国”的一方乐土。

系统提高防灾减灾能力。成都历史上虽然经历过瘟疫的反复打击，甚至在洪水、瘟疫中“毁城”等很多磨难，但从来没有被压垮过，而是愈挫愈勇，不断在磨难中成长，从磨难中奋起。

古蜀富饶强大，几乎不可战胜。

只有洪水瘟疫，才会使其灭亡。

玉抬滑竿组合件

透闪石龙溪玉，绿褐色，玉质坚硬通透。两个人以两根竹竿，抬着一位端坐于椅子上的尊者（或是巫者），鲜活地表现了古蜀地区人们的出行方式之一：抬滑竿。

青铜大耳纵目面具

第四章 世界青铜文明体系

青铜网络，中华文明与亚欧文明之间交流的通道。

相辅相成。中国、欧洲分处欧亚大陆东西两端，古代世界体系两个巨大的边缘区。古代世界文明体系中，四千年前的龙山时代，中国是遥远的边缘，四千年后的夏商周三代，逐渐成了世界青铜文明中心。

古蜀金、玉文物，承载灿烂文明，传承历史文化，维系民族精神。

两种文化的“极盛时期”。

三星堆文化繁盛时期，古埃及新王国时期。

融入世界青铜文明体系的中国青铜文明，繁星满天。

长江中游江汉平原的武汉盘龙城光芒四射。

长江上游成都平原的广汉三星堆辉煌神秘。

长江、黄河交织成的历史经纬，熔铸成中华民族的脊梁、魂魄。

经济发达，技术领先。

“家里有矿”。古蜀国的铜器制造业，从不会因铜矿资源的匮乏而受到任何限制，特有的创意器形，“关键技术”对远古近东地区的工匠来说，是不可想象的资源浪费、难以理喻的文化创意。

四大文明古国，实为青铜时代世界体系的四个中心。

成都平原，真正回到在世界经济史上应有的地位，发展为具有重要世界意义、鲜明本土色彩的开放文明。

青铜网络与“丝绸之路”的“双循环”

欧亚草原

亚欧大陆，世界史的中心，包括面向内陆的内亚欧大陆、面向海洋的外亚欧大陆。

整体历史理念，注重多元中心的来往互动。

古代中华农耕定居圈与草原游牧圈的互动、交融，与欧亚大陆文明之间交流的历史进程一致。

欧亚世界的地理空间，空间相对，而非绝对。

从天山山脉、河中地区向西，沿着高加索山脉画一横断线——北部，包括西伯利亚、蒙古高原和俄罗斯草原以及到东欧的多瑙河流域；南部，包括东南亚、印度次大陆、南亚和中亚，以及两河流域、西亚等中东地区。

欧亚草原，亚欧大陆的一部分，世界上面积最大的草原。它从中国东北的松辽平原，至欧洲多瑙河下游；西起黑海沿岸，东到外贝加尔，以乌拉尔山为界，分为欧洲草原、亚洲草原，南面是希腊、两河流域、印度河流域和黄河流域的农业文明，横跨近

110个经度。

它东西绵延1.5万多公里，构成地球上最宽广的草原地带。

自西向东，欧亚草原分为三个区。

西部区，西起喀尔巴阡山东麓，东到乌拉尔山南部，包括多瑙河下游平原、黑海沿岸低地、第聂伯河沿岸低地、顿河流域、伏尔加河流域和高加索地区；中部区，自乌拉尔山东麓到阿尔泰地区，涵盖鄂毕河流域的西西伯利亚、哈萨克斯坦草原与天山南北的草原地带；东部区，自阿尔泰东达松花江、辽河流域，包括叶尼塞河中下游、贝加尔湖流域、蒙古高原和松辽平原。

这里通道广阔，为欧亚草原的交流、融合，提供了便捷的条件。

中国长城沿线的北方，位于欧亚草原的东南一隅，与草原、中原都有交往，介于欧亚草原的牧业文明、黄河腹地的农业文明之间。

欧亚草原的东段，与中国关系最为密切。地理环境的多样性，使欧亚草原东部区域成为极为独特的区域。

欧亚草原的经济生产方式，经过四个阶段：全新世的渔猎采集经济；畜牧农耕经济的传播时期；畜牧、农业的混合经济；铁器时代发达的游牧经济。采集狩猎经济，在欧亚草原上延续的时间久远。

相对空旷的中间地带，成为民族间交流、融合的大通道，古代文明扩散、传播的起源地之一。

东段的最西端，南乌拉尔地区，即乌拉尔山脉南段山地的东西两侧，以及乌拉尔河流域的森林草原、草原地带。乌拉尔靠近环黑海、中亚两个发达的古代文化区，处在最重要的交通路线上，富集的铜矿吸引了来自各地的“工业移民”，与当地的居民携手，进行了一系列的技术、制度上的创新，对欧亚大陆的历史产生了深远的影响。

草原“次级产品革命”。牵犁、拉车、挤奶、剪毛、骑乘等，都是对家养动物的次级开发，这不同于吃肉寝皮、敲骨吸髓的初级利用，极大地提高了农业生产力、交通运输能力。

牛、羊、马在欧洲的使用，大体与青铜时代的展开同步。

车辆运输、骑乘，使远距离贸易、互动成为可能。自西向东，一波又一波的移民均在此驻足，并与当地的土著居民一道，在相对狭小的地域内，掀起了欧亚草原的大“淘金运动”。

在整个青铜时代，金属生产较早地区的社会形态仍是小型村落，没有出现类似于二里头、郑州商城那样的大型都市。社会分化虽然已经出现于村落之间，但是没有形成等级序列。

青铜文明通过草原之路传播

中国的中原地区，公元前3000年以前的龙山时代，青铜器已经零星地出现，尽管迄今还没有见到其时代的冶炼遗迹。大规模的青铜器生产，肇始于二里头时代，社会形态已经进入国家阶段。

沙漠绿洲之路、“海上丝绸之路”，不及草原民族的骏马、轮车。

欧亚草原民族，充当着东西方文化交流最早的承担者、推动者的角色。

区域网络。内欧亚大陆，分为东、南、西、北四个地域。东部大陆，由准噶尔盆地、蒙古高原与西伯利亚部分地区构成，通过中国北方、西北边地，与外欧亚的地域，频繁交流、互动。

外欧亚的古代波斯、马其顿，曾先后征服中亚的绿洲城市，使原本发达的贸易范围进一步扩大，与古代中国形成跨越东西方世界的贸易网络，建立起紧密的内欧亚政治、文化联通体系。

依托农耕社会、游牧社会与绿洲社会，“北方丝绸之路”，向欧洲世界舒缓延展。

三个异质性社会的互动，需要在一个长时段的跨区域中才能完美体现。贯穿于“北方丝绸之路”沿线族群的活动，不仅是物的流动，还构成古代中国与欧亚世界交流、互补与融合的历史纽带。

开放互动。以中国、哈萨克斯坦、吉尔吉斯斯坦三国的“丝绸之路”，长安—天山廊道的“路网”，连接中原地区、河西走廊、天山南绿洲、天山北草原四个地域。

游牧核心区。起源于天山的河流滋润的谷地，大多数都向西北，流到巴尔喀什湖，把伊犁河、卡拉塔尔河、阿克苏河、列普瑟河、阿亚古兹河和巴斯坎河、萨尔坎德河流过的区域，称为“七河流域”，后来巴斯坎河、萨尔坎德河干枯，换上了流到巴尔喀什湖里的楚河、塔拉斯河。

整个七河流域（伊犁河谷），曾属于白种人的斯基泰人游牧的区域，相对于西伊朗语族，他们说东伊朗语族的语言，与伊朗人、印度人，都是广义的“雅利安人”，与欧洲人是“一家亲”。

关键区域。河西走廊的区域格局，古代中国逐渐在欧亚范围内拓展着历史影响。

在西伯利亚南部山地与东、西萨彦岭、库兹涅茨克和阿巴坎山脉间的米努辛斯克盆地，几乎记录了青铜时代欧亚草原上，自西向东，每一次大规模的牵动世界的人类族群大迁徙。

中国与欧亚草原的文化交流、融合，在迁徙浪潮的背景下发生。

在到达草原东端时，一部分人从阿尔泰山北坡，或越过阿尔泰山，到达与中国北方地区有文化联系的米努辛斯克盆地，另一部分人从阿尔泰山南坡，或沿天山谷地到达新疆，或进一步向东。

青铜时代，较大规模的人群迁徙有两次。

第一次。早期草原西部的竖穴墓文化人群向东迁徙，在米努辛斯克盆地内创造了阿凡纳谢沃文化。中国北方地区在公元前3000年前后出现的家养黄牛、绵羊，很可能与这次人群的迁徙有关。

第二次。晚期文化人群扩散，安德罗诺沃文化席卷整个东部草原，渗入米努辛斯克盆地、新疆东部。中国北方地区于公元前2000年前后出现的小麦、冶金技术，很可能与此次人群的迁徙有关。

草原“淘金运动”继续发展，斯基泰人不断迁徙。

公元前2000年以来，一条沟通欧亚大陆之间的草原之路形成。

“斯基泰贸易之路”，游牧民族活动的草原之路。

中国古代文献、史籍中，就有西北草原民族“秃头人”“独目人”和塞人的记载。《山海经·海外北经》记载，“海外自西北陬至东北陬”之国有“一目国”。《汉书》中也有记载塞人、塞种。

一条由黑海沿岸，延伸到中亚、西域的路线；世界青铜地图上，存在的青铜文明传播线。

黑海沿岸的诸文化，学习自西亚两河流域。古印欧人从西亚引入青铜文明，并进一步向中亚、西域扩张。

最早，公元前 4000 年至公元前 3000 年的安诺文化；其次，公元前 4000 年至公元前 2000 年的纳马兹葛达坂城遗址；再次，公元前 3000 年至公元前 2000 年的阿凡纳谢沃文化。铜石并用的阿凡纳谢沃文化，已在中国的西域边缘徘徊。

青铜之路与“丝绸之路”

东西方交流的纽带，“中国弧”。

北起东北三省、赤峰地区，经内蒙古河套、陇东、青海东部、川西，连接西藏东部与云南。西侧，古代文化发展的步伐，与欧亚大陆中心地区趋同。东侧，古代中国以独特的面貌示人，踏着不同于欧亚草原的发展步伐。辽宁、内蒙古、陕西北部、新疆、甘肃地区，不同文化的交流更加频繁、激烈、精彩、惊心动魄。

“北方丝绸之路”，贸易网络的代名词。

欧亚草原广大地域中，草原、山地、森林、荒漠、绿洲、水系，利于最初采集狩猎人群的生存。各种文化在此汇聚、碰撞，合成一幅波澜壮阔的历史画卷。

被隔绝于边界两边的各种政治族群，以分享、竞争生存资源，形成互促互进的历史。既不是孰胜孰负，也不是龙争虎斗。

边界互动产生的蓬勃动力，促进两边各自的发展和繁荣。

独特体质。中华文明处于亚洲东部，自身强大的兼容并蓄能力，与欧亚草原的互动、交流，成为其持续充满活力、长时段连续性、伟大转型的不竭动力，“八方辐辏、融合超越、生生不息”。

真正能够引发民族迁徙、挤压、战争的，必须是“升级版”的军事文化。

较为复杂的军事工程、机动性更强的马车、更加犀利的武器，在公元前 2200 年爆发的辛塔什塔、彼德罗夫卡文化中出现。它位于哈萨克北部，亚欧大陆交界处的大平原上。

汹涌澎湃。军事迁徙浪潮，后浪推前浪。

向西，挤压中亚地区。

向南，挤压中国西域。

向蒙古高原播迁，从草原方向威胁华夏外围，形成与西域相似的情况。

陕西石峁古城就是典型之一。

战车、骑术，传来。

靠近西部的文明更容易率先崛起，黄帝部落直接面对白种人。

商朝间接得到白种人的战车技术，军事得以飞跃。周人的祖先，通过西戎传来的战马做支持，逐渐强大。直到战国时期，靠近匈奴的赵国，依然学到了匈奴人的骑射方式，增强了国力。

周穆王西征，三星堆的丝绸已经传至欧亚草原上的斯基泰人。

如接力棒一般，斯基泰人又传到更远的地方。

俄罗斯巴泽雷克墓、克里米亚半岛刻赤与德国斯图加特市霍杜夫村古墓中，发现了公元前6世纪至公元前3世纪的成都平原的丝织品，勾勒出中国丝绸沿欧亚草原西运的漫漫长路。

中国丝绸布料，出现在公元前五六世纪希腊艺术中的人物身上。

双向文化交流。

不同文化因素的频繁叠加、双向融合，表现出显著的多样性、复杂性特点。这里既有单一文化的传承，也有多种文化的传播，互相影响深远，成为欧亚草原历史长河中醒目的一种文化现象。

相辅相成。青铜之路与“丝绸之路”的“双循环”。

青铜之路，由西向东，传播青铜与游牧文化，将欧洲、东亚纳入以西亚为中心的古代世界体系。“丝绸之路”，由东向西，传播丝绸与定居农业文化，又加强了东亚与西亚、欧洲的联系。

两者前后相继，方向相反。青铜之路诱发“丝绸之路”，“丝绸之路”取代青铜之路。将“丝绸之路”与青铜之路相结合，才能全面系统地理解欧亚大陆文化的形成、相互交流与互动的历程。

青铜器本身就是承载着亚洲、欧洲文明交流、互鉴的重要遗产。

广袤的草原、辽阔的海洋，中华文明与亚欧文明之间交流的通道，一幅幅由种种联系、互相作用，无穷无尽交织起来的画面，中国北方与欧亚草原以金属为代表的文化交往的历史画卷。

“历史中国”，具有开放性、国际性，“廊、道、路、网”将中国与周边地域连在一起，形成共享、共通、交融的历史、地理空间，使巴蜀地区产生了共同的历史记忆、文化印记。

亚欧矿产供应链的“回水沱”

步入青铜时代

语言和文字，人类文明的象征。

青铜，一种物质文明的存在，体现在文字上——铭文，记载着信仰、希望、思想和功绩等。

青铜，一种合金，颜色原本是金色，中国古代文献、周代的青铜器铭文中，都称青铜（或铜）为“金”。今人称为青铜，是因年代久远，器物经过长期腐蚀、氧化，才呈现出青绿或黑色。

青铜时代，是区别于石器时代、铁器时代的历史阶段。在中国，指公元前2000年至公元前500年的夏商周三代时期，也是成都平原三星堆、金沙城文明时期。

营盘山文化为起源，宝墩文化为发轫，以三星堆、金沙城为代表，构成系统、完整、辉煌的古蜀文化。大至社会生产、生活方式、城乡格局、思维定式、民风民俗；小到道路桥梁、建筑器物……无不受影响。自然地理环境，是一种客观制约，人类可以与之抗争，却永远无法摆脱其影响。

中国文化传统形成的关键时期。

夏朝建立前，东亚为夷蛮之地。大禹父子建立夏朝后，才有东夷、西夷之分。

之前，东亚尚未有游牧、农耕之分，正是夷创造了东亚新石器时代的定居农业文化，夏或戎狄引进青铜时代的游牧文化。夷夏结合、转换、融合，开创了中国历史，形成独特的东亚文化传统。

人类史，是一部迁徙的历史。

土著，相对新来者而言，是早到的移民。美洲的土著印第安人，相对于欧洲殖民者而言，是先到的亚洲移民。相对于夏而言，夷才是东亚的土著。

约 5000 年前，西亚、中亚部分地区进入青铜时代，逐渐形成青铜世界体系。

欧洲与东亚，属于体系的边缘地区。

公元前 4000 年前后，两河流域的苏美尔人就已经掌握了人工冶铜技术，公元前 3000 年前，已经能制造出青铜。公元前 2113 年至公元前 2006 年，东亚中国的尧舜禹时代，进入青铜时代的世界体系。

东西方文明间的交往、互动，自青铜时代就已经开始。

东亚大陆两大板块，面向海洋、面向内陆。

面向内陆，包括长城沿线与以外地区，与黄河流域毗邻，处于中原文明、中亚文明之间。居民与黄河流域有着千丝万缕的血脉、文化联系，对外部世界持开放的态度，文化兼容性强，成为东西方文化交流的重要孔道，不同文化碰撞、接触的敏感地带。

欧亚大草原的外缘，文化复杂多样，骑马的快速流动、牧人的纵横驰骋，古代时文化交流、交融比其他地区更快，更为突出。多种考古学文化遗址中的青铜用具，具有较大的共性。

数千年间，随着西亚文化的扩散，冶金技术外传，进入东南欧的多瑙河中游、高加索和中亚的广大地区，甚至欧亚交界的乌拉尔一带，并继续东渐，进入中国的新疆、河西走廊一带。

公元前 2000 年，新疆地区迈入青铜文明的门槛。

哈密盆地，以农业经济为主的青铜器文化遗址、农牧并举的罗布泊地区的小河遗址、天山北部和帕米尔高原以畜牧经济为特点的青铜器遗址，不同渊源的东西方文化并存的雏形形成。

新疆北部的“草原丝路”（独目人）、南部的“玉石之路”已经畅通。

文化开放的桥头堡。先秦时期的古籍，《尚书》《竹书纪年》《山海经》《楚辞》等，都有详略不同的记载，真实记叙先秦时期，新疆同中原地区源源不断的经济、文化交流。

《穆天子传》。周穆王西巡，当由宗周（洛阳）出发，游漳水、过雁门、渡黄河，经过燕然山（今杭爱山），至今青海西宁市，从柴达木盆地，西进塔里木盆地，登昆仑山，与西王母饮宴酬酢。然后，继续向西北方向行进，饮楚河水，猎于塔拉斯草原，经阿尔泰山南部，渡额尔齐斯河，顺“丝绸之路”草原路向东，进入河套地区，一路经居延海，逾阴山，东归陕西华县之地。

这一程往返 1.25 万公里，历时两年。

中国使用天然铜的时间，略晚于苏美尔人、古埃及人，却最早掌握了黄铜冶炼技术，仰韶文化的姜寨遗址出土的黄铜片、黄铜环就是此时冶炼而成，距今6500年左右。

马家窑遗址出土的青铜小刀，是中国出土的最早的青铜器。

中国与世界主要青铜文明，几乎同一时期迈入青铜时代的门槛。公元前2000年左右的夏初，人们就掌握了青铜冶炼技术；公元前1700年至公元前1600年的夏末商初，中国全面进入青铜时代。

青铜、海贝共生

二里头遗址出土的海贝，主要用作贵族墓中的随葬品。

海贝不是王畿本地所产，而是近海方国进贡、远方交换而来。

《禹贡》“扬州”一章记载：“岛夷卉服，厥篚织贝。”

“织贝”，动宾式合成词，指把海贝串联在一起的贡品。

海贝属暖水种，分布于印度洋、中国南海的热带海域，绝不见于古代东海与以北沿海。

海贝与各类质地的仿制海贝，在中国西北部腹地为最早的货币，盛行于青铜时代。

秦汉以前海贝的使用地域，限于长江以北，有自西、西北向东、东南传播的轨迹。

两条路径，殊途同归。一条，中国古代海贝，从东南向西北传播，中途经成都平原；另一条，从印度洋到土库曼地区，再经欧亚草原、蒙古草原，到达中国青海东部、长城地带，输入中原地区，再到成都平原。

三星堆、金沙城，则是青铜资源供应链的“回水沱”。

如影随形。海贝的出现、繁盛与衰亡，与青铜文化的发生、发展和消逝，大体吻合。大量海贝由连接欧亚的北方草原地带向中国输入的途中，北方游牧民族充当了“摆渡人”的角色。

居住在欧亚草原的游牧民族，通过长时间的四处迁徙，不断交流、混血，创造了光辉灿烂的古代文明，在相对安全、平和的先天地理优势下，打通了欧亚大陆通道，加强了各色人种相互间的沟通、交流，在中国“北方丝绸之路”的基础上，拓展了古代欧亚草原“丝绸之路”，使东西方文明不断交流，成为世界历史发展的原动力，推动着人类历史向辉煌迈进。

青铜冶炼需要跨地区合作，西亚与附近地区在五千年前，就形成以红铜、锡、铅、青铜和粮食为主要商品的长距离贸易交通网，构成一个具有中心、外围关系的古代世界体系。

西亚，既是欧洲的东方，也是中国的西方。

相辅相成。中国、欧洲分处欧亚大陆东西两端，古代世界体系两个巨大的边缘区。古代世界文明体系中，四千年前的龙山时代，中国是遥远的边缘；四千年后的夏商周三代，中国逐渐成了青铜文明的重要中心。

在商周之际，形成了特有的北方青铜器联盟，并向外传播，从中国北方到蒙古高原，甚至叶尼塞河中游到米努辛斯克盆地，在战国末期形成草原最早的国家——匈奴联盟。

中国完整的文化序列

随着城市社会阶层系统的出现，城邦、王国在世界各地蓬勃发展。语言、识字，是青铜时代最关键的发展之一，不仅在物质方面，更在科学、文化、精神和道德领域，开辟了新的世界。

在苏美尔地区，文字最早于公元前 3300 年前后出现。

这是社会、商业和行政系统的发展需要。

中国的商朝、三星堆国，属于完全不同的书写系统，也通过类似的历史进程开始形成。商朝的甲骨文演变成当代的汉字。记录数字，专门用于记录贸易、食物储备的测量方法，作为书写系统的一部分，也在同步发展。

两河流域和黄河流域、长江流域，方法形式虽有不同，却十分相似。

中国仰韶文化，距今约 7000 年，出土的一些陶器上带有特殊的刻画符号。大部分符号呈垂线型，是中国古代最早的计数形式。

商朝社会已相当发达，能够生产青铜兵器、家用器皿、祭器等。公元前 14 世纪前后，商朝迁都至殷（今河南安阳），经济、文化得到进一步的发展，殷历也应运而生。贵族们与三星堆国的贵族一样，已经开始祭祖。

商朝祭祖时，将问题、答案铭刻在腹甲、兽骨上。记载的内容，包括战争中降服了多少俘虏，杀死了多少敌人，猎人捕获了多少鸟兽，使用了多少家畜。对日期，商人也进行了编号。

有时，也刻上祈祷的结果——“甲骨文”。

青铜文明，人类最初的文明。

四大古文明崩溃后，人类文明就进入了铁器时代。

唯有中国例外。从夏到商周、从三星堆到金沙城，一脉相承，体现了完整的文化序列。

当中国文明艰难前行时，东欧草原上的吐火罗人（都货罗人）的祖先，原始印欧人中地处最东的一支民族，从原始部落中分离出来，从现今俄罗斯、乌克兰与白俄罗斯一带，驾着实心木轮车，沿着伏尔加河、顿河、第聂伯河，四处迁徙，万里迢迢，并在4300年前，把牛羊、小麦、面条等文化，传入中国西藏、新疆、内蒙古、甘肃、陕西、山西等地。

与此同时，中国大地气候恶化，黄河改道，祭司们失去作用，良渚文明在大洪水中衰落，两城文化陷入干旱、饥荒之中，族人一部分北上，使得鲁西北、鲁北地区也进入城邦时代。一部分向南方的两广地区、北方河套地区等地迁徙。

河套、陕晋地区，在当地阿善文化、老虎山文化的基础上，再加上东南大汶口文化、良渚文化、东欧竖穴墓文化的影响，这些地区也出现了一系列的城邦。其中，陶寺、石峁最为著名。

陶寺继承的中原的土城传统，有了古观象台、宫城、大型仓库等。

中国史前最大的古城——石峁古城，在陕北榆林地区。

它继承的是河套地区的石城传统，分外城、内城、皇城三层结构，沿着山梁层层叠起，又夹杂着马面、池宛、壁画、人头和眼睛塑像，极为壮观，已经开始打造世俗权力的完整体系。

陶寺遗址，甚至被某些人直接视为尧都或舜都。

世俗化的王权、军权，已经发展到一个新的阶段。

5000 年前，北方有仰韶、大汶口文化，南方有良渚、屈家岭文化。北方发展粟作农业，南方发展稻作农业，黄河和长江流域交相辉映，交替领先，没有一方能有决定性的优势压倒对方。

城邦林立

距今 4300 年前后，城邦文化从四面八方涌来。

冶金技术已较为成熟，文字也创制成功。

精美的玉器，成为沟通天地人的神器。

黄河流域、长江流域，邦国林立。

高光时刻。良渚文化大放异彩，光芒盖过了黄河流域。良渚文化是一个兼容并蓄的文化体系，不仅部分继承了本土的河姆渡、崧泽、马桥文化的基因，还大量吸收了凌家滩文化的玉文化要素，能量巨大。极度发达的玉器文化令人印象深刻，超级水坝系统与超大规格的大墓，表明良渚文化已经进入古国阶段，来到文明的前夜。就在“临门一脚”的关键时刻，4300 年前的大洪水，中断了它走向王朝的梦。

黄河流域，战胜了大洪水，经过龙山时代的冲刺，迈入广域王权文化的二里头文化，第一个进入王国阶段。商王朝因铜矿等因素，王权向长江流域扩张，打破了长江流域独立发展的进程。

黄河流域的诸文化迅速完成原始积累。长江流域失去龙山时代 300 年的宝贵时间，黄河流域的文化后来居上。

这体现政权实体的组织效率、考验王权上下通达的有效性。

偶然性和必然性的融合。

冲刺王国阶段，黄河流域、长江流域的胜负。

偶然性。长江流域普遍出现的文化衰退，气候因素占了很大的比重，站在文明与野蛮交织对抗、古国与王国质变的边缘，若没有被气候因素打断，可能会率先进入王国阶段。

必然性。长江流域文化始终都是神权占主导，没有强化王权至上。以神权为主导的文化，导致无节制的生产、建设宗教祭祀设施，这极大地消耗了财力、民力，损害了进一步发展的经济基础和政治动力。

而黄河流域诸文化，却并非“躺赢”。

“天命禹敷土，随山浚川。”改变历史进程的英雄人物出现了老天赐给黄河流域千年不遇的神人，来自长江上游古蜀文化区的大禹，治好了他父亲“崇伯鲧”都治不了的洪水。

二里头文化的出现，显示出文化的多样性，既有东方海岱龙山文化的影子，又有来自西北齐家文化、南方石家河文化，更有古蜀文化强大的基因，在走向王国之路中笑到了最后。

二里头的文化，百花齐放；农业，五谷齐备；工具，石器青铜齐备；政体组织模式，王权、军权、神权各取所长，吸收多种文化长处、兼容并蓄的发展模式，与当年良渚文化的崛起十分相似。

长江流域文化的发展轨迹被洪水改变，良渚文化衰亡在龙山头，古蜀文化植入中原文化，二里头文化兴盛在龙山尾，三星堆、金沙城被“围困”在四川盆地，错过了率先进入王国阶段的最后机会。

开放包容的古蜀文明

强势文化崛起的背后，都有海纳百川、兼容并蓄的“文化底层”。

大约4300年前，王油坊文化向江南扩张，取代了覆灭的良渚文化，王湾三期文化重创了石家河文化，后岗二期文化向原红山文化所在地迁徙，形成夏家店下层文化，东北辽河上游也进入城邦时代。在中原地区内部，逐渐酝酿出一种新的社会秩序——来自古蜀文化区的大禹父子，建立了华夏历史上第一个统一王朝——夏。

古蜀文明与近东文明的接触、交流，在公元前3500年以前就已存在。它于先夏时期拉开大幕，进入三星堆文明时期渐至高潮。双方交流的主要路线，就是成都平原的“南北丝绸之路”。

承载灿烂文明，传承历史文化。

从三星堆到金沙城的金、玉文物，一个2000多年的历史性文化遗存，维系民族精神，承载着国家发展、民族生长的源头活水，是一个民族最为重要、最为独特、最为丰厚的物质财富……

两种文化的“极盛时期”。

古蜀文化繁盛时期，为古埃及新王国时期。

美索不达米亚，世界青铜铸造技术起源最早的地区，向古埃及、巴尔干、古希腊、印度河方向发展、传播。三星堆出土的青铜器，与这些地区的青铜器风格一致、功能相同，只是年代上稍晚。

开放、包容。一切异质文明因子，都会被三星堆、金沙城接纳、重组与吸收，融合为古蜀文明的一个组成部分。不是偶然，也绝非天上掉下，而是内外“双循环”的结果。

巴蜀上古的出土文物，蕴含着人类远古时代神秘的信息，将绵长的精神遗泽，塑造成一部人类的文明史诗，启发人们重拾对历史造物的信仰、谦卑，最终面向世界，对话多元文明。

玉蝙蝠人（正面）

国际化的“眼睛崇拜”

三星堆的青铜眼形器

大约在4000年前，中原地区产生了二里头文化。

洛阳偃师区二里头遗址，曾是夏王朝的都邑。

在二里头王国崛起的同时，陶寺、石峁等城邦已遭毁弃，良渚、石家河早已灰飞烟灭，东夷地区的城邦文化也已衰落，唯独辽河上游的夏家店下层文化，成为与二里头文化并立的奇葩。

二里头文化南传，终结了南方地区自新石器时代以来的本地文化的发展轨迹、模式，开启了宏观上伴随中原地区文化变迁节奏而发展的新阶段，促使长江流域文化以崭新的面貌复兴。

长江中游武汉盘龙城光芒四射。

长江上游广汉三星堆辉煌神秘。

以人类为原型的青铜纵目面具，是令人惊叹的雕刻作品。面具的眼睛部位十分突出，伸出眼眶之外，显然是为了凸显眼睛的作用。

三星堆3号“祭祀坑”，成功提取长53厘米的青铜眼形器。

眼形器，三星堆文明中极具特色和代表性的形器，平面呈三角形，中部有外鼓的眼珠。整个3号坑内，有几十件类似器物。眼形器的大量出土，再次说明了古蜀人的“眼睛崇拜”。

古代外星人的遗迹?

不，这是古人内心诉求的表达。

无论是青铜面具，还是青铜大立人像，都存在“菱眼”“阔口”“高鼻”“方脸”的特征，特别是眼睛部位，呈现出“纵目”的通性。数十对眼形铜饰件，每件边角处都有两个到四个小孔，证明“眼”就组装在其他质地的面具、神像、器物与物件之上。眼睛部位始终不存在瞳孔，看不清面具主人的真实样貌。

眼睛，身体里唯一能透光的器官，一如日月星辰，代表着物体的灵动、生机。五行中，眼睛属火，火主神明。眼睛与光明直接勾连，心灵通向外界的密钥，蕴藏着一种超自然的神秘力量。

眼睛崇拜，在上古文献中也已初露端倪。

“众妙之门”。在没有语言，文字并不通行的时代，眼睛是先于语言表达的交流方式。眼睛是精、气、神的集中显露，也是深不可测的“洞穴”，人透过透明的瞳孔，向内，彻透心灵，向外，连接宇宙。

《山海经·海外北经》中，记有“一目国”，并称“一曰有手足”。《山海经·海外西经》里，描述“一臂国”，说它“一目而一手”。手，疑是对蚕虫外形的误判，正确的记法应为“一目一蚕”形。

“目”，并非人眼，却是最具特色的解释。

三星堆眼形器，向世人昭示着一种明亮的存在。

眼睛与权力

政治器官。中国传统文化体系中，眼睛象征能力、权力与身份地位。

国王、祭司拥有明亮的眼睛，洞察尘世的细节。眼睛即权力，大眼睛则象征着强大的权力。在汉字中，除了“蜀”“夏”外，根本就找不到用眼睛来描述、形容帝王的先例。

金文中，体现了平民与统治者之别。平民的眼睛被锋利之物刺穿，意为盲目，普通的“民”，在农事、军事等诸多方面都是“盲目”，需要眼界宽广、有前瞻能力的统治者引导众人。

民间，一种登山远望的巫术，名为“望”，即望向敌人将其消灭。反击巫术的办法，即“回望”，或以“开明”，祛除这种“望”的力量，眼睛的巨大力量被进一步地夸大。

推崇眼睛，恣肆颂扬，这是古蜀国固有的传统、夏酋邦的独特属性。

在古蜀人心中，眼睛神秘，能够通天窥神、与神明交流，可支配人间明晦，抗衡邪恶力量。

凸眼巨目，更有力量，看得更远。

向天空，长久地望，古蜀人希望通过睁大眼睛，看清人间苦乐的奥秘……

三星堆，奇特的青铜纵目面具眉尖上挑，双眼凸出，呈柱状地向前伸出达 16 厘米，展现出“视通万里”的超现实感，威震八方。金沙城，铜眼形器、铜眼泡、玉质眼形器等各类眼睛实物，描绘出凝重、肃穆感，将眼睛崇拜传承下来。

这些“眼睛”镌刻在各种物质、非物质上。

青铜大鸟，原埋藏在 2 号“祭祀坑”中，大鸟头部形状逼真，喙部呈倒钩状，眼部也与青铜人像相似，稍有纵目状态，表情显得凌厉。被发掘出时，鸟头部位涂满了红色颜料——朱砂。

古蜀人制作的青铜人像都生动地描绘“瞳孔”，以凸出的巨目著称，其他地方出土的文物中，有夸张眼睛形象的人像、配饰、礼器和器皿，更全面地，甚至有一定预见性地去了解世界。

只是在“燔燎”时，“瞳孔”会被“抹掉”。

甲骨文里有个字，上边，一个大大的眼睛，下边，一个蜷曲的身体，文字学家解读为“蜀”。3000 年前，古蜀人望着辽阔的苍穹，期望可以通过双目，窥见宇宙中的奥秘……

“蜀”昭示一种明亮的存在。

一枚简洁而易于辨认的神徽。

权力的命名，往往与眼睛有关。

“蜀山”的“蜀”，一条蚕虫、爬蛇，顶着一只硕大的眼睛；杜宇“望帝”的“望”，一个经典的眼球“动作”，在巴蜀的民间传说中，表达对失去的生命、权力与爱情的无限留恋。

古蜀人制造的“眼睛语词”，是施行政治巫术的核心器官。

蚕丛的都城“瞿上”，在甲骨文中，“瞿”为两对眼睛状；长江中游的楚国地界，还有个被称为“睽”的小国，也以眼睛为神徽，为开明王鳖灵部族的东缘支脉，延展到眼睛巫术的故地。

眼睛与宗教神权

眼睛，一种极其重要的宗教器官。

日神的标志物。眼睛崇拜巫术的出现，构成一项重要的政治、宗教事务，伴随整个古蜀人的迁徙进程，成为缅怀祖地的老神，获取征服力量的源泉。同时，各种便于携带的小型眼睛巫器（小雕像、首饰）被“文创”出来，成为神的代用品，庇佑携带者的生命，鼓舞迁徙、征战和寻找新的家园。独特仪式推动神力的传递，将太阳神的力量移布到祭司、国王与贵族身上。

重瞳性，正是日神的重要隐喻。

三星堆的国宝里，出现了不少与日神崇拜密切相关的器物，包括三株生命树、树上的九只太阳鸟、莲花形花苞，一对五幅轮形器、高柄豆圈足上的“臣”字纹章，内含显著的鸟形大眼。

三星堆文物的眼睛造型，分为三种。

第一种，青铜面具上的纵目（凸目）造型，印证《华阳国志》的记载：“蜀侯蚕丛，其目纵，始称王。死，作石棺石椁，国人从之，故俗以石棺椁为纵目人冢也。”蚕丛从部落首领，到创世祖先、先君之主。

第二种，瞽目造型，眼睛中间只有一条横向的棱线，没有眼珠、瞳孔。造型各异，栗立眼、杏仁立眼、橄榄形立眼、三角形立眼及丹凤眼等。眼睛均凸出于眼眶，形成一种神的气势，不怒而威。

第三种，圆（睁）目造型，眼睛造型中较少的一类，威慑作用好像仅仅停留在表面，远没有前两种那样深入心扉，显示出了身份的不同。

这些形成了一个阴森、威严、凝重、恐怖又庄严肃穆的巨大空间，充溢着令人望而生畏的神秘气氛。其中，对眼睛细节的夸大与变形，展现出特殊的艺术效果，突出了崇拜眼睛的传统观念。

“纪念碑”式的大立人雕像，双目突出，两耳招风，鼻子高挺，嘴唇细长，双手一高一低，环抱在胸前，手部呈虚握状。它是古蜀国神权政治领袖的系列形象，这在中原地区出土的青铜器中没有，与商王、周王等统治者的人物造型同期。

三星堆神权，在艺术表现、历史价值上不可估量。

陕西石峁遗址中发现的石雕人头、菱形石雕眼纹，与三星堆纵目面具主题风格相似。

商王武丁时代，热衷“郊望”仪式，观看、祭拜境内名山大川的气象，也被大量使用于战争进程之中，跟女巫、咒语、大铙和铜鼓一起使用，静穆式巫术“看”与聒噪式巫术“喊”组合了起来。

前赴后继。周人启动“张望事务”，“观星”“望氛”，通过对星相、云态的观察、辨认，来推断王朝与人事的吉凶祸福。周文王还专门营造了“灵台”，以便登高远望。

这成为拓展占卜、预测的全新道路，也是春秋时期，各诸侯国自我检视、彼此“偷窥”的基本手法。

“眼睛巫术”浪潮，出现了两种不同的发展路线。

向上行走，它成为支撑政治、宗教权力架构的基石。

在中国世俗政治体系里，“眼睛神学”是古蜀国的坚固轴心，只要再次重温“夏”“蜀”的甲骨文、金文形态，就能看出夏与蜀是典型的“眼睛民族”，拥有一个共同的人类学祖型。

向下行走，它构成迷人的眼睛美学。

最初，眼睛是人与神交流的微型中介物，最终成为一种流行的公共美学趣味。从公元前 4000 年至公元前 500 年，对眼睛偶像的崇拜浪潮在全球缓慢而持续地勃兴，成为广泛流行的饰物时尚。

开放文明

时尚之城。三星堆领世界潮流之先。

经济发达，技术领先。

古蜀国的铜器制造业，从不会因铜矿资源的匮乏而受到任何限制。特有的创意器形，“关键技术”对远古近东地区的工匠，产生着不可想象的资源浪费，以及难以理喻的文化创意。

它是具有重要世界意义、鲜明本土色彩的开放文明。

洋溢着“波西米亚风格”的“眼珠”，分别出现在河南固始侯古堆春秋遗址、无锡鸿山春秋贵族墓、湖北战国曾侯乙墓、河南辉县固围村战国遗址、山东曲阜战国墓遗址、河南洛阳战国王陵

（金村）遗址、湖北江陵望山战国一号墓、湖南衡阳公行山五号墓等地，表面与三星堆文明无关，尽管只是飘浮在历史表皮上的华丽尘土，却折射着上古神灵眼瞳里的微弱余晖。

除纵目大面具，三星堆还出土了许多与眼睛有关的文物。

“眼形器”有菱形、钝角三角形、直角三角形三种样式。菱形器，完整的图案；钝角三角形器，由两件上下拼合成菱形；直角三角形器，须由四件才能拼合成菱形。

菱形的中间恰好组成一个突出的圆，代表的是古蜀人的“纵目”。

眼睛，古蜀青铜器艺术表达的重要母题。

“蜀”字，甲骨文中有20多种写法，每一种写法都有一个大大的“目”字。古蜀人并未完全保留下文字，商朝的甲骨文何以以眼睛来反映创造先夏文化的古蜀人？古蜀人创造出大量眼睛突出的形象，供奉于宗庙、神殿。同代的商朝人，不仅闻有所闻，见有所见，还用象形的方式，将它记录下来。

古人想象出的神的形象，一定比真实人像更夸张、威严。

这反映在古蜀人与信仰有关的祭祀仪式场景上。

眼睛神秘，是宗教意志的生动写照。

眼睛传达的威力，激发着古蜀人更加聚精会神地专注于崇拜的信仰、偶像。

一棵棵神树，一个个铜人，一只只飞翔的鸟儿，一双双神秘莫测的眼睛，礼乐体系，正逐步呈现在世人面前。

即使三星堆、金沙城湮没，一种用青铜记录历史的传统和雕像技术也被滇人继承。滇国工匠始终坚持写实的手法，将滇人的生活如实地用青铜记录：播种、放牧、乐舞、狩猎，甚至是男欢女爱。

开放的中国，创新的成都平原，一直耸立在世界青铜文明的潮头。

青铜棒髻神人首

青铜材质，脑后装饰棒状发髻；头部中空，应套插于柱顶上，供人敬拜。

巩固“内循环”，输出“软实力”

独特的青铜文化

交融、折冲，农耕、游牧两大文化系统，构成壮阔的中国古代史的一条重要主线。

三皇时代，为石器时代；

从黄帝开始到五帝时代，为玉器时代；

大禹以后的夏商周三代，为铜器时代。

商朝西部战事，尤为剧烈。《盐铁论·授时篇》中说：“夏商之季，世无顺民。”

历史大变局与春秋战国相比，有过之而无不及。

远古先民冶炼青铜的历史，中国可以追溯得更远。

黄帝时代已经开始铸造铜鼎、铜编钟。仰韶文化、龙山文化遗址的考古发掘表明，史前时期烧制陶器的陶窑中，当温度达到金属矿石的熔点时，金属铜与化合物是完全可能出现的。

中国发明铜器，早于龙山文化时代。

“中国”的形成，与中部的粟作、南方的稻作文化的整合，密切相关，也与农耕、游牧两大文化板块的碰撞、交流，形影不离。

到了二里头时代，中原地区的冶金术真正崛起。

与中亚地区保持文化互动，中国西北地区早期冶铜业发达。二里头文化向西扩展，接触到西北地区的齐家文化的同时，汲取所需要的养分，冶金术信息交流、技术层面的沟通，成为重要内容。

千锤百炼，形成独立的华夏风格。

在欧亚草原文化的冲击波中，中原地区青铜冶金的起源，进入早期发展。即便二里头文化高度发达，青铜铸造技术孕育于当地，也有着更深广的发生背景、更宽阔的时空视野。

二里头遗址贵族墓出土的青铜战斧与环首刀，为早期北方系的青铜器。

北方，指草原地带与邻近地区。

一件长身窄厚刃的青铜兵器，称“戚”“钺”。在斧身、装柄部之间，有两个向外伸出的尖齿，一件北方系的战斧，在安柄方式上接受了中原系的影响，改为扁平。

唯一一件柄部有镂孔纹饰的环首刀，也属于北方系青铜器。

具有上述特性的刀子，广布于中国西北地区、蒙古国和俄罗斯的草原地带。

嵌绿松石十字图案圆牌，兽面纹铜牌饰，甚至铜爵、觚等容器器形等，也与中亚地区古代文化有着一定的关联。出土的器物中，有的具有鲜明的同时代邻近地区文化的特征。

晋南河东盐池有数条通道，能把盐运往周围地区。黄河、渭河与许多其他河流，在古代都应曾被用作连接京畿、东西部地区的交通要道。在二里头时代，不少线路也已经开通。

贵族墓出土的玉鸟形饰，与河南禹州瓦店龙山时代墓葬中所出同类器相近，也颇类于长江中游石家河文化系统的鹰纹玉笄。玉鸟形饰与某些玉柄形器，应是长江中游的“舶来品”。

双向文化交流、传播。

中国早期铜器中的齐家文化铜器、四坝文化铜器、天山北路文化铜器，东亚人种与高加索人种直接对垒的区域，或多或少受到来自米努辛斯克盆地、近东与蒙古草原地区的影响。

权杖头，吸收近东文化因素；透銎斧、三叉护手剑、喇叭形耳环，来源于蒙古草原地区。

蒙古国早期青铜器中的刀、剑、盔，都源自商时期的中国北方。

内蒙古地区常见的青铜牌饰，也广泛见于欧亚草原东部的各地区。

在青海、河南、辽宁等地，发现有少量的“塞伊玛—图尔宾诺式铜矛”，同形制的铜矛，在俄罗斯米努辛斯克盆地发现很多。这种铜矛又称“倒钩铜矛”，分别通过新疆、蒙古高原交流。

东北地区流行刃部双曲的铜剑，在中国境内的分布地域，西抵内蒙古宁城，东北可达长春与邻近地区，南到鸭绿江流域。类似铜剑在辽东半岛毗邻的朝鲜半岛也有发现，很可能就是从中国东北地区传入的。

水陆交通便利，联系紧密。

中南半岛与中国云南、广西地区山水相连。

云南地区早期金属技术的一大特点是使用石范铸造，类似铸造术在泰国班清文化中发现较多，彼此可能都存在文化、技术交流。

巴蜀文化和受成都平原金沙文化影响的云南的青铜技术也传播到越南，东山文化的剑、戈、矛、靴形钺等兵器的器形，与滇文化的同类器非常相似，铜鼓也大多与滇文化的铜鼓近似。

商代早期，是中原与北方文化的结合时期。商中期以后，“双管齐下”，从中原到北方、南方，再从北方到蒙古高原，从南方到长江流域，在强大的政府运行机制下，南征北伐，如同两根上下延伸环环相扣的链条，连同江汉地区的盘龙城、成都平原的三星堆，走出与世界青铜文化完全不同的辉煌之路。

东西方青铜资源获取之差异

对中国北方、欧亚草原东部地区的影响，似水波一般传播。

青铜器制造技术高超，是中国北方青铜器兴起的重要原因。

晚商的青铜器，向外传播到达蒙古、米努辛斯克等地。无论是数量、精美程度，还是单个体量、制作工艺，“挥霍奢靡”，同期的西亚国家望尘莫及。

商朝的青铜之路，因北方中原的铜锡资源同样稀缺，而远离政治中心的南方地区，包括广西、广东，以及云、贵、川等地，则蕴藏着大量的青铜矿产资源。为了获取和田玉料，商王武丁曾派兵攻打西戎、鬼方，开辟了一条通往西域、欧亚大陆的“玉石之路”。在《诗经·玄鸟》里说道：“邦散千里，维民所止，肇域彼四海。”

这是通过对四土之境，军事征服换取而来，还源于商初建立的一种新型的国家结构——“外服制”。

“双轨制”。通过两种不同的管理制度，来处理本族和臣服的外族的事务。

商人能从云南获取青铜原料，在江西建立多处采矿据点，缘于商王朝通过特殊的政治联系，影响力辐射到四方之国，在强大的军事力量保证下，源源不断地获得一切所需的矿产。

与先期两河流域的青铜文明相同，青铜流通网络一旦建成，不仅矿产资源，其他区域的文化、科学技术，沿海的贝壳、新疆的玉石等，都能顺畅地汇集于中原的商都、西南的蜀都。

商人、蜀人、周人的文明，也通过青铜网络，传播到各地。

巩固“内循环”，输出“软实力”。

推广“双循环”，强“内服”化为对“外服”的掌控力、影响力。

东方、西方青铜资源的获取模式之间的巨大差异，也造成两大文明体发展模式的不同：两河流域需要的核心资源、财富积累，来源于商品流通，频繁的商贸活动，促使商业社会的产生；中国先通过政治变革，创立新的社会运行规则，以军队为后盾，把青铜器等重要资源、物质财富集中在国家手中，从而形成强大的政府运行机制。

一个强力的政府，使国家的大一统成为可能。而一个松散的商业联盟，则随时可能崩塌。

地缘政治，分久必合、合久必分。

这是西亚与欧洲长期处于分裂的历史原因。

全面进入青铜文明

二里头文化第一期，发现的铜器尚少，均为小件器物。第二期时，开始出现铜铃、嵌绿松石铜牌饰等制作工艺较复杂的青铜器。第三期时，有成组的青铜礼容器和兵器等出土。

与二里头文化几乎同期的（甘肃）四坝文化、齐家文化晚期，（内蒙古）夏家店下层文化遗址中，均发现了小件青铜器饰品。长江南北的古夏商之地，则全面进入青铜文明时期。

殷墟文化周边，分布着多种青铜文化。

东部，有由岳石文化延续而来的珍珠门文化；南部、东南部的江汉平原、湘江流域、赣江流域的考古学文化，以硬陶、釉陶、原始瓷为代表，地方考古学文化特征十分浓厚。

在以成都平原为中心的西南地区，分布着以三星堆、金沙城文化为代表的考古学文化，辐射区域向东达川东、鄂西地区，向北达汉中地区，与殷墟、先周文化毗邻。

西部的关中地区，有同时期的先周文化、刘家与碾子坡类遗存等。

西北，山西中部的太原盆地、忻定盆地，有以白燕、杏花村遗址为代表的考古学文化。

内蒙古中南部的朱开沟文化、晋陕高原的李家崖文化，也与殷墟文化互动频繁。

青铜文化以安阳殷墟为代表，这既是商王朝的政治统治中心，也是青铜铸造业的中心。

长江流域的青铜文明并不晚于中原地区，商汤命人在今武汉黄陂区的盘龙城建城，影响力扩大到长江流域，商文化与当地文化、西来的长江上游的古蜀文化、南来的文化，共存共生。

商朝中期，内部出现“九世之乱”，对周边地区的扩张，除向东以外，基本上处在停滞、退缩的状态。商朝晚期至西周前期，即公元前 13 世纪至公元前 10 世纪，中国青铜时代达到鼎盛。

当时，青铜铸造工艺相当成熟，出土了大量的精美青铜礼器、武器与工具。

中国自商以后，无论何朝何代，都不约而同地趋向统一的历史原因。

5000 年前，东、西方文明前进的方向没有太大的不同。

4000 年前，风靡于世界各地的青铜器也无本质的区别。

在 3500 年前，历史出现了第一个重要转折点。

秩序、权利、民族、国家与信仰、崇拜，在青铜器与人类文明的相互塑造中，产生了质变。

东、西两大文明体系，走向了完全不同的道路。

西周初年，草原文化兴起，又影响到中国北方地区。

公元前 1046 年，西周王朝建立，“分封制”极大促进了青铜文明向周边的扩张，对长江流域和长江以南地区的扩张，成效显著。直到进入战国时期，青铜器才被铁器所取代。

世界青铜铸造业的重要地区，皆是人类古代文明形成的中心。

两河流域、尼罗河流域、中国、印度、红海、地中海等国家和地区，青铜时代与奴隶制社会的形态相适应，国家繁荣、文化昌盛，创造出璀璨的古代文化。

交流、融合，形成中国北方和蒙古高原冶金区。

西亚的黄金时代，与东亚玉器时代，交相辉映。

西亚的青铜冶炼技术、中亚的游牧文化全球扩散，一个激动人心的时代，类似于“哥伦布交换”的全球化过程，在欧亚大陆展开。大草原的“牧羊人”，在青铜文化传播过程中起到了关键作用。

四大文明古国，实为青铜时代世界体系的四个中心。

两个极好的例证是，青铜与游牧文化的离散，和中国民族文化的聚合。

青铜时代横跨夏后期、商、西周和春秋战国时代，中国社会变化最剧烈的时期，一代比一代更进步、复杂、文明，统治的区域也一代比一代广阔，地域覆盖黄河、长江、珠江流域……

三大走廊与成都平原的风云际会

西北走廊

中国三大民族走廊，西北走廊、藏羌彝走廊、南岭走廊。每个走廊，又延伸出区域性局部规模的民族走廊，就像黄河、长江的众多支流，共同构成中国各民族交融、发展的整体通道网络。

中国区域地理意义上的走廊，是处于特定地质地理位置上狭长的荒漠、山间谷地，特殊的自然环境，孕育出众多河流、绿洲，也使得人类文明得以在荒漠谷地上形成、发展。

西北走廊是中原通往西域的必经之地，连接欧亚大陆的咽喉要道，东来西往、南通北达的枢纽。

西北走廊，由两条走廊构成，从甘肃到新疆，史上著名的“河西走廊”，以及与走廊呈“丁”字形、从祁连山脉向南，直至横断山区（即藏羌彝走廊地区），呈南北向的“陇西走廊”。

以河西走廊为中心的“丝绸之路”，深居内陆腹地，一个内部体系完整的地理区位，位于地理阶梯的一、二级台阶，正好处于黄土高原、青藏高原和内蒙古高原的边缘、交会地带。

河西走廊，处于青藏高原与蒙古高原的分界线，东起乌鞘岭，西至甘肃、新疆交界的星星峡，南靠祁连山，北依马鬃山、合黎山和龙首山，南北宽数十至100公里、东西长约1000公里。

这里是多民族聚居地区，中西陆路交通、东西民族走廊的咽喉之地。

河湟谷地，位于青海东部、甘肃西部，黄土高原与青藏高原之间的过渡地带，史上“河湟地区”的核心区域。这里气候相对温暖，宜耕宜牧，是游牧民族与农耕民族长期争夺的地方。

甘南草原，地处青藏高原东北边缘、甘肃西南部，是游牧民族活动频繁、繁衍生息的地方。

洮岷山区，青藏高原和秦岭山脉的一部分，包含陇西、陇南部分地区。陇西地区处于黄土高原西部，陇南山区是秦岭山脉的西延部分，是古代氐、羌民族活动的重要区域。

西北走廊是多民族进行沟通往来的重要枢纽，为农耕、游牧民族的迁徙往来、生存发展提供了广阔的空间。中原的农业文明、北亚的游牧文明、西部的山脉绿洲文明与域外文明，交融共生，为中华民族多元一体格局中的“多元”提供了得以发生、发展的自然地理基础。各民族在这里往来迁徙，互动重构，你来我往，聚合分化，混杂涵融，形成多民族分布格局，以及发展过程中的民族复杂性、文化多样性等特点。

这里是“唐蕃古道”的必经之路，与“丝绸之路”重叠，不少天然通道与西北走廊相通。

“走廊”，一种左右形成屏障的线性通道。西北民族走廊的多山脉都有许多山口，河西走廊北侧的北山、合黎山、龙首山等诸山的接合处都有山口，是居住在南北两侧民族交往的通道。

自然界隔。位于青藏高原的东北边缘，横亘在河西走廊南侧的祁连山脉，本身也是一座山系，内部的一些山口、垭口形成道路，充当通道，甚至有些还是“北方丝绸之路”的重要路段。

“天山”（祁连山），以高大、雄伟著称，也有不少缺口，有阿尔金、扁都口等山口，还有如党河、疏勒河、北大河等南北向的河流，都成为河西走廊与青藏高原的通道。

这是一条攸关华夏命运的走廊。

南部，青藏高原；

东北，内蒙古；

西北，新疆；

东部，宁夏。

掌控了河西走廊，就掌控了与游牧族群的“隔离带”。

向南，可抑制青藏高原的吐蕃势力；向北，可控制蒙古高原的草原部落，让青藏、蒙古高原上的游牧族群，难以合流攻击农耕区域；向西，可直达西域、连接万邦，迎接更广阔的世界。

文化流通，一个大主题。

农耕与游牧互嵌的居民分布格局，外部与内部存在一定影响力的“文化中心”，发出的强势“文化流”，进入西北走廊内部的族群之中，并对其产生了一定的影响。

互动交融。农耕文明与游牧文明的分界线。

以高山、河谷、绿洲和荒漠平原为主要构成元素的复合区域，决定各族群在不同的历史时期，迁徙、进入河西走廊后，根据各自的生计传统，选择更能够适应的自然环境居住、繁衍。

走廊内外与走廊的关联，建立在地理通道、族群互动和文化流通基础上。

“丝绸之路”上的文明交往、交流与碰撞，夏朝就在西北走廊上演绎过。只是文明交流、碰撞，仅限于国内或王朝周边民族之间，而“丝绸之路”上的文明碰撞与交流，则由国内延伸到了国外。

公元前 4000 年前后，全球气候发生剧烈变化，河西走廊大范围降温。

河西走廊早期的文明，并非单一的农耕文明，是一种与当地自然生态相适应的经济、文化类型，复合型的文明形态。这使得河西走廊的山川、河谷与绿洲发展，具有自身的特点与基础条件。

史前时期，族群的生计选择，多与自然环境有关。走廊西部地域的很多遗址，甘肃高台县的直沟沿、六洋坝、西河滩、干骨崖遗址等，分布在祁连山海拔较高的山前冲积平原上。

中华民族各群体的先民们，利用黄土覆盖深厚、水源充足、利于生存的地貌生存、繁衍。随着自然环境的变化、农业生产技术的提高，先民们逐渐沿河流向下游自然条件更好的地区移动……

藏羌彝走廊

河湟走廊西部边界的日月山，是著名的“唐蕃古道”的咽喉，一个重要文化传播带的交汇地、焦点区。

南北走向的“藏羌彝走廊”的北部起点。

“藏羌彝走廊”东西狭窄、南北开放，向北，跨白龙江进入汉中，连接“北方丝绸之路”，向南，经成都平原岷江水路，与“海上丝绸之路”会合，是中国与南亚、东南亚地区的商贸、文化通道。

世界上历史悠久、地域广阔、自成体系、影响深远的文化体系，只有四个：中国、印度、希腊、伊斯兰。四个文化体系汇流的地方仅一个：中国的甘肃敦煌、新疆地区。

“西北走廊”主体，以河西走廊为中心的古“丝绸之路”，包括与走廊呈“丁”字形、从祁连山脉向南，直至横断山区的呈南北向的陇西走廊。地理范围，大致相当于“北方丝绸之路”的国内部分。

“北方丝绸之路”，由“西域丝绸之路”“草原丝绸之路”构成。

“西域丝绸之路”，张骞通西域以来，形成的“北方丝绸之路”的主要干道，起自西汉首都长安（今西安），经陇西、固原向西，到金城（今兰州），依次通过武威、张掖、酒泉、敦煌河西四郡，出玉门关，穿过白龙堆，到罗布泊地区的楼兰，分为南北两道。南北两道会于安息（今伊朗），最远到达大秦（罗马帝国）的犁靬（埃及亚历山大城）。

“草原丝绸之路”，大体分南北两道。

南道，即东汉收复伊吾（隶属今哈密）后开通的线路，今“敦煌—哈密—吐鲁番—乌鲁木齐—昌吉—伊犁”。北道，伴随着以北匈奴为首的各北方草原民族西迁，逐步形成的通道，包括东起西伯利亚高原，经蒙古高原向西，过咸海、里海、黑海，直达东欧腹地——今天欧洲第四大河、东欧地区第二大河——第聂伯河两岸的乌克兰草原。

先民从西北河湟一带，沿着“藏羌彝走廊”自北而南，过成都平原，层层迁徙，入南岭走廊，广泛分布于中国西南部与中南半岛的缅甸、老挝、越南与南亚的印度、尼泊尔、不丹等国。

陇西走廊

陇西走廊，位于甘肃、青海、四川三省交界处，北起河西走廊咽喉——祁连山脉的冷龙岭分支乌鞘岭，南至入蜀咽喉的摩天岭，包括青藏高原东缘、陇中高原西部、陇南山地。

陇西走廊沿着甘青两省边界，南下四川，切入岷江河谷的松茂古道，过今都江堰，深入成都平原，再接上横断山脉的六江流域。

岷江、大渡河、雅砻江、金沙江、澜沧江（湄公河）、怒江（萨尔温江）的流经区域，被称为六江流域。六条江河在峰峦叠嶂的群山中，横劈而过。河水日积月累对山体的切割、冲击，在那里造成极高的落差，已形成巨大的高山峡谷、天然谷道与沿江走廊，地形基本上是两山夹一江、两江夹一山的地貌，以地形被横断的形象来命名为横断山脉，地质学上称为“山束”地形。

大西南地区的重要联动区域。

东南亚重要河流的上游地带。

陇西走廊，是农牧两大经济区的桥梁。

居民，被称作“羌人”，牧羊人之意。

走廊横跨黄河流域、长江流域的上游地区，境内乌鞘岭、西倾山脉、阿尼玛卿山脉（积石山）、岷山山脉，都呈西北向东南分布，主峰海拔均在3500米以上。走廊内有黄河、洮河、大夏河、白龙江等河流。其范围包括今天的甘肃天祝、永登、甘南、临夏，定西地区西部的临洮、渭源、陇西和漳县，陇南市等地，生活着汉、藏、回、蒙、东乡、保安、撒拉等民族。

走廊中，黄河、洮河、大夏河、白龙江、白水江等大江大河形成的天然河谷，构成陇西走廊中的若干分支，形成天然的交通要道，成为各个民族往来迁徙、通商贸易的重要通道。

有天然形成，也有人工开辟，既是民族迁徙的主要通道，也成为战争时期军队的行进路线，是强者纵横驰骋的战场，也为弱小者提供了庇护之所，留下了很多脍炙人口的传说故事，供后人评说。

甘南古道，陇西走廊中的重要古道。

根据考古学者实地考察，在洮河下游的临潭、卓尼两县的陈旗、洮砚、纳浪、总寨、新堡、卓尼城关、卡车等地，与白龙江上游的舟曲、迭部两县的博峪、南峪、舟曲城关、峰迭、巴藏、曲瓦、坪定、洛大、旺藏、白云、迭部城关等地方的遗址中，均发现作为原始货币形式存在的海贝、玉璧和石璧等，成为古蜀先民与“羌人”通过廊道进行物资交换的有力佐证。

甘川番道，连接藏区的主要通道。

因连接甘肃、四川藏区，被称为“番道”，如今仍是藏族民众来往的通道。与古道相连的从甘川边界的郎木寺、黑错、玛曲、碌曲、夏河至临夏一线，是连接甘川南北的主要皮毛商道。

古羌人远古迁徙的古道。

陇西走廊进入“藏羌彝走廊”的第一站。

阴平古道，以白龙江、白水江为主干的通道，包括陇西走廊南部的今甘肃临潭、岷县、宕昌、武都，以及四川的平武、青川、江油等地。一共有三条路线均过阴平，合称阴平道，全长265公里。

与金牛道相比，阴平道更险恶、荒远。

第一条，沓中阴平道。由沓中起，沿洮河而下至临洮（今甘肃岷县），再南下白龙江，过石门（今甘肃武都西）、临江关（今甘肃文县西）、阴平桥头（今甘肃文县玉垒）进入四川。第二条，自狄道（今甘肃临洮）翻越露骨山，沿岷江南下，至石门，循第一条道路南下到阴平，这是阴平正道。第三条，由甘肃天水经盐官、礼县、西和、武都，接前两条路。

沓中阴平道，从甘南腹地经过陇南山区，出走秦巴山地，东至汉中，南达川北，是直抵成都的战略要道。

从阴平古道入成都平原，必须经过文县碧口，还是有三条路线。

第一条，由碧口沿白龙江河谷东南行，至青川白水街，到达广元昭化，为阴平大道；第二条，到白水街，转而向西到乔庄，经青溪、南坝，到达江油，为从陇入蜀的主要驿道；第三条，碧口南进，从碧峰沟，经白果、茶园，翻摩天岭到青溪，再经南坝，到江油，道路最为险峻。一直到民国时期，还有商人在走，为甘肃南部进入四川的捷径。

洮岷叠松道，从临洮南行，至九巅峡，经过临潭新城、旧城，西行至达子沟，越甘尼梁，南出普藏什沟，过洮河，进入车巴沟，翻越光盖山，至扎尕那顺益哇沟南下，经过扎尕那石门、纳加石门等天险，到达电尕寺，再向东，经谢协寺、尼石峡、卡坝路，过白龙江，南进达拉沟，翻越岗岭，经甘沟，进入四川求吉寺，到达若尔盖、松潘。

南岭走廊

狭义的南岭走廊，地理上的南岭山区，大庾岭、骑田岭、都庞岭、萌渚岭、越城岭"五岭"的区域；广义的南岭走廊，长江水系与珠江水系的分界线，向西，延伸至湘南—桂北—黔南—滇东，向东，连接粤北—赣南—闽南。它是由一系列不连续的山地、贯穿其间的众多水系，勾连起来的一条通道，地形破碎散乱，水道错综复杂，民族杂居分布。

牂牁江（北盘江）道，把滇川黔连通。这条水道向东延伸，与南盘江合为红河水，合都柳江为黔江，合郁江为浔江，合桂江为西江，然后，汇入珠江，到珠三角后，合北江、东江，流入南海。

流域中的众多水系为向北、向南，连起西南、东南，乃至中原的大片内陆地区。

南岭走廊族群，通过海南岛与周边岛屿，进入中国南海，延伸到东南亚等地区。

走廊的空间特点，是具有独特的封闭性、开放性。

始于成都的“南方丝绸之路”，在大禹时期就已具雏形，先秦时期就已经开通，建立起巴蜀与东南亚、南亚，甚至西亚、北非的经济文化联系。

以“大蜀道”为代表的巴蜀交通，跨越西南、西北最活跃、兴旺的商贸线路，成为中原和长江中下游地区经济、文化交流的纽带，与南北“丝绸之路”“巫盐古道”和东部大运河同样重要。

蜀身毒道。从成都出发，东路以秦代官道为基础，汉代称为“五尺道”，沿岷江南下，经宜宾、昭通、毕节、曲靖、昆明、楚雄到大理，类似今川滇公路东线；西路为“牦牛道”，亦称“灵关古道”，经雅安、西昌、攀枝花，过丽江东南，折入大理，类似今川滇公路西线、成昆铁路。两路在大理会合后西行，从保山的腾冲、德宏的瑞丽，进入缅甸克钦邦，古称“永昌道”。然后，经印度阿萨姆邦，进入恒河流域，经过巴基斯坦，在阿富汗与“北方丝绸之路”会合。

“茶马古道”。从成都经雅安、康定，到西藏昌都，类似今川藏公路；从普洱、大理，经丽江、香格里拉，进入西藏昌都，类似今滇藏公路。两路会合，从定日出境，达尼泊尔、印度。

中越通道，即唐朝的安南道。东路为进桑道，从云南文山、马关，沿盘龙江而下，进入越南河江到河内；西路为步头道，从云南大理，沿礼社江—元江—红河，至越南河内，出北部湾入海。

汉代“五尺道”的宜宾一带，称“僰道”，向东至夜郎（中心在今贵州），称夜郎道，或牂牁江道；向东，沿北盘江，与南岭走廊贯通，最后到达广州，与后来的“海上丝绸之路”会合……

走廊相继延伸出去的道路，分别成为“西南丝绸之路”“北方丝绸之路”和“海上丝绸之路”。

三大走廊构成连接中国与整个亚欧大陆的青铜文明网络。

青铜之路与“丝绸之路”的起点、枢纽，就在成都。

商周之际，中国是世界上唯一的丝绸出产地，埃及女性木乃伊头上的丝绸，可以确定来自一个遥远而神秘的地方——中国的成都平原，时间上限是公元前 1046 年，距今有 3000 多年的历史。

成都平原所产的丝绸，传到埃及的年代超出想象。今天的考古人员已经发现了许多用丝绸包裹的木乃伊：在古埃及早期，富贵的人的木乃伊都由华丽的丝绸全部包裹着。

一个风云际会、交流不断的两千多年。

一个聚合又分离、离散又重组的两千多年。

长江流域史前城邦集群日月同辉

青铜冶炼技术趋于稳定

江河、山脉，不能阻止人类的迁徙、交流，互为邻居，时刻互动。帕米尔高原西边或中亚与西亚之间，有青金石之路；东边或中亚与东亚之间，有玉石之路，而沟通东西方的就是青铜之路。

牛羊往来，骏马奔驰，麦浪滚滚。

洲际互动，青铜时代已蔚然成风。

“丝绸之路”，是双向的交流，青铜之路也是同样。

青铜游牧文化传播到欧洲，彻底改变了欧洲的文化面貌，传播到东亚，影响了东亚的文化发展。

这增加了东西方文化的同质性，改变了欧洲、东亚的历史进程。齐家文化、朱开沟文化、夏家店下层文化和二里头文化、三星堆文化，不仅是东亚早期青铜文化的代表，更是进入青铜时代世界体系的标志。

中国佩剑之俗，起于西北游牧民族，亦与印欧人在东方的活动有关。

青铜剑在商周之际传入中国北方草原、巴蜀地区和中原大地。

青铜流通网，是东西方文明的分水岭。石家河文化，东亚自创的青铜文明，因在今湖北省天门市石河镇发现的最大遗址而得名。

其中心地带，是古“云梦泽”周边诸城；文化范围，包括今湖北大部、湖南洞庭平原与河南南部。

从最早认识氧化铜矿、发明还原法，到石家河文化的常用氧化铜、硫化铜搭配着冶炼，古先民自行原创发明了锡铜与锡铅铜三元合金技术，已有相对完整的冶铜操作链、配套工具、器物。

冶炼上升到精神层面，在祭坛上进行与冶炼相关的礼仪、设置。

精神文化。炼缸内部被视为全新生命产生之处，充满着神秘意义。

随葬炼缸、用炼缸做瓮棺，寓意转化与永生。

无论是河西走廊的西城驿，还是黄河中游的陶寺，冶炼活动年代都早于西邻的欧亚草原炼铜遗址。将河西地区的早期冶炼遗存，与长江中游早期的冶炼遗存比较，长江中游年代早得多：河西地区西城驿文化，早期冶炼遗存的年代上限为公元前 2200 年前后；长江中游的后石家河文化，早已独立自创发明了合金技术，最早的冶炼遗存不晚于公元前 3800 年。盘龙城文化，亦属于铜铅锡合金的青铜文化。

青铜器比例稳定，因长江中游地区长期摸索，确定了最理想的配方，却未必把“专利权”全部传授。商王朝尽量对技术细节保密，国家实力强时，容易垄断技术，对“工匠”重点保护，不会轻易流失。

国外的产品质量，远不如国内所造。

形成对比。长江中游，自鄂北到湘赣地区的青铜器，商周时代的合金配比一直稳定，因长江中游地区铜锡铅金属资源丰富、全面，冶铸技术亦经由本地文化发展脉络得到了稳定地传承。

中国青铜技术的本土起源

长江流域对上古文明的贡献。

“中国历史”，发生在“中国”土地上的历史，千百年来生活于各地区的人群，为了生存与发展、追求美好生活，不断“适应”“改造”所处的环境，摸索、建立适合自身生存、发展需求的社会组织与制度，创造并不断“改进”具有自身特色的文化的历史。

“区域性道路”，具有丰富的文化内涵。

历史路径的差异，不仅意味着中国各地区的社会经济、政治文化的发展有早晚、快慢之分，道路有顺直、曲折的不同，发展水平有高、低之异，还意味着中国历史的发展，并非一条单一的轨迹，各区域都可能有自身的历史发展脉络——尽管在同一“文化底层”下，不同区域在历史发展的出发点、走向与经历的主要阶段等方面，都可能存在着“差异性”……

与青铜文明相伴相随的，是阶级分化与国家机器的形成。

夏商时期的欧亚草原属于史前时代。

黄河流域通过华北北部、河西走廊的过渡带，在青铜技术与器型的交流、互动、传播上，与南西伯利亚、阿尔泰山等地区存在大量接触。草原的青铜文化，对铜、青铜技术在西北地区的出现和早期发展都有影响。

古先民铸造铜鼎的目的在于，透过上面刻画的动物纹样，使人知道那些动物是帮助人的神灵，可以帮助人沟通天地，天地上下相互协调，人民承受着上天的福祉。

相互沟通。人的世界，与祖先、神灵的世界，神话中的动物功能链接。

青铜礼器，用来举行崇拜、祭祀祖先、神灵仪式，人与神的沟通，就通过礼器来进行，体现了器主的一种意识：沟通神灵，庇佑自身在人世间的权力、财产。

青铜器上的文字，体现着书写、表达的权力。这不仅是纪念最早创造、获得神器的大禹等祖先，也在于纪念所有继承、拥有过九鼎的先王们，证明一个王朝“人随天命”的延续。

早期的书写、文字很难分开。在青铜器上书写文字的人，不是一般的工匠，而是贵族阶层，也可能会在泥板上写好文字，再交给工匠制作。

商人比夏人，周人比商人，更注重铭文。

古蜀人比商人、周人，更注重祭天祀地。

遗址地处江西省新干县大洋洲乡程家村，习称“新干大洋洲商代大墓遗址”。

赣江就在西面，相距不到一公里，往北进入鄱阳湖，再往北，进入江汉流域。

这条水路一直通往中原，商文化的影响由北向南，沿这条水路南来。

从大洋洲向西，越过赣江约20公里处，就到了吴城文化遗址。

再往北去，进入九江地区，在长江边上的瑞昌铜岭村，有一处3300年前的铜矿冶炼遗址。距长江约7公里，离湖北大冶铜绿山矿冶遗址约40公里，还有100多处铜矿遗址。大致在这一沿线上，在赣江中下游、长江中游以南分布，坐落在鄱阳湖与洞庭湖之间。

商代江南，是江湖怀抱的平原。

长江中下游地区的湖北、江西一带，是中国铜矿储藏量最为丰富的地区之一。

在商人眼里，江南是铜。

青铜文化，不能没有铜。

商人以铜为“金”，称南下掠铜为“俘金”，贸易为“贡金”。

商人有一条青铜之路，即“贡金”“俘金”路线。对商代青铜器做铅同位素测试，发现商代彝器中，有一部分是用瑞昌铜岭矿石冶铸的，与吴城文化和新干大洋洲遗存用的同样的矿石。

长江流域的城邦群

商朝的核心，无论是神权，还是王权，都靠铜来支撑。

中国上古三代时期，建都选址，也是多靠近铜锡矿产地。

迁来移去，商王朝终归还是改变不了资源短缺的局面。

到了商王武丁时，目光就越出中原，南下，商人发现铜矿都在长江一线，特别是长江南岸的赣鄱平原。

自然而然，商人遭遇了层出不穷的狙击。

强大的政治集团，以长江为天然屏障，阻止商人的南进。这些邦国雄踞鄱阳湖以西、洞庭湖以东，筑起了土城（江西樟树吴城）、创造文字，自成系统、独立发展，形成独具特色的南土青铜文化。

虎方之名，最早见于殷商甲骨文。

甲骨文中，作为国族名称的“虎”，有“虎侯”“虎方”。“虎侯”，商王近臣，封于庸，在王畿内；“虎方”，为方国，在商朝以外。

无论是樟树吴城文化遗址，还是新干大洋洲文化遗存，“虎”都是标志物：獠牙，有两尾，通体都是几何纹，背上立一只鸟，被称为“伏鸟双尾青铜虎”。

不是“一花独放”。华夏大地上，并非只有商朝一个文化中心。西南的三星堆文化、南方的虎方文化、东方的岳石文化、北方的夏家店文化、西方的光社文化等，都是独立的文化中心。

武丁南征，史载“奋伐荆楚”。

由楚入赣，商人开辟了一条“俘金”路线。

胜负难以预料。

甲骨文中有一条与战争有关的卜辞，武丁下令，要“举”“望”两族，随王师一道去征伐“虎方”，为此举行仪式，卜问先王。

武丁虽善战，但没有必胜的把握，故要卜问先王。

甲骨文上清楚地记载，“虎方”不弱。

焕然一新。商周易代之际，青铜器从器型到文字。

“儒雅大方”。威慑、神秘的色彩减退，追求典雅、和谐与秩序化之风浓烈，甚至，青铜器会出现反差极大的文化图景。周朝早期的青铜器显得笨拙，文字却优美，又令人信服，青铜礼器由纪赏赐、表荣宠，转为重条约、契约的载体，变得相对内敛、规整，那种动物象形、有曲折外部轮廓线的器物消失了。制作青铜器是为了完成礼制的要求，显得“文质彬彬”。

中国以铸造难度较大、纹饰复杂的容器为主，在亚洲甚至在世界上，青铜文化中都独树一帜。

若是将青铜生产技术在中国的发生史，作为一种产生于西亚的文化传播现象，由河西走廊延伸向东，围绕中原地区分成南北两道的“中国弧”的新月形，堪称中国境内的青铜文明之路。

来自中亚的“地理身体”语言，跨越区域边界的经济、文化和权力的流动、渗透，与中心点、原点的成都，共同组成中国内外“双循环”的青铜文明天下体系。

两者连接，就是一条横贯欧亚非三大洲的青铜文明之路。

北上、南下，内外“双循环”线路。

不同地区的文化必会在某个高点交汇。

黄河流域一致，青铜尊、罍以及玉璋、玉琮、玉璧等，具有中华文化的共同属性；古蜀文明，深刻参与中华文明体系的构建，属于中国商代青铜文明中特色鲜明、工艺卓绝的重要一支，保持着自己独特的文化面貌。

成都、重庆与武汉、杭州，“文明肇于长江”，被以良渚、盘龙城、巫盐古道、古賨国都、巴蜀图语、宝墩文化、三星堆、金沙遗址文明为代表的“长江流域的史前城邦集群”证明。

日月同辉，文明大同。

和实生物，同则不继。

金箔握璋顶凤跪人

錾刻纹饰，衣摆有一文字，高度14厘米，造型少见。

▲ 玉佛盘坐莲台像（正面）

黄绿龙溪玉，整玉雕琢带大圆背光的坐佛，高度51厘米。莲台由细阴刻线表现莲花瓣，背光背面浅浮雕带铭文的十字架。三星堆文明遗物中出现佛造像，令人不得不深入探讨佛教的起源问题。

青铜正跪坐人像

高 12.4 厘米，长 5.8 厘米，宽 2.4 厘米。
1986 年，四川广汉三星堆遗址 2 号祭祀坑出土。
正跪坐，保存完好。半圆雕，背后空。

青铜扭头跪坐人像

高 29.9 厘米。
2021 年，四川广汉三星堆遗址 4 号祭祀坑出土。
展现出三星堆青铜铸造艺术的高超水平。

青铜鸟

高 27.7 厘米，宽 15.4 厘米，厚 6.8 厘米。
1986 年，四川广汉三星堆遗址 2 号祭祀坑出土。
鸟冠及尾羽残断。鸟立圆座上。

青铜纵目面具

长 138 厘米，宽 85 厘米，高 66 厘米。

1986 年，四川广汉三星堆遗址 2 号祭祀坑出土。

耳、眼采用嵌铸法铸造。方颐，倒八字形刀眉，眼球呈圆筒状向前伸出约 16 厘米。将眼肌拉出附着在眼球上。

青铜铃

长 20.7 厘米，宽 8.5 厘米，高 14.3 厘米。
1986 年，四川广汉三星堆遗址 2 号祭祀坑出土。

虎牙

长 11.2 厘米，宽 4 厘米，厚 2.1 厘米。1986 年，四川广汉三星堆遗址 2 号祭祀坑出土。

牙尖因被铜锈浸蚀而呈碧绿色。牙根部有一穿孔。根部两面削平，穿孔较小。

玉戈

长 40 厘米，宽 10.2 厘米，厚 0.8 厘米。
1986 年，四川广汉三星堆遗址 1 号祭祀坑出土。
援及前锋呈黄褐色，局部偏黑，上有流水状纹理，中夹杂有颗粒状黑点，内部为黑色。

玉璋

长 38.3 厘米，宽 8.1 厘米，厚 0.82 厘米。
1986 年，四川广汉三星堆遗址 1 号祭祀坑出土。
器物被火烧后大部分呈鸡骨白色，上有数道龟裂纹。器残断，射前端鸟尾微残缺，经拼接基本复原。

玉管

长 1.9—6.5 厘米，直径 0.9—1.2 厘米。
1986 年，四川广汉三星堆遗址 2 号祭祀坑出土。
圆管形，中有穿。7 颗。碧玉质。

“祭山图”玉璋

长 54.2 厘米，宽 8.8 厘米，厚 0.8 厘米。
1986 年，四川广汉三星堆遗址 2 号祭祀坑出土。
射端和邸端两边线大体平行，器两侧由邸端向射端渐宽出，射端中间磨薄。邸端较窄而短，前部有一管钻圆穿。黑色，不透明。

玉戚形璧

长 20.8 厘米，宽 9.7 厘米，孔径 4.5 厘米，厚 3 厘米。
1986 年，四川广汉三星堆遗址 1 号祭祀坑出土。
通体抛光。灰白色，上有数道黑褐色线状纹理，全器被火烧后一面微黄。器物残断，经拼接复原。

陶小平底罐

口径 15.9 厘米，底径 4.4 厘米，腹径 18 厘米，高 10.7 厘米。
1986 年，四川广汉三星堆遗址出土。
是一种由夹砂灰褐陶制作而成的炊器和容器。

新馆大厅一角

商周太阳神鸟金饰

外径12.53厘米，内径5.29厘米，厚0.02厘米。

金质，整体为圆形，厚度均匀，极薄，正面打磨光滑，通体光亮，反面未加修整，较为粗糙。正面图案分为内外两层，均采用镂空的方式表现。该件藏品有着丰富的历史文化内涵，是古蜀先民太阳崇拜的完美呈现。

商周小金面具

长4.89厘米，宽0.03厘米，高3.6厘米。

金质，面具整体呈脸谱状，形体较小，系在模具上捶揲成形。

太阳神鸟金饰及金面具展示

商周蛙形金箔

长 6.9 厘米，宽 6 厘米，厚 0.05 厘米。
金质，呈扁平状，为一抽象的蛙形，造型极具图案化。

商周玉神人面像

长 3.20 厘米，宽 2.06 厘米，厚 0.27 厘米。
玉质为含水磷酸盐、碳酸盐的多金属混合矿物料。墨绿色，粘接铜锈。此器为国内首次出土，具有重大的历史、艺术和科学价值，是研究商周时期成都地区古蜀先民玉器加工工艺、青铜文明的重要实物资料。

新石器时代良渚文化十节青玉琮

上端长 6.94 厘米，下端长 6.3 厘米，上孔径 5.55 厘米，下孔径 5.14 厘米，高 22.2 厘米。

透闪石。青色，质地温润，透明。经考证，该器应为新石器时代晚期良渚文化遗存，何时由何人通过何种方式进入成都平原，至今仍是一大历史未解之谜。

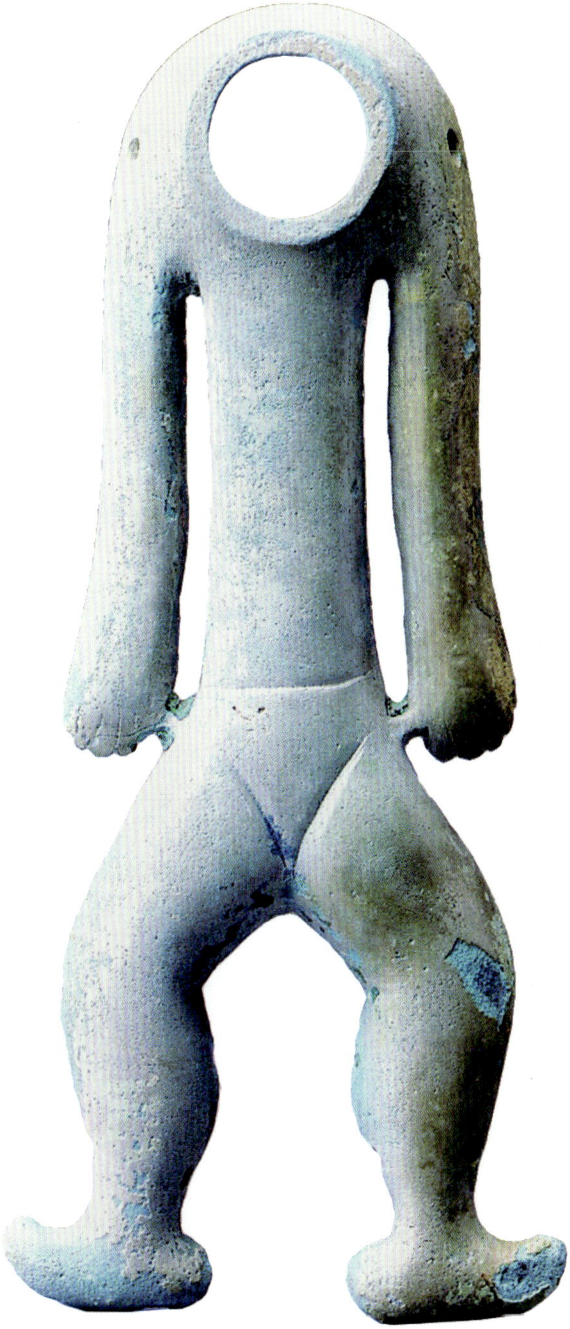

商周铜人形器

长 4.54 厘米，宽 1.37 厘米，高 10.35 厘米。
青铜质，整体形如一个直立人，表现从肩部以下。正面凸起，具有立体感，反面内凹，功能不详，极具神秘感。

商周铜鸟

长 7.2 厘米，宽 1.94 厘米，高 6.5 厘米。

青铜质，鸟首略上昂，圆眼突出，双翅收束上翘，尾羽折而下垂。此种铜鸟很有可能是某一大型铜容礼器的饰件。

商周铜螺形器

直径 8 厘米，高 1.6 厘米，厚 0.3 厘米。

青铜质，器体较薄，呈螺旋状，中心向上凸起，形成尖突，内壁外弧，外沿伸出一尖齿，与器边缘呈三角形。此类器物形制特殊，可能继承了三星堆玉螺形器的形制，推测可能为大型铜器上的附件。

商周石钺

长 7.01 厘米，宽 5.50 厘米，厚 1.77 厘米。
砂岩，灰色，不透明，平顶，顶上无銎，有肩，器两面微凸，刃部为长舌形，圆刃较厚。石质类这种形制的器物则是第一次发现。

商周石虎

长 28 厘米，宽 8.88 厘米，高 20.03 厘米。
蛇纹岩，灰黑色，石料上有大量的灰白色条状斑纹，石料的自然斑纹近虎斑纹。是商周时期不可多得的石刻圆雕艺术精品。

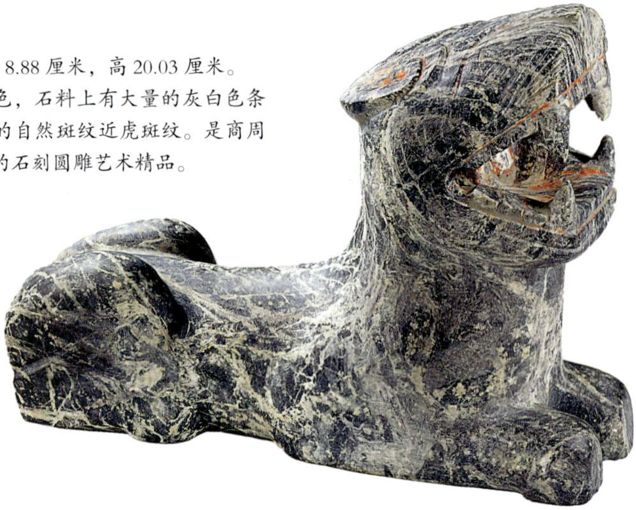

商周石蛇

长 42.8 厘米，宽 11.33 厘米，高 6.5 厘米。
砂岩，灰黑色，不透明。石蛇可能是古蜀国巫术活动中的重要道具之一，在古代宗教祭祀活动中起着较为重要的作用。

商周三足陶盉

口径 11.3 厘米，腹径 14.4 厘米，高 30.3 厘米。
古蜀人在继承中创新，出现了在古蜀文化中最常见的小平底罐上加上三个足、一个把手和一个流，成为一个类似于中原二里头遗址，又有自身特点的陶器。金沙遗址早期之后，这种陶盉就逐渐消失了。

商周木雕彩绘神人头像

通高 79 厘米，宽 19.9 厘米。
头像由一块整木雕制而成，中间略弯曲，犹如象牙的牙尖部分，分为上下两节。

遗迹馆

早晨的园区和梅花鹿

三千年前的『双城记』

从『三星堆』到『金沙城』

下册

易旭东——著

中国工人出版社

图书在版编目（CIP）数据

三千年前的“双城记”：从“三星堆”到“金沙城”. 下册 / 易旭东著. —
北京：中国工人出版社，2023.11
ISBN 978-7-5008-8289-3

Ⅰ. ①三… Ⅱ. ①易… Ⅲ. ①文化史 – 成都 Ⅳ. ①K297.11

中国国家版本馆CIP数据核字（2023）第199973号

三千年前的“双城记”：从“三星堆”到“金沙城”（下册）

出 版 人 董 宽
责任编辑 刘广涛
责任校对 张 彦
责任印制 黄 丽
出版发行 中国工人出版社
地　　址 北京市东城区鼓楼外大街45号 邮编：100120
网　　址 http://www.wp-china.com
电　　话 （010）62005043（总编室） 62005039（印制管理中心）
（010）62379038（社科文艺分社）
发行热线 （010）82029051 62383056
经　　销 各地书店
印　　刷 天津中印联印务有限公司
开　　本 710毫米×1000毫米 1/16
印　　张 36.5 彩插：2.5
字　　数 423千字
版　　次 2023年11月第1版 2023年11月第1次印刷
印　　数 1—10000
定　　价 128.00元（上下册）

前言

“巫盐古道”。在“丝绸之路”、茶马之路之前，巴渝中心的重庆就存在着一个系统的栈道交通网络、青铜文明之路。

“巴蜀一家”。成渝地区双城经济圈的形成，比我们想象的要早很多。

公元前16世纪，商周王朝的国家力量相继强行进入江汉地区，催生了约500年的繁荣与发展，创造出比肩中原的青铜文明。成都、重庆与武汉的文化互动、影响、传承，依托长江水路航道，变得更加频繁。

荆楚文化、中原文化……顺着江流河谷、岭壑栈道，先后汇入四川盆地，与巴蜀固有的文化交融、碰撞，共同在封闭的地势环境中，“逆反”地呈现出文化多元、立体荟萃的景象。

盘龙城直接受中原文化影响，与中原文化的相似度更高。

三星堆间接受中原文化影响，以成都平原的地域特色为主。

长江造就了从巴山蜀水到江南水乡的千年文脉。

巴蜀拥有天然参与中国历史的能力。

熔铸自我。具有本土文化基因的“古成都人”拥抱、接纳中原青铜冶铸技术时，将青铜物质载体与本土精神信仰、生活传统和审美趣味相结合，推陈出新，反哺中原文化、巴蜀文化。

五彩斑斓。向东，穿过三峡，联系长江中下游文明；向北，联络周天子；向南，吸引南方众多民族部落。中国的西南，太阳旋转翩然，在金沙城的院落中起舞，神鸟围着它盘旋不停……

“古成都人”，成都平原各族群人的泛称。

除柏灌是“原住民”外，第一代蜀王蚕丛，从“西北走廊”来到“岷山石室”，与出生在汶川的大禹一样，来自古羌部落；鱼凫“田于湔山”，来自江汉地区；望帝杜宇“从天而坠”，来自云南东北的“千年游子”；最后一代蜀王开明王鳖灵，来自重庆峡江的楚巴之后。

外来移民、本地族民，蜀文化、巴文化，不断融合。

“汤继强线”，以成都为原点，横向与重庆、贵州、湖南相连，纵向与西安、昆明相连的从西北向东南倾斜、直接覆盖中西部几省和重庆、武汉、杭州等城市的“T型经济带”。

砥砺前行，与世界平行的巴蜀文明、成渝双城。

玉鼓乐队

透闪石龙溪玉，绿褐色，玉质坚硬通透。为器乐演奏场景群像，展示8人6种乐器，展现古蜀国礼乐制度的高度发达。

目 录

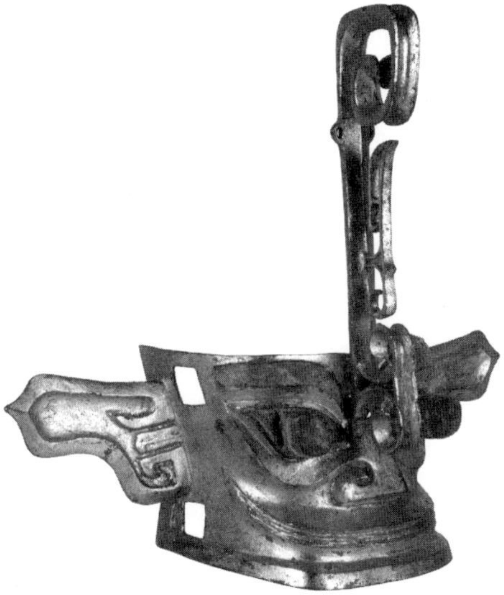

第三章 『巫盐古道』的命运

第四章 文化走廊千年以降

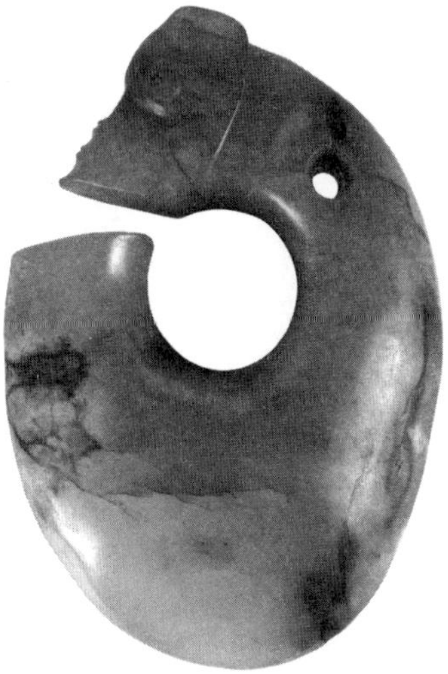

第五章 『连』武汉『喊』杭州

第六章 『全域成都』公园城市

青铜兽面

片状青铜器，三星堆文物的典型形象。

▲ 青铜爬龙柱

三星堆文明青铜器中形象独特的器物，想象中的祥瑞动物；
柱体中空，亦应是套插于柱顶，用于祭祀。

第一章 南方青铜交通网络

始于成都的南北“丝绸之路”，在禹夏时期就已具雏形。

以“大蜀道”为代表的巴蜀交通，跨越西南、西北最活跃、兴旺的商贸线路，是与中原和长江中下游地区经济、文化交流的纽带，和南北“丝绸之路”、“巫盐古道”、东部大运河同样重要。

二里头文化分布区的最南端，显示国家获取长江流域铜矿资源的最初冲动。

商周文化向南渗透，形成了既独具风采又血脉相连的三大文化影响经济圈。

江汉地区，以湖北盘龙城为代表。

洞庭湖水系区，以湖南石门皂市为代表。

鄱阳湖水系区，以江西吴城、新干县大洋洲大墓为代表。

南北青铜器互动的背后，是国家力量的推动。

中原文明影响着巴蜀、长江中下游文明。

不可或缺。成都平原和长江中下游之间交流、互动，夹在中间的巴文化，是强悍的“摆渡者”，在蜀与商周王朝的交往中，起到媒介、驿站的作用，巴文化与蜀文化进一步融合。

巴文化分布区：嘉陵江两岸、大巴山两侧、三峡地区及长江支流。

巴蜀文化圈辐射范围，以四川盆地为核心区，长江上游、长江中游与汉水上游，辐射到陕南、鄂西和云贵部分地区。

建起国家交通的“中轴线”

造车与交通网络

发明轮子的人，被中国人奉为民族始祖。

4600 年以前，中国就已经进入轮子时代。

“横木为轩，直木为辕。”

由转蓬而为轮，由轮而为舆，最后成为车。

《古史考》记载：“黄帝作车，任重致远。”

始祖黄帝，因看见蓬草随风吹转，发明了车轮，制造出车辆，又在战争中发明了新战法。打仗时，将士都站在战车上；休息时，战士围成一圈，指挥员立在其中，只留一个空当出入，起到保护指挥员的作用。把有布幕的战车，称为“轩”，车前用来驾牲口的那根直木，称为“辕”。

发明车辆、车战法的黄帝，被尊称为“轩辕氏”。

春秋时期重要的军事著作，比大名鼎鼎的《孙子兵法》还要古老的《司马法》记载：“上古圣人见转蓬，始知为轮。轮行可载，因物知生，复为之舆。舆轮相乘，流连无极，任重致远，大下获其利。”

“夏后氏谓辇曰余车，殷曰胡奴车，周曰辎辇。辇有一斧、一斤、一凿、一梩、一锄，周辇加二版、二筑。夏后氏二十人而辇，殷十八人而辇，周十五人而辇。”

记载表明，当时已经有了20人拉的大型车辆。

尧舜时，道路曾被称作“康衢”。

《尚书·舜典》中有个故事：尧年纪大了，经过反复考验，选择舜为接班人，将帝位传让。舜登位后，第一件要办的大事，“辟四门，达四聪”，“明通四方耳目”，“二月巡泰山，五月去衡山，八月访华山，十一月到恒山”。

舜帝对发展交通、开辟道路非常重视。

夏朝作为国家形成的始起，原始时期氏族部落成员在各自的聚落或城邑内合力筑路的传统“动作”，大禹将之上升为国家行为、具体实政，成为整个社会的带有强制性的政治、社会劳役。

修筑道路的行为，逐渐扩大到整个统治区域。

大禹的事业，也是从治水、修路入手。

《禹贡》记载，“随山刊木，奠高山大川”。

大禹治水，以通川、治水为契机，运用业已掌握的公共权力，组织起较大规模的人力、物力，将当时的国土划成九大行政区域，在一定范围内根据山川地理形势，规度了若干水陆通道。

正是凭借建起的道路交通网络，夏朝才能实施对领土的有效统治。

马车与陆水两道

单辕两轮车，早期畜力车的通用形式。

两轮车常用两马至四马驾车、牵引。驾车的马，称为“服马”，两侧协同牵引的马，称为“骖马”。《说文解字》上说，商代有三匹马拉的车，称为“骖”；周人又增加一匹，称为“驷”。

《古史考》记载：“少昊时略加牛，禹时奚仲驾马。”《史记》也记载，大禹“陆行乘车，水行乘船，泥行乘橇，山行乘檋”，足迹几遍黄河、长江两大流域，“契长而佐禹治水有功”。

这说明了大禹的功绩，治理洪水后，使混乱的社会得以秩序化。

夏代的奚仲，最早发明了马车，“挠曲为轮，因直为辕”。他还担任“车正”一职，负责管理车辆。

《左传》中记载，“芒芒禹迹，画为九州，经启九道”，追叙了夏禹将国家划为九大行政区，组织全社会的巨大人力、物力，开辟“九州”之间交通道路的“旧闻”。

《尚书》中，还详载出大禹开通的九条陆道、九条水道。

交通的开启，已成为当时整个社会的集体行为。

诸多文献记载表明，在商人的心目中，大禹已作为“神话”人物而存在于世。

《尚书·洪范》记载，箕子曾对商代的统治理念、政治思想做了总结：“我闻在昔，鲧陻洪水，汨陈其五行。帝乃震怒，不畀洪范九畴，彝伦攸斁。鲧则殛死。禹乃嗣兴，天乃锡禹，洪范九畴，彝伦攸叙。”从政治层面，解释人世秩序的来源，同时说明大禹的地位、作用。

《孟子》记载：“舜使益掌火……禹疏九河……后稷教民稼穑……使契为司徒。”

大禹与商族的始祖“契”是同时代的人物。

大禹的治水事迹，在商代即已流传四方。

中国古代除秦朝外，商人也重视道路建设，是一个喜欢修路的朝代。

“服牛乘马”，实现了远距离经商。

商朝的全国交通网络

商汤的祖先，揭开以畜力为交通运输动力的历史。

古代最爱远行的一群人。“商人”的称呼，是善于经商的最好见证，为了买卖经营，足迹遍及天下；为了巩固政权、扩张土地、获取奴隶、输出货物，他们可以迁都13次。

活动范围广，交通网络发达。

殷商时期，商人通过不懈努力，终于修好通往全国各地的道路交通网络。商朝人口只有春秋时期人口（2000万）的一半，蛮荒之地修路的难度大出很多，完成这一事业简直是奇迹。

殷商时期，称道路为“行”。

《竹书记年》记载，“商王朝第十位王太戊，曾任命费侯中衙为‘车正’管理道路事宜”，并制定有关路政管理的严酷法规。《韩非子》记载：“殷（商）之法，弃灰于道者，断其手。”

此为路政管理之始。

商朝形成以殷墟王邑为中心，东西横向、南北纵向、四方辐射的道路。

“国道”至少有六条：东南行，通向徐淮地区；东北行，通向今东北地区；东行，通往山东地区，或沿古黄河、济水的水路；南行，通往江汉地区；西行，通向陕西地区；西北行，通往太行山以西的羌方、土方。这六条“国道”与无数大小道路相连通，形成了一个庞大的交通网络。

道路有大道、小路之分。

大道，由黄土铺就，可并行、对行马车。

小路，由石子、碎陶片铺成，宽 1 米左右。

商人已能够在水上架桥，以便通行。

平民、奴隶的出行方式，主要是徒步行走，甲骨文的“步”字，就是两脚接踵之形。“遴”字，更像一人蹭踱行走在四通衢道之间，足部特别突出。出行时，人们手中常持有木棍，以击蛇探路。

贵族的陆上交通方式，主要是乘坐马车。

商人先祖相土就曾“作乘马”。成汤伐夏时，已有“良车七十乘”，表明当时的人们早就开始乘坐和利用马车做交通工具。殷商时期的车，出土有 70 余辆，其中近 60% 出土于殷墟王陵区内，有11%出土于小屯宫殿宗庙区中，其余的皆发现于商代贵族墓地，成为显示等级尊卑的奢侈品。

马车，奴隶主贵族们出行游乐、狩猎征战的交通工具。

升级上档。由于政治、战争的需要，道路开始担当起传达政令、军情的职能。据甲骨文记载“传氐孟伯”，把情报等传给“孟伯”，是以后各个朝代利用道路作为“驿传”的开端。

古代文献中，已经有商人护养道路的记载。

中国的道路，在商朝时已初具规模。

西周的国家交通“中轴线”

青铜，商代的重要战略物资。作为商朝统治中心的豫州地区，并不出产制造青铜器必需的各种原料，商人不得不打通道路，运输原料矿石，以保证国家军队、宗法体系的正常运转。

商代时已有水上交通，船舶多为平底船，运载能力有限，大部分是贵族拥有的游船，不具备远行能力。只有极少的兵船、商王使用的“王舟”，才具备渡江、渡河和远行的能力。

游船一般在岸边航行，船舶动力不足，必须配备纤夫，才能顺利运行。与后世用肩拉纤绳，拽动船只前行的纤夫不同，商朝的纤夫是赤身站在水中，推动舟船前行。

据甲骨文记载，商朝在各地交通要道、河道交叉的地方均设有“津渡”，作用相当于现在的码头，由政府派专人管理，用来传递军情、灾情和供贵族官员来往之用。

青铜时代，大量出土的铜鼎，是显著的时代印记。

两周时期的铜车马，则是青铜时代的延续。

战场标配。春秋战国时期战争频仍，战争离不开车、马。

骑兵，是作为移动手段的兵种。战争对速度、灵活的需要，导致骑兵兴起，促进了速度、灵活性的发展。战车自商代晚期崛起，春秋时趋于鼎盛，大的诸侯国往往号称拥有万乘战车。

骑兵、骑士并不等同。

商周时期，贵族喜欢把生前所用的车马，连同驾车的奴隶一起殉葬，最多的达几十辆车。河南浚县周墓出土了 12 辆车，发现的马骨却有 72 具，表明还有 6 匹马拉的车。

这是中国最早的“产业革命”，诞生了最早的“产业工人”。

战车的大批量生产，倒逼大型工场实行更加细致的专业分工、流水作业，“车工”依靠专业技术，从农业中脱颖而出，独立成一个行业，导致了一场影响广泛的技术革命。

西汉初期的刘安，在其哲学著作《淮南子·主术训》中，评论：“古之为车也，漆者不画，凿者不斫，工无二技，士不兼官，各守其职，不得相奸。”

《考工记》中记录了制造车辆的详细分工，除了“车人”，还有制造轮子的“轮人”、造车厢的“舆人”与制车辕的“辀人”，一如现代造汽车一样讲效率，流水操作、各司其职，最后拼装“出场”。

它用较大的篇幅，详细地记载了独辀马车（轻车、戎车）的制造技术，对各部位的尺寸、构造和性能也详细记载。质量检测也科学，轮圈圆不圆，要用“规”（圆规）测；轮廓正不正，也有“萬”（“矩”、曲尺）去检；还用悬绳检验，上下辐是否对直；将轮子浮在水里，观察浮沉的深浅，测其到底均不均平；又用天平，衡量两轮的重量是否相等；毂的中空要求容积相等，竟是用装黍米的办法去测量。

西周时期，建起国家交通的中轴线。

除了都城镐京（今西安附近），还修建了东都洛邑（今洛阳），以便控制新得到的大片疆土。为了有效发挥“两京”的作用，西周修建了一条宽阔平坦的“周道”，以洛邑为中心，向东、向北、向南、向东南，成为等级不同、呈辐射状的道路。

《诗经·大东》记载：“周道如砥，其直如矢；君子所履，小人所视；睠言顾之，潸焉出涕！”在宽广平坦、笔直如矢的大路上，百姓看到王公贵族掠走辛勤劳动的成果，伤心落泪。还说：“维北有斗，西柄之揭。”天空北面有北斗，周道像一把朝西的勺柄，连结七星。

在中国古代交通发展史上，周道的修建意义重大。不仅周、秦、汉、唐的政治、经济、文化重心，都在这条轴线上，在以后的宋、元、明、清时期，这些交通线仍是横贯东西南北的大动脉。

西周时，把可通行三辆马车之地，称作“路”；可通行两辆马车之地，称作“道”；可通行一辆马车之地，称作“途”。“畛”，老牛车行的路；“径”，仅能走牛、马的乡间小道。

公元前2000年以前，中国就已经有了可行驶牛车、马车的道路。

春秋战国时期，繁荣的轮子时代，借助商朝的道路基础，各诸侯国才能奉上无数场精彩绝伦的攻防战。从“千乘八返”的逸事中，就可知当时车辆的发达程度。

《墨子·鲁河》说，各国造的大车，能装50石谷子，长途运输也不折车轴。

古代的邮传驿道

尧帝为鼓励人民提意见，曾设置“木鼓”。

谁有建议、不满，都可以击鼓示意。

中国使用击鼓传递信息，是在原始社会末期。

夏王朝建立后，中原地区进入奴隶制社会。

通信活动比以前复杂、多元。

国家组织大规模的人力治理洪水，需要完善通信组织系统。夏朝设立了“车正”等参与管理交通的官吏。商纣王时，已经利用“声光”通信，比周幽王的烽火戏诸侯还要早400多年。

公元前1400年前后，殷商盘庚年代，“来鼓”，边戍向天子报告军情的记述中有此二字，类似今天的侦察通信兵。在《诗经》中也有在兽骨刻上文字的“简书”的记载，是由通信兵传递的官府紧急文书。

“简书”，即邮驿的前身。

互为补充。“来鼓”到了周代，已经成为传送官府文书的邮驿制度，与烽火台配合使用。

因为传递方式不同，所以有了不同的名称。

以车传递，称“传”，是一种轻车快传。

马传，称“驲”。在边境上，主要传书的机构，称为“邮”。

急行步传，叫“徒”，让善于快跑的人传递公函、信息，类似古希腊马拉松的菲迪皮茨。

西周时，单骑传书不多，一般为车传。

邮传驿道上，沿途设置休息站，称“委”“馆”“市”，并有一整套管理制度。

通信邮驿的效率颇高。

周公被封于鲁，姜尚封于齐。姜尚到齐后不讲政策，滥杀了当地的两个贤士。周公闻听，立刻乘“急传”，凭借驿路畅通，很快赶到齐都临淄（今山东省淄博市），制止了姜尚的专断行为。

军事上的烽火通信，已成为制度。边境与通往边境的道路上，每隔一定的距离，就筑有戍卒守卫的烽火台，遇到外敌入侵时，便一个接一个地点燃烽火报警。各路诸侯，马上率军前来御敌。

西周以后，历代王朝都沿袭烽火报警的方法。

两汉时期，从河西四郡（今甘肃武威、张掖、酒泉和敦煌），一直到盐泽（今塔里木盆地罗布泊），都设置有烽火台，规模很大，“五里一燧，十里一墩，三十里一堡，百里一城寨”。

昼夜，方法不相。白天举烟，夜晚点火。

有时还采用各种不同的暗号，表示进犯敌人的多少。在500人以下，放一道烽火；500人以上，放两道烽火。

西周以镐京（今西安西北）为中心，划定方圆千里为王畿，王畿四面有12个关口，镐京通往这些关口的道路，称为“国野大道”，在交通要道上建立馆舍，以供食宿。

中国的饭店业源于“驿传”，最早可追溯到 3000 多年前的商代，比欧洲早 1000 多年。

在殷商出土的甲骨文中，出现了对最早的饭店的明确记载——“驿传”，负责为天子、皇帝传递官方文书的驿马、传车，尽管夏商周时期的国土面积远不及现在，同样也是沃野千里、路途漫漫。

从西周开始，驿站就是为巩固统治，实现对分封诸侯较好的控制而设立的，其中包括收集情报，传递政令。最为关键，驿站还是周王朝对诸侯国收纳税赋，诸侯朝贡的前沿与落脚点。

“快递”业务的发展和演变。

驿站，是供传递宫府文书、军事情报的信使、来往官员途中食宿、换马的场所。驿路，邮驿传递文书的路线。各代驿路大体都是自上而下，即由中央到地方，层层辐射，组成通信系统。

为了满足庞大国家机器的运转，开始构建由王都通往全国各地的道路、沿途负责传递公文、接待过往官员使者的机构，由驿路、驿站组成的邮驿系统，也成了政治和文化交流的关键网络。

驿站也是快递、大宗物资运输的官办中转站，其功能类似于今天的邮政局、兵站、高速公路服务区等。

“凡国野之道，十里有庐，庐有饮食；三十里有宿，宿有路室，路室有委；五十里有市，市有候馆，候馆有积。”

官道上许多大大小小的驿站，为来往朝贡的人提供食宿的作用，远大于传递收集情报的功能。

中原古代基本礼仪的奠定者。

以礼治国。周朝在驿站进行接待时，还对于规格、礼仪，作出了明确的安排。

在宽敞的驿路上，“十里一走马，五里一扬鞭”“一驿过一驿，驿骑如星流”，邮递效率非常之高。据推算，中央的政令一经发出，两个月内便可推行至全国。

夏商周三代文化聚合。本土起源的猪、狗、鸡和外来的牛、马、羊组成六畜，外来的麦与本土的稻、粟、黍、豆构成五谷。牛耕姗姗来迟，犁耕与锄耕互补，形成东亚的农业传统。

丝绸西传，毛毯东播。东西文化交织的象征——“丝毯”。

文明互通。舟船源自中国，车马来自中亚。

青铜文明之路，舟船车马，终在中原交汇。

青铜大耳纵目面具

青铜材质，双目柱状，大耳外展，为三星堆文明的主要代表形象。

精湛的青铜铸造技术影响古蜀

商朝的地方统治策略

左手战争，右手贸易。

商人善于经商，国号为“商”。

能用战争解决，就用战争解决。战争暂时解决不了，就做贸易。

交易使用青铜货币，商人用青铜贝，而“虎方”人用青铜手斧。

青铜在商朝为礼器、兵器，少有生产工具，其用途是“祀与戎”。

古蜀重礼制，青铜器的主要用途是“祭祀”。

江南吴城、新干大洋洲遗存，出土了许多青铜工具，有18种143件，包括两个工具群:6种75件，为手工业工具群;12种68件，属于农业工具群。

在郑州二里岗建立都城的同时，商王朝建起要塞偃师商城，以监控夏朝遗民；接管原属于辉卫文化的焦作府城、辉县琉璃阁两个城池；改造二里头文化留下的大师姑、望京楼两座要塞，重建曾经被商军摧毁的大师姑城墙。

在晋南，二里头人建立的东下冯古城被商人占领。商王朝为控制运城的盐、中条山的铜，在东下冯驻军，还在东下冯到王朝核心郑洛地区的交通线上，建起垣曲古城，以保证交通的安全、通畅。

山东地区的海盐，强化了商王朝致力“黄河向东”的决心。

为了保有生存空间，摆脱长期被侵扰的状态，商朝被动与北方游牧民族接触。在多年拉锯式战争状态下，不同文化间产生了激烈的碰撞，相互吸收、引进游牧民族的先进文化，成为必然。

商朝与南方的接触，主要在于取得稳定的资源。

追寻夏人的脚步，形成早商的南方聚落群。

作为稀有资源的供给地，商王朝统治者一如禹夏时期，确保与南方物质通道的畅通。运用高明的接触方法、手段，与战争配合中的贸易方式，商人取得铜料、龟甲、货贝、盐，甚至是稀有动物等资源。

“双赢”。互通有无，各取所需。起源于盘龙城商城的“硬核”——分铸法、芯撑技术，到了殷墟时期达到顶峰。虽是文化发展的必然结果，但也与盘龙城的地理位置关系密切。

文化区块链。

从中原大地，到长江流域，没有真空地带。

远隔千里。在江汉地区，商人接管荆南寺、意生寺、辽瓦店子、盘龙城等二里头的聚落，在盘龙城筑起城墙，以盘龙城为中心控制大冶、瑞昌等地的铜矿石，来保障中原地区的铜料供应。

这与夏朝呈现出惊人的一致性。

建筑形式、陶器器形和尺寸、墓葬形式与青铜器风格，在文化面貌上强调一致性，表明商王朝的核心区域——郑洛地区对地方进行着强力的控制，长期和地方保持着频繁的交流。

商王朝派出王室成员，率领郑洛地区的商族人，直接控制地方，戍守边疆的驻军，甚至可能存在轮换制度。商中期，由于商王权力衰退，已无法维持边境的大量驻军。

政局动荡，土著文化不断兴起。

“九世之乱”“五迁都城”。

商人势力北退，盘龙城逐渐衰落。

盘龙城与商王朝的交流减少，之后出现了大量的本地陶器类型，青铜器纹饰也停滞了。

新的宫殿、贵族墓出现在另外的区域，这显示盘龙城内部出现了权力更迭。

盘龙城出土的青铜鼎年代在中商时代。

率军的王子们，起兵争夺大位，商王朝内部陷入混乱。

安徽阜南润河流域发现的青铜龙虎尊，可能由台家寺铸造。只是，台家寺遗址从建立开始，就出现强烈的独立倾向，后期铸造的青铜器，甚至比商工朝核心区域的还要庞人、精美。

政治策略失败、商王朝主动收缩等多重因素，后来，台家寺遗址即告废弃。

进入晚商，商王朝开始调整地方统治策略。

“刚柔并济”。在西北，屡次出兵打击方国；在南方，与吴城、炭河里等地方政权，建立起货物交换；在东方，不断对岳石文化

（东夷）进行军事打击。

唯一例外。对三星堆国，商朝却奈何不得。

打，山高路远，打不过；谈，需求不同，说不拢。

古蜀早已建立国家政权，是一个典型的神权政体。

它是一个独立的存在，一个连强大如商朝都忌惮的势力。

如要硬来，奉陪，一如古蜀在黄龙溪痛击商军一样。

古蜀文化与中原文化的互动、交流

与中原文化，古蜀文化一直保持着一种若即若离的距离。三星堆出土的文物虽然颇为神秘，但是不少文物却能看到商人的背影，诸如青铜尊、罍等，应是成都平原的工匠“文创”中原青铜器的制作。

早在3000多年前，极富探索意识的古蜀人已经走出成都平原，从浩瀚的商文明中吸取诸多精华，却又自成一体，既保留天马行空的幻想，又加入殷商文明的大气、磅礴、庄重。

古蜀文化自成体系。

三星堆的青铜器被用于祭祀，追忆史上赫赫有名的先祖、死去的神王与无所不能的神灵……

埋藏的是国家祭祀祖器、社庙，那失传久远的祭祀礼仪。

神树、铜立人、鸟儿、眼睛……

1000余件青铜器，成功地搭建起古蜀青铜文明的高度，绘声绘色、声情并茂地吟唱着古老却特立独行的史诗。当成都平原的风拂过三星堆国时，整个三星堆人都可以聆听到那些由金属的摇曳、碰撞演奏出的音乐，一声声清脆的声响，证明着一个伟大的青铜时代达到顶峰。

华夏都以鼎作为权力的象征，古蜀国却用权杖。

在西亚近东地区与古埃及、古罗马、古希腊，都普遍采用权杖作为政治、军事、宗教的特殊象征物。通过比对，三星堆权杖与西亚、古埃及的权杖类似，可能融合了西亚文明的一些形式。

三星堆“金杖”有着多种特权复合的象征意义，标志着王权（政治权力）、神权（宗教权力）和财富垄断权（经济权力）。三种特权集中赋于一杖，象征着古蜀王所居的最高统治地位。

“古成都人”来自岷江上游河谷、山区，用杖助力，实乃因地制宜。

杖，既是生活用具，也是装饰品，至今四川剑门藤杖，仍驰名中外。

在神权、王权统一的上古时代，金权杖可能是“古成都人”的固有法器。

古蜀青铜文化对外交往中，有向东、向北两条路线。

向东，从三峡地区进入南阳盆地，再到中原地区。

向北，过随枣走廊，进入南阳地区，仍到中原地区。

文明因交流而多彩，文明因互鉴而丰富。

文明交流、互鉴，成为推动人类文明进步的重要动力。

殷墟文化、三星堆文化正是不断与周边文化交流、互鉴，才得以达到中国青铜时代的顶峰。

“商代青铜礼器文化圈”的形成，是以殷墟、盘龙城、三星堆为代表的“强势族团”，有意或无意地对周边地区“弱势族团”推行文化的结果，“弱势族团”主动或被动地采纳、吸收。

文化的交流、融合，从来都是具有双向性、潜在性。

即使是强势文化对弱势文化形成巨大的影响力、压制力，弱势文化仍会对强势文化产生影响，弱势文化中凸显的一些“先进”文化因素，也会被强势文化迅速采纳、吸收。

如影随形，稀缺资源也会成为强势文化争夺的目标。

强行的人口迁徙、流动，也会造成弱势群体文化的传播。

战争，文化输入、输出中具有快速、手段直接的特点，人群的迁徙、贸易形成的文化输入、输出，则具有浸润性、间接性的特点。

周武王伐纣的车轮碾压。

商末周初，殷墟文化迅速土崩瓦解。

即便如此，商代礼制几乎被周代全盘接收，商遗民文化也在底层得以部分保留。殷墟文化虽然不复存在，但已经融入周文化之中。

地处成都平原的三星堆、金沙城，处在文化交流、文明传播的交通线上。中华文明在西南大地上的重要分支，在高度发展自身独特的地方性青铜文化的同时，古蜀文化也保持着与中原文化之间的血脉交流。

古蜀文化又居于良好的地理环境中。

从西到东，亚欧大陆的交通线大致分为三条。

第一条，靠近北边的亚欧大草原。由于纬度偏高，比较寒冷，特别是全球气候变冷时期，人类的常规交流应该会受到一定的影响。

第二条，沙漠“丝绸之路”。在保障条件较差的古代，人类的大规模交流也相对比较困难。

第三条，从西亚到中亚，从兴都库什山口进入南亚，再顺喜马拉雅山脉南麓往东，从青藏高原东沿往北。虽然既绕路又险峻，反倒是人们有可能常年往来交流的路线，三星堆就位于这条线路上。

“神秘的北纬 30 度”。气温不冷也不热，宜农又宜居，适合农业的发展和文明的进步。

看似意料之外，实则是情理之中。

巴文化“承上启下”，不可或缺。

强悍的“摆渡者”。中原文明影响着古蜀、长江中下游文明，成都平原和长江中下游之间又有交流、互动，夹在中间的巴文化，嘉陵江两岸、大巴山两侧、三峡地区与长江支流的巴文化分布区，在蜀与商王朝的交往中，起到了重要的媒介、驿站的作用。

川渝地区，同处在巴蜀文化区域。成都平原的水泽，孕育了三星堆、金沙城灿烂辉煌的古蜀文明，同处四川盆地的巴山峻岭，也滋养了巴文明，养育了巴蜀文化。

崇尚武力的“东方的斯巴达人”

巴国与巴人

星辰，河流。

船帆，跌水。

以三星堆、金沙城为中心的国家，名为“西南有巴国”，由“牧誓八国”“三苗集团”组成的联邦国家，疆域是《禹贡》的梁州、荆州，江汉流域，物产丰富，生活无虞。

《华阳国志》介绍：“《洛书》曰：人皇始出，继地皇之后，兄弟九人分理九州，为九囿，人皇居中州，制八辅。华阳之壤，梁岷之域，是其一囿，囿中之国则巴、蜀矣。”地皇时，巴、蜀就已存在，并且对土地做了“分理”，巴、蜀是地皇之后的九兄弟治理地域之一，进一步强调，“巴国远世则黄炎帝之支封，在周则宗姬之戚亲”。

川、渝、陕、鄂，泛巴文化的中心。

四川达州，自古属巴，从夏商到秦汉，就是巴人活动的中心地带，已有近5000年的考古史、2300余年的建制史。雄奇大巴山，传承达州的根；滔滔渠江水，流淌达州的脉，巴山渠水沉淀着宣汉罗家坝、渠县城坝两大遗址。嘉陵江、渠江流域，为古巴文化起源、发展、消亡的中心区域，记载着远古巴人的文明进程，是整个长江流域探索古巴文明的代表性遗址。

早在5300多年前，巴賨先民就在大巴山、渠江流域定居、生活，创造了灿烂的巴賨文化。古朴笨拙的石斧、石锛，精巧细腻的骨针、纺轮，沉淀着巴人勤劳开拓的艰辛历程、生活智慧。

族群源脉或可追溯至远古。

巴，作为地域、部族和古国的名称，在夏商时代就已著称于世。

在“古之巫书”的《山海经·海内南经》记载，夏代开国君主大禹之子夏启的大臣孟涂“司神于巴”，在丹山主管巴人诉讼之事，表明夏王朝的国家机器已深入巴人生活地区。

巴人的文化活动区域范围颇广，与蜀人区域交错在一起。

巴人的主要活动区域，是四川盆地东部，包括川中丘陵、川东平行峡谷，属于广义的“大三峡”。夏商周时期，他们的活动范围主要处于陕南汉水到清江流域，沿四川盆地东缘的弧形地带上。

古巴人分为两支，其中一支的廪君蛮受楚逼迫，才逐步西迁到成都平原东部，另一支板楯蛮的势力范围，主要在川东北一带。

板楯蛮，又称賨人、寅人，巴人最重要的族群之一，以麻布缴赋，谓赋为賨，称“龙蛇之巴”。

“賨人”“賨民”，秦汉时对他们的称呼。

板楯蛮之名，来源于木盾。

《释名·释兵器》记载：“盾，遁也，跪其后辟以隐遁也。太而平者曰吴魁，本出于吴……隆者曰须盾，本出于蜀……以缝编版谓之木络，以犀皮作之曰犀盾，以木作之曰木盾，皆因所用为名也。”板楯，用大巴山区异常坚硬的青冈木制成，又称彭排、旁排、须盾，有的还蒙上犀牛皮，又名犀楯。在战场上，板楯勇士均一手执楯，另一手持柳叶形青铜剑，相互配合，列为战阵，前歌后舞，气势若虹，故称“板楯蛮”。

古文献中，最早提及“賨”名的是扬雄的《蜀都赋》：“东有巴賨，绵亘百濮。”《说文解字》补充说：“賨，南蛮赋也。”賨，秦汉时期西南少数民族所缴的税赋，称为賨钱。《晋书·李特载记》说：“巴人称寅为赋，因谓之賨人焉。”

巴人古居嘉陵江、渠江两岸。《华阳国志》记载：“阆中有渝水，賨民多居水左右，天性劲勇。”

賨人居住在川东地区的嘉陵江、渠江流域，以长江北岸的渠江流域为主要聚居地，常在西至阆中，东至云阳，南至合川一带广阔地区活动，其政治、军事中心在宕渠，即今天的土溪。

巴国，夏朝统治集团的组成部分。

蜀文化与巴文化业已交流、融合。

巴人的先祖与周人的先祖，曾共同辅佐过夏朝。

夏朝衰落，賨人被商人穷追猛打，赶到今大巴山。巴人又将賨人驱至华蓥山，周人被赶到今陕西、甘肃。周人、賨人的遭遇相同，都被商人放逐。所以，他们积极参加“武王伐纣”，也可以说是“复仇之战”。

威武壮举。賨人以“巴师”的一个部落参加伐纣，3000 名賨人勇当敢死队。秦末，他们还协助刘邦“明修栈道，暗度陈仓”，平定“三秦”之乱，后来刘邦将賨人创造的“巴渝舞”引入宫廷。

一个能歌善舞的民族，善跳巴渝舞。

铜鼓激越，劲歌热舞。

歌舞时，数人敲铜鼓，男男女女手拉着手一边唱歌，一边跳舞。舞者手执“牟弩”，步伐整齐有力，作出向敌人进攻的模样，威风凛凛。

古賨人

賨人，世居川东地区的土著民族之一，社会、政治组织以血缘纽带为基础。先秦、秦汉时，賨人有“七姓”，即七个大的部落组织，以族相聚。

他们的分布面积近5万平方公里。辖地包括今达州、巴中两市与城口、邻水、广安、营山等地。

《舆地纪胜》卷162记：“巴西宕渠，其人勇健好歌舞，邻山重叠，险比相次，古之賨国都也。”《华阳国志》记载：“宕渠，盖为故賨国，今有賨城。”

商朝建制“巴方”，治地“城坝”，称“蛇种”巴人。

西周建成“賨国”，治地“城坝”，称“巴”(蛇巴)。

城，即土溪城坝村古城遗址，“古之賨国都”所在地，又名城坝遗址，总面积1.21平方公里。

“宕渠”文字瓦当的出土，真实表明这里是秦汉时期文献记载的“宕渠”城所在地，与史料记载“宕渠”郡县的设置、废弃年代也基本相符。这是研究晚期巴文化中“賨人”的最主要遗存。

背靠巍巍的米仓山与大巴山，峻岭层叠。

腹贯滔滔州、巴二河与渠江，碧波洪流。

土溪镇距县城 26 公里，四周的山不太高，而多险峰峻岭，雄垒峭壁；原不太广，可平地星落，沃野衔连，江河如网，水运畅达，有利于农耕、养殖、商贸和兴学。

土溪镇的北、西、南三面被渠江环绕，和汉阙所在的山岭隔江相望，形成依山傍水之势。衔远山、吞渠江，城坝遗址如同锁钥一般，扼住水上要道，从秦灭巴蜀到宋蒙之战，历来为兵家必争之地。

城坝遗址，又名宕渠城。

春秋战国时期，巴地賨人建立的賨国国都，称为賨城。

古老賨人的中心聚邑，为秦汉时期巴郡宕渠县所在地。

宕渠城街道、城墙、城门、城壕、汉墓、津关和简牍，展现出古老賨人和秦汉郡县城市的完整图景。这是四川乃至全国少见的秦汉或更早时期的城址遗址，为研究汉代城址的最佳标本。

古墓葬中，每墓都有青铜兵器，包括剑、矛、钺、莆簇、宵顶、带钩等。长胡三穿方内虎纹戈，被考古学家称为蜀中同类兵器中最精者。一柄形如柳叶的长剑，至今剑锋仍很锋利。兵器上的虎纹造型十分逼真。这不仅表明了賨人的勇猛强悍，崇尚武力，也反映了賨人精湛的冶铸技术，被称为“东方的斯巴达人”，远比同期的欧洲雇佣军强大得多。

县境广阔。古賨国的范围，包括今万源、城口、宣汉、达县、开江、渠县、大竹、邻水、广安、岳池、南江、巴中、通江、平昌、仪陇、营山、旺苍 17 县之地，也是秦汉时期宕渠县辖地。

“崖居部落。”

因避战乱，賨人在悬崖上因洞造屋，因崖修栈。

神秘之地。賨人谷位于渠县城东 26 公里的华蓥山脉中北段，长达 1 公里的悬崖峭壁上，分布着数百个古代賨人居住过的洞穴。賨人利用直立陡峭的悬崖上的天然溶洞，因洞造屋，因崖修栈。

穴居群，上下相通，左右相邻；室与室之间有石梯、甬道及栈道相连；建造有防御野兽、外族侵略的山寨大门。洞穴内，还有古賨人在岩石上凿成的神龛、石灶、石床、石窑等遗存。

“穴居部落”，其面积达 41 平方公里，是世界上现存规模最大的賨人穴居部落遗址。

賨王洞，在奇石谷一侧的山崖上。

穹顶式的天然溶洞，面积 500 余平方米，高 20 余米，洞壁遍布形态各异的钟乳石。洞顶，有天福賨人睁开的眼睛，阳光透过天眼，掩映洞口水帘，闪烁发光，如梦如幻，好似仙境。

这里是賨王和部族首领商议、决策之地。著名的助武伐纣、賨秦结盟的决定，就是在这里形成。

巴人的分裂和外迁

巴人部落由于人口的增加、秦国的打击，子孙后代只得向外迁徙。

《路史》记载：“巴灭，巴子五季流入黔而君之，生黑穴四姓，赤狄（氏）巴氏服四姓为廪君，有巴氏务相氏。”在迁徙中，“巴子五季”沿嘉陵江、汉水流域向下游迁徙，继续寻找理想的生存之地。

在迁徙中，并不是有目的地直接迁徙到某地，只要迁徙到有足够的生存环境时，古賨人就留下。若干年后，由于人口的增加，古賨人又会再次迁徙。

诗和远方，古賨人只能沿河道迁徙。

《保宁府志》转录《范史》记载：“巴族之起，盖自巴江嘉陵沿岸（经四川绥定、保宁两府间），其后寖沿大江而下。”沿嘉陵江南迁的巴人，形成后来巴子国国民的主体。

绥定府治，今达州；保宁府治，今阆中。

阆中人，是最早从巴地南迁而来的巴人。

阆中，巴人南迁中的一个十分重要的地方，也是巴文化的发源地之一。

史志记载，阆中是“巴子国别都”。

与国都不同的城。《华阳国志》记载：“巴子时虽都江州，或治垫江，或治平都，后治阆中。”“治”就是治理。巴子国国王在这些地方建立地方治所，作为治理地方的政治中心（行宫），如现在的省会一样。白沙坝作为昆仑山余脉，三面环水，临近嘉陵江，交通便利，风水更是不错，真是设置巴子国别都的好地方。

选择阆中，有山有水。阆水在今阆中城西北到东南形成一段水势平缓的河道。东北方向，还有古宋江，是最好的渔猎场所。更兼有广阔的河谷平坝，为巴人提供了农业发展的条件。

多年后，一支部落来到湖北清江武落钟离山一带。这里是进行渔猎的好场所，有平地可以进行粗放的农耕业。经过长期的发展，这一支形成以近亲血缘为纽带的小部落，难免发生一些纠纷。

无人为君长，就需要选出一位可靠的人主持公道。史载有红穴、黑穴之说，红穴，向阳山坡，黑穴，背阳地方。务相，就是廪君，最后统领五族，形成一个强盛的部落。

沿着嘉陵江继续南迁的巴人，到了垫江、江州（今重庆）、朐忍（今云阳）。

经过发展，巴人又继续分裂、外迁。

有一些部落，进入深山之中，在漫长的历史岁月中，逐步形成一种与外界隔绝的生活习性。他们分布在荆湘、黔涪、越隽、僰道等地区，还延续到了岭南之地。他们形成了后来的“濮人”等，被历代统治者称为“西南夷”“南郡蛮”的一群人，也就是再后来的“僚人”。

《华阳国志》记载：“其属有濮、賨、苴、共、奴、獽、夷蜑之蛮。”

巴人的一支又东迁至湖北东部，另一支迁至湖南西部。

在达州地区，还有一种“撵夜狗”的习俗，意为晚上出去打猎，趁着猎物晚上栖息，去到白天摸清的猎物巢穴，往往能有比白天更大的收获。这种习俗来自賨人。

賨人十分擅长用弓，大多数族人从小习猎，都是神射手。他们一般团体出动，配合性极强。他们的视力很好，夜能见物，喜欢晚上出去渔猎。

川渝一带居民中，賨人深深地隐藏在浩瀚的人海中。

仅剩下不断出土的青铜器，印证着賨人永恒的辉煌。

它是一种具有前驱意义的文化，在继承者高度演化、发展过程中走向衰落，一如努比亚文化之于埃及。

古道上的经济交流、政治融合与民族迁徙，都加速了巴蜀之间的文化交流。

贯穿古今，演绎多少世间悲喜，承载多少人性光芒，激越、悲怆、卑微、高亢……

青铜爬龙柱

古巴蜀文化的三颗璀璨明珠

罗家坝巴人文化遗址

巴山楚水的“文化地”。

罗家坝巴人文化遗址，是一处典型的賨人文化遗址。

雾从山河起，隐于山中腰，消于远山间。

虽有崇山峻岭的群山，也有香甜的空气，甘甜的山泉。春，有绿色环绕；冬，有白银雪飘；秋，游火红山岭；夏，有河中孩童嬉闹。四季分明，资源充盈，人们朴实、善良、勤劳，互相帮助。行走在每一片山林之间，可触碰到冰凉、温柔的露水，也可听到各种鸟类争鸣，山顶之上，还可看到晚霞渲染出火红的天空。

宣汉县普光镇，后河、中河环绕的河心岛。

河水轻轻拍打着河岸，冲刷出河心的两处三角洲地带。站在河对岸看去，丘陵绵绵，三面环水、一面靠山，林木茂盛，两处三角洲仿佛大鹏张开的双翅。

穿越数千年历史烟云，罗家坝携巴风巴韵一路走来。

普光镇罗家坝距达州宣汉县城35公里，遗址曾为东乡县县城。

公元前 11 世纪，周武王灭商，《华阳国志》记载，“以其宗姬封于巴”，宣汉县地即属巴国领域，三面环水，背靠浅丘山地。

必经之路。地处秦、楚、巴、蜀文化交界处。

罗家坝遗址处于中河、后河交汇的二级阶地，分布面积约 140 万平方米。

普光镇进化村，由罗家坝外坝、内坝和张家坝三个独立的单元组成。

遗址处于距今 5300 年至 4500 年的新石器时期，是嘉陵江流域目前发现的堆积最厚、延续时间最长、墓地规模最大的巴文化遗址。

气候暖湿。先民们虽以渔猎为生，但已经开始种植稻、粟、黍等农作物。

土著巴人长期生活于此，传承打制、磨制石器等技术工艺。

遗址位于渠江支流后河左岸的一级台地上。春秋战国时期，为巴国的北部地区，也位于秦国、楚国、蜀国之间。遗址文化堆积丰富，时代从新石器时代、商周时期、春秋战国，一直延续到汉代。出土的青铜器，包括剑、釜、钺、削、矛、带钩、箭镞等，还出土有尊、釜、豆、纺轮等陶器与各种玉石器。许多都是稀世神品，独一无二。

遗址出土的众多巴人文物、墓葬与许多器物，都是在罗家坝首次发现的。

20 多年来持续的考古发掘中，遗址的文化面貌具有典型的地方特色，面积大、保存好、内涵丰富，成为研究川东北原始文化，特别是古代巴文化的重要基地。2003 年，更是曾发现可能为巴国王侯墓的大墓。

巴文化与蜀文化、楚文化、中原文化联系密切。

女性墓葬，也有兵器随葬。罗家坝的 75 座墓葬中，80% 以上都随葬了兵器。除了箭镞，还包括虎纹铜戈、长短剑等不同种类。历经 2000 多年，这些兵器依然寒光闪闪，传递出巴人作战时的勇锐。

遗址还出土了大量带有典型巴蜀文化、荆楚文化风格的青铜器，揭示了巴与蜀、楚的频繁交流、文化融合。

宣汉罗家坝遗址、渠县城坝遗址的发现，证明古代巴人曾在川东北地区创造了灿烂的文化。文化的源头，可追溯到仰韶文化晚期，继而沿嘉陵江流域一路向南发展，进入三峡地区。

“巴蜀图语”

遗址还发现了龟甲、鹿角等与占卜、巫术相关的文物。

这是四川地区首次发现战国时期的龟甲。最大的 40 厘米长、30 厘米宽，小的约有 10 厘米见方。

龟甲上，能清楚看到一排排长方形的钻孔。这是巴人占卜留下的痕迹。古人占卜时，会在龟甲上钻凿出凹槽以火烧灼，再根据出现的裂纹判断吉凶，在龟甲上刻下卜辞，刻辞即为“甲骨文”。

龟甲的墓葬等级都较高，随葬品较多。

遗址中还发现了两件青铜腰带，为巴人占卜时穿戴的装备。一件，腰带为镂空的两马拉车造型，为巴蜀地区首次发现该风格的腰带；另一件，腰带上镶嵌了猪样装饰。

在出土的印章、兵器上，已发现“巴蜀图语”200多种。印章分为石质、青铜、骨雕等不同材质，刻满规则的几何纹以及其他难以识别的图案，体量小、纹饰精。年代从战国早期，一直延续到西汉。

罗家坝遗址出土的巴蜀印章中，有数枚结构基本相同：中间有一物体，两侧分别是一相同图案。基本结构与“英雄擒兽”，即今“一人双兽”母题一致，即中间一人形，两旁各有一兽。

除整体结构以外，有些面目全非的，可能是“英雄擒兽”母题图像的变体。

在四川、重庆与湖北、湖南、云南等地出土的巴蜀印章、青铜器上，都有发现类似的印章、图像。湖北江陵九店、湖南古丈楚墓也有出土战国晚期的“英雄擒兽”巴蜀印章。

“英雄擒兽”母题，源于美索不达米亚。

青铜器上“英雄擒兽”图像，或源于近东地区，逐渐演变为商文化中某些家族的族徽。

“巴蜀图语”含义，却与商文化完全不同。

盐源发现大量以“英雄擒兽”为母题的青铜器，图像与斯基泰文化时代不相称，缺乏“格里芬”或猛兽形象。云南保山、大理祥云、大理大展屯与贵州兴仁等地，也出土有“英雄擒兽”母题图像的青铜器。不论图案中“主人公”的身份如何，都具有高度的责任感、爱心，都不约而同地描写了一种为救众生而献身的

"王"的使命感与高尚精神。

"英雄擒兽"母题，最早在成都平原出现，而后向东、向南传播。

跨文化溯源。发源地首先在古蜀文明区域，其次为"西南夷"地区，再次为巴地，最后为与巴蜀文化唇齿相依的长江中游的荆楚文化区域。"英雄擒兽"的图案，主题明显经历了重大改变。

英雄像可能化成一个"王"字；两旁的狮子，先变成一对老虎，后来又变为一对公猪，甚至一对狗。有时，尽管也以真正的人形出现，仍有一只野兽在下方。有时，中间的象形文字"王"，会被另一个尚未辨识的字替代。这些刻在青铜器上的不同图案，是"英雄擒兽"原母题的不同变体。

罗家坝遗址的"巴蜀图语"，手"心"纹的"心"，表征的并非心脏，而是代表巴人图腾——蛇。"蛇"形符号，也是"巴"字的原形；虎纹符号，反映巴人崇虎的文化习俗；罗家坝遗址、云阳李家坝遗址的凤鸟纹的形象，文献所载的"比翼鸟"，是巴地特有的纹饰；祈禳摆手舞图语、巴人印章，是罗家坝遗址巴人独具特色的符号标志。

这些符号是东周时期，巴人意识形态、审美艺术的代表。

"巴蜀图语"的出土点，主要在重庆、四川、湘西、鄂西与陕南等，分布在四川盆地西部，以成都平原为中心的南北条带、重庆至枝江的峡江地区，其分布区域与巴蜀文化的分布范围一致。

罗家坝墓地出土有巴蜀符号 63 类，其中有 7 类符号仅见于罗家坝，与族群的关系不大。组合、数量、年代变化，也经历由简到繁，再从繁到简的过程。同铭器，它与什邡城关战国墓地出土的符号总体上接近，相似度大于其他地点。铜器组合，也与成都平原蜀人区的铜器组合相似。

罗家坝北部为大巴山，东面、南面距峡江地区还有一定的距离，西与成都平原之间，相隔四川盆地的腹心地区，与渠县城坝一起，成为联系成都平原、长江中游与中原地区文化的重要节点。

“成渝双城”文化圈

“成渝双城”的史前文化，整合为五个文化交互圈。

川东北文化圈，以嘉陵江流域为中心，北起广元，在合川接纳渠江、涪江两大支流，南下注入长江；渝东、三峡文化圈，以川东南的长江沿线为中心，西起宜宾，东至巫峡，涵盖长江南北两岸的诸多支流、河谷；川西北文化圈，东起岷江上游，西至大渡河上游，北依阿坝草原，南抵丹巴、小金、都江堰一线；大渡河文化圈，以汉源为轴心的大渡河中游河段；安宁河文化圈，以西昌为中心的四川西南部地区。

嘉陵江，得名自陕西凤县嘉陵谷，古称阆水、渝水。发源地有陕西凤县凉水泉沟、甘肃天水齐寿山，东西两源在陕西略阳两河口汇合，以下河段开始称嘉陵江。南流至广元昭化，又与白龙江汇合后，经苍溪、阆中、南部、蓬安、南充、武胜、合川等地，此为中游。在合川，它再接纳渠江、涪江两大支流，在重庆汇入长江。

重要角色。沟通南北族群迁徙、经贸往来与文化交流。

嘉陵江源起甘陕，东临湖北，西依成都平原，南下重庆，流域范围占去四川的一半。自远古时期，它就是连接南北两地的黄金水道，扮演着重要通衢作用与南北经贸文化交流的角色。

“成渝双城”是史前考古、文化交互的关键地区。

存在长期的横向交往。史前时期，嘉陵江流域、成都平原，就形成风格迥异的地域文化，年代下限都追溯到距今 4400 年左右。中原商代晚期，双方相互影响、独立发展，进入青铜时代。

一个，在嘉陵江流域、三峡地区，发展出巴文化。

一个，在成都平原与周边地区，发展成为蜀文化。

南面长江三峡的古文化，也曾给成都平原以影响。

嘉陵江东侧支流的涪江，在东西横向文化交互进程中，扮演了“摆渡人”的角色。自川西北南下的史前文化与涪江流域的原始文化，曾在什邡一带相遇，进而碰撞出成都平原的史前文化。

潼南双江一带，曾是巴、蜀两国的分界所在。

涪江流域，位于重庆川东平行岭谷以西，与成都平原以东的丘陵地带，上游地区明显受到川西成都平原“坝子文化”的影响，双江以下至合川境内深深地打上了川东“山地文化”的烙印。

在今潼南双江一带，两种文化互补、渗透、融合。

涪江流域，成为融汇东西、桥联巴蜀的文化廊道。

自东向西的交通线路，非常完整地体现出来。

文化内涵丰富、延续时间较长，战国时期就创造出灿烂的青铜文化，罗家坝遗址和成都金沙遗址、成都古蜀船棺葬遗址一道，被称为“继三星堆之后巴蜀文化的三颗璀璨明珠”。

巴人的生活方式与习俗

不同的文化系统，诞生了不同的玉器特征。

红山文化，表现为想象中动物形象的玉器；良渚文化，制造用于宗教活动的精巧玉器；石家河文化，拥有人面、动物头型的玉器。在社会阶层的不断分化中，玉器成为象征上流阶层权威的信物。

巴人好鬼神，以虎为图腾。

祖先崇拜。廪君，是巴人伟大的祖先。

战国时期，荆楚之地有“下里”“巴人”等流行歌曲。“下里”，楚歌，“巴人”，巴歌，“千人唱、万人和”，气氛甚为壮观。楚歌带有巴风，巴歌也有楚风，二者相互渗透、融合。这也是成语“下里巴人”的由来。

出自宋玉的《对楚王问》。著名古琴曲《阳春白雪》，春秋时期晋国的师旷或齐国刘涓子所作，成为楚国的高深典雅乐曲，不够通俗易懂。“下里巴人”，则比喻通俗易懂的文学艺术。

在险山恶水中，巴人有了高度的物质文明、精神文明。在许多出土的文物上都有“巴蜀图语”的刻画符号，动物、植物、人物，造型奇特，都是发源于巴人的原始艺术灵性，可能是早期的文字。

船葬、悬棺，巴人有自己独特的生活方式和风俗。

巴人没有失踪。专家通过 DNA 检测，巴人可能为土家族的祖先。

巴人的后裔依然生活在这里。土家族的生活方式和巴人相似。

巴国前后历时约 800 年，王族和巴地各族创造了灿烂的文化。

巴文化的主要代表，巴渝舞、巴乡清、巴人风情和巴人神话。

自然神话："比翼齐飞""巴蛇吞象""白虎神话"。

英雄神话："廪君传奇"。

神女传奇："巫山神女""盐水神女"。

"曾经沧海难为水，除却巫山不是云。"

长江三峡北岸，巫山十二峰中的望霞峰，亦称神女峰。在群山簇拥、耸入云霄的山峰旁，有一石柱，远望恰似一位少女，亭亭玉立，俯视长江，传说中"巫山神女"的化身。

三峡地区长期流传、保留下来的远古文化财富。

遗风犹存。川东巴人后裔的踏踢舞、摆手舞、腰鼓舞、盾牌舞，是巴渝舞的流变。现在的薅草锣鼓、花鼓调、花灯调、莲花落、川剧帮腔、川江号子、劳动号子等，与巴渝舞密不可分。

善酿清酒，以"巴乡清"著称于世，《水经》中曾有记载。此酒酿造时间长，冬酿夏熟，色清味重，为酒中上品，以至秦昭襄王与板楯蛮订立盟约时，以此酒为质。

巴人民风实朴凝重，住干栏式房屋，楼上居人，楼下养畜，傍水而居。

巴人死后，大多采取船棺葬、悬棺葬、幽岩葬、岩穴葬、土坑葬。

巫溪县宁厂镇以东的鸡心岭，与湖北、陕西接壤，三地交界处的居民们至今仍讲巴地方言；通往湖北、陕西的古驿道，仍有结队的马帮。在西面的红池坝草原，发掘出楚国的编钟、铜剐。

同囿相处，相互长久浸染，文化风俗相同之处甚多。

用相同的青铜器、习相同的“文字”，连葬具也相同。

巴蜀文化圈辐射范围。以四川盆地为核心区，从长江上游、长江中游与汉水上游，辐射到陕南、鄂西和云贵部分地区。文化丰富多彩，以三星堆为代表的蜀文化，以路家河遗址为代表的路家河文化，以及汉水上游的宝山文化等。文化圈里，文化面貌虽各具特色，但联系千丝万缕。

江水不止，文脉不息。

长江，自然与历史的馈赠。

长江之美，美在文化。

“大江来从万山中，山势尽与江流东。”长江绵延万里，自西至东，依地段之别，可分为上、中、下三游，两周之际的因缘变动，终致在长江文化母胎中分娩出巴蜀、荆楚和吴越三大文化圈。至秦汉时，“今天下，车同轨，书同文，行同伦”，南北区域的一体化，使得长江文化于不断交流中取长补短，奠定了规模和内核，是见证中华文明从多元走向一体的典型案例。

夏商周文明一直存在于成都平原

文化圈的相互重叠

长江黄河，千年路径勾绘。

文化交融，万山崎岖踏平。

人类的交通活动，从史前时期即已开始。

《竹书纪年》记载，大禹后裔芒曾，“东狩于海，获大鱼”。

《诗经·商颂·长发》中有“相土烈烈，海外有截”的诗句，赞美相土的功业。相土，商汤十一世祖，第三代商侯。《史记》记载：“相土佐夏，功著于商。”他任夏司马，重视交通，驯养马作为运载工具，专管征伐之事。他是中国的第一位“驯兽师”，不仅为中国畜牧业发展作出巨大贡献，活动已到达黄海一带，并同“海外”，即四海之外发生了联系，截即斩杀。

春秋战国时期，古代交通设施就已初具雏形。

殷墟妇好墓中的玉器，就有源自和田的玉料。

“商”字，本来就是赏赐的“赏”。

交易的“易”，就是赏赐的“赐”。

不同层级的社会组织之间，正是通过送礼、赏赐和纳贡来实现交换的关系。进贡与反馈的双向过程，多向的文化交流、互动，形成了中国古代文明发展的复杂进程。

源远流长，自然形成的人文地理区系。

《禹贡》“九州”，于公元前2000年前后就存在。

以中原为中心的文化区系，先后建立起中央王国，成为三代京畿之地，凌驾于其他区系之上，以军事、政治为纽带，把黄河、长江两河流域文化圈联结在周围，迫使各区进贡文化精华，以供消化、提炼，再创造出更高层次的文明成果，“赐予”、传播至周围各区，加速各区文明发展的进程，同时也削弱了地方独立性，产生了具有双重来源，或多源的商代方国文化、周代侯国文化。

陆上交通工具，仍以车为主。

水运方面，舟楫之利在各地都有发展，出现了“一舫五十人与三月之食，下水而浮，一日行三百余里”的大船。在江南的吴越境内，湖泊众多，河道纵横，堪称名副其实的“水乡泽国”。

舟师之盛。人们出行多以水路，更是“以船为车，以楫为马，往若飘风，去则难从”，出现可载百余人的大型楼船。越国的舟师，能江海并举，分舟进击，舟师之盛，宏伟壮观。水战成为新“常态”。吴越、吴楚、越楚之间的战争，许多是在水上进行。

鄂赣古铜矿冶遗址群中，湖北大冶铜绿山古矿冶遗址、湖北阳新港下古铜矿遗址、江西瑞昌铜岭古矿冶遗址等，就在大江江畔，水上运输方便；皖南产铜地，大都在沿江附近，或与长江支流的大通河、秋浦江、青弋江等相近，再由这些支流，直通长江。沿江与支流的沿岸城市（港口），如黄石、贵池、铜陵、芜湖，自古就是商品的集散地、天然良港。

当时的人们就是通过长江与支流的水路运输，运送铜、锡等各种货物、贡品。

任何文化，只要发展到向外活动的能力，已达到比较广泛地同其他文化相接触、影响，每一个文化内部就不会只有一种属于自身文化传统的因素，相互联系产生的彼此影响，也不会只发生一次。

史前时代，成都平原就与缅、印地区以及东南亚地区发生过文化交流。

古代中国的版图，自然、文化分为三个区域：以夏季风的北缘为线，东南的“中原”、西北的“草原”、两个气候、经济、文化颇为不同的地理区域中间，那个弯弯如半月形的区域。

西侧，古代文化发展的步伐与整个欧亚大陆中心地区同步。

东侧，独特的面貌，与欧亚草原的发展并不同步，是东西方交流的纽带、桥梁。

古代中国与西方早期社会有本质上的差异。

夏商周时代，生活在两个区域的人群，选择不同的动植物进行驯化，创造了不同的饮食文化，表现在对物质形式的取舍上。中国文化对玉的推崇，对应了西亚、欧洲对黄金的崇拜。

物质形式的背后是观念，体现社会价值的区别。

“半月形”文化传播带，华夏文明的边缘地带。

半月形文化带的形成，与出现青铜时代全球化关系密切。传播带上，分布着汉藏语系、阿尔泰语系的各族群，面向欧亚草原的宏阔空间，中国与中亚、西亚、欧洲文化交流的前沿阵地。

成都平原恰好就位于半月形文化传播带，沟通东西方的“中国弧”上。

“中国弧”，源于童恩正“半月形”文化传播带，也是“汤继强线”——空间经济学的“硬核区域”。

成都平原山水会同、天下之中、南北跨连、东西链接的地势形胜，是无与伦比的交通廊道，带来历代“双循环”的经济开放、独特文化，更有“超稳定结构”的长时段历史演绎、人文效应。

三星堆、金沙文明，通过“北方丝绸之路”与“古蜀道”，传播吸收西亚文化的法老面具、中原商文化的青铜礼器；通过“南方丝绸之路”，采借而来近东文化中的青铜雕像、金杖等文化形式；三星堆、金沙文明要素，也通过长江水路，传播到巴渝、荆楚；通过“金牛道”，传播到关中；通过“南方丝绸之路”，传播到滇、黔，以至缅、印；通过“西北走廊”，进入欧亚草原……

除“南北丝绸之路”外，并存的几条“文化走廊”，至少与6种早期文化产生碰撞、交融。通过巴蜀文化走廊的七条通道，与巫巴文化、荆楚文化融合；通过汉中，与关陇文化交流；通过岷山羌藏地区，与山地游牧文化互鉴；通过东面的巴濮、峡江地区，与“金道锡行”相通；通过西南方向的横断山区河谷交通线，与冰雪文化沟通；通过南面的僰道，与“西南夷”交流……

文化变迁、文明演进的过程，如同一幕大戏。

营盘山、宝墩、三星堆、金沙城等主角，依次登台亮相，而杭州良渚、河南二里头、湖北石家河、武汉盘龙城、安徽凌家滩、辽宁红山文化，甚至域外的外来文化，也纷纷入场，深刻影响了“大戏”的情节与走向。

中华文明是具有重要世界意义和鲜明本土色彩的开放文明。

长江、黄河，共同组成中华文化基因的双股结构，日月同辉。

华夏文化的每个文化圈都超地理，相互又重叠。

夏朝的牙璋、商朝的青铜尊，商周盘龙城的玉璋，都在三星堆、金沙城“升级”出现，“高配”传到华南、越南北部、东南亚，成为华夏文化向更广阔地域辐射的纽带、加油站。

夏商周文明，一直存在于成都平原

世界史惊人的相同，成熟文字都在公元前3000年到公元前2000年被民众发明和使用。

从苏美尔人到古希腊语，从拉丁文走象形到表音之路，中国文字除一直象形外，也集表音表意之大成。夏朝文字可能早期复杂难读懂，后期的那些“天书”，想必陆续会被解读。

文化统一，文化传承中的关键一步。

夏，曾经与商王朝进行战争最频繁的国家。

古蜀国，与商王朝军事摩擦最频繁的方国。

西来的权杖文化、中原地区鼎爵的礼器文化，都在半月形地带、“中国弧”区域。权杖没能进入“弧”的东亚大陆腹心地区，鼎爵等中原文明的礼器，也没能突破半月形地带或“中国弧”。

两大半月形传播带，有两个交会点：

东北，文化与族群结构，兼有两大传播带的特点。

西南，至今仍有很深的两大传播带相交融的烙印。

青铜之路与“丝绸之路”的“双循环”。

“一带一路”，向外辐射。青铜文明之路北上，面向内陆与草原，青铜文明之路南下，面向海洋，分别奠定“陆上丝绸之路”“海上丝绸之路”的基础；又同时影响中原，即两大传播带所闭合的空间，指狭义的“中国”。

古蜀国环境优良，人口数十万之巨，国力强盛；疆域宽广，北至陕南，东至三峡，南至雅安，甚至云南北部的昭通。

金叶、金鱼、金带、“金权杖”等，三星堆似乎成了真正的“金子堆”。

熔炼自然金，三星堆人“家里有矿”。太阳神鸟金箔，呈现的是一派祥和、华美。

五彩斑斓。“十二桥文化”，一幅晚期的古蜀文化图卷，悬空而建的民居、巨大的船形棺、精丽的漆木器、奇巧的蜀式铜兵器，至今难以释读的“巴蜀图语”等，都是文明华表的见证。

长江文化、黄河文化的“双联体”。

它们共同拥有一个“文化底层”：中华文化基因的“双股链”。

裂变反应的离散，文化传播扩张的主要形式。

聚合反应的融合，文化进化加速的根本动力。

演化、传播，是人类文化发展的两种主要形式。

演化缓慢，以量变为主；传播迅速，常常引起质变。中国在新石器时代六千多年中发展缓慢，漫长而和平；进入青铜时代，文化发展明显加速，并日趋丰富、多元、复杂，战争或改朝换代不断重演……

▲ 青铜棒髻神人首

青铜材质，脑后装饰棒状发髻；头部中空，应套插于柱顶上，供人敬拜。

▲ 青铜四羊罍

上古时期盛酒器，是重要礼器。器物埋藏于地下几千年，受到地下水等物质严重侵蚀，器表坑洼锈损，饱经沧桑。罍的肩部附圆雕的盘角羊首，形制经典。

第二章

盘龙城与三星堆

《禹贡》中描述的水上交通道路网，既是战国时期设想的水运蓝图，也是贡纳水路的宏大格局，具体走向的背后，隐含着夏商周三朝久已存在、不断发展的水上交通的大规模、大气象。

北方政权觊觎南方丰富的铜矿蕴藏，不惜屡屡发动战争。

长江流域是距离商王朝政治中心最近的区域。

“九省通衢”，联通南北，纵横东西。武汉将各地连接进一个巨大的跨地域、文化的交换、贸易、通婚、联盟的社会网络中。盘龙城居于网络的中心，直接掌握、控制青铜器和金属原料资源，拥有极大的影响力。

通过黄陂境内的干流滠水、漂水，穿越大别山、桐柏山的隘口。

往北，可直达商朝王都郑洛地区；又可出长江，入汉水、涢水，淌过随枣走廊，跨越南阳盆地，通往关中地区。

往南，直达江汉，并借洞庭湖、鄱阳湖与一应干流，通往江南诸省。

向东，乘长江一泻千里，又可沟通吴扬，通江达海。

往西，可通过长江、汉江，抵达巴蜀大地，进至成都平原，到达三星堆、金沙城……

“重工业基地”的指挥部

共饮一江水，相望三千年

长江岸边的盘龙城青铜文化，大约产生于 3800 年前。

成都平原的三星堆青铜文化，大约产生于 3200 年前。

人类逐水而居。

与成都、重庆、杭州一样，水的故事、传奇，决定了武汉城史的开篇。

水网之地，缘水而行，傍水而居。古代两河流域、古希腊、古印度，无一例外。

“三源合一”。渊源，可上溯至史前三苗土著的原始耕织文明、先楚中原文化与楚文化。三者之间的撞击、冲突、交融，产生的文化潜移、整合、发展，才汇成武汉文化的真正主源。

3500 年前，长江边的制高点——盘龙城。

不管是舜帝亲率大军至江汉平原南征三苗部族，还是大禹治水导汉水入江，到了商代，盘龙神秘的面纱才开始慢慢撩开，人文历史才逐渐走向明朗。

距今3300年左右，青铜时代的“重工业基地”。

黄陂鲁台山郭元咀，位于盘龙城遗址东北方向约20公里处，为商代晚期铸铜遗址，仅用于铸铜的人工台地面积就达千余平方米，系迄今所见长江流域规模最大的商代铸铜遗址。

保存完好、内涵丰富。围绕着中心城邑盘龙城，在长江中游以北，铸铜遗址形成了连续性的带状分布，并且在长江以南的西南方向，直抵洞庭湖东北的岳阳一带。

盘龙城被遗弃后，原先的中心区显得虚化。商文化聚落分布区，整体北移了100多公里。

艺术特征。不论是作品理念，还是制作工艺，都存在着共同点。三星堆的纵目面具与盘龙城存在着血缘联系。尽管相比之下，三星堆的面具在意识表达上更加大胆、夸张，在细节处理上更加讲究、精美，产生的视觉效果更加震撼、摄人。

盘龙城青铜文化，早于三星堆青铜文化300年至600年。“武汉制造”之源，至少可上溯至此。

它是独特地域文化的典型代表，体现了对中原青铜器铜尊“心向往之”的尊崇。

盘龙城既有与中原夏商王朝类似的青铜器、玉璋、玉琮与玉戈等，又有独特的青铜神像、金杖、面具、神树等。跪坐人像，面部是典型的三星堆风格，头顶的圆口尊，从器形到纹样，典型的中原商王朝风格。文化和价值的认同，使长江流域区域文明与黄河流域文明在长期交流互鉴中，逐步形成了中华文明多元一体的格局。

长江流域形成敬神好巫的传统。自然崇拜、巫术，是长江流域信仰体系的一大特点。而上游的巴蜀地区，以神秘诡谲、造型奇特的青铜雕像群为代表，产生了青铜树、青铜面具等特殊器物。

三星堆和盘龙城，何以有众多的“同款”？

三星堆刚出土的尊、盘龙城出土的罍，器形相似。迄今为止，盘龙城遗址共出土文物 3000 余件，青铜器就有 500 余件，传递出大量的商代文化信息，能帮助今人探寻长江文明的早期图景。

二者都重视玉器的使用。

均有九道弦纹。三星堆 2 号“祭祀坑”出土有领玉璧，盘龙城遗址小嘴 M3 出土的亦有。

均出土“神秘”面具。三星堆出土的金面具，虽只有半张，但为方形面部、镂空大眼、三角鼻梁，还有宽大的耳朵。盘龙城的铜面具，出土于盘龙城杨家湾 13 号墓，为商代贵族的陪葬品。两个面具都被推断作祭祀使用。

除了三星堆遗址，湖北、湖南、江西都发现了商代的青铜遗址。重庆也发现了商代的青铜器。巫山双堰塘遗址出土的三羊铜尊，是商代晚期的青铜器。遗址被视为巴国早期的遗址。

还有，江西大洋洲商墓被称为“江南青铜王国”。

1989 年，江西省新干县大洋洲发现商朝的青铜遗址，一共出土的青铜器达 486 件之多，还有 754 件（颗）玉器。青铜器不乏重器，出土青铜器的数量之多、造型之奇、纹饰之美、铸工之精，全国罕见。

这表明江西曾经出现过一个非常强大的古国，只是历史上已经没有丝毫线索。

考古人员在江西省樟树市还发现了吴城遗址，也出上了不少商代的青铜器，富有地方色彩。

震惊中国。2002年，湖南宁乡发现炭河里遗址，共出土商代时期的青铜器300多件，如鼎、鬲、尊、簋、瓿、卣、爵、觚、钺、戈、矛、镞、斧和铙等。国家重器也多，四羊方尊是目前中国已发现的最大的商代青铜器，工艺水平之高让人惊叹，被列为“中国十大传世国宝”之一。人面方鼎，当今世界上唯一的一件人面纹方鼎，与四羊方尊出土于一地。

炭河里遗址是南方地区已知最早的西周城址。

人面方鼎的绘人，脸庞宽圆，眉毛弯如新月，嘴唇丰厚而无胡须，正视的双目，兼存威严与祥和。宽厚的双耳下又有爪形坠饰，耳上的“几”形，表示头上有发饰或冠带存在。

慈善、和谐，为一个高贵的女人形象。“大禾”神明的图像，即以该女性统治者为蓝本。

女权天下。“大禾”方国的统治者，是一个强权女性。

周灭商后，殷商一支南迁遗民与土著人融合建成。这成为破译“宁乡青铜器”之谜的钥匙。

在石家河遗址，考古人员发现了4500年前的青铜片，证明南方青铜器出现得非常早。

安徽也不甘寂寞。台家寺遗址，出土了青铜龙虎尊、饕餮纹尊两件重要的商代青铜器，发现了16座商代房屋，273个商代灰坑，7座商代墓葬。城市遗址仅次于盘龙城、三星堆。

这些发现说明南方的四川、重庆、湖北、湖南、江西、安徽等地，已经出现十分发达且不亚于北方的青铜冶炼技术，在许多方面还呈现出全面超越的趋势。南方的青铜文化更为分散，范围也更大。

北方的商代遗址相对集中，主要在河南、河北、山西和山东四省。

在3000年前，南北方的青铜文明，并无多大的差距。

春秋战国时期，由于北方进入铁器时代，铁犁、牛耕大规模推广，生产力开始超过南方，以北方为重心的政治格局早就形成。南方古国成为失败者，历史不被记载、稀于记载，从此湮没无闻。

江汉泱泱，商邑煌煌。

湖北，横亘在中国华中地区，以灿烂的荆楚文化，成为中国历史文化的重要组成部分。

中原商人在南方的重要据点

盘龙城，商人在长江流域建立的一处重要据点。

灭夏之初，商王朝就向南扩张，盘龙城逐渐发展、壮大，成为南方区域中心的城邑，是武汉城市之根，雄踞江汉，联结四方。

盘龙城遗址位于武汉黄陂区，市北郊约5公里的盘龙城湖畔。它是长江流域已知布局最清楚、遗迹最丰富的一处商代前期城址，距今有3500年的历史，中国20世纪100项考古大发现之一。

遗址保护范围3.95平方公里，重点保护区1.39平方公里。有宫城遗址、贵族墓群和手工作坊遗址等，出土了大玉戈、青铜大圆鼎、青铜钺、绿松石镶金饰件等3000余件精美文物，历史、科学、艺术价值颇高。这是长江、黄河同属华夏文明的实证。

军事防御的古城，以城墙防御为主、壕沟防御为辅。

壕沟，为防洪功能发挥的侧重点。

1 号宫殿、2 号宫殿，在宫城的东北角，有两座坐北朝南、前后平行排列的宫殿基址。

“前朝后寝”。一墙之隔，“前朝”，帝王上朝治政、举行大典之处；“后寝”，帝王与后妃们生活居住之地。这开创了中国古代前面的宫殿上朝，后面的宫殿生活的布局模式。

宫殿建筑结构，为流行于中原地区的“四阿重屋”结构。外观重叠巍峨、崇高庄重，彰显出房屋主人高贵至尊的身份地位。

“四阿”，屋顶四面坡，方便屋顶积水从四面流下。

“重屋”，两重房檐，可保护夯土台基、屋檐柱、土墙，同时，不影响通风、日照。

盘龙城的主人，不是江汉原住民，而是商王朝的派遣者。中原商人势力扩张南渐的一级管理机构所在地、大本营。

它不是一座文明和平的城市，而是一座向外扩张、掠夺的城市。武丁南征途中专门修建，用以管理中原以南地区的“司令部”。

《管子·地数篇》记载，“出铜之山，四百六十七山”，“上有铅者其下有鉒银，上有丹砂者其下有鉒金，上有慈石者其下有铜金”，一旦发现矿苗，就要封山。“苟山之见荣者，谨封而为禁。有动封山者，罪死而不赦。有犯令者，左足入，左足断；右足入，右足断”。矿山是国家的“天财”所出，地利所在，国家兵器、钱币的来源。

在商代，控制住铜矿，就控制住了天下的命脉。

商人作为青铜民族，觊觎南方丰富的铜矿蕴藏，不惜屡屡发动战争。湖北多铜矿，商朝人驾起战车，越过江河阻隔，在长江、溳水交汇处兴建城池，镇抚蛮夷，南金楚铜，络绎北输。

盘龙城具有完备的城邑形态、功能。

城池，分东南西北四门，四四方方。

宫寝，城中东北角落，前后两进，前面是一个方形大殿，后面为长方形庭院，再后面是一个四室宫殿。墙，土夯，中间用毛竹夹土，作为墙的筋骨，四周散水，还埋有陶制下水道。城外，散见居民区，酿酒、制陶、冶铜等手工作坊与墓地。

一举两得。一座方城，巧妙地利用本地的水泽作为护城河，城墙宽度可轻松行驶一辆汽车，最高的东北角修建宫室，既可躲避南方常见的洪水，也可以瞭望城外。

北门外，有一条壕沟。盘龙城壕沟旁，有一座丘陵，为商人的墓葬区。

城堞雄伟、宫殿巍峨、街市繁华、作坊喧嚣，与稍后的广汉三星堆城，成为可以与安阳古城媲美的中国第三大古老的城池，既是研究长江流域，也是研究中国古城不可多得的标本。

王宫侯府，灯火彻夜。

廊腰缦回，望断歌台舞榭。

盘龙城内，车水马龙，列肆繁错；铸剑之铺，其声铮铮；土窑制陶，绝艺纷呈；玉雕作坊，妙趣横生。

作为商王朝重要的青铜冶炼、铸造基地，荆楚先民的“工匠精神”，创造了辉煌的青铜文化。

长江流域青铜文明的中心

江汉地区的历史，因为楚人的兴起才见诸史册。

强势的青铜文化，由殷墟迁延至长江之滨。

商周时代的江汉地区，并不是沼泽四布、鳄鱼横行、人烟稀少，不与中原互通往来，而是有城池、有采矿业，还有战争、掠夺。商代文明越过黄河，南部长江流域原初文化的解体，本土原始文化让位于由北方而来的青铜文化，也说明黄河文明向长江文明的渗透。青铜器代表着一个时代，祭祀等同宗教，由最高的权势者掌控，尊崇天地人神，奠定管辖四方土地、本土民众的地位。

城邑拔地而起，孤悬商朝领土千里之外的盘龙湖畔。

盘龙城高峰期有 3 万人的规模，是商朝中期，商都、三星堆古城以外的第三大城市。

盘龙城在南方铜矿与中原地区广泛的青铜文明之间。对城外，有较广的控制区域；中心城邑，长江流域青铜文明的中心。

约公元前 1700 年，盘龙城出现先民聚落。

这里是长江流域距离商王朝政治中心最近的区域。公元前 1600 年，商人势力进入江汉地区，催生了约 300 年的繁荣与发展，创造出比肩中原的青铜文明，盘龙城成为当时长江流域最重要的城邑。

商文化直接与长江以南铜矿等资源产地的文化碰撞、交流、融合。洞庭湖东北，商人的主要关注区域留下了商文化的岳阳铜鼓山、樟树潭遗址，后者还有冶铸的遗迹。

城址南部300米处，有府河涓涓流淌。府河下游与滠水相汇，急转向南，注入浩瀚的长江，水运十分便利。充满着阳刚之气，屹立于天地之间，把这块神圣之地点缀得顾盼生辉；盘龙湖映现着阴柔的灵秀之美，遍布于城内，又给古城平添几分深沉、厚重。

盘龙湖水面开阔，万顷碧波，包括前湖、后湖两个部分。

盘龙湖的来历，有两种说法。

一说它在盘龙城的后面，故称“后湖”。

另一说盘龙城建成后，为王后妇好南下经常沐浴之地。一天，妇好正和妃子们在湖中畅游、沐浴，突然狂风大作，雷电交加，倾盆大雨，她们惊恐万分，赶紧跑到湖边的一山坡树丛中藏起。一会儿，一蛟龙从湖中跃起，盘旋腾飞，在平顶山、铜管山之间起舞，最后，飞向东南方。风雨过后，霞光万道，气象万千，妇好遂将湖命名为“后湖”。

中国古城之标本

“国之大事，在祀与戎。”

彰显权威、国力的玉器、青铜器，非重要城市所不能有。

盘龙城存世200多年，大致经历三个阶段：初创时期，中心在王家嘴；发展时期，中心在李家嘴；衰退时，中心已退至杨家湾。

修筑盘龙城城址的地势也越来越高，给后人留下了想象空间。

到了相当于商朝都城郑州至安阳的过渡阶段，特别是殷墟早期后，商王朝的政治势力已经大大收缩。先前的商人由于各种原因，离开之前长期经营的“南土”，不仅长江中游以南原先商文化的聚邑被全部废弃，长江中游以北大部分区域也难觅踪迹，就连早先建立在长江北岸的区域中心城邑盘龙城也都荒废了。

原先的中心区慢慢虚化，商文化聚落区整体向北移了 100 多公里。

长江流域的青铜文明兴盛与中原特色、地方风格相结合，形成独有的地域性特征。

“历史现象”。中央王朝势力衰退后，当地常会形成“南中大姓”，一种土著“蛮族”和中央王朝之间的地方势力。大姓，是早年从“中心”区域而来的移民，长期生活在边远地区，熟悉中央王朝的典章制度、当地实情，并与当地或更远的土著族群联系密切，成为中央王朝与土著社会的中间社群，往往代行中央的一些政治、经济和军事权力。

盘龙城，作为荆楚方国城池，是一个地域性的政治、经济与军事中心。

人声鼎沸，车水马龙；南方与北方的一个经济、文化交汇中心；北方文化南下的一个主要据点；“重工业基地”的指挥部。

中原文化，首先在盘龙城扎根，然后才向南方持续、纵深传播。

盘龙城既是长江流域发现的首个能在地面上看到的商代早期城址，而且城池、宫殿建筑艺术，也代表中国商代南方最高建筑水平，与黄河之滨的郑州商城遥相呼应，为“中国古城之标本”。

“模范夫妻”兴“龙城”

强大的“佣方”

南方大国，“佣方”，庸国的前身，雄踞秦、楚之间，巴、蜀之际。

商朝时正式称为“庸国”，爵位为侯伯级别。

在武丁南征之前，领地包括丹淅流域，位于现在湖北西北部的十堰一带，疆土覆盖到陕东南的安康盆地。

走出“大庸”的“庸人”开基立业，固守祖业的“庸人”落后了，“庸君”不得不考虑迁都。经与先期到达荆楚地带、开荒斩草的庸国“精英”们反复堪舆、踏测，选择了今湖北省竹山县西南的田家坝作为都城。他们不忘故都，新城定名“上庸”，故都大庸便称“下庸”。

大庸，取祝融氏族之意，又寓大庸的“大”字上面，加一横为“天子”，“庸”为“城”意，天子之城。大庸人，在夏朝时被称为“和夷”，因其是祝和（融）的后夷，夷疑为“裔”的初文。

“和夷”二字成了庸人的象征、骄傲。

在《竹书纪年》的记载中，曾提到荆楚，“（武丁）三十二年，伐鬼方，次于荆”。

“次”，意为抵达。武丁三十二年，反攻鬼方，商军又抵达荆楚之地。

威武四方。武丁时期，商军强大，多线作战，既可北攻鬼方，也可南征荆楚。一如后世的秦王朝，在攻灭六国后，既可往北方反攻匈奴，收取河套，又可同时南征百越，占领岭南。

荆楚各部与“鬼方”被称作“方”“土方”“工方”一样，在武丁时期，也被具称某方，如“佣方”“归方”“虎方”“雩方”等方国。与后世的楚国，风马牛不相及。

《括地志》记载：“方城山，庸之都城。其山顶上平，四面险峻，山南有城，长十余里，名曰方城。”庸国盛极一时，北抵汉水，西跨巫江，南接长江，东越武当，面积不低于 4 万平方公里。

武王伐纣，庸国为“牧誓八国”之首。

春秋早期，庸国为群蛮之首，国君世代为侯伯，其他诸侯国“虽大，爵不过子，故吴、楚及巴皆曰子”。湖南西北部、湖北西南部的“百濮”，东南部含鄂西、湖南张家界与慈利、桑植等县，今巴东、兴山、秭归、建始等县，古代夔国的领地，都归集在庸国麾下。

“惟庸人善战，秦楚不敌也”。

并非“庸人自扰”，无奈遇楚庄王“一鸣惊人”。

楚庸之战打了七次。最终，楚国联合秦国、巴国，三国联军攻灭庸国。

战败后的古庸国人，向湘西北迁徙。在鄂西、张家界、湘西广大的山林中，庸国迁徙而来的庞大族群，逐渐融入当地先民中，留下一系列地名：庸州、大庸溪、施溶溪、大庸滩、大庸坪、大庸口、庸水、武陵江……

另一支远走东南瓯越（福建）山地，成了百越中的越人一支，初称“钺人”。钺与镛意义相通，指善于冶炼青铜之意。钺，一种青铜兵器，显示出以武立国、精于冶炼的巴庸人的一个特性。钺、越二字相通，钺（镛）人后被叫成“越人”。武夷山区一带，存在大量秦汉以来的悬棺崖葬，与庸人的风俗完全相同。

武丁、妇好亲建盘龙城

雄主做派。武丁，一位没有门第观念、男尊女卑思想的君王，任用出身低微而有才能的傅说为相，让妻子妇好指挥大军，文治武功，终使“殷国大治”，成为当时世界上很强大的奴隶制王国之一。

武丁的妻子“妇好”，不但是配偶，还是战将、臣僚，集王后、母亲、将军于一身……

一位伟大的中华女战神。与宫斗剧中在后宫明争暗斗的女性不同，妇好并不以处理王族家务著称。相反，她是一位鼎鼎大名的军事统帅，中国历史上有据可查（甲骨文）的第一位女性军事统帅。她更是一位爱喝酒、爱美、擅长装饰的艺术鉴赏家。

在政通人和、国力增强后，武丁伉俪展开了大规模的平叛、对外扩张的军事行动，开创了“邦畿千里，维民所止，肇域彼四海”的广大疆域，史书将武丁统治的59年间称为“武丁中兴”。

《毛诗传笺》记载，在南征平叛戈城的过程中，“高宗挞然奋扬威武，出兵伐之，冒（深）入其险阻。谓逾方城之隘，克其军率而俘虏其士众”。武丁率领商军，越过边界“方城之隘”，取道随枣走廊与溠水、举水，征讨荆楚。在排兵布阵上，武丁伉俪除亲自统兵外，还借助了仍由自己掌控的方国——随枣走廊的曾国、举水流域的举国的军事援助。

从郑州王都出发，商军兵分两路进军。

一路，由武丁率部通过随枣走廊，安排曾国军队策应，合兵于古代黄金水道府河南下；另一路，由妇好统兵穿越大别山、桐柏山的隘口，从另一条黄金水道溠水南征，由举国军队接应。

甲骨卜辞记载排兵布阵：“乙未［卜］，贞：立事［于］南，右比［我］，中比舆（举），左比曾。”“乙未卜，贞：立事［于南］，右比我，［中］比舆（举），左比［曾］。十二月。”

我、举、曾三个方国随商王武丁组成的右、中、左三支军队南征。在商代，王师只有右、中、左三军，遇有重大军事行动，一般是以王师为骨干，辅以用兵之地附近方国的氏族军。类似中央军与地方军、战区与警备区。

相互补充。两条甲骨卜辞，记叙了武丁伉俪联合“我国”、曾国、举国军队，实行南征的方略。

“立”，莅；事，“国之大事，在祀与戎”的戎事。

“立事于南”，指武丁亲临南方，指挥战争。

相互印证。“曾国”，即今湖北枣阳、随县、京山到河南西南的新野范围内；“举国”，汉水支流举水流域；“我国”，其他卜辞中所见的“我方”，与曾、举比邻，即盘龙城的“戈城”。两条卜辞说：商王武丁夫妇亲率右、左两军先克戈城，在我、举、曾三个方国的配合下，继续征伐荆楚。这与《诗经》“奋伐荆楚，深入其阻，裒荆之旅”的内容，相互照应。

南征前，武丁伉俪占卜后约定：谁先到达长江北岸，就以谁崇尚的图腾重新命名“戈城”“我国”的城堡。妇好略胜一筹，在“举国”的配合下，以迅雷不及掩耳之势率先收复戈城。

残宿不再。洗漱、更衣焚香。

在戈城中，妇好等待着武丁。

两军会师，夫妇看到戈城三面环水（盘龙湖），一面靠山（甲宝山、露甲山、丰荷山），形如蟠龙宝地，非常兴奋，既是形如蛟龙环抱的风水宝地，又是进可攻、退可守的军事要冲。

上苍赐予的热土。妇好就对武丁说，龙图腾的象征意义，就是追求不断进取的境界，也是商王叱咤风云的象征，又是一个虎踞龙盘之地，应废弃原来的戈城名称，就改叫“盘龙城”。

一拍即合。商王武丁遂决定重新修复戈城，扩建为盘龙城。

经略荆楚

扩建城池，商人先要进行卜卦、祭祀。

中国北方崇尚龙图腾，南方崇尚凤图腾，二者均为东方传说中的神异生物，为汉族的代表性文化之一。

龙，古人崇尚的一种神物，具有喜水、通天、善变、显灵、示威、比帝等神性，常被称为“鳞族之长”“众兽之君”。凤凰，古人崇尚的另一种神物，具有向阳、达天、自新、秉德、兆瑞、崇高、好洁、示美、喻情、成王等神性，“羽族之长”的化身，被誉为“百鸟之王”。

三星堆1号“祭祀坑”中的一件青铜器，全高40.5厘米，整体呈现圆柱状，顶部封闭而底部敞开，在铜柱之间绕着一条青龙，栩栩如生，十分精美。龙的两前爪按在柱首，双目向前眺望，龙口大张，露出尖牙，额头上有一对向后弯曲的额饰，一对弯转向前的复犄角，龙身躯细长，中脊折线分明，尾巴短小、上卷。

龙凤同穴，在商代已成时尚。商王武丁，崇尚凤图腾。《诗经·商颂·玄鸟》记载：“天命玄鸟，降而生商。”妻子妇好，崇尚“海陆空”全能、呼风唤雨、腾云驾雾的龙图腾。

焚香祷告。武丁率领百官，举行卜卦与祭天仪式。

天空中，忽然电闪雷鸣。雷雨后，两条形如龙、凤的彩虹，赤橙黄绿青蓝紫，出现在上空，是为龙凤呈祥的吉兆。

稍作休整。武丁夫妇，一面率领三个方国军队出征，顺利收复荆楚；一面迅速调来百工匠作，并让毗邻的曾国、举国大力襄助，在此扩建城池，增修宫殿。

武丁夫妇对荆楚臣民恩威并重，终使南北化干戈为玉帛。

战果辉煌。一系列对外征服战争，均取得胜利，“(汉南)四十国归之”。

经略荆楚，“刚柔相济”。

《商颂·殷武》第二章记载："维女荆楚，居国南乡。昔有成汤，自彼氐羌，莫敢不来享，莫敢不来王。曰商是常。"这是歌颂商王武丁平定南方后，对长江中游的荆楚南乡臣民的训诫，以成汤征服氐、羌的先例，告诫归服者共建南土。

武丁伉俪将盘龙湖打造成盘龙城的生命线。

建城者和主要居民，都应是商族直系族人。

在古代南方，交通主要靠水路。

"九省通衢"。盘龙城正好通过盘龙湖沟通江河，联通南北，纵横东西。

通过黄金水道府河，连湖北黄陂境内的干流滠水、漂水，穿越大别山、桐柏山的隘口，往北，可直达商朝王都郑州；又可出长江，入汉水、涢水，淌过随枣走廊，跨越南阳盆地，通往关中地区；往南，直达江汉，并借洞庭湖、鄱阳湖与干流，通往江南诸地；向东，乘长江一日千里，又可沟通吴会，通江达海；往西，可通过长江、汉江，抵达成都平原的三星堆。

盘龙城成为商代长江流域的政治、经济、文化和军事中心。

为了震慑南邦，商朝立南使，武丁更是率兵亲临盘龙城，以加强南戍的力量。

武汉与成都的“兄弟对话”

“行都”盘龙

盘龙城，商王处理南土政务的统治机构所在地。商王南巡时检阅军队、缔结盟约的“行都”。

时常会有一位英姿飒爽的美丽贵妇人，乘一辆用青铜、绿松石装饰得富贵华丽的战车，往来于自己的封邑与朝堂之间；奔波在郑州王都前往盘龙城的路上，前往接受朝拜，举行祭祀大典……

考古成果揭示，盘龙城是商朝设在南土的“行都”。

黄河文明到达长江流域之滥觞。商朝对“四土”的统治情况是，东土逐渐退缩，西土关系复杂，北土较为巩固，南土重点扩展。商朝需要在南土建立统治机构、管理体系的基地。盘龙城，便是商王选择的理想之地，北纬30度线上，中国商代的神秘之城，地理位置优越，盘龙城的千古存在。

从东西方向看，阶梯地势在湖北境内，是中国第二级阶梯向第三级阶梯转折过渡。长江从第二级阶梯倾泻而下，西连第二级阶梯底部的成都平原，东接第三级阶梯的长江中下游平原。

从南北方向看，秦岭、淮河线横亘湖北北侧，湖北居于南北之中，北可连华北平原、关中盆地，南可经湖南洞庭湖平原，直抵岭南。东西过渡，南北勾连。

湖北，是中国大地的十字路口。

江河奔流，千舟竞渡。

地势上，自西向东，由第二级阶梯向第三级阶梯跌落，西部山地特别高耸。秦岭山脉、大巴山脉，从四川、陕西逶迤而来，屹立于西北。最高海拔2000余米的武陵山脉，从云贵高原延伸而至，耸峙于西南。中间还有海拔1822米的巫山山脉，被长江切穿，形成三峡中的巫峡。海拔3106米的神农架，豫、鄂、湘三省海拔之冠，号称“华中屋脊”。东、西、北三面环山，形成一个不完整的盆地。

襄阳、随州、黄冈、咸宁、宜昌五城，可以在盆地外围凭险据守，形成一个半环状屏障。北部是随州，海拔1000余米的大洪山脉、桐柏山脉分立南北，构成天然阻挡。

在长江流域，盘龙城是与中原王朝关系最密切的地方。

对长江流域青铜文明的意义，相当于商王朝南土的中心、中转站，一脉相承地沿袭中原礼制、风格，再传播到更广阔的地域，包括两湖、江西、安徽、四川盆地，甚至精准到三星堆。

高空鸟瞰，长江自西向东，流经湖北，至金口，水流向北，悠然一个弯转。江水曲折处，沙洲堆积，湖泊散布，浩浩荡荡一片蓝色的水，苍苍茫茫一片绿色的土，江河之滨立着盘龙城。

经长江支流府河，北可通中原，穿大别山，直达商王朝都城，南城与北都相衔；顺长江而下，可至大冶、铜陵；溯汉水而上，越古云梦泽、江汉平原，西北翻秦岭，可达黄河文明的发源地。

建立盘龙城是出于经济、军事需要，如同粮食和盐，一日不可或缺。

丰厚的地下铜矿，是青铜文明的根基。

盘龙城能在长江流域兴建，作为商王朝南方的一个“卫城”，阻挡了南地未开化部族对黄河文明的武力攻击；长江沿线的铜矿资源，是国家赖以生存、发展的命脉，除祭祀使用的青铜大鼎之外，交兵争战的武器、日常生活的用具，一切都是铜制品。

地理位置得天独厚，水上运输之路，令商王朝非常重视。铜矿的开采和运输，铜器的冶炼和运输，成为盘龙城建城的根本——“不到黄河心不死”，这些铜矿石从城中起运，一路向北。

公元前1500年的古城，成为远古“青铜之路”的中转站。

“九省通衢”的古代模式，已初具模型。

铜矿采冶、转运，形成“城市”。

夏灭亡后，夏朝残余势力与包括拥夏的酋邦、夏后氏亲族、祝融苗裔在内的族群，南迁豫陕鄂交界地带，商军穷追猛打，取道随枣走廊，还在今湖南岳阳一带建立了军事前哨（铜鼓山遗址）。

商人北撤，盘龙城被暂时放弃。后来，城市被荆方与日益崛起的虎方占领，成为方国都城。

蓄积武力，商王率军反击。

好景不长。随着周人灭商，盘龙城商人南逃至湖南宁乡，并带去了一批青铜器及青铜器的铸造技术，当地的土著居民越人

（扬越）学会了青铜冶铸，然后，又通过汉水、峡江，经巴蜀走廊，向成都平原逆向传播……

这直接导致了北方甬钟的成形与发展，周人的编钟制度最终成形。

三星堆与盘龙城的颇多相似之处

长江流域各地文化，依托水路航道，进行着不同程度的文化交流。类似一条绳索上的两个绳结，相互交流、影响、促进，也因长江河道的打通，而变得更加频繁。这表现出长江流域高度发达的青铜文明、独特的艺术审美。

城市布局具有相似性，城市遗迹也具有非常多的相似性。

三星堆城址内，发现了多处陶窑、青铜冶铸遗存。盘龙城遗址，在王家嘴、小嘴，也各有分布的手工业、铸铜作坊。

三星堆城址外围，密集分布着商周时期的中小型聚落，西墙外发现了墓群。盘龙城遗址的宫城外围，李家嘴发现高等级贵族墓葬，在遗址西部发掘出楼子湾等中下贵族、贫民墓葬区。遗址周边，也发现了居住区。

相同的祭祀类精神活动。三星堆祭祀坑的惊世大发现，凸显着古蜀青铜文明的高度成就。盘龙城遗址在杨家湾、王家嘴地点，发现的祭祀遗存，进一步丰富了盘龙城的文化内涵。

相似的文化生活。

无论是三星堆，还是盘龙城，两地都重视玉器的使用，玉璋、玉戈、玉钺、玉璧等器类多样、丰富。比如，三星堆2号“祭祀坑”出土有领玉璧，和盘龙城遗址小嘴M3出土的玉璧，都带有九道弦纹，古代以“九”为尊，证明领玉璧的主人的身份非常尊贵。

三星堆出土的部分长直援的玉戈，形制接近盘龙城出土的同类器物。

玉器多以祭祀礼器、装饰品出现，三星堆和盘龙城的玉器在祭祀礼器上的特征都更加突出。

铜器相似。三星堆遗址出土的兽面纹尊，在器形、纹饰上，都与盘龙城有一定的相似性；宽平沿、宽底的潜腹铜盘在李家嘴2号墓也有类似的形制。

两地的居民在生活、生产，甚至祭祀、战争等活动领域中，也具有相似性。

三星堆遗址新发现的六个“祭祀坑”已发掘至器物层，出土金面具残片、鸟形金饰片、金箔、眼部有彩绘的铜头像、巨青铜面具、青铜尊、青铜神树、象牙、精美牙雕残件、玉琮、玉石器等重要文物500余件。无论是现在，还是以前，都说明三星堆人注重祭祀文化，具有完整的宗教思想、礼仪的祭祀空间。

距今3200年左右，两地的文明实现了无缝对接。

互相融汇、吸纳。一如三星堆与金沙城，盘龙城与三星堆，在一定时间内并存、重叠。

通过对三炭屑样品的检测，三星堆遗址4号“祭祀坑”的年代，最有可能在距今约3200年到约3000年，属商代晚期；盘龙城遗址，距今约 3500 年到约 3200 年，属商代早期、中期。

盘龙城直接受中原文化影响，与中原文化的相似度更高。

三星堆间接受中原文化影响，以成都平原的特色为主。

武汉，长江中游当之无愧的龙头，在漫长的历史长河中，充分发挥了引领、辐射作用。鲜明显示，它对土著文化、中原文化与其他文化的兼容力。盘龙城文化是长江流域早期青铜文化的典型代表。

长江造就了从巴山蜀水到江南水乡的千年文脉，实证长江流域、黄河流域同为中华文明的起源。

以盘龙城的出现为契机，顺势发展起来的江西瑞昌铜岭遗址、吴城遗址和牛城遗址，湖南宁乡炭河里遗址，与三星堆、金沙城等遗址，成为长江流域早期青铜文明的共同代表。

长江青铜文明、黄河青铜文明，皆为中华文明的重要支柱，支撑着早期国家的崛起。

青铜兽面

古蜀国以丝绸交换青铜原料

“青铜三兄弟”

金属铜、铅、锡，为“青铜三兄弟”。

夏、商、周三代，也被称为“青铜时代”。

早期中国，可称为“礼乐中国”。

礼器，是最重要的载体。

“祭”“政”不分，祭政一体，规范就是“礼”。

“礼”字，繁体字写作“禮”，意为用“醴（酒）”来举行仪式。

礼乐文化源于新石器时代，好战风尚来自中亚，祀与戎成为国之大事。

玉文化源于新石器时代，金崇拜始于青铜时代，金声玉振，集之大成。

从三星堆到金沙城，古人敬天、法祖两不误。

据《周礼·大宗伯》的记载，礼仪分为吉礼（与祭祀有关）、凶礼（与丧葬有关）、宾礼（与皇王和贵族会面有关）、军（与军旅有关）、嘉（与婚冠、宴会等有关）五种。礼，是各个族团以血缘秩序为基础，为保护自身权益而整合出的社会规范，用来建立并维系贵族社会的秩序。

“国之大事，在祀与戎”。器物与吃喝相关，也可作为礼器祭祀祖先。中国对祖先的崇拜、忠孝的概念于此奠基，之后进入儒家的经典时代，千年以降，如今已浸入每一个中国人的骨血。

“金玉共振”。

青铜传进中原，逐渐替代了玉器至高无上的地位。

青铜，一种合金。

铸造铜器，实是一种化学变化。在青铜器铸造过程中，加入适量锡，会使硬度更好，适合铸造刀、剑等青铜兵器；加入适量铅，会使延展性更好，适合铸造鼎、香炉等青铜礼器。

青铜本用作装饰品、小件生活用具与工具，而在古代中国就与政治权力相关了。

中国文明一开始，就是开放、融合、多元的，青铜的进入与世界一体化几乎同步。

青铜铸造、小麦种植、绵羊驯化、黄牛驯化、马车，都在几百年之内分别流传进来，改变了早期中国的文化版图。纯农耕文化与畜牧、游牧文化的碰撞，同土著与域外之间的交流，紧密相关。

开放产出高度文明，中国文明在融合中诞生。

青铜时代，人类第一次通过化学变化，把一种物质变成了另外一种物质。

这是时代剧变的物质变化，从物理到化学的变化。在古代中国，与青铜相关的变化，更伴随着从一般的“民生”到重大的“国计”，以及人与人的关系、人与天地的政治相关联的变化。

青铜除了做礼器，还做武器。

在“丝绸之路”、茶叶之路之前，中国存在一条“青铜之路”，被称为“金道锡行”或铜锡之路。

商周交替的变化过程，决定了中国后来三千年的历史走向，深刻影响着我们今天的生活样貌。

“金道锡行”

运输金（铜）、锡等原料的路线，称“金道锡行”。作为专有名词，首见于传世的青铜器“曾伯漆簠（fǔ）”。

“簠”，古代祭祀时盛五谷的器皿，有 90 字铭文。

曾，周封国；伯，爵位；漆，人名。曾国国君伯爵阿漆所用的簠。

曾国，《曾侯□编钟铭文》记载：“王遣命南公，营宅汭土。君庀淮夷，临有江夏。”□，代表该字尚未破译。

南公阿适，曾伯阿漆的先祖。东周时，曾侯□已是侯爵，比伯爵阿漆要高一等。因追随周武王克商有功，曾国先祖南公阿适，被封到南方——“营宅汭土”。“汭土”，两水系汇流之处，即今天随州漂水、涢水交汇处。曾国以南、以东的广大地界，再无其他封国。

曾国为西周最南边界的军事重镇。“君庀淮夷，临有江夏”，即肩负镇压淮夷，威慑江夏，拱卫周疆的重要使命。

90字铭文中，关键有两句，“印燮繁汤，金道锡行”。

“印”，即“抑”，抑制、控制、稳控。

“燮”，意为“和”，《尔雅·释诂》：“燮，和也。”

“繁汤”，地名，是中原与淮南交通的枢纽。现在的南阳一带，为今天新蔡繁阳。

它区域内有数条河流，或北连淮河，或南达长江，河流、沿河道路极大地便利了南北交流。位于淮河支流汝河沿岸的繁汤，正处于南北交通的重要孔道上。

两句话连接起来，意思清晰：曾伯阿漆打败了淮夷，稳控了繁汤，打通了运送铜锡矿料的专线道路。阿漆专门用上好金属制作了这件簠，随身使用，以作纪念。

商周时期，“西求良马，东南索金”。

“曾伯漆簠”表明，为确保东南“索金”的稳定、通畅，周人和商人一样，不得不投入巨大的军事资源，配置封国，依靠武力打击淮夷，维护矿料中转站、交通运输路线的安全。

东南矿料来源不稳定后，曾伯打通了“金锡通道”中的江汉线。在“克狄淮夷”之战中，曾伯阿漆确为立下大功。铭文点出“锡”，可见“锡”的极端重要性。

相比铜料，商周时中原地区的锡料更为贫乏，须依靠长江中游的江西、湖南等地。

没有锡，就做不出青铜器。

没有青铜器，就没有夏商周三代文明。

西周后期，江汉流域诸夷强大，江汉线经常处于时断时续的不稳定状态。曾国地界就在江汉线边上，故曾国人才有“庀淮夷，临江夏”的使命。

位于今随州的曾国，扼江汉和淮汉之关口，地理位置重要。

铜、铅等原材料，有多条运输线联通中原：第一条，溯长江而上，到达盘龙城，然后，溯滠水向北，翻过大别山，到达今河南信阳及中原；第二条，溯长江、涢水、汉水，经过随枣走廊等地，到达南阳及中原；第三条，从安徽铜陵至巢湖、淮河向北，到达中原。

三条线路，便是商周时期江南联通中原的“金道锡行”。青铜时代，铜、锡、铅矿料，既是一种财富，又是国家铸造礼乐兵器不可或缺的原料，是政治集团增强实力、向外扩张的战略物资。

矿产资源将长江文明和黄河文明紧密相连。

青铜资源运输网络

“金道锡行”，夏朝时就已经存在。

古代中国，一个巨大的“井田制”的九宫格。横着的两条线，是黄河、长江，两大河流的上游、中游、下游的临界处，就是竖着的两条线，刚好分成九大板块。天子居中，八方朝贡。

二里头发现了中国最早的铸铜作坊，也是中国最早的国家“高科技产业基地”。

作坊区在宫城建起来前，就筑有重兵把守的围墙，也发现了中国最早的铸造青铜礼器、生产绿松石器等贵族奢侈品的作坊；还发现了中国最早的金镶玉艺术品，背面的青铜托座先铸造出来，然后，把细小的绿松石片粘嵌上去，可谓鬼斧神工。

商代文明的发展时空，下开中华文化演进的先河。

成功从夏朝手中接过霸权，商人开始前往天下各地接收夏朝的势力范围。晚商时期，商朝在对东土各族持续进行军事征服、文化扩张的同时，还设置军事据点，屯驻师旅，抵御外族入侵，加强军事防御，已初具捍卫国家领土主权、传承华夏文化的意义。

卜辞所见商王在东土之境的田猎活动，既有经济意义，又有政治经营、军事演习的性质。商王、妇好不定期地到东土各地举行一系列政治、文化活动，为先秦时期“巡省制度”的萌芽。

商王与东土诸侯之间在经济方面的权利、义务关系的初步确立，对东土方国军队的调遣、指挥权的掌握，是对东土有效行使国家主权的重要标志。

青铜资源运输网络形成。

三条连通中原与长江中下游地区的交通主干线。每条主干线还存在若干支线。

中路，经过繁汤的一条。东路，由长江下游的扬州，穿过长江、淮河和泗河，经济水、黄河，到达中原。西路，从长江中游的荆州，经过长江、汉江、丹江、洛河，到达中原。

东路看似较远，但可以大量地运用水路，陆路也是一马平川，不像西路、中路丘陵众多，主要运输江西瑞昌的铜、锡，还有安徽铜陵的铜，即使是大冶的铜，也可以走这条路。

晋南河东盐池，有数条通道，可以把盐运往周围地区。黄河、渭河与许多其他河流，在古代都应曾被用作连接京畿与东西部地区的交通要道。不少线路，在二里头时代就可能已经开通。

殷墟时期的青铜铸造，达到了青铜时代的第一个高峰。

商朝铜器所需的锡料，主要来自江西、湖南。青铜原料运输路线有两条：北线，主要由中条山铜矿区，直接提供铜料；南线，主要从长江中游地区，运输锡料与部分铜料。

《左传》宣公三年记载：“昔夏之方有德也，远方图物，贡金九牧，铸鼎象物。”“远方图物”“贡金九牧”，在东周人看来，于夏王朝，从九牧（九州）之地“贡金（铜）”是存在的。

金道锡行，在西周王朝有两条主干道。

来自长江中下游的铜、锡原料，沿汉水之东与随枣走廊，经南阳盆地，到达洛阳、西安；自鄂东南，穿越桐柏、大别山的一些隘口，经今信阳或所属县市，到达洛阳。产自长江中下游的青铜原料，沿江到皖南一带，北过长江，经江淮与淮河中上游地区，输送至洛阳与中原地区。

江淮线：西路顺江而皖南，经六安，到繁汤；东路过庐江后，北折合肥，到齐鲁。

江汉线：经湘水，到岳阳，到武汉黄陂，经麻城，到繁汤，入中原。

鄂东南、江西北部与皖南的沿江地区，连接成片，在周代已经形成中国先秦时期最大的矿冶区。文献与史籍对锡矿产地的记载，与现代中国锡矿产地的分布大致吻合。它们是中原王朝铸造青铜的原料来源地。

鄂东南萌兴的铜矿冶文化、文明进程的演进，既是楚文化形成的重要内涵和源头之一，也是早期中国文明进程的重要组成部分。

从夏朝到商代，青铜器的数量增加，体重和形体增大，意味着国家对铜、锡、铅矿开发和供应的控制能力在逐步加强。中国铜矿储藏量丰富，但分布并不均匀。三分之二蕴藏在长江中下游、云贵高原、晋南和四川、甘肃的部分地区。大多数的铜矿，历史上都曾被开采，许多矿的表层已被开采殆尽。许多历史上可能被开采的铜矿，曾在过去的文献上留下记录。

华北地区是穷锡区。铅矿分布很广，集中储藏于云南、内蒙古、甘肃、广东、湖南和广西等地区。富含金属矿藏的主要矿带，至少有两个进入了商王朝的视野：晋南的中条山、长江中下游地区。

中原王朝与古蜀国的商贸往来

商代中叶，三星堆文明走向极盛、金沙文明处于发展中，与商周文明比肩而立。

不同于商朝的附庸方国，两个并立的文明板块独立、自主。凡是纳入商王朝共主体系的方国，均有入贡、入卫、参加征伐他国的义务，甲骨卜辞中，却没有关于古蜀国朝贡入卫的记载。

西南地区的独立方国，强大的古蜀国因控制南中，拥有富足的铜、锡、铅资源，商王朝对云南的关系不是直接，而是间接，要获取云南的青铜原料，只能通过古蜀国的“摆渡”。

三星堆文化由北到南，形成特点不同的四个区域。

第一，岷江上游河谷。包括营盘山、巴塘、茂县城关、石棺葬群与石墓群等，距三星堆文化区距离近，产生的影响大。第二，安宁河谷。具体分布在安宁河谷两侧大石墓之中，青铜器以山字格剑、束发器与发钗等为主。第三，以盐源盆地为核心的三角形地带。有盐源盆地石盖墓、木淳墓及青铜器群等。第四，洱海区域。包括剑川海门口遗址、石棺墓及木淳墓等。

两个实力不分伯仲的国家相遇时，文化的交流、融合，会在一个平等自主的层面上进行。面对中原文明的扩张，古蜀文化更多的是吸收、借鉴，将部分文化因素融入自己主流的文化中。

商贸中心。商周王朝与古蜀国，相互独立。为获取古蜀国以南的青铜原料，只能采用贸易方式，通过成都平原作为贸易中介的途径来取得，甚至直接与古蜀国贸易、交流，来获取青铜原料。

根据甲骨卜辞和《竹书纪年》的记载，中原王朝与古蜀国的信使往来、馈赠和征战不绝。

用以商品交换的货物，三星堆、金沙城以丝绸、蜀布为主。《穆天子传》记载，周穆王赠西王母“锦组百纯”。“锦组”，即带花纹的丝织品应为丝绸西传的最早记述。德国、希腊曾经分别出土过，公元前700年和公元前500年的许多类似的丝绸织品，都是来自古蜀国的成都平原。

古蜀国是“南方丝绸之路”最早的受益者。

“古成都人”手中丝滑的蜀锦，顺着与“丝绸之路”重叠的青铜之路行销域外，异域商贾也带着成串的海贝来到中国，异域文明与古蜀文明，就在这不停歇的脚步中碰撞、迸发、融合……

“天下之中”的远程交流体系

盘龙：文化交融的枢纽

中国古代有三大铜都：

北方的中条山铜都；以湖北大冶、江西瑞昌为中心的荆州铜都；以南陵大工山、铜陵凤凰山为中心的扬州铜都。三大铜都中，中条山铜都比较贫乏，主要的产铜区在长江以南。荆州铜都在三苗范围内。荆州铜都，从商代开始开采；扬州铜都，到西周时期才开采。

商王朝，直接掌握了鄂东南、赣西北地区的金属矿料开采、冶铸，构建了一个以盘龙城为核心，位于北部的郑洛地区的二里头、偃师、郑州，位于东南部的虎国吴城、牛城和西南部的湘东北、湘中地区，以及西部三星堆的大范围交换体系。

南北五地。长江中游的盘龙城、吴城，黄河流域的郑州，长江上游的三星堆、金沙城。青铜器的成分、矿料来源，具有很大的相似性。

商文化传播到盘龙城后，影响至整个长江流域，且继续扩散、传播。

三条线路：向东，可顺长江而下，进入长江下游、鄱阳湖地区、赣江流域；南线，可越过长江，进入湘江、澧水、沅水和洞庭湖流域；西线，逆江而上，经过三峡，进入成都平原。

各区域之间的文化互动，更加频繁。

长江文明联系沟通的一个重要节点。盘龙城富有特色的大口红陶缸，在中原、长江上游均有发现；长江下游常见的印纹硬陶、原始瓷，也通过盘龙城输送到长江其他地区和中原地区。

上达巴蜀，中至荆楚，下抵吴越，万里长江串起源远流长、百花齐放的长江文明。

盘龙城，位居中元之位、坐拥长江最长支流——汉水，武汉以两江交汇的地理区位，成为促进南北文化交汇、长江上中下游文化交融的枢纽。

长江文明的早期图景

长江中游南岸黄石的铜绿山，位于大冶市金湖街道办事处，距大冶城西 3 公里。

1973 年，这里发现了一处古铜矿遗址。采冶年代始于商代，经西周、春秋战国，延续至汉代，持续时间长达 1000 多年。距今 4000 年以上，古人就在铜绿山的多个矿山上从事铜矿开采。开采时间，可追溯到夏朝早期。

铜绿山，位于黄石，中国五大铜矿基地之一，荆楚富矿。仅仅铜绿山与周边的大中型矿床，组成面积 38 平方公里左右的“铜绿山矿田”，囊括了湖北 65% 以上的铜资源储量，成为整个长江中下游成矿带最富的铜矿区。

中国迄今发现的时代最为久远、持续生产时间最长的古铜矿遗址。

长江水道，进出成都平原的通道。

铜绿山至盘龙城 100 多公里。盘龙城至三星堆 1200 多公里。

经汉江、汉中、川西北，到达三星堆，路径较平坦、开阔。长江三峡路径，多绝壁、急流险滩，下行易，上行难。

盘龙山青铜文化通过鄂西地区、三峡地区的传播路线，进入成都平原，在相当发达的古蜀文化的基础上，形成了三星堆文化。二里岗时期的商文化，也是通过同样的传播路线，与三星堆文化发生了联系。

西周宝鸡弓鱼国墓地，是三星堆文化的非典型、不完全延续。距离大冶数千里之外，贵族铸造铜器的铜料来源，也是铜绿山。

三星堆文化面貌的构成，除夏文化因素外，鄂西、川东峡江的巴文化传统也占重要地位。

吴城、大洋洲和三星堆青铜器的制造年代，均比郑州二里岗青铜器窖藏所处的年代早。

二里岗青铜器群的大部分，包括爵、斝、觚、簋、提梁卣等礼器，从盘龙城流传而来；少部分得自吴城、三星堆，方鼎来自吴城，浮雕牛首尊、罍，则为三星堆制造的器物。

公元前 1500 年前后，盘龙城最为强盛之际。

赣中地区的吴城文化，也异军突起，直接原因，在于盐铜贸易。赣中樟树一带，地下蕴藏着丰富的盐矿资源。

盘龙城的西界，三星堆文明风生水起。

一个以盘龙城为核心的远程交换体系，将各地上层贵族连接到一个巨大的跨越地域、文化的交换、贸易、通婚、联盟的社会网络中，盘龙城居于网络的中心，直接掌握、控制青铜器和金属资源，拥有的影响力最大。

贵族竞相以获得盘龙城的礼器为荣，并结合自身传统，努力发展制作能力，形成自身的文化特色。盘龙城人借助网络，将青铜器造型、纹饰的理念与相关的信仰、礼仪，传播到四方诸邑。

金箔捧璋顶凤跪人

▲ 金箔连环故事璧（二）

金箔制作，錾刻纹饰。内容为战争连环故事，有战马、枪械、战车、城墙、士兵、将帅等形象，还有文字。尺寸由小到大，等比例加大，一共 15 张，连续成套，是古代金箔艺术品，令人叹为观止。

金箔连环故事璧（一）

第三章
『巫盐古道』的命运

一条规模宏大的栈道网络。

一个青铜文化的网格系统。

三峡，巫巴山地的重要组成部分，以长江三峡大峡谷与周边区域为中心，构成一个重要的巫巴文化圈。隶属于今天的渝东、鄂西地区，巴人先民的生息繁衍家园，巫巴文化的滥觞之地。

大宁河古栈道交通网超过 3000 公里，以食盐运输为主，起于巫溪宁厂镇，沿大宁河盘山环绕，纵横交错，蜿蜒延伸，贯通川、渝、陕、鄂、湘、黔等地，分为运送食盐的九条大盐道。

以川江水系为基础的成渝城脉，构成了复杂“双城”系统的“太极图”。

“巴蜀同根”，

峡江古巴文化、平原古蜀文化撞击的悬念。

“成渝双城”，

一个非常独特的“两极一体”的地理空间、历史单元、文化区块与经济元极。

长江，像树干，嘉陵、涪江、岷江，如三条树枝，有规律地分布于四川盆地，各自的下级水系如人体血脉一般，将营养输入主动脉。这体现了一种丰富性、永恒性，显示出城市与城市群那种超越地理空间、物质依赖而呈现出的文化向度、经济维度。

古人类文明和巫文化的发祥地

巫与盐

一部人类前行的历史，就是嗅着盐的味道，不断发展的历史。

盐，推动人类进化、社会进步，最早的物质文明之一。

巫，人类在懵懂时期，认知、解读世界的早期哲学思想。

远古的三峡地区，为古人类文明的发祥地和摇篮，横亘在中国版图腹心地带，连接长江文明、黄河文明的通廊之一。

重庆巫溪，以“巫”闻名，因“盐”而兴，先后建立过巫咸国、巫载国，成就了古庸国、古巴国的辉煌，成为上古时期人们“爰有歌舞之鸟，鸾鸟自歌，凤鸟自舞。爰有百兽，相群爰处。百谷所聚”的逍遥乐土。

巫溪宁厂古镇的宝源山盐泉，孕育了5000年巫盐文化的辉煌史诗。

这里保存着上古时期被人类发现、使用的地面自流盐泉。

“巫盐古道”，是世界上规模最大、最险峻的古代盐业栈道工程遗址。

“巫山人”，距今200万年，人类已出现在三峡地区。

因为有了巫盐，人类开始繁衍、生息。

巫山猿人，是目前亚洲发现的最早人类。

到 21 世纪初，三峡仍是世界上独一无二的研究人猿分野的地域，连著名的非洲奥杜威峡谷，也无法与其相比。在长江和三峡尚未形成之前，巨猿和“巫山人”已经共同生活、栖息在一起。

他们是中华民族的祖先，是黄种人、亚洲人的祖先。

“巫山人”太遥远，大溪文化更具说服力。

巫山县境内，长江瞿塘峡南侧，是为大溪文化遗址。大宁河宽谷岸旁，大溪镇镇西有一条溪河，注入长江，因水色如黛，古名黛溪。汛期时，水势浩浩，又名大溪。遗址东起鄂中南，西至川东，南抵洞庭湖北岸，北达汉水中游沿岸，主要集中在长江中游的两岸地区，中心地域在湖北的西南部。它包括巫山瞿塘峡南侧的大溪遗址，与湖南、湖北的 10 多处遗址。

在已发掘的 210 多座墓葬中，很多墓里发现了鱼的随葬品。鱼，最易腐烂的动物，用食盐腌制过的干鱼随葬，历经 5300 多年，今人发掘尚见其骨。先民用盐对食物进行防腐处理的技术已非同一般。

如影随形。渔业捕捞、用盐加工，先民们形成了“一条龙”的渔业生产活动。

盐巫文化

三峡中的“巫山”，一处横跨峡谷两端的山体，一直是一个神秘的所在。

《中国古今地名大辞典》记载，巫山的“山形如巫字，遂以名山”。古代的巫字，又好似巫师祝祷时的舞蹈状。如今，仔细观看巫山县城对岸的南陵山，形状恰好似“巫”字一样。

作为地理名词，也指重庆市巫山县。现在主要指横贯湖北、重庆、湖南交界一带，“东北—西南”走向的连绵群峰。主峰为重庆奉节境内的乌云顶，海拔2400米，中国二、三级地理阶梯的分界线，北与大巴山相连，南面深入武陵山地，东为长江中下游平原，西为四川盆地。

“巫溪”“巫山”两县，更将“巫”的个性标签行政化。

在四川盆地、长江中游平原之间，陕西、四川和湖北三省交界之地，一片连亘数百公里的山地，其中巫山、大巴山是主要的山脉，简称巫巴山地，为“巫文化”的重要发祥地。

大巴山，古称蛇山，简称巴山。它东西绵延500多公里，又称千里巴山。

三峡，巫巴山地的重要组成部分，以长江三峡大峡谷与周边区域为中心，构成一个重要的巫巴文化圈。三峡隶属于今渝东、鄂西地区，巴人先民的生息繁衍之地，巫文化的滥觞之地。

巫溪县宁厂古镇宝源山，是中国“巫文化”的发源地。“巫文化”是人类社会原生、本真的文化，华夏文化的根基之一，与中原文化并列的中国远古主流文化，巴渝文化中最古老的文化基因。

盐，文明之源。

巫溪，古老神秘。因盐而生，因盐而兴。

东汉时期的《巴郡图经》，中国现存最早的图经，记载了一个

“动人”故事：先秦时代，猎人袁氏逐鹿至宝源山麓，白鹿忽然消失，却见一股清泉从岩洞中涌出，水味极咸，方知是盐泉。《巴郡图经》中描述的宝源山麓，即今天巫溪的宁厂。

“白鹿引泉”，表达了原始人类对盐泉的膜拜。

神秘色彩。黄帝的军师巫咸，封地巫溪，名巫咸国。其地处渝、陕、鄂三省交界，大巴山东段南麓，东连神农架、竹溪，南接奉节、巫山，西临开县、云阳，北与城口和陕西镇坪接壤。

宝源山盐泉，是自流盐泉，为上古时期就被人类发现并利用。中华民族最早发现、利用，大规模开发的盐泉之一。

宁厂古镇，南北高山横亘，东西峡谷透穿，位于巫溪县城北15公里处，距大宁河不到2公里，白鹿盐井就在北岸的宝源山麓，街道褊窄，依山傍水，三面板壁一面岩，人称“七里半边街”。

天然盐泉，涌流不绝，由山麓岩洞，流入“龙池”中。

“巫咸古国、上古盐都”。宁厂是中国早期制盐地之一，有文字记载的制盐史长达4300多年，历经几千年，仍存在继续流淌的地面自流盐泉，可谓世界手工制盐作坊的“鼻祖”。

古老的盐泉，哺育了巫巴大地的早期先民，孕育了璀璨的盐巫文化。

巫盐古道

“巴夔户牖，秦楚咽喉”。

大宁河古栈道交通网，一条以食盐运输为主的古道，起于巫溪宁厂镇，沿大宁河盘山环绕，纵横交错，蜿蜒延伸，贯通川、渝、陕、鄂、湘、黔等地，分为运送食盐的九条盐大道。目前已探明，盐道已经超过 3000 公里。

古栈道交通网，也是巫盐古道。

沿途，穿越密林深谷、旷野平坝，或盘旋于悬崖峭壁之上，或蜿蜒于湍流沟谷之间，宽敞之处可以行车，险峻之处“雾从人面起，云自马头生”。盐夫们身负重物，跋山涉水，日行 15 至 25 公里，将大宁盐源源不断地运往广袤的秦巴大地，踏出巫盐古道，也踏出“东方文明”，贡献了“一泉流白玉，万里走黄金”的旷世奇观。

巫盐古道的历史地位仅次于“丝绸之路”，可与茶马古道媲美。

北有“丝绸之路”，南有茶马古道。南北走向的巫盐古道，是中国第三大古道。这条古道孕育了神秘的巫文化、盐文化；依托宁厂古镇的巫盐古道，北通秦陕中原，南接巴蜀楚湘，成为沟通长江文明、黄河文明的文化交流大通道。

成千上万吨的盐，靠着背夫的双肩双脚，沿着老街，驮出大山，像一道道的经线、纬线，串联起川、渝、鄂、湘、黔、陕等地。

盐运力夫们，背负着上百斤的盐包，脚踩一双草鞋，手执一杆打杵，肩挑背磨，开始绵延数百公里的长途跋涉，无论刮风下雨，电闪雷鸣，都行走在危机四伏的古道上，翻越川鄂屏障七曜山的石门坎，历经鱼池、黄水，进入湖北恩施、利川后，经咸丰、来凤、湖南龙山、里耶古镇、花垣、吉首、凤凰古镇，南从湘西，进入云南，衔接云南茶马古道。

在以恩施为中心的鄂西，以湖南吉首、张家界为中心的湘西，人们为获得赖以生存的巴盐，常年往来于巴蜀地区，用人力背盐，用骡马驮盐，使这一地区留下运盐山道：巴盐古道。

沿大宁河而下，北走云阳、奉节，穿越大巴山后，进入汉中平原，北上连接“丝绸之路”。

工程艰巨。在山间绝壁之中，古道不断被拓宽、延长。天长日久，形成了沟通川、鄂、陕三省的古栈道网络。

巫溪，位于重庆东北部，大巴山东段南麓。深藏在大巴山、神农架交会、连绵不断的群山之中，地处重庆、陕西、湖北的交界，东连湖北神农架林区、竹溪，南接奉节、巫山，西临开县、云阳，北与城口和陕西镇坪接壤，是连接西南、西北、华中三大区域的重镇。

古栈道被划为北上、南下两段。

南下段。《巫溪县志》记载：输卤栈道，架设笕竹管道，输送宝源山麓天然盐泉。从宁厂起，沿大宁河右岸南下，至巫山大昌坝与巫山城郊等处煮盐，全程 235 公里，栈道石孔位置的水平、间距排列十分整齐，石孔的形状、大小也非常统一，与北上段不同。

北上段。从宁厂古镇沿大宁河北上，转西溪河，与主要支流东溪河而西进，至湖北竹溪羊角洞、陕西镇坪县大河乡（划入华坪镇）母猪洞、小榆河、重庆城口东安镇亢河一带，栈道连接山路，纵横交错，栈道石孔的排列高低、孔距远近、孔径大小、孔眼浅深，都各不相同，与南下段石孔的整齐划一形成鲜明的对照。

分界点，为巫溪宁厂古镇的后溪河口。

除宁厂以下的100多公里外，北上的各条支流都有类似的栈道孔。

南北两段，不下千里，形成一个庞大的运盐通道网。

北上运盐，南下输卤。

四通八达的山地交通格局。

巴文化与楚地早期文化的结合。

瞿塘峡以西，巴文化与蜀文化的融合。

从夏朝到春秋，巴文化的中心，从四川东北部的嘉陵江、渠江流域四散，一支从鄂西溯江而上，西移到巫山、忠县一带。越过瞿塘峡后，看似与楚地的文化更亲近，实际与古蜀有了更多的来往，与古蜀文化相同的因素更多。

西周中晚期时，楚文化只进入西陵峡地段至秭归一带。金沙文化时期，也未能越过瞿塘峡以西。整个重庆辖区的三峡地区，几乎不见楚文化。

巴人控制了宝泉山盐泉，又在川东沿长江一线相继找到了云阳的彭溪、忠县涂进溪等盐泉；在长江以南的四川盆地边缘山地中，得到了彭水伏牛山、湖北长阳清江盐泉。险峻的山势作为屏障，便利的水道以为外联，天赐的盐矿资源，极大地增强了巴人的经济实力，他们被视作“不耕而食，不织而衣”的异类，成为左右长江流域地缘格局的重要力量。

阳刚之气与阴柔之美融合统一

泱泱巴国，因盐而兴，因盐而亡

长江流域，最主要的产盐区在三峡地区，巴人的控制区中。两侧的蜀、楚等国，长期都是巴人的固定客户。

最早记载巴人的事迹，出自《山海经》。

崇尚“天人合一”的理念。按照《山海经》的描述，远古时期，巫载之民不纺织、不耕作，却衣食无忧，不狩猎，却肉食不缺，山谷中满是茂密的森林，鸟兽成群结队，人们和睦相处。

文化标签“巫”，代表人类早期的哲学思想；“盐”，代表物质层面的范畴，二者结合命名的“巫盐”，涵盖“精神”“物质”两个方面。

“巫”字，本就包含神秘主义色彩，三峡地区独特的地理环境，更为“巫”文化提供了适宜的土壤。这又添加上一层浪漫色彩，于是“巫山神女”“巫山云雨”一类的文字，不绝于耳。

“廪君之先，故出巫诞。”

巴国最早的君主。一个古国先君的故事，中国南方少有的正史记载。它的叙事体系，既属于中国早期历史神话，也是古蜀三星堆、金沙城祭祀文化里典型的“英雄＋先祖＋神王”类型。

“廪”，古代指虎，“廪君”，即“虎君”，意为凶悍勇武，以白虎为图腾的巴人首领。

廪君掌权后，开始带领巴人四处迁移，途中碰到盐水女神，演绎成一段凄婉、悲壮的爱情传说。死后，他的魂魄化为白虎，后代奉祀，崇拜白虎，以白虎为图腾。

承前启后的伟大先驱廪君，既是巴人原始时代的结束者，又是巴人奴隶制时代的开创者。

巴人起源于古居嘉陵江、渠江流域的巴賨。

他们沿着长江，向中游发展，到达鄂西的清江流域和汉中等地，形成了南北两支。一支，以白虎为图腾的巴、樊、谭、相、郑五氏之巴，在长江沿岸地区活动。另一支，以嘉陵江流域为中心的板楯七姓之巴，以射虎为业。

最早夺取、控制渝东盐泉资源的巴人，由清江溯源到利川，然后，沿发源于齐岳山（都亭山、七曜山）东的乌飞水（大溪古称）转进，入瞿塘峡出口南岸的汇流处，再顺长江而下，来到今鄂渝交界处的巫山一带活动。为纪念夷水（清江），巴人建立的首个都城，命为“夷城”。

史载，巴人多次征楚，走的就是这条便利水道。

由清江溯源，入大溪，再进入长江三峡的转进水道，是当年巴人与中原大国行盐贸易的主要通道。巫峡到西陵峡，滩多水急，巴人的一叶小木舟，在枯水与洪水季节时，很难在大江湍流的峡江上出入，多迂回从瞿塘峡口南岸的大溪，舟行向南，转进清江，再沿清江，直出洞庭湖平原。入长江口，自就兴旺、繁荣了一座大溪古镇。

巴文化的一些原生态图景，竟如同活化石般存留了下来。土家族人在今天祭祀死去的亲人时，“跳丧”者仍仿照老虎的跳跃、摆尾、洗脸动作，口中的歌词也是关于虎的内容。

土家吊脚楼门前的装饰图案中，虎就有几种形象。如今的巴人后裔，只是象征性地在额头上划出血口，以祭白虎。

历史，是一种深刻的记忆方式。

湖北长阳县境内的清江段，世居江岸的土家人，仍常在船中举行祭拜活动。神祇，就在咫尺之遥的巴人祖山武落钟离山。许多古代民族的宗教观众、信仰、习俗，具有超乎想象的生命力。

巴国与巴文化

一部巴史，也是一部战争史。

东面，是强大的楚国；北面，是雄踞关中的秦国。

与中原的商朝同时，巴人也开始进入青铜时代。只是与中原重视礼器不同，巴人冶炼青铜是为了制造武器，手持短而锋利的青铜剑，好勇斗狠，是天生的战士。

巴国男人，血腥的搏杀、死亡的荣耀贯穿一生，用浪漫的歌舞、顽强的生殖，驱赶着死亡的阴影，延续着祖先的光荣。

这是超越规律的力量。

一种高度的协调性、自觉的群体意识。正如种族繁衍的生命力一样。

巴国势力强大，堪称军事强国。

参与七国之间的争霸之战。从西周到战国，巴人就建立起称雄西南的奴隶制政权“巴子国”，疆域“东至鱼复，西至僰道，北接汉中，南及黔涪”，进入强盛时代，一度与楚抗衡。

“巴”地域范围，大体在今重庆市全境、北起汉水、南至鄂西清江流域、东至鄂西、西达川东的地区。巴国向西发展，溯江进入重庆，在迁徙的过程中，巴族文化沿途传播，始将青铜文化与当地的土著新石器文化融合起来，形成系统、完整的巴文化。

长江，巴人生命旅程中一个新的起点。

平缓的台地，肥沃的土壤。

早期进入峡江地带的巴人，大多在长江的支流上建立家园。

生性剽悍的巴人，在长江两岸的纵深地带种植水稻、燕麦，采摘桑叶养蚕，用上好的粮食酿制清酒。优质的稻米被制成脂粉，巴族女子在战争间隙，不失时机地展示着短暂的美丽。

春秋时期，在与楚国作战失败后，巴人被迫远徙。

在战国中晚期，“及七国称王，巴亦称王”。

先秦时期的巴国，虽然身背“南蛮”之名，但同样非常重视礼乐文化，周文化、楚文化的仪轨，深深地影响着巴文化。巴人，从“器以尊楚”，到巴风浓郁，逐渐形成独特的礼仪文化。

男人的热烈率直，女人的美丽勇敢，都成为千年不变的存留。

与楚人漫长的亲和、交恶，写下三峡浓墨重彩的历史与文化篇章。

从商朝开始，巴人的足迹遍及半个中国。在与江汉楚国、川西蜀国的分合中，巴国日渐强盛，如日中天。巴人曾先后把今重庆主城、合川、涪陵、丰都、忠县、阆中作为都城。

重庆，长江与嘉陵江神奇交汇，勾勒出一座美丽的半岛。两千多年前，巴国最重要的都城——江州。颠沛、搏杀生涯中一段宁静而短暂的生活。

战事要塞，瞿塘峡像一道门户。

巴人设置了关隘，与楚军对峙。

但峡谷没能挡住楚军。

古巴歌在刀光剑影中，被楚人唱到了他们的土地上。

荆楚文化、秦陇文化、中原文化……顺着江流河谷、岭壑栈道，先后汇入，与巴蜀固有的文化交融、碰撞，共同在这封闭的地势环境中，“逆反”地呈现出文化多元、立体荟萃的景象。

巴人的人文精神

山，既是巴人生存依托的宝库，又是必须面临的十分险恶的自然环境。

一种阳刚之气与阴柔之美融合、统一的人文精神。

人性本体，以“良心”为根本出发点，发展为“崇力尚勇”“淳朴憨直”的阳与阴、刚与柔的二元人文精神结构，形成互补。

巴人崇尚实力，天性劲勇，注重竞争。

战场上，“巴师勇锐，歌舞以凌殷人”。

巴人船棺，用制作独木舟的方法制作。典型的江河民族，生与死都与水相连。

船，一如战争之于巴人，构成悲壮史志的重要部分。

从廪君之初的浮舟击剑，到征服三峡急流险滩的庞大船队。

龙舟，一种游弋于现实与历史的远古符号，带给人们强大力量的秘密暗示。其真正的含义与源起，是招魂引魂的仪式。今天，在巴蜀地区，这种龙舟竞渡的场面仍随处可见。

巴人相继与秦楚发生过大规模的战争，几度进逼楚国的都城江陵。骁勇善战的巴人，配置同样优良的极具杀伤力的兵器，与秦人、楚人针锋相对。

兵器制作具有相当系统的制作工序，精确的科技含量。

青铜剑中各种金属比例含量的精确度，即使用现代设备检测也八九不离十。兵器中青铜的含量偏重，以保持兵器的坚硬、锋利。一代又一代的巴人工匠，凭着积攒的经验，手工制作兵器。

一种造型奇特的巴人乐器，在战斗中曾被武士用于作战。

青铜器錞于，巴人最典型的乐器，至今只见于巴蜀地域。巴人在战斗时，敲击錞于肩部发声，其声大如雷，清响良久。錞于上的白虎造型，极具现代艺术风格，造型写实性强，虎的耳目清晰，张口露齿，能清楚地数出虎牙，是巴人崇虎的精神外化。

高科技“硬核”保密，故錞于一直未传到楚地、中原。

编钟与錞于的形制，在地底下漫长地沉寂着，到再次见到阳光时，恍若“新鲜出炉”。

巫盐古道、巴盐古道，一条通往天堂的路。

路，在骡马的蹄印里。

尘埃，在背夫的骨骼里。

川鄂陕三省的古栈道网络

蜀道与三峡

偏处西南的四川周边，铁壁合围的山地，把“天府之国”“成渝双城”围成一个巨型、自给自足、小富即安的城堡。西部，人迹罕至的青藏高原东南缘；北部，大巴山、米仓山，外围，横断中国南北的秦岭；东部，巫山；东南部，大娄山；南部，大、小凉山与云贵高原。

若要出成都平原，只有翻越川北蜀道，乘船过川东三峡。

蜀道、三峡，一北一东，山水相依，串联起雄关高岭、大江大河，也穿越历史的重重山川。两条水陆要道，既是人类筑路、航运史上的不朽奇迹，也是见证中国文化交流、融合的活化石。

巴人在三星堆文化时期，就活动在汉水流域的江汉平原，巴国王室是江汉诸姬之一。《左传·昭公九年》詹桓伯说：“巴、濮、楚、邓，吾南土也。”巴和秦、楚，一度平起平坐，各占一方。

历代，楚地和重庆的联系从未中断。

巴人从湖北入川，即是溯清江而上，翻越七曜山，进入三峡地区。然后，才沿长江西上，沿嘉陵江北上而发展。

当时，宜宾附近还是蛮荒之地，从重庆到成都，沿嘉陵江北行，到合川后折入涪江，沿涪江，到涪州（今绵阳），再沿古金牛道，南下成都平原的三星堆、金沙城。

峡路，古蜀开明王鳖灵所开凿。《蜀王本纪》记载：“望帝（杜宇）立（鳖令）以为相。时巫山峡而蜀水不流，帝令鳖令凿以通江水也。”

到了金沙文化时期，峡路已成为巴国对外交流的重要通道，巴人在峡路上设立了四道关口，分别为江关、捍关、阳关、弱关。三关中，阳关在明月山（今重庆长寿、涪陵的长江边）。

沔关，巴国末期设置。迁都阆中之时，为与秦楚争夺汉中，在苴地（今广元一带）设置七盘关，以捍卫阆中都城，以防御沔中之地的入侵。文献中，沔、汉通称。《水经注》解释：“所谓沔，汉者也。”沔水，汉水（今汉江）的上游，今湖北省襄樊市以上的汉江流域，称沔中。在沔中之地置关，故传称沔关。

捍关，故址在今湖北省长阳县西，楚国最重要的一处关口。

公元前 377 年，巴国、蜀国都竭力扩展，联合对楚。

蜀国借道巴国，沿着汉水河谷南下。

《史记》记载：“楚肃王四年，蜀（实为巴）伐楚，取兹方，楚为捍关以拒之。”

楚肃王强占巴山坳，将防线向南北延伸，“据捍关而王巴”。

巴、楚两国相持在巴山坳一线。

因粮草不足，蜀国退兵……

控制捍关，便可控制整个巴渝大地。

古盐道、古栈道

历史上，峡路还是一处重要的经济通道。

南起上古盐都巫溪宁厂，沿大宁河向北，入大巴山，过大河坝、白鹿、徐家、龙泉，翻大巴山主脊鸡心岭（今鄂、渝、陕交界处）后，过瓦子坪、猫子庙，到陕西最南端的钟宝。

运到钟宝古镇的盐，随后分三条路被输往各地。

第一条，顺南江河北上，过牛头店，经平利、旬阳、宁陕，再翻秦岭到达长安。

第二条，西进化龙山，通过黄洋河水运，入汉江到安康，再到汉中、长安等地。

第三条，沿南江河（湖北境内称堵河）往东北，穿神农架，到江汉诸地。

前两条盐道，古称“山南盐道”，从大宁厂到安康，全程300公里，从宁厂到钟宝，全程100多公里。川陕盐道沿河流分布而走，垂直于山川，沿途艰险，只能靠肩挑背负，水运。

川鄂古盐道，是巫盐古道的另一支。一条，起自巫溪大宁河畔的大宁盐场；另一条，始自巫山的大昌古镇，两者在湖北神农架大九湖镇汇合后，再分为三路延伸。

一路，沿今天的酒（壶坪）九（湖）公路向东，出鸭子口，分向湖北保康、兴山各地。

一路，沿今天的大（界岭）下（谷坪）公路，南下板桥，通向神农溪的上游。

另一路，经板仓、红举、官封向北，直通房县。总计200公里。

充满艰险的盐道，为敢于铤而走险的商人们，带来了巨大利润。

一担担食盐，挑出山外，一件件先进的铜器、铁器，从黄河流域运到江汉平原，桐油、香菇等土特产品销售出去，先进的日用杂货，随着盐客的肩膀，运进了大山。

神农架古盐道，主要通道有两条。

从保康的马桥，沿南河水路而上，进入阳日，再从山路经松柏、宋洛、徐家庄、黑水河、板仓，最后穿过大九湖到达；从房县上龛到官封，经塔坪、红举、板仓进入大九湖。

巫溪紧邻陕西安康镇坪。

镇坪是陕西、湖北，通向大宁盐厂的唯一旱路，自盐厂向北，登越渝鄂陕最高峰鸡心岭，便为陕西地界，下山20公里，即为镇坪南部第一坪坝——瓦子坪。盐道分为三线：一条向东，进入湖北竹山、竹溪、房县三县；一条向西，经岚皋县出境，达紫阳，入汉中镇巴；最远、最重要的一条，一路向北，纵贯镇坪全境，直达金州（今安康）。

镇坪古盐道，贯穿全境153公里。

长江三峡南岸的入蜀古道，是除三峡水道外，又一入蜀的重要陆路通道。因长江水势无常，人们渐渐开辟陆运，自长阳上岸，经巴东、建始、恩施、利川，翻越齐岳山，进入重庆。

三峡南岸道路，也是用兵之路。

巫溪的盐，便通过蜿蜒的山路、水路，运进陕南。

从西汉起，云阳云安盐、四川自贡盐、巫溪宁厂盐、彭水郁山盐、开州温泉盐、万州长滩盐、忠州涂井盐等开发，三面环长江的鄂西盐道，开始呈带状辐射，形成多支的著名川盐古道。

这是一个更加庞大的制盐基地区块链。

隐匿在千峰万壑之间，形成达数千公里的古栈道网。

巴盐古道，东接湖北竹溪、北连陕西镇坪，西通城口县境，也延伸到重庆东北角的城口，总长有400多公里。

水路陆路并行

自古出川，水路陆路并行。

滚滚嘉陵江，漫漫入川路。

跳荡过激流，从长江中游的汉口段溯江而上，穿过与汉江平行的弯曲的荆江地段，进入西控巴渝，东连荆楚的瞿塘峡，过奉节、万州，一路险滩、滟滪堆或死亡的可能，抵达重庆。

穿过江汉平原，放弃三峡险路，穿过鄂西重叠山岭的大巴山系，过建始、恩施、利川，翻越著名的齐岳山，进入重庆辖区忠县、垫江，最后到达重庆。

嘉陵江，源于秦岭，奔流而下，至重庆，注入长江。

水路，由重庆沿嘉陵江一路北上。

陆路，多数沿嘉陵江河谷处修建。

嘉陵古道。重庆通远门、佛图关、井口二塘、歌乐山金刚坡、土主四塘村、青木关、璧山六塘、七塘、八塘、合川、武胜、南充、蓬安、南部、阆中、广元、略阳、汉中、西安……

巴蜀地理版图上的嘉陵江中下游，江水受丘陵地貌影响，形成奇特的“蛇曲”形河道，河道在大地上来回地弯曲、环绕。从四川广元到重庆合川，直线距离就 200 余公里，嘉陵江的水路却长达 640 多公里，有 100 多个“蛇曲”。为了缩短行程，在重庆境内的陆路古道，大多舍弃地势平坦、反复绕行的嘉陵江河谷，而选择穿行在崇山峻岭间的陆路。

嘉陵古道接祁山古道，为古代入川的必经之路。

川鄂峡路，是最早的一条出川古道。

在古籍里，最古老的出川通道被称为峡路，又称巫盐古道。纵横交错，长达数千里。

崇山峻岭，穿云破雾，高峡深谷，陡峭曲折。

成千上万的“盐背子”，翻山越岭，披荆斩棘，肩挑背驮，负重前行。一路，除了道路的艰险，他们还会遇上猛兽、土匪。栈道在盐背子的脚下，艰难地延伸。

一条条盐道，就是一条条的生命线。

山林间，留下了编唱的歌谣：“金盐巴，木扁担，压得扁担两头弯。野山行，老林穿，阎王鼻子鬼门关。滴滴血，滴滴汗，一条盐道血泪染。砍根桑木做扁担，扛起扁担上四川，挑担盐巴下宁陕，讨个幺妹回深山。”

巴盐古道，是沿线区域经济、文化交流的主要通道，除了将盐送到各地，还有神秘的巫巴文化。

在大禹时期，蜀道就已经开通。广义的蜀道，包括川东一带的水陆交通道路。

《水经注》记载，大禹曾凿瞿塘峡“以通江”，开西陵峡“断江峡口”，使长江顺流直下，直奔东海。《蜀王本纪》说：“时巫山峡壅，而蜀水不流，帝令鳖令凿，以通江水也。”郭璞《江赋》补充说：“巴东之峡，夏后疏凿。”

大禹、开明王对疏通三峡航道作出了重要贡献。

这是一条规模宏大的栈道网。

这是一个青铜文化网络系统。

承载着峡江 4000 年的历史记忆。

青铜棒髻神人首

巴文化与蜀文化的对撞融合

古巴文化与古蜀文化的碰撞

雪白的结晶体。

主宰了巴人的一生，写就了巴人的历史。

“巫盐古道”，这一宏大工程，留下了无数先民的文化密码。

因为盐，巴人成为峡江历史上强大的族群。他们是最早的盐业产销商，也是中国最早的商人。三峡考古也证实，巴人是一支善于经商的族群。

沿长江东西向的盐业贸易，直接促成巴人的远距离迁徙。制盐技术，由峡江与各支流传入成都平原。峡江古巴文化、平原古蜀文化产生了碰撞。

巴人在峡江流域的部族争夺中，选择了溯江西进。巴人利用自己的盐业优势，在前往成都平原的盐巴贩卖中逐步西迁，敲开了古蜀文化的大门，也奏响了巴蜀文化相融、经济轨迹相交与发展命运交织的盛大历史乐章。

一脉相承。成都市区十二桥商代早期建筑遗址中，出土了大量的尖底器，为古蜀早期的制盐工具。还有方池街、岷山饭店、指挥街、十二桥、青羊宫、中医大学等遗址上，都发现有这种尖底器。它们与三峡地区的巫山、忠州等同期的尖底器，有着极其类似的形制、式样。

成都平原“有碱石，煎以得盐”，把碱石在水中熬煮后获得盐。这种办法获得的盐，远远无法满足古蜀先民的需求。在蜀地，没有峡江流域那样产盐量大、加工方便的“泉盐”。

峡江往成都平原的贩盐迁徙，过程漫长。

地名，历来被史学界称为历史的活化石。

沿长江一路向西，有很多鱼复巴人西进时遗留的地名。

唐代的符县（今合江），有巴符关，南方方言里“巴”就是鱼，巴符关就是鱼符关；奉节，汉代以前名鱼复；湖北省沔阳县东 7.5 公里有鱼复古城，还有个巴复村，就是鱼复村。

巴人向东、向西移动留下的“痕迹”，暗示他们控制着峡江通往成都平原的贩盐通道。

这一通道被人们称为成都、重庆“双城”历史的“高速公路”，更是一条连接昨天、明天的诗意寻美路线、经济走廊。

巴渝文化

巴渝文化起源于巴文化。

灵山十巫，巫文化中最古老的汉族神话传说。

上古时期，以巫咸为首的“灵山十巫”，以今巫溪宁厂古镇宝源山为中心，创造了以占星术、占卜术为主要形式，以盐文化、药文化为主要内容的地域特色文化。

“巫文化”对华夏文化，特别在天文、中医方面影响深远。

瞿塘峡东口，“大溪文化”。

从7000年前开始，巴人就生活在峡江岸边，到大禹治水的4200多年前，巴人创造的大溪文化已发展到中期。其文化发达程度，已不亚于同期黄河流域的二里头文化——夏文化、先夏文化——成都平原的古蜀文化。

巴人遗址大多濒江，位于沿江的一、二级台地上。

特大洪水期间，台地必然要面对汹涌的长江急流。充斥在巴人器物上的水波纹、旋涡纹，出土的陶制农田、堰塘模型，都显示着巴人必须面对长江水灾的生活实际。一些出土的农田模型，出现的人工缺口、堰塘模型，甚至再现了远古巴人的水利行为。如今，仍在峡江流域流传的“鳖灵凿乌江”的传说，也时隐时现古巴人治水具有与古蜀人同样的悠久历史。

巴人治水

三峡库区留存的17处古代水文题刻，世界上最大的水文题刻长廊。

江边石床，铭刻石鱼水标，记录江水的涨落，窥见巴人与水的成长历史。

世代栖息在长江中游的巴人，对水的认识与成都平原的蜀人大致类似。

巴人世代临水而居，饮滔滔江水，煮长江之鱼，驾舟拍浪而行。

巴人的历史，就是与水共处，与水抗争的历史。顺水而生，择水而死，甚至把棺木造成船形，祈求死者如同活着时一样，作息于船上。巴人学会如何与水相处，是远古巴文明发展的重要前提。

廪君“浮土舟”的传说，证明了远古巴人驾驭水的高超能力。

早在杜宇王前，巴人就沿峡江西进，与蜀文化的融合已渐入佳境。

一个几千年生活在急流险滩上的民族，完全能在大禹治水中发挥重要作用。

大禹未必就肯定“斧劈三峡”，却暗喻巴人治理峡江之水的主要方法。

长江水随青藏高原的隆起，自西向东流淌。4000多年前的大禹时代，三峡的险滩与“瓶颈”地段更多，每每洪水来临，位于沿江台地上的巴人的起居地带都在劫难逃。

治理三峡，就是打通峡江的“咽喉”要道。

江水畅流，须清除长江肠道上的“结石”。

在梳理三峡一些“结石”节点时，巴人运用“火攻水浇”裂石法，使岩石爆裂，再将木楔打入裂石缝隙。在青铜时代，这是最有效的劈石技术，也是总结生活经验的成果。

远古巴人的亲水生活中，处处可以窥见“以水为师”的信息。

开明王“鳖灵”的身上，打着深深的巴人烙印。他带给都江堰早期工程的“疏导”理念，与大禹治水如出一辙。

两个相隔千年的帝王，大禹、开明王，治水理念却完全一致。

《蜀王本纪》《华阳国志》都记载，鳖灵“决玉垒山以除水害”。

“决玉垒山”，就是打开玉垒山、开凿引水河道，分引岷江的水流，进入沱江。岷江水要流入沱江，全靠人工疏浚，《禹贡》的记载证明，岷江在古代曾经过疏导。

在都江堰，治水技术来源于远古巴人，他们溯江西进，将其带到了成都平原。开明氏作为一支入蜀的楚巴部族之人，应该掌握了“火攻水浇”开凿岩石的治水经验。

这是“火攻水浇”的最早记录。

民间鳖灵疏导乌江的传说，也表明了这点。

都江堰的主体工程，为开明王朝历经350多年开创。李冰站在前人治水成就的基础上，对都江堰进行了一次全面的整修、完善，并对治水经验做了理论上的系统总结。

大禹因北上治水，得天下九州。

鳖灵因疏导岷沱二江，掌古蜀。

巴人融入蜀人

距今3000多年前，楚巴一带巴人、楚人错居杂处，巴人部族中的一个部落崛起，他们崇敬一种凶猛、顽强，富有旺盛生命力的动物“鳖”，水陆两栖，牙齿尖利、强健，成为水中的无敌杀手；习性善于钻洞隐藏，成为狡黠、智慧的象征；寿命漫长，具有某种不可理喻的神性。滨水而居、渔猎而食的巴人，将它当作祖先。一支巴人部落，以鳖为图腾。

三星堆文化与金沙文化的交错之际，巴楚两国联手扫灭了周边的很多小国，终又反目成仇。巴国虽然几度攻入楚国的郢都，总是功亏一篑。

在与中原文化的密切接触中，楚国很快成长为南方的一个巨人。楚人攻势凌厉，迫使巴人放弃了汉水中游的领土，偏安于鄂西、川东一带的峡江谷地。大山，成为最好的保护屏障。

大江急流的自然环境、残酷的政治生态，养成巴人顽强凶悍的性格。在峡谷里，内忧、外患并不曾停息。峡江的三山五洞里，部落间血腥的纷争开始了。空间狭窄，改变了巴人的生存法则。

楚人经过变法迅速富强，提升战斗力的军队，也乘乱进入峡江。

曾经的乐土，风雨飘摇。

那支敬奉着鳖的部落，将沉重的担子，放在年轻巫师“鳖灵”的肩上。“鳖灵”就是“鳖巫”，鳖部落的巫师、首领。

受命于危难，他注定要改变历史。

他，勇猛剽悍，在刀光剑影的峡谷里身先士卒，手持青铜短剑，拼打着部落的立足之地。

充满血腥的峡谷，他终于“尸”在战场上。

“尸体”被运回部落，他被宣布了“死讯”。

“尸”，并非全指尸体。《左传·庄公四年》记载：“楚庄王荆尸，授师子焉，以伐随。”楚庄王阅兵时，军士皆木立如尸，阵法称为“荆尸”。“亡”，也不全是死亡，古时犯法当死之人、逃亡者，称为“亡命”，成语“亡命天涯”即是此意。因为亡走，才有了“荆人求之不得”。

部落的长老们隐瞒了他活着的真相。他受了重伤，忍着痛，向长老们宣布了一个重大决定：在大山阻隔的峡谷里，永远不会有平静、安宁的一天，离开狭窄的战乱之地，向西，便是诗和远方，有新的乐土。一如当年蚕丛王携家带口，从营盘山一带的聚居地，率领部族翻越与岷山相连的龙门山脉主干玉垒山脉，从岷江上游河谷向成都平原辗转迁移，沿途洒放一样。

“尸体”被放进一艘与船棺没有区别的船。

在一场“声东击西”的“葬礼”后，长老们率领部族启程，溯江而上。

风雨兼程。西进的路上，时闻悲歌，也会唱起鼓舞士气的《下里》《巴人》，峡江两岸回荡着青铜錞于悠长的节奏，不时惊起悬崖上休憩的猿猴。大江的源头，应有一片丰饶的土地。

虽然路途遥远，但巴人必须寻找新的生存空间。

渐渐康复的鳖灵，执意要为父老兄弟找到真正的乐土。逆水涉滩，一路风尘，一路川江号子。

峡江巴人，乘着独木舟，带着深入骨髓的鱼崇拜信仰。途中，有人不断下船、上岸，也有人不断上船，建立一个个小小的居民点。沿江的定居点，也成为巴人在成都平原和峡江老家之间的补给点、加油站，虽然很少有人愿意再回到峡江……

几年后，巴人终于来到现在的乐山。

此地地广人稀，水土丰润，鱼虾肥美，一片不需要为果腹而厮杀的乐土。

靠岸时，当地人看见一个清瘦的男子从“棺材”里站起，在一帮人的簇拥中下船。“船形棺材”来安葬死者，早就传来，当地人是第一次看见死人在“棺材”里“复活”……

传奇之事传开，留在一些僧侣的记述里，成为杨雄《蜀王本纪》的依据。

从此，巴人不需再为无法采摘足够的野果发愁，不必在风浪里为生计拼尽力气。

巴蜀两地文化，再次展开深度交流、交融。

巴人，逐渐融入成都平原蜀人的生活之中。

巴蜀文化形成

殷商至周代，成都平原并不产食盐，它能崛起、震慑西南，甚至古蜀文明能够发展、兴旺，延续2000多年，就是倚仗于巫盐、巴盐，特别是三峡地区巫咸族的泉盐的支撑。巴族最初的贡献，主要是运盐、贩盐。

巴即是盐，盐即是巴。

中原文化，通过峡江流域，传入成都平原，绕不开峡江巴文化圈的必经之路。

三星堆文化、金沙文化南北向交流的可能性，尽管并不亚于沿长江的东西向交流的必然性。但绝大多数青铜器造型，明显独立于秦岭以北的黄河流域。

“鱼凫王仗”，与峡江流域巴人巫师的法器相似。

三星堆遗址出土的与二里头文化相似的三足器——“盉”，在峡江流域鄂西等地也曾大量出土，仅2004年在重庆云阳无历史缺环的大地坪遗址，就发现了数十个完整的成组合的陶盉。

在三星堆器物坑里，已发现与湖南、湖北荆楚地区特点相似的青铜尊。从安徽阜阳润河出土的类似的龙虎尊，到金沙遗址中出土的有刻画符号的长琮，大宁河李家滩的大尊是“摆渡者”……

远古以来的巴蜀地区，除接受北方中原文化的影响外，还与长江中下游的文化交流更为密切。中原文化的影响，通过长江中游，又间接传入上游的成都平原。

巴渝，成都平原与江汉平原间的交通走廊。巴人在学习先进青铜文化和自行探索中，创造着充满神秘特色的青铜文化。兵器的地位十分重要，典型兵器柳叶形青铜剑，薄而锋利，近身搏斗的利器；圆刃亚腰钺，彰显出巴人勇猛无畏的性情；属于长兵器的戈、戟和远程攻击兵器的弓弩，是受周围文化影响出现的兵器种类。

积薪煮盐。

武盐立国。

秉承先人采卤、制盐、贩盐安身立命的古老传统，自廪君始，巴人逐盐而居、为盐而战。巴文明以军事为其核心，一直尚武剽悍，征战不休，也是有历史缘由、传承的。

“俱事鬼神”。

“神树”，古巴人无界通灵的中介物。

神器燃烧。祭祀活动具有与战斗同样重要的意义，如此才相信自己更接近天宇。

三星堆文化遗存中的“神树”，竟然与巴地錞于上的图案内容相似。

“神树”，当今土家人的“刀树”，都有一根粗壮的主干，直立通顶，顶端皆呈花苇形状，树上都有鸟，树枝弯曲下垂。这说明巴蜀在文化上已经水乳交融。

“巴山蜀水”“下里巴人”。

古老部族的历史记忆、文化传承。

巴人先民，中华民族的源头之一；巴文化，中华文化的一个重要组成部分；巴文字，中华文字的重要源头之一；巴人与后裔，在中华民族的统一、独立中作出过杰出贡献。

不断地扩展着自己的文化圈。在东至洪湖、南到洞庭、西到重庆与四川盆地、北到汉中的广阔的区域，巴人都撒下了文化的种子。距今 5000 年至 4000 年，巴民族和巴文化产生。

一个曾经光彩四射的王国，成为千古之谜。

大宁盐场的灶火，延续到 20 世纪末才渐渐熄灭。

龙池的盐水，却依然喷涌不息……

一段无法斩断的历史，三星堆文化、金沙文化融合了巴渝文化。古蜀地域上，巴蜀文化进行着持续的历史对撞、融合。

▲ 玉琮

玉色花绿，琮中空，高约50厘米。琮对应的两个外立面浅浮雕举五辐轮跪人、人首鸟身像等纹饰，另两面细阴刻古蜀文字。玉琮器形高大，色彩美观，做工细致。

玉高冠顶鸟立人

透闪石龙溪玉，浅绿色，玉质坚硬致密，晶莹剔透，受沁后表面白醭，老旧特征明显，制作工艺精湛。立人头顶神鸟，双手抱握于胸前，赤裸双足，应为大巫神像。

第四章

文化走廊千年以降

由夏商到春秋，中央政权对长江中游的统治有进有退，文明的共融连续不断，文化认同的基础不断夯筑，在政权的此消彼长中日益坚实，成为统一中国的共同基础。

中国古代的运输能力，早就超出现代人的想象。

两大天然航道体系的形成：

群雄的争战，拓宽早期的航道，在长江流域形成以长江干流为轴心，四通八达的天然航道体系；在黄河流域形成以山西为中心，以黄河为干线与支流河道互相贯通的天然航道体系。

共同演绎出令人荡气回肠的史诗绝唱。

“汤继强线”，成渝双城交通走廊。

“T 型经济带”，线性文化空间。

一条文化传承、文明构建之道。

不仅扛起《诗经》《楚辞》两大中国现实主义和浪漫主义源头的开山之作，而且还担起《山海经》、《黑暗传》(《巫咸孝文》) 两类涉及神话、传说、诗歌、史料的奇书。

四部奇书，同在走廊上呈现，与“巫盐古道”“金道锡行”难分难解，贯穿中国腹地的盐道生命线、青铜文化网络和“大蜀道”连接重叠，在世界历史、人文、地理上，本身就是一个伟大的奇迹。

长江中游地区进入中原文化圈

盘龙城衰落

南土“行都”，供商王巡守南方、处理事务的驻跸之所。

临时王都。历代商王遵循祖制，每五年必到盘龙城。

盘龙城毫无当地氏族色彩。平时由武官驻守、定期轮换，与世袭诸侯王、方国国君不同。

统治南土，商王朝通过盘龙城来实现。

青铜时期的“九州通衢”。

这是中央文化被不断认同，并汲取周边文化的过程。

不论是作为商周王朝的“南土封国”，还是“军事据点”，抑或是古楚文化的“土著方国”，盘龙城都是文化交流、融合的产物。后期，商朝的统治势力退回中原地区，依然可从长江中游地区获取资源。

宜昌、三峡地区，巴文化的发祥地，楚文化的摇篮，巴楚文化交融发展。巴山楚水孕育下的古代先民，创造了地域特色鲜明的巴楚文化，在中华古代文明史上谱写了光辉灿烂的篇章。

在中华文化的多元一体化进程中，两江交汇之处的盘龙城，历史性地承担了传承使命。存续约300年后，它消逝在历史的洪流之中。但是，长江中游多元文化的交融，一如长江东去一样，不会倒退。

武汉向北，涢水之畔。夯土遗下的城基累累叠叠，光阴已逾越3500年。

武丁之后，商朝盛世一去不返。盘龙城里的人再也抵挡不住南方各邦的袭扰，不得不踏上返乡之路，一路弃城，一路荒凉。存在300余年的商王之城，没入历史的尘埃。

盘龙城废弃的主要原因是气候环境变化。当时是气候高温期，长江发生大规模洪水，血吸虫病流行。钉螺是血吸虫病的传染源之一，在今遗址中就发现了血吸虫病传染源的钉螺。

文化融合

武汉依旧承继了文化融合的历史责任。

春秋战国时期，就发生了俞伯牙、钟子期“高山流水遇知音”的典故。还有中国“最古老的大学”之一的“问津书院”，相传为孔子周游列国时，使子路“问津”于长沮、桀溺的地方。

战争，也是文化融合的途径之一。

周王朝与淮夷族群的战争，相当频繁。

成王、昭王、穆王、厉王、宣王时期，均发生过征伐淮夷事件。

周伐淮夷，就是为了掠夺南方铜料等珍贵资源。

“崤函帝宅，河洛王国”。延续商人的扩张政策，周人也南下掠夺长江中下游的铜矿资源。西周王都定于洛邑，较商都位置偏西，东出、南下长江中下游产铜区的“金道”运输线，尽管也分淮汉方向、江淮方向两路，但沿汝颍水系向西北转运、再穿大禹治水时所开的轩辕古道，沿着崇山峻岭间弯弯曲曲的狭窄道路西进，路况更加复杂、险恶，路途更加遥远、艰辛。

由辅转正。周王朝更加理性，使用“漕运方式”转运，最大限度地节省成本，将商代“江淮金道”由辅线上升为运输主干线。转运量的提升，“润水金道”的重要性更为凸显。

伯、禹诸器铭文中多次记载，阜阳境内，胡国与周王朝军队的战争、交往。

周王朝军队自洛邑东出，进入东南淮河中游地区，行“江淮金道”，向西北延展的“汝颍金道”。润水金道，位于“汝颍金道”东南端，为“汝颍段”“江淮段”之间的连接线、转漕线。

重点经略。周王朝势力进入淮夷腹地的前哨阵地，与拱卫、固防润水金道有关。

淮河，一条独流入海的河流。中国东部地区的一条南方与北方的分界线。

商代的甲骨文、西周的钟鼎文里，多有“淮”字出现。从炎黄部落一统中原后，黄河文化强势南下开始，淮河流域就已出现文明的碰撞、融合，跨入文明的门槛。

长江流域青铜文明进入中原文化圈

这里一直是中国古代思想家的摇篮。

除了夏商周近1800年的融合发展，“百家争鸣”的思想交锋，在淮河流域达到鼎盛。

以自己的智慧，照耀人们前行。“先秦七子”，儒家的代表人物孔子、孟子、荀子，墨家的代表人物墨子，道家的代表人物老子、庄子，法家的代表人物韩非子等一大批思想家，在这里穿巡、行走。

长勺之战、城濮之战、官渡之战、淝水之战、靖难之战……中国历史上最为著名的200余次战役，发生在淮河流域的占了1/4。也出现了无数华夏英雄代表人物，陈胜、吴广、项羽、刘邦、曹操、朱元璋……

由于淮河地域特殊的地理位置、人文环境，各种不同文化在此碰撞、交流，淮河文化在融合中原文化、吴楚文化的基础上，形成了一种区域文化，具有兼容性、过渡性的特点。与齐鲁文化、楚荆文化、吴越文化并立，互相渗透。

世事更迭，湖北与水共生、共难、共荣。

众水归一，生生不息。

大湖之北，绝艳江城，楚文化独领风骚数百年。楚人的先祖火神祝融，以火创造的文明，点亮了荆楚大地的历史，最终浴火而生，化为神鸟凤凰，飞登九天。

荆楚先民留下数不清的文明印迹。中央政权对长江中游的统治虽有进有退，但文明的共融连续不断，文化认同的基础不断夯筑，在政权的此消彼长中日益坚实，成为统一中国的共同基础。以鼎的多少标明身份，是中原周王朝的文化认知。在春秋时期，楚国发声“问鼎中原”，就是全面认可中原文明，表明楚国融入了以中原为核心的文化圈，长江中游地区进入了中原文化圈。

文明因交流互鉴而丰富。

在与周边民族交流、碰撞、融合中，江汉地区的先民们创造了影响深远、瑰丽璀璨的文化。商王朝在盘龙城设立军事重镇，向南方开拓疆土，湖北成为商朝“南土”的重要组成部分。西周建国，大批姬姓、异姓贵族，陆续受封于江汉地区，并带来浓郁的周礼文化，与代表地方政权的楚交流、共生、融合。曾、楚青铜文化面貌趋于一致，这一区域属于共同的青铜文明。中华文明的内容更加丰富、立体。

在中原青铜文明传播至南方，扩散、辐射的历史脚步中，长江流域的南方文明，充分吸纳北方铸铜技术之长，与本土信仰文化、器用文化和审美趣味相结合，自成一格。

以盘龙城的出现为契机，开放、发展起来的有江西吴城遗址、牛城遗址，以及湖南青铜大铙。

熔铸自我。具有本土文化基因的“古成都人”拥抱、接纳中原青铜冶铸技术的同时，将青铜物质载体与本土精神信仰、生活传统和审美趣味相结合，推陈出新，古蜀文化反哺中原文化。

三星堆、金沙城等遗址，便是长江流域青铜文明的杰出代表。

南方文明依托水路航道交融

水路连接东西、南北

南方古城多处于河网密布地区，城壕的水运作用更明显。

盘龙城南边，紧靠流注长江的府河，东北面，今为盘龙湖，涨水季节，古城的东、西、南三面环水。城壕距墙脚约 10 米，南壕宽约 11.6 米，北壕宽 12.8 米，深 4.6 米，完全可以行船。

三星堆城，城墙外侧有宽 20—30 米的壕沟，壕沟的两端分别与鸭子河、马牧河相沟通，组成一个既有利于防洪排水，又有利于防御和交通的综合性水系工程。金沙城与之一脉相承。

上古时期，河流自然沟通，要发展水运，只需对水道稍作疏浚即可。

中国古代的运输能力，早就超出现代人的想象，各个部族、国家之间的交流联系非常密切。

至迟在 3500 年前，中原文化就已经越过长江。

江西的大小河流岸边，已经聚集起众多的居民。清江吴城遗址是和青铜文化融合，航运、生产互相促进的突出例证。

作为城邑，吴城经过精心选择。通过萧江、赣江，与鄱阳湖水系的广大地区沟通；通过赣江支流袁水、长江，与洞庭湖平原发生联系。各地的物产，通过发达的水网运抵城邑，王命也通过水运，快速地传达至每一个乡邑。所以，吴城成为虎方的政治、经济和文化中心。

南方文明依托水路航道交流、融合。

三星堆的尊、罍，与湖南华容、岳阳，湖北江陵、沙市、枣阳，安徽六安，陕西城固，重庆巫山大昌等地的尊、罍，从形态到纹饰，都有惊人的相似之处。这是物资流通、贸易往来的背后，文化通过水路进行播衍的结果。

商朝的政治体制、架构，已具备物资大规模运输的条件、环境。

夏商周时代，实行方国与边地向中央王朝的贡纳制度。《荀子》中提到，汤用伊尹灭夏“受九有”“远方莫不致其珍”。灭夏前，诸侯已叛桀归汤，“同日职贡者五百国”。商代建立之初，已表现出号令四方的大国气概。氐羌“来享”，就是向商王贡纳物品。《玄鸟》称颂武丁时诸侯朝贡的景象，“龙旂十乘，大糦是承”“四海来假，来假祁祁”。

贡物可大致分为：奴隶、牲畜、野兽、农产品、手工业品、奇珍、卜用甲骨等。

外地物品的贡纳，主要通过陆运与水运。

山岭阻隔带来的陆行不易，水路运输变得重要。只有水路不通的地方，才经过陆路转运。

山东滨海地区的盐，通过古济水，到达黄河。

湖北东南部、长江中游南岸的铜绿山矿，北濒大冶湖，水运可经由湖启航，“出韦源口进入长江。沿长江上溯，可达楚郢；顺长江而下，可达吴越地区；北上经汉水，过随（随州）枣（枣阳）走廊，可进入中原；南下，从岳阳进入洞庭湖，可与湘、资、沅、澧四水相通”。

铜绿山矿区的古代交通，以水运为主，陆运为辅。

江西瑞昌铜岭，水运路线按《禹贡》记载，自江入海、再入淮，由泗水、济水，到达中原。或溯江而上，进入汉水，再浮涢水、澴水或滠水北上，转陆路，穿越“三关”，抵达商都。

青铜文明，既有江南铜的北上，也有中原青铜文明向南方地区的播衍、反向影响。

文明的传播、交流，在湖北、湖南、江西等地，基本都沿着水路进行。

长江、黄河：水运形成的文明廊道

商代，除继续利用“三州贡道”外，在长江中下游地区开始利用木板船，陆续开辟出一些民间交流和经商的水运航线。《尚书》记载：“盘庚作，惟涉河以民迁。”

“河”，黄河；“涉”，“以舟为涉”。

这表现商人曾经多次利用黄河，进行迁都活动。

西周，继续开发利用深化天然航道。

除山西一带的黄河干支流航道进一步发展外，长江、汉江和湘江一线的航道已逐步开辟。汉江上游与北方政治中心接近，中、下游有良好的通航水道，四川、两湖等地丰富的物资，都是通过长江、汉江运抵都城。

春秋战国时期，诸侯纷争，航道在军事上更是被广泛应用。

两大天然航道体系的形成：

群雄的争战，拓宽早期的航道，在长江流域形成以长江干流为轴心，四通八达的天然航道体系；在黄河流域形成以山西为中心，以黄河为干线与支流河道互相贯通的天然航道体系。

这两条航线对经济发展、政治统一与文化交流意义重大。

成都平原有大石墓，温州瑞安则有石棚墓。

越地有独木棺葬，成都平原也有独木棺葬。

成都新都马家大墓与湖北随州擂鼓墩曾侯墓的文化特征颇为相近。马家大墓的列鼎形制、字体均与曾侯墓一致。二地出土的青铜甗、青铜缶形制，也同样一致，甚至连缶耳上的提链也相同。马家大墓的编钟是甬钟，擂鼓墩的编钟也以甬钟为主。

三星堆的青铜文化，与比较接近的湖南、湖北和淮河流域的安徽一隅，也有联系。

古蜀文化发展与商周文化的发展平行，相互影响，传播畅通。

南方青铜文化沉积带

中原地区与成都平原的文化交流路线，主要是两条传统路线。经淮河至长江，越过洞庭湖，溯江穿入成都平原；通过三峡，走危险却便捷的长江水路；由汉中入成都平原的路线，也是传统路线。汉江通道，可以水运。

三峡航运，始于新石器时代。

巴蜀先民已从事舟楫船筏的活动，只是“接力”式短程航运，规模不大。

通过峡江水路，各方文化交流通畅。

早在夏朝时，巴人就和夏王朝关系密切。

山峦交叠，峡谷幽深。

山水孕育的独特文化，别具一格。

从商至西周，巴立国于汉水上游，春秋时一度东出汉东，与楚国缔结政治军事联盟，发生了种种和与战的关系。峡江巴国，由从汉水上游南下的巴人，联合从清江上游西上的巴人，共同缔造。

为边防安全，峡江巴国屡迁。东迁，防楚；西迁，拒蜀。

巴人参加武王伐纣之际，独木舟已被舫替代。春秋战国时期，巴、蜀、楚、秦等，都着力利用、开发过三峡航运。

绝不寂寞的峡谷，最具活力的峡谷。

三峡地区，巴人、楚人、秦人因盐而起的战争，客观上带来文化的融合，特别以巴楚为最，间接地影响了古蜀、秦地和中原。

水道、栈道、陆道、驿道……

盐夫、纤夫、渡夫、背夫……

北语、蜀声、巴韵、楚音……

河流、码头、古道、漕运……

共同演绎出令人荡气回肠的史诗绝唱。

一条艰辛与浪漫交织的水道，一条痛苦与快乐相融的栈道，一座历史与现实结合的码头，一条神奇、神秘、神灵的舟船，一叶生活、生命的独木舟，一艘人文、精神的木板船……沉淀着太多的人文历史，承载着太多的文化风情。

大水若溪，大山若丘，大道无痕，它构成了中国南方青铜文化沉积带。

玉抬滑竿组合件

透闪石龙溪玉，绿褐色，玉质坚硬通透。两个人以两根竹竿，抬着一位端坐于椅子上的尊者（或是巫者），鲜活地表现了古蜀地区人们的出行方式之一：抬滑竿。

“岐阳之蒐”中落寞的“守燎”

楚人、楚国、楚文化

长江冲出夔门，流入武汉之前的这段，俗称荆江。

荆江的名字，因荆山而产生。

荆山，楚国的发祥地，在今天神农架下的鄂西北这一带，叫荆山山脉。

“楚蜀鸿沟”。巫峡，位于重庆巫山与湖北巴东境内，此地有一条鳊鱼溪，从北岸注入长江，史上为川鄂边界线，现为渝鄂两省市的界河——地理上的“鸿沟”。

湖北，楚文化的发源地、核心。

新石器时代的原始文化，有大溪文化、屈家岭文化和石家河文化，还有比大溪文化更早的城背溪、朝天嘴遗址类型。在宜昌西陵峡地带，有考古学地层叠压关系，与文化面貌上有承袭关系。

比喻恰当。甲骨文中，“东”字，一个米袋形象；“西”字，一个盛盐的圜底罐；“南”字，巴人所独有的錞于乐器；“北”字，两人靠背而座。《诗·小雅》说，“以雅以南”，《韵会》说，“南亦雅乐名”。楚地的米、巴地的盐，加上人与音乐，古代说交换“东西”，就来自巴人和楚人的贸易，即用楚国的大米交换巴人的食盐。

楚国的疆域，位于今天的中部六省，包括河南、安徽、湖北、湖南、江西和江苏徐州的一部分。

楚国，又称荆、荆楚、楚荆，是位于长江流域的诸侯国，国君为芈姓、熊氏。

诸侯国中最“另类”的国家。虽为“十二诸侯”之一，楚国却早早称王，春秋时期长期与中原为敌，自称“我蛮夷也”；又以华夏自居，自称“抚有蛮夷以属华夏”，积极地接受华夏文化。

楚国先民立国，国号不叫“荆”，而叫“楚”。那它的王族到底来源何处？世居本地的“蛮夷”，还是从中原迁移过来？《史记·楚世家》虽然记载了楚王世系和楚人先祖，却又对楚人的来历含混不清，形成了“中原说”“土著说”等观点。

“楚”几乎成为两湖地区的代名词。

开国先君：800年楚国的创始人，季连的裔孙鬻熊。

楚人先祖：鬻熊，一个参与周文王灭商大计的功臣。

《楚世家》记载：“楚武王曰：‘吾先鬻熊，文王（周文王）之师也。而早丧。’”

两个身份。巫师，在周朝灭商过程中，立下汗马功劳；道家开山之祖，留有《鬻子》一书传世。周成王时，成王感念鬻熊的功劳，封鬻熊的曾孙熊绎为子爵，楚始建国。

楚人来源，在“清华简”发现前，最为流行“土著说”。

春秋战国时期，楚国与秦国的待遇相同，被诸侯国称为

“蛮夷”。

地处蛮荒的楚部族，深受诸夏轻视。

绝大多数学者否定“土著说”，认为楚人的始祖，是地道的河南人。

在《楚世家》中，司马迁说，楚人始祖五帝时代帝喾的“火正”（火师）黎氏。因为工作认真，兢兢业业，恪尽职守，帝喾为了褒奖，颁赐“祝融”，淳耀惇大，光昭四海。

先祖“季连”，是祝融的后代八姓中的一支。祝融一族，世居河南新郑。

商王武丁之世，是季连生活的时代。

政治联姻。商朝，一面，进行武力威服，“奋伐荆楚，深入其阻”；一面，又灵活地采取联姻手段，试图“归化”楚族，武丁甚至将前代商王盘庚的孙女妣隹，嫁与季连为妻。

成婚后，季连的部族逐渐沿着均水，往下游迁徙，磕磕碰碰，辗转来到汉江南岸的荆山一带。

先世与殷商联姻的鬻熊，选择了背弃商朝，转投西周。

司马迁说，鬻熊在投靠西周之后“子事文王”，以《史记》中的描述推论，这与殷纣王、周文王采取的对待诸侯的不同策略有关。认周文王为父，乃楚人寻求政治靠山的策略。

西周对楚族这个殷商的“亲家”，私下里也有妨嫌、猜忌。武王伐纣时，南方的庸、濮、彭等部族都先后加入伐纣的联军，在史称的“岐阳之蒐”中，却看不到楚人的身影。

落寞“守燎”

公元前1113年，岁在戊子。

一支旌旗招展、盔甲鲜明的威武之师，开进西周都城镐京的东大门。军兵脸上写满疲惫，靴上遍沾征尘。

三年前，周武王不幸崩逝，尚未成年的太子姬诵，在群臣的忧虑、疑惧之中仓促继位。主少国疑，西周陷入一场史无前例的大规模叛乱：殷纣王的儿子武庚，率领东方的殷商遗民造反。

负责监视武庚的管叔、蔡叔，不仅没有及时平定叛乱，反而助纣为虐。

一夜之间，由周武王苦心经略的东方领土，迅疾被战火吞噬。

临危受命，周公旦亲率大军，东征平叛。

三年艰苦奋战，西周终于平定“三监之叛”。

当镐京官民还陶醉在颂扬、喝彩声中时，深谋远虑、志存高远的周公，已开始谋划西周的建国大业。最大规模的封建诸侯行动，正式拉开帷幕：鲁国、齐国、卫国、燕国、晋国……

各个护卫王畿的强藩，被先后分封到各个战略要地。

随后，周成王以田猎的名义检阅军队，开展军事演习。

《左传昭》做了记录：“周武有孟津之盟，成有岐阳之蒐。”

岐阳，今岐山县东北方向的祝家庄镇，极具古韵。

“岐阳之蒐”。为了强化国家的凝聚力，让天下诸侯如众星拱月般团结在天子的周围，周公以成王的名义，在岐山之阳，召开盛况空前的诸侯盟会，特意举行“大蒐礼”，公布一系列重要的法律制度、人事任命。

诸侯济会，风采烈烈。狩猎之时，万马奔腾。

弹冠相庆，气氛欢乐。司仪熊绎，内敛卑谦。

盟会预演时，他将象征着君臣身份的茅草，恭恭敬敬地竖立在天子、诸侯的座位上；正式会盟之前，他将标志着尊卑之秩的木表，一丝不苟地放置在贵宾们的席次当中。

天子、各路诸侯，陆续入席。

熊绎则默默地退出热闹的会场。远远地，与身份低贱的东夷鲜牟之君一起，守望着会场前熊熊燃烧的火炬。

周王室贱视熊绎？

情理之中，意料之外。

论亲疏，楚人与周王室并不沾亲带故。

说功劳，联军伐纣时，楚人又未参与。

在周朝政治版图的规划中，居然没有楚人的一席之地。在极度重视血缘的周人眼中，楚族不在认可的正统华夏范畴之内，属于“化外”之地。

论功行赏。按照《楚世家》中记载，司马迁认为，周成王姬诵册封熊绎为楚君，是因其家族曾全力侍奉过姬昌、姬发两代周王，“举文、武勤劳之后嗣”。周朝给予熊绎的封赏分为三部分，“封熊绎于楚蛮”“封以子男之田”“居丹阳”。即朝廷委任熊绎为南方楚蛮地区的最高长官，可在当地拥有五十里的直属领地，以丹阳为居城。

修筑用以垄断食盐、青铜的楚长城

举族北迁

一纸授权，让楚君当了“镇长”。

经历多年的等待，楚国才终于迎来独立建国的机会，只可惜周成王赐予的封地小得可怜，“子男之田五十里”：方圆 50 里，不到 20 平方公里的地盘，就是现在一个小行政镇的面积。子爵小国，能筑城之地，也就几里。

周围，荒山野岭，沼泽灌木。

满地，老虎、鳄鱼、小水鹿。

山岭叠嶂，远离政治中心。丹阳，位于今河南淅川的淅水、丹江交汇处。依照“清华简”中《楚居》提供的线索，楚人自季连以降的四代君主，均定都于今湖北十堰房县西南的“京宗”，根本不是必争之地。

分封制，造成了楚与中原的隔阂，却又把身份低微的楚人领进周天子神圣的宫殿。

熊绎垂头丧气，失望而归。

熊绎沉默后，叹了一口长气，把事情的经过告诉了文武大臣。

众人听后，都非常气愤。熊绎郑重地对众人说道：“楚国受到歧视，是因国家贫穷。现在与中原公然对抗，就是自取灭亡，要想受到尊重，我们只能发愤图强，让自己强大起来。”

周成王要求熊绎带领族人向北迁徙，向政治中心镐京靠拢。

“京宗”距离“丹阳”尽管只有百余公里，但要放弃数代人经营的旧都、举族北迁，难。

抵达丹阳后，熊绎不得不带领着族人，开始修筑城邑。

尽管多次带领仅有原始装备的本族武士，参与到了周王朝与东夷、西戎的战争之中，并可以自豪地夸耀一句：“唯是桃弧棘矢以共王事。”但对于楚人生活的艰辛，以周成王为首的周室贵族似乎并不关心。在战后分配战利品、赏赐的过程中，竟出现了齐、晋、鲁、卫等姬姓宗室封国所获颇丰，而楚君熊绎两手空空的不公平局面。

“知耻而后勇”“好学近乎知”。

先祖的窘迫、屈辱，令数百年后的楚国君王念念不忘。

熊绎就带领楚国人在土壤贫瘠、条件很差的荆山上垦荒，奋发图强。

传奇的一代霸主楚国，开启了漫长、艰难的创业之路。

披荆斩棘，站稳脚跟

熊绎带领着楚国先民，披荆斩棘，翻越荆山，一路跋山涉水，最后衣衫褴褛的场景，在日后的楚国广为流传，以至于楚灵王时代一个名为析父的侍从，都能随口说出："昔我先王熊绎辟在荆山，筚路蓝缕。以处草莽，跋涉山林，以事天子。"

正因困苦，步履艰难，磨炼斗志，增长才干。这种精神不仅写进楚国的历史，甚至植入楚人的遗传基因之中。

成语"披荆斩棘"，即指熊绎开辟荆山的历史典故。

经过 50 多年的艰苦奋斗后，原本贫穷落后的楚国，一天天地壮大起来，不仅强大了军队，扩大了疆土，增加了财富，增强了国力，更成为江汉一带的霸主。

"空霸南土，争强中国。"

当年，骄傲的周王朝没有尊重楚国。如今，强大的楚国也不会尊重周王朝。

当时，各个诸侯国必须向周王朝朝贡，但是，楚国却拒绝朝贡，还阻止南方的其他部族朝贡。

周王朝不能容忍，周昭王亲率大军，向楚国杀来。

军队踏上楚国的疆土，却发现到处都是深山老林，根本看不见楚军的身影，反而自家军队屡屡受到楚军的骚扰，以及一些毒虫猛兽的攻击。在深山老林里，周王师如同盲人摸象，只能被动挨打。

无奈之下，周昭王只好撤兵。

三年之后，周昭王又带上骁勇善战的王师，亲自南征。进入楚国后，周王师依然没有看到楚军来阻挡，茫然四顾，不知所措。突然，无数的楚军从四方涌出，周军被打得落荒而逃。

周昭王重整旗鼓，开始第三次攻打楚国，依旧被楚国打败。

周昭王率军一路逃到汉水，发现岸上有几条船，便急忙上船。刚到江心时，船就散成了木板……

汉水边的船户，把用胶粘接的船只，进献给昭王用。船到中流，胶溶而船只解体，昭王溺水而亡，连带最精锐的六师，消失在茫茫江河中。

周王朝没有给周昭王举行葬礼。

在南方，楚国彻底站稳了脚跟。

“中国长城之父”：楚长城

公元前 685 年至公元前 645 年，齐桓公不计前嫌，任用管仲为相，务本求实、以民为本，修筑长城，专门用以垄断食盐、青铜，防止私盐贩卖，为齐国集结了大量财富，使齐国成为春秋首霸。

随后，各诸侯国纷纷仿效修筑长城。

长城之父。公元前 611 年，楚庄王灭庸后，为了给北上争霸创造条件，便以山脊作界，用石灰粉、黄泥和野生植物洋桃液，混合后粘筑城墙，其坚硬如石，堪称世界最早的混凝土，是中国的一大奇迹。

楚长城并非从天而降，也非楚王头脑灵机一动，而是对豫西南的史前城堡型防御工程的模拟、延续和演进，是中原地区出现最早的防御工程。

“不差钱，也不差人”。同样用以垄断食盐、青铜，楚国继承三苗人修筑的防御工程，重修、扩修、整固，在城与城之间，加修诸多的连体建筑，成为一个“综合体”，即楚长城。进可攻，退可守。

城墙属于军事防御工程。

楚长城西起湖北十堰竹溪，跨汉水，至河南邓州，经南阳内乡、南召、平顶山鲁山、叶县、沙河，至驻马店泌阳、南阳桐柏、信阳等地，荣称“中国长城之父”。

楚长城比齐长城早约 300 年，比秦统一后修建的万里长城早约 460 年。

全长 500 多公里。整体略呈“∩”形，称“方城”。古文多有记载，《汉书・地理志》：“南阳郡……有长城，号曰方城”，《吕氏春秋》《淮南子》都把“方城塞”列入“天下九塞”。

不是孤立防御性工程。内侧，众多关城、军事重镇；外侧，列城拱卫，还有以烽燧为主的通信系统，以古道为主的交通系统。各个系统的支撑、侧应，才构成楚国的防御屏障、防御纵深。

在《左传》中，最早记载了楚长城发挥作用的故事：鲁僖公四年（前 656 年）夏，齐国要出兵攻打楚国，军队已经到了召陵。

楚成王派屈完（屈原的祖先）去迎敌，屈完对齐侯说：“君若以力，楚国方城以为城，汉水以为池，虽众，无所用之。”齐国真要想打一仗，楚国有方城可以作为城防，有汉水作为城池，足可以抵挡一阵子。

齐侯见楚防御工事果然坚固，只好收兵。

双方达成妥协，订立“召陵之盟”。

这是老牌诸侯国齐国与新兴大国楚国的媾和之会。此举让齐国赢得了声望，楚国得到了地位，既避免了齐楚两大国之间的正面军事碰撞，又加深了两国的经济往来。

楚长城是一个庞大的战略性军事防御体系。

楚长城，是以人工修筑的墙体，连接山险、关堡为主体的建筑工程，加以烽火台、兵营、城址，与古道路、古河流等组成，突破了封闭防御的有限空间，扩大了防御范围，把自然水系、山体和人工墙体结合起来，提高了资源的利用效率，构建起一道坚实的防御屏障。这意味着中国古代传统防御模式发生变化。

荆楚文化形式上命同古蜀文化

南方各民族融合的中心

楚国是多民族交流、融合的诸侯国。

从周成王时的封国，到战国末年被秦所灭，800 多年的历史长河中，它先后统治过的地方，约占周王朝总领土的二分之一。范围大约包括今湖北、湖南、安徽、江西、江苏、浙江 6 省的全部地区，陕西、河南、山东、广东、广西、贵州等省区的部分地区，总面积近百万平方公里。

春秋时期，周王朝势力衰微，楚国异军突起，势力沿着汉水北上，在蚕食“汉阳诸姬”的过程中，不断发展壮大，形成了具有浓厚峡江色彩、江汉流域风范的荆楚文化。

以凤喻人、以凤喻德。

楚人相信乘龙御凤，可以飘举升天。尊龙崇凤，贯注到楚人生活的方方面面，器物造型、图案花纹、冠带衣裳、礼乐之器、诗歌舞蹈、巫术哲学，处处展现出凤飞龙游的美感。

西周建立的礼乐制度，在楚国仍被沿用。

独步天下。夏商周时期，优雅肃穆的宫廷音乐与中国礼仪制度相辅相成，形成独特的青铜礼乐文明。湖北是中国出土早期乐器最多的地区，囊括先秦乐器“八音”之金（钟、镈、铙）、石（磬）、丝（琴、瑟）、竹（箫、篪）、匏（笙、竽）、土（埙、缶）、革（鼗、雷鼓）、木（柷、敔）的全部种类。

八音之中，以钟为最。

诸夏各国，皆以九鼎为王权的最高象征，唯楚人以钟为重器。春秋晚期，楚王以“九龙之钟”为王权的标志。

光彩夺目的“青铜器王国”。

曾国“近水楼台先得月”，获取了丰富的铜、锡矿料，通过当地的能工巧匠，铸造出几万件青铜器，包括曾侯犺编钟、曾侯乙编钟、尊盘、冰鉴等举世闻名的礼乐重器。

其中，两尊精美的青铜器，“鹿角立鹤”“虎座鸟架鼓”。前者，是一只修长的立鹤，却长着一双吉祥的鹿角；后者，卧虎上站着两只鸟，形成一只圆弧的鼓架。二者皆是楚国艺术的代表作。

楚人能把山中之王的虎、空中飞翔之灵的鸟，以优美的线条构图，愉悦、和谐地结合。

文化的多源性，由民族来源的多源性决定，荆楚文化的形成，吸收了长江南北诸多土著文化的营养。楚族的发展与汉族的发展颇为相似，即与周边各民族长期相处交融，如滚雪球般不断壮大。楚人敢于学习、挑战，也敢于与土著融化、和合，自居“蛮夷”而无愧，面对“先进”而不馁，终于强大而无亏。

独特的青铜铸造工艺、巧夺天工的漆器工艺、精湛的丝织刺绣工艺、美妙绝伦的乐舞、义理精深的哲学、汪洋恣肆的散文、精彩绝艳的辞赋、五音繁会的音乐、翘袖折腰的舞蹈、恢诡谲怪的美术……

楚国成为南方各民族融合的中心，民族联结、融合的一个典型。

楚　辞

荆楚文化代表的楚辞，具有浓郁的巫蛊祭祀之风。

只要提楚辞，必然要说屈原。

“皆书楚语，作楚声，纪楚地，名楚物”。

运用荆楚的方言声韵，叙述描绘山川人物、历史风情，地域文化色彩浓厚。

屈原是否到过武昌东湖，仍是千年之谜，但至少反映出当地对屈原与楚辞的崇尚。以《九歌》为代表的一批抒情诗，吸取包括武汉在内的江汉地区民间故事，再利用民间祭歌、巫歌形式写成。

“更定其词”。屈原被放逐时，“见俗人祭祀之礼，歌舞之乐，其词鄙陋”，反映出武汉地区崇巫尚卜敬神的风俗。

作为楚巴诗人，屈原才华横溢，曾一度受到楚王器重，最终仍处于受排挤的地位。这与其出身有关，屈原的祖上是巴地庸国的巫官，难怪乎字里行间都充满着神巫色彩。

屈原的身世留在历史的烟云中，而古老的巴歌楚韵仍被后人传诵、品味。

感情奔放，想象奇特，楚辞对汉赋更有直接的影响。

两千多年前，一个诗人无声地死亡。

战争迭起，楚宫危在旦夕的时刻，诗人激越的灵魂，虽被流放，仍心系家国，却无法拯救自己的国家、绝望的百姓，终为自己的生命、信仰画上一个句号，消失在漠然的天地间，就像水滴消失在激流中。他的楚辞深刻影响着后人，是因那些充满魔力的咒语般的诗句，充满神秘感的生命本身，充满巫韵氛围的话语王国，几乎就是古代峡江巴人习性、风物生活的写照。

公元前 278 年，洞庭汨罗的高高堤岸上，一位风骨嶙峋、冠袍庄肃的老臣，毅然怀抱烁石，奋身投入滔滔北去的江流。猎猎的江风中，久久回荡着悲怆的号泣：“宁溘死而流亡兮，恐祸殃之有再，不毕辞而赴渊兮，惜壅君之不识！”

屈原因其忠贞不屈、爱国爱民的品格，成为后世中国知识分子的楷模和典范，中国浪漫主义文学的奠基人，“楚辞之祖”，开辟了“香草美人”的传统。

巴蜀文化融合荆楚文化

在用战争来给历史定义的时代，优雅的贵族往往不堪一击。

春秋时期的战争，极具尊卑关系。

在战争中，遇见敌国君主，一定要行礼问好，即使是打败了对方，俘虏了敌国君主，也不得捆绑，依旧要以君主之礼待之。晋楚争雄战争中，晋国主将多次遇见楚王，不得不多次停下来，向楚王问好。

当争霸战争变为兼并战争，血腥开始遍布其中。

极具礼仪风范的战争形式，只存在于春秋时期。在当时的各国统治者看来，身为华夏之人，同室操戈，已为大耻，过分杀戮，就是违背礼制。在最后一个称霸诸侯国越国登场后，这种合乎“礼”的局面彻底结束。

战争色彩鲜明。吴越争霸已经明显超脱传统意义上的争霸，在《资治通鉴》中，司马光写道，自韩、赵、魏三家分晋开始，越王勾践灭吴国之时，战国的兼并战争便开始了。

楚人的鹿角立鹤，无法抵挡秦国的金戈铁马，最终造成灭国的悲剧。

楚国因为发展文化而灿烂，也因为发展艺术而最终丧失“英雄”的称号。

楚文化形式上命同古蜀文化。

当生活用战争来定义时，成熟的楚文化没有显示出伟大；当生活用和谐、发展来定义时，远古的楚文化的优势便会明显体现。楚文化不是一个战争的文化，而是一个艺术、灵性高度的文化。

长江之美，美在成都、重庆与武汉、杭州的“线性文化空间”，美在著名的“T 型经济带”，“汤继强线”——空间经济学的“硬核区域”，绵延万里，自西至东。

文化、经济区块链。在硝烟与战火远去的古代，区块链承载着不同的文化、技术和贸易，成为凌驾于政治之上的天然存在。

文化影响力，超越了任何一种地理上的政治权力的存在。

两周之际的华夏文明的因缘变动，终致在母胎中分娩出巴蜀、荆楚和吴越三大文化圈。

前驱文化，闪耀光芒。

巴蜀文化吸收、消化荆楚文化、吴越文化，影响了长江流域，乃至中原地区的文明进程。

青铜金面夔龙纵目面具

青铜材质，彩绘鎏金，背面有古蜀文字，精致壮观，气势雄伟。

身体里镌刻着一段段地理传奇

古蜀文化通过盐道影响其他文化

古蜀文化，是一种较为宽广的前驱地域文化。它以三星堆文化、金沙文化为中心，并由成都平原、汉中盆地、秦岭地区和蜗江上游四大部分组成，在江汉，与二里头夏文化相遇；在陕南，与商文化相遇；在渭水之滨，与周文化相遇。

巴蜀青铜文化辉煌灿烂。

商代中叶，古蜀国就已进入青铜时代。

诸多水道纵横交错，长江水系的岷江、涪江、嘉陵江、青衣江、大渡河，为成都平原的内外交通提供舟楫之利。北有褒斜道，南有牦牛道，为北上中原、南下南中提供便利。

三峡地区、嘉陵江河谷，是巴盐产地分布的集中区域。还有渠江河谷、乌江下游河谷等区域，也有零星分布。

夏商周时期都邑的选择，既是出于军事防御、经济发展的需要，也是为了控制更多的特殊资源。从商代中叶，到春秋战国，盐与青铜的流动，牵涉到权力、资源与财富的再分配。

盐与青铜在周代，除了食用和祭祀，也有昭示权力、身份和社会地位的功能。战国时期，盐作为国家重要资源，不仅用来增强国力，甚至可以利用它来操控周边少盐的“国家”。

巫盐古道，一条绵延了5000多年，甚至更长时间的古道。

巫盐文化的发展，直接影响古庸文化、古巴文化的发展。盐道文明促使巫文化、巴文化、楚文化、秦文化、庸文化互相影响、交汇、融合，形成一条影响中华文化发展的文化沉积带。

古道如心脏一般，分散出不同的大动脉，然后，分支，再分支，直至成为毛细血管，遍布山山水水。它是一条南北民族迁移、融合之道，一条追寻文化之根、补充民族文化精神的钙质之道。

道上，从来都不寂寞。

盐商、铜贩往来其间。

古道连接的各地山水相依、历史同脉、文化同源、人文相通。

华夏文明的脐带

巴蜀，作为一种地域概念，战国秦汉时才形成。

同一地理单元，两种起源不同、类型有异的古代文明，合称为巴蜀文化，是导源于四川盆地，一个大体以广元、雅安、叙永、奉节四地相连而构成的菱形、相对封闭的地理单位。

文化底蕴深厚。特定的历史原因，使二者有许多相同之处。巴蜀地区和中原地区相比，地方特色更浓厚，是相对中原地区，而冠以巴蜀的名称，并作为一个古老的地域概念保留了下来，沿用至今。

这是两支不同的考古学文化，分布区域、文化渊源，各有侧重。

巴文化，分布在湖北西部的长江沿岸，逐渐迁至重庆，渊源在三峡地区的新石器时代晚期文化。蜀文化，分布在以成都平原为中心的川西一带，渊源是盆地西部的新石器时代晚期文化。

殷墟中称“蜀”的地区，中心就在成都平原。

两种文化都以长江为依托，向大江南北辐射发展，北与黄河文化，南与滇文化、岭南文化交错、衔接，相互影响、激荡、融合，对中国文明的起源形成、长江流域的大规模开发，作出了重要贡献。

巴蜀文化走廊。

传统的南、北线，涵盖德阳、绵阳、乐山、广元、汉中、彭水、忠县、万州、奉节等；东线，涵盖成都、乐山、宜宾、泸州、重庆、恩施、宜昌等。

黄金水道。长江上游水道，上承青城山、都江堰世界级人文景观，下接武隆、三峡世界级旅游风光，天然串联成都—眉山—乐山—宜宾—泸州—江津—重庆市区—涪陵—云阳—万州等地。

由长江中游溯流而上，进入成都平原，并不会比从难于上青天的“蜀道”入川，难度更大。秦以后，帝国的官员们入川，往往会选择先由陆路到达江汉平原，再沿长江溯流而上。

从宜昌到重庆，需要一个多月的路程。顺水更快，李白曾感叹“千里江陵一日还”。

“古渝雄关”的朝天门与“花重锦官”的太古里，相距300余公里，共同孕育文明胎息。

“最后的香格里拉”。西边，成都平原的古蜀文明，上连川西高原远古神秘的“皮洛人”，距今13万年；下接岷江河谷的藏羌源流，从茂县的营盘山遗址到成都平原的宝墩村、三星堆、金沙遗址，天府文化的基因密码编定程序。东边，三峡的巴楚要地，孕育出最古老的巫山人，距今200多万年，早于元谋人、蓝田人、北京人等著名的古人类。

与齐鲁文化、吴越文化、荆楚文化、燕赵文化、河洛文化等相比，巴蜀文化犹如一条华夏文明的脐带，纵贯古今，一头，连着最古老的人类起源，一头，连着最古老的民族起源。

这体现了中国地域文化的历史引力、人文张力、空间牵力。

巴蜀文化走廊

“关起巫山峡，巴蜀是一家”。

巴蜀历史具有同源性、文明具有互补性、旅游具有直通性、经济具有叠加性。

巴蜀文化走廊涵盖的区域，除了甘孜、阿坝和攀枝花，还牵涉到18个地市州，7条走廊舒展的文化互融系统，为未来发展提供了丰富的文化底蕴、资源禀赋，是具有世界遗产意义的文化走廊。

这是一条巴风蜀韵的多彩景观走廊。

这是一条自然之美、人文之胜，构筑的文旅产业走廊。

成渝古道、川黔古道、川鄂峡路、嘉陵古道，拥有“明星”“网红”般的地位，在山城的地理版图上，向着东、西、南、北蜿蜒延伸，身体里镌刻着一段段中国地理传奇。

“蜀道之难，难于上青天。”

相较于肥沃富庶的成都平原，山高林密的重庆，或许更能体会这个“难”字的含义。无数巴渝先民不畏艰险、知难而进，开辟出一条条穿梭于高山河谷间、勾连起四面八方的道路。

文化丰富多彩。以三星堆为代表的蜀文化，以罗家坝遗址为代表的巴文化，以路家河遗址为代表的路家河文化，汉水上游的宝山文化等，文化面貌虽各具特色，却又有着千丝万缕的联系。

巴文化源流的巫文化，同样盛行于巴蜀之地。

传载万物民生、世间百态。“堪叹幺儿病太多，朝朝市镇请巫婆”“巫教果能疗杂病，竟教医药莫争功”“妇女持香夜喊魂，手拿鸡蛋脚登门”，描述民众生活的竹枝词，从乡俚民歌转变为近似却有别于诗、词的独特文体，以“志土风而详习尚”的风格特点，真实反映了在巫文化的弥漫下，忌医崇巫的迷信现象。

巴楚文化，为巴楚二元复合的文化实体。

复合，始则耦合，继而融合。

文化定律。巴文化，是楚文化的基础；楚文化，是汉文化的前身。

巴文化、楚文化，两个紧邻却异同互见，具有高度亲和力的文化圈，经过长时间的相互渗透、覆盖、吸收与混融，便形成了一种既非纯粹的巴文化，亦非纯粹的楚文化，混融性边缘次生型的地域文化。

这不是简单的叠加。

而是适应环境、坚韧不拔的生活态度（渔猎主业、吊脚楼）。

是天人合一、敬畏自然的处世哲学（巫风猎猎、巴人民谣）。

是追慕先进、善于学习的进取精神（青铜文明）。

是“天性劲勇”“质直好义”的英雄本色（廪君、巴蔓子）。

巴蜀地域文化上的血肉相连，自古已然，密不可分，互为依存、互相促进、唇亡齿寒。

“汤继强线”，成渝双城交通走廊，更是一条文化传承、文明构建之道。

它不仅扛起《诗经》《楚辞》两大中国现实主义和浪漫主义源头的开山之作，而且还担起《山海经》、《黑暗传》(《巫咸孝文》)两部涉及神话、传说、诗歌、史料的奇书。

四部奇书同在走廊上呈现，与“巫盐古道”“金道锡行”难分难解，贯穿中国腹地的盐道生命线、青铜文化网络和“大蜀道”连接重叠，在世界历史、人文、地理上，本身就是一个伟大的奇迹。

玉佛盘坐莲台像（正面）

黄绿龙溪玉，整玉雕琢带大圆背光的坐佛，高度51厘米。莲台由细阴刻线表现莲花瓣，背光背面浅浮雕带铭文的十字架。三星堆文明遗物中出现佛造像，令人不得不深入探讨佛教的起源问题。

▲ 玉佛盘坐莲台像（背面）

第五章 『连』武汉 『喊』杭州

它们“共饮长江水”，形成极为深厚的文化底层。

成都、重庆、武汉、杭州四个城市群经由文化交流，形成一个庞大的地域文化系统序列，又与黄河文化一道，构筑了南北二元耦合的交融态势。

《山海经》是华夏文明第一宝典，拥有着破解上古文明历史的魔力，对中国乃至世界都影响深远。它与三星堆文化渊源深厚，出土的文物中，处处可见《山海经》中鸟类的身影。

文化区块链。

城市联结成在地理、文化上内在联系密切的文化共同体。

长江上游素有“天府之国”美誉的成都平原，与长江中游“九省通衢”的江汉地区、长江下游“诗化江南”的太湖流域，相距万里，却遥相呼应，各守长江一端。

异曲同工。它们同样具有考古学文化的鲜明个性、区域特征。

从巴山蜀水到江南水乡的 5000 年文脉，探索中国文明起源的“线性文化空间”。

汤继强线“T 型经济带”的“硬核区域”。

这既能说明中华文化区别于世界其他文化的独特性，也能解释中华文明的根本来源和根基。

中国的古老文明，同样起源于长江流域，彰显着中华文明的高度。

史前“上层远距离交流网”

长江流域早期文明

成都、重庆与武汉、杭州，都在北纬 30 度，地球上最神奇、最有趣的一条纬线。

北纬 30 度，主要指北纬 30 度上下波动 5 度所覆盖的范围。沿着北纬 30 度前行，能领略许多奇妙的自然景观：美国的密西西比河、埃及的尼罗河、中国的长江等，均在北纬 30 度入海。

它是人类文明史上一条极其特殊的纬线。

神奇地带。这条纬线孕育了比四大文明古国更源远流长的第一波五大文明。古埃及、古苏美尔、古印度、古哈拉巴、古中华良渚与宝墩文化。良渚文化与苏美尔文化几乎处于同时代，比古埃及更早。

同处“长江·沿海”半月形传播带上。

成都在西端，长江上游。

杭州在东端，长江下游。

长江干流，自西向东横贯全境。

地势，由南北向中游逐级降低。

重庆在西端，长江上游。

武汉在中端，长江中游。

四个城市群的文化交流，有着极为深厚的文化底层。

文脉不息，水乳交融。

三星堆文化、金沙文化、巫盐文化与盘龙城文化、良渚文化。

这条文化沉积带，是一个集大成的文明，持续发展了 5000 多年。串满文明奇迹的珍珠项链上，与宝墩文化同期的大溪文化、良渚文化的余晖，在盘龙城文化、三星堆文化与金沙文化中闪烁。

长江流域文明起源于水稻驯化。

良渚古城与宝墩古城，反山王陵的土筑金字塔与营盘山石板墓的朱砂葬、瑶山祭坛与三星堆祭台，两地发达的稻作农业、高超的手工业技术，共同谱写了长江流域早期文明的华丽篇章。

良渚改变中国历史

良渚，意即美丽的水中之洲。杭州的“杭”字，指用于远洋的工具木排方舟。

杭州的前生。良渚是余杭区的一个地名，距杭州市区约 30 公里。它的地势比杭州高，地处天然屏障天目山余脉，对外的重要通道为苕溪。此处山脉众多，拥有大面积的湿地，鱼肥稻香，是典型的江南“鱼米之乡”。杭州从这里出发，逐渐向钱塘江口靠近。到西湖边，人们就再也不愿往前走了。于是形成了江南水乡都市最早的格局。

考古学上称为“良渚文化”，是中国最早的区域性大国。

良渚的总人口在9万以上，居住在城与周边的人口有2.8万人。鼎盛时期，城区人口可以达到4万人。

良渚古城遗址，地处东南沿海，在浙江北部太湖以南、长江中下游的天目山东麓，悠悠流水，润养着杭嘉湖平原。河网纵横的平原地带，形成了一个早期区域性国家的权力与信仰中心。它控制着太湖地区1000平方公里、数百个小型聚落。其统治区域覆盖了古会稽（今江苏苏州至浙江绍兴）与古扬州（今安徽宣城至江苏江都）的全部，延伸至闽赣川湘地区、豫鲁晋陕地区。

良渚古城南北，分别峙立着大遮山、大雄山两座天目山余脉；西部，为一系列低矮山丘，均距古城约2公里；向东，是敞开的平原，以山为郭。东苕溪，自西南向东北蜿蜒流过，最终向北注入太湖。

良渚的人口比世界上最早诞生的城市“乌尔古城”还多。密集分布区，集中在余杭区中西部的瓶窑镇附近。

良渚的城墙接近长方形，四个转角处呈现圆形，称为“圆角方形”。

面积约14.33平方公里，周长6公里。有四个故宫那么大。

由内而外，城址为向心式的“宫殿区、内城、外城”、水利系统完整的都城结构，与后世都城“宫城、皇城、郭城”的结构体系类似，是世界上已发现的结构保存最完整的早期都城系统。

良渚被誉为“中华第一城”，其意义与价值，可比殷墟。

无论规模，还是内涵，良渚在世界同类遗址中都极为罕见。

良渚外围有大型水利工程，位于余杭区瓶窑镇境内。古城的北面、西面，由谷口高坝区、平原低坝区、塘山长堤区三个部分，11 条水坝组成，形成 3 个水库，蓄水量 6000 万余立方米，多出西湖 4 倍有余。从北面的塘山长堤的东端，到最西面的蜜蜂弄坝，距离为 11 公里；从最北端的石坞坝，到最南端的梧桐弄坝，距离为 5.5 公里。从城中心，到最远的蜜蜂弄坝，距离约 10 公里。

良渚先民精通于城市的规划和建造，先有水利建设，再建城市居住。

建城之初，良渚先民已经统一规划、设计了城外的有机组成部分。筑坝构成的水库，能够衔接周边天然水域，加上古城里的人工河道、表里城河，共同构成了一个杂乱而完善的水上交通运输网。

这是中国最早的大型水利工程，将水利史的源头上推到距今 5000 年左右，比“大禹治水”还早 1000 年。

其发达完备程度，令人惊叹。

仅外围堤坝的总土方量，即达 260 万方，需要上万人修建数年，只有王朝式的政权才能做到。

良渚水系发达，犹如一座水城。城内的水网长度超过 30 公里。

考古共发现了八处水城门、一处陆城门。陆城门，夯土夯筑而成，三个夯土墩将陆路分为四个通道。

河岸边缘用木桩、竹编、木板进行加固。岸上，是玉石加工、漆木器与骨角牙器制作的手工作坊区。

“藏礼于城”“湿地营城”。良渚的社会分化、劳动分工、城乡分野、大型工程管理组织能力、神王合一的社会结构、区域性的统一信仰，都是早期国家在城市文明方面所创造呈现的规划特征。

良渚上承庙底沟时代，下启龙山时代。

难能可贵。根据 DNA 检测，古代良渚人的基因，与现代上海人的基因相差无几。五千多年过去，生活在这片土地上的仍然是当年那些人的后代。

良渚先民不只改写了中国历史，也改写了世界历史。

水乡泽国中的“大一统”文明

水利工程里的楔形文字，从部落到国家形态。

“巫政之国”。良渚的社会发展程度已经进入文明阶段，是神权、军权并重的国家形态。良渚与沙漠中的苏美尔文明、大河两岸的埃及文明、海洋特色的爱琴文明、热带丛林中的玛雅文明、大山深处的印加文明不同，是以犁耕技术、水运网络、统一宗教、玉器媒介为四大支柱，在水乡泽国中形成的“大一统”文明。

除了修水坝，良渚先民也创造了灿烂的玉文化，是中国史前玉器发展的顶峰。

良渚文化中，玉琮是神圣的象征。

其中一件通体高 8.9 厘米、器重约 6.5 公斤，相当于一个大西瓜的重量，形体宽阔、硕大，圆度极为规整，器表光洁如镜。这是目前发现的良渚玉琮中最大、最重、做工最精美的一件，被称为“玉琮王”。

玉是“权贵圈”通行的权力名片。

接近良渚文化历史年代的世界文化遗产，只有埃及的孟菲斯金字塔、以色列的阿卡、巴基斯坦的摩亨佐达罗、泰国的班清、阿曼的巴特·库特姆、印度的巴瓦加德和叙利亚的阿勒颇。它们都在公元前1500年后，距今3800年左右，仍然比良渚文化“年轻”。

长江文明，把中华文明的历史推到了5000年以上。

良渚文明的身影，一直隐藏在几千年的华夏记忆中。

曾经高度繁荣的文明，在遭遇了一场重大自然灾害后，突然消失。

遗址的断层上面，考古发现了一层厚厚的淤泥堆积。

距今6000年左右，全球性气候变迁，良渚文化晚期气候变暖，气温升高，冰川融化，海平面上升，太湖平原除少数高地、丘陵外，全部沦入汪洋之中，一次大规模的海侵蔓延。

大部分的聚落被洪水淹没，发达的文化设施被摧毁。

没有了家园，没有了生存之地……

良渚人或迁移，或死亡，辉煌一时的良渚文化被海侵摧毁。

三星堆“消化”良渚文化

千余年发展起来的良渚文化，毁于一旦。

特大洪水灾难延续若干年，古防风国每况愈下，被迫举族迁徙。

北上，争夺生存空间，良渚先民爆发与黄帝、蚩尤的冲突。

南下，长途跋涉，辗转、漂流去寻求、创造第二家园。

良渚先民分两路，向地势更高的长江中游迁徙。一路，沿长江逆流而上，与承袭屈家岭文化演变而来的石家河文化“交融”；另一路，走中原路线，过南阳盆地，经“巫盐古道”，辗转入川……

4500 年前，整个中国的气候，甚至世界气候都发生了巨变，世界多地发展起来的农业文明，遭受到持续约 200 年的干冷气候的严重影响，导致了埃及、希腊、叙利亚、巴勒斯坦、美索不达米亚、印度河流域和长江流域文明的崩溃，人类的迁徙。东西南北相距遥远的不同古文化，几乎同时陷入衰落。

因祸得福。“干冷”对杭嘉湖平原是灾难，对成都平原却是好事。干旱的发生，让沼泽渐渐消失，5000 多年前宝墩的先民，之后的三星堆、金沙城先民，正是在这样的区域逐渐兴起。

良渚文化在前 2300 年前后衰亡，遥相呼应，宝墩文化，同时也突然衰落……

在大约距今3700年前，石家河文化也走向衰落。

沿着“长江·沿海”半月形传播带，过了石家河、盘龙城，大溪、中坝，成都平原在“呼喊”。

诗与远方，不能直接抵达，只能徒步相告。靠着站站相传的方式，良渚文化将礼器、信念慢慢地传入……

东南地区。一股，因环境变化而西迁的良渚—石家河“联军”；另一股，南下二里头，夏朝灭亡时的夏桀南迁。两股势力逐渐融合，会同夏商之际因争夺“金道锡行”控制权，引发战乱逃荒的“难民”，时断时续地向成都平原聚集。

外面的世界很精彩，被敞开胸怀的三星堆人“消化”。

接踵而来。湖北石家河文化的玉“人头像”，盘龙城的“青铜雕像”，“文创”的三星堆人又提起刻刀，端详着巫师、首领，雕刻成本地人的模样。青铜技术传入三星堆，制成铜的“人头像”。

江河文化融合、重组

青铜“立人像”出现。

青铜“立人像”的原始形态，还与安徽“凌家滩文化”的玉“立人像”，甚至与辽宁红山文化的玉“立人像”有文化渊源关系，表现的都是正在“作法”的神巫形象。

文化关系密切。距今3700年至3600年，伊洛河流域的二里头文化（夏文化）带来兽面纹铜牌饰。在生产过程中，三星堆人脑洞大开，大做“减法”，创新性发展，将图案逐渐简化到只留下长方形的外貌。

距今3600年至3200年，商文化代表的中原地区青铜器、玉器，又大量输入。三星堆人对铜尊、铜垒、玉戈、玉矛略加改造，成为大量礼器的重要组成部分，促成了三星堆文化最高的繁荣状态。

应接不暇。东亚南亚地区交流来的海贝、象牙和神树造型，与三界、阴阳门观念等，促进了三星堆青铜神树、神坛的塑造与“天门”理念的产生。

文化交流，有来有往。

姿态万千的玉器韫椟，藏着朦胧的信仰。以玉为傲的良渚遗民，最早将玉锥、玉泡、玉珠，从二里头“驮”到了三星堆，精美的青色玉琮被当作“传家宝”，代代流传，再传到金沙。

十节玉琮，揭示了长江流域两大文明中心跨越千年的“缘分”。

同宗同源，气质非凡。玉琮高22厘米，通体呈淡淡的青绿色，上面有些暗黑的花斑透明晶莹；为长方柱体，外方内圆，上大下小，中间贯穿一孔；制作十分规整，整器内外抛光，九条细小的横槽，将其分为十节整个器表，形成了40个凸面，每个凸面拐角，各有一个变形了的“神徽”，故得名“十节玉琮”。圆形的开口、方形琮身之间，称为“射”部，代表着“上天和大地之间”。

21世纪初，经考古人之手，玉琮终于重见天日。

三星堆都城始建于约公元前2000年，正是良渚文化深受海侵之害的后期、古防风国彻底灭国之后。三星堆文化、金沙文化与中原地区、长江流域的夏商文化、巫巴文化进行交流、互动。史前中国各地区，在宇宙观、仪式礼仪、统治策略等方面逐渐形成“共识”。

这些与“上层远距离交流网”密切相关。

“内循环作用圈”。距今5000年前后，长江中下游文化深入岭南、珠江流域；黄河中游的庙底沟文化向北传播到内蒙古，西上抵达黄河上游，又经甘南进入岷江上游、成都平原。

江河文化“双联体”，相互融合、重组。

青铜器时期，吴越地区既有湖北钟祥的荆楚文化，也有孙武等贤能之士带来的黄河文化。先秦时期，孔孟提倡的“相濡以沫”与老子提倡的“相忘于江湖”两种文化，相互碰撞。

江水不止，文脉不息。

长江之富，富在文化生态。

这是自然与历史的馈赠。

“汇聚千流，接纳百川”。

成都、重庆与武汉、杭州……流域儿女“共饮长江水”，形成一个庞大的地域文化系统，又与黄河文化一道，构筑起南北二元耦合的交融态势。看似南北相隔，实则分中有合，因势而变。

成都平原，终于恢复了在世界经济文化史中应有的地位。

拥有破解上古文明历史的魔力

《山海经》和三星堆文化

《山海经》，“华夏三大上古奇书”。全本浩如烟海，包罗万象，是中国最早的大百科全书。

它是记述古代志怪的古籍，内容主要是民间传说中的地理知识，包括山川、道里、民族、物产、药物、祭祀、巫医等。大部分已遗失。最早的文本记载出自《史记·大宛传》，班固的《汉书·艺文志》中称“《山海经》十三篇”，但内容早佚，无法查证。

传世的《山海经》，由《山经》《海经》两部 18 篇组成。

《山经》由《南山经》《西山经》《北山经》《东山经》《中山经》五部分组成。《海经》，由《海外经》《海内经》《大荒经》三部分组成。共约 3.1 万字。书中记载了 100 多个邦国，55 座山，300 条水道，400 多个神怪畏兽。

“经”并非指经书，而是指经历。

一说，大禹治水成功后，曾派人查探华夏的地形地貌，将当地的物产种类绘制在“九州鼎”上，配置相应的插画图谱，来象征巨大权力。另一说是由西汉经学家、目录学家、文学家刘向父子，编纂整理战国时期的民间传说，将传说中的地理、怪物、资源都刻录于书中，著成一部伟大的著作。

《山海经》对地理的神奇描述，让人叹为观止。它记录的不仅是中华文明，更是世界文明。

它原来有图，后来全部失传。

《山海经》和三星堆文化，渊源深厚。

比如，三星堆里的飞鸟与《山海经》里的巴人。

《海内经》记载：“西南有巴国。大皞生咸鸟，咸鸟生乘厘，乘厘生后照，后照是始为巴人。”翻译过来就是：西南地区有个巴国。大皞生了咸鸟，咸鸟生了乘厘，乘厘生了后照。后照，为巴国人祖先。

按《诗经·商颂·玄鸟》记载，大皞，帝俊伏羲，咸鸟，大皞之子，咸鸟就是玄鸟，也叫衔鸟，确定为鸟类的身份。玄鸟按照父亲的要求，在商丘开疆拓土，成了商人的祖先。

玄鸟的孙子后照，成为巴国人的祖先。巴国人的后代，就是玄鸟的后代。

后照何以从殷商之地，跑到巴国成为祖先，现在还没有找到可考的文献记录。

三星堆出土的文物中，处处可见《山海经》中鸟类的身影。

人面鸟身像，与春神句芒的长相相同，极可能是句芒的本尊造型。《山海经》记载：“东方句芒，鸟身人面，乘两龙。”即东方的句芒神，鸟的身子，人的面孔，乘着两条龙。

据说，伏羲的辅佐神句芒，是主管春天树木发芽、万物生长一类的官员，皮肤白净，脸型方正，身着青衣，背后还有一对翅膀，色彩、造型都给人生机勃发的春天的美感。在古代，每到立春时，人们都会身穿青衣，头戴青巾，祭祀春神句芒。

三星堆出土的人面鸟身像，极可能是古蜀人祭祀春神时供奉的句芒神像。

青铜神树

又如，三星堆出土的青铜神树，相传为十个太阳的居所，与《山海经》里的扶桑树，形神相似。

在《海外东经》中有扶桑树的记载：“下有汤谷。汤谷上有扶桑，十日所浴，在黑齿北。居水中，有大木，九日居下枝，一日居上枝。”

模仿《山海经》写成的《海内十洲记·带洲》也有记载：“多生林木，叶如桑。又有椹，树长者两千丈，大两千余围。树两两同根偶生，更相依倚，是以名为扶桑也。”

上古时期，从无皋山山顶上向东，东海之外，一个遥远的地方，能远眺榑木。榑木，即扶桑，传说中的神木，叶似桑树叶，高达数千丈，大二十围，两两同根生长，互相缠绕、倚靠长成，全长有150公里，直通天界。九个太阳，住在下面的枝丫上，一个太阳，住在上面的枝丫上。

分工明确。《大荒东经》记载：“汤谷上有扶木，一曰方至，一日方出，皆载于乌。”树上的十个太阳，每天都由金乌鸟载着轮换着出去，途经曲阿山、曾泉、桑野、隅中、昆吾山、鸟次山、悲谷、女纪、渊虞、连石山、悲泉、虞渊等地。每当一个太阳回到扶桑树上时，另一个太阳才会从扶桑树里出来。扶桑树既是太阳的家，也是通往三界的大门。

树上“乌”，为神鸟，传说中的三足金乌。

金乌并非太阳神，而是太阳神鸟。

太阳的母亲羲和，才是太阳神。

《大荒南经》记载：“东海之外，甘泉之间，有羲和之国；有女子名羲和，为帝俊之妻，是生十日，常浴日于甘渊。”羲和国中有个女子羲和，是帝俊之妻，生了十个太阳。

“羲和”，“羲”的本字为曦，指日色、日光。“和”，旋转之义，即“旋转的日光”。

羲和为太阳之母，上古神话中的太阳女神与制定时历的女神，也是中国太阳神中唯一的女神。

《太平御览》也有补证：“羲和之国，有女子名羲和，帝俊之妻，生十日。”

有一天，十个太阳觉得每天一个人去上班，枯燥、乏味，就商量在某一天一起升到空中，烈日炎炎。这不仅给人间带来灾害，还延伸出很多个传说。

后来，帝尧就让射箭技术高超的大羿将其中九个太阳射下。只是，射下九个太阳后，地上却出现了九只乌鸦。

乌鸦，扶桑树上的三足金乌，就是光芒四射的太阳。

世间只剩下一个太阳，扶桑树上也只剩下一只三足金乌了。

三星堆的青铜神树，共有八棵。

2 号“祭祀坑”出土的 1 号青铜神树，修复得最完整，高达 396 厘米，是全世界已发现最大的单件青铜文物。

它分为三层，每一层有三个树枝，一共有九枝，太阳鸟在这棵树的最上面，还有一只鸟，后来断掉了。如果是“完整版”，正好对应《山海经》中扶桑树的“九日居下枝，一日居上枝”记录。

青铜神树有九个枝丫，枝头垂下来，形成一条美丽弯曲的弧线。神树上一共站着九只鸟，神树的山里面雕刻着一条巨蟒，从树上盘旋而下，犹如从天而降，既神秘又气势十足。弧线的顶端，站着一只漂亮的小鸟，昂首展翅，姿态像准备起飞，就像扶桑树上等待载太阳出行的金乌，在静静地等待，随时出发。树顶上的一只小鸟不见，应该已经驮着太阳出去工作了。

“天下之中”

三星堆文化，对应的是古蜀国。

《山海经》指的“天下之中”，应在今成都平原。

从《中山经》的记载来看，《山海经》的“中”，包括古代豫州，荆州的西部、南部和整个梁州地区。从描写的详略看，特别详于岷江上、中游地区。

《五藏山经》，可能是属于古代巴蜀作品。

“广都”的地名，很早就出现在成都平原。

“都广”，“广都”的倒写。

《海内经》四篇，记叙“都广在西南，其城方三百里，盖天地之中也”。“都广”也见于《楚辞·远游》《淮南子·墬形训》等；《后汉书》记名的“广都”，为蜀郡的成都平原。

《大荒经》五篇，都以四川西部为“天下之中”。

《海内经》记载的十六国，其中北方、东方只有四国，西南方有十国，故《山海经》应确属西南文化系统的作品。区域正包括《史记》提到的属于夏文化区域的颍川郡、南阳郡；同时，与传世文献中“大禹出西羌”的记载也十分吻合。

以西南地区为中心的特征，十分突出。在季节描述用词中，《山海经》只有冬夏，无春秋，与甲骨文只用春秋，不用冬夏相反，表明巴蜀文化体系与中国东部的文化体系区别明显。

比如，三星堆 2 号“祭祀坑”出土的青铜人首鸟身像，整体由青铜打造，通高 12 厘米，本身原铸于小型铜神树树枝端部。造型为平头顶，头戴頍，脸戴面罩，脸型方正，大耳高鼻，双眼呈外凸状，与纵目面具眼球造型相类似。铜像鸟身较短，残断双翼呈宽展状，尾羽构型为分叉上下卷曲状。同坑出土的青铜神坛，最上层的“盝顶建筑”上额正中，也铸饰有此像。

造型奇特。青铜人首鸟身像，对应了古人的“以上为尊”“居中为尊”之说。

它的原型是一种“怪物”，即《山海经》中的“禺强”。

《大荒北经》记载：“北海之渚中，有神，人面鸟身，珥两青蛇，践两赤蛇，名曰禺彊（禺强）。”说北海有一位神灵，人面鸟身，耳朵上挂着两条青蛇、足下踏着两条赤蛇，名叫“禺强”。

二者存在着巨大的共同点。形态上，青铜人首鸟身像与“禺强”几无二致，二者都是身份极高的神明，不然，古蜀人不可能用贵重的青铜雕刻其形象。

又如，巴蛇，《南山经》记载的一种异兽，常出没于中国的西南地区。

出土的大量象牙，在《山海经》中也有记载：“巴蛇食象，三岁而出其骨，君子服之，无心腹之疾。”说明了巴蛇与象的关系。巴人最重要的族群、川东北龙蛇之巴中的蛇，将其当作一种崇拜图腾。

长相奇特。还有一只怪鸟，让《山海经》和三星堆关联很深。《山海经》描述，古代有一种鸟叫凤凰，也叫鸾鸟，外形与现在熟悉的凤凰不同，“其翅如刀”，翅膀是刀翅。而三星堆挖掘出来的这种鸟，也是刀翅。

再如，三星堆与《山海经》内容出现重叠。

在《山海经》中，成都被记载为“母国”：西王母国。

在《蜀都赋》里，左思的蜀都是“全域成都”，北到华容，南至交趾（今越南）的大片地区。《华阳国志》也描述，古蜀不是“国”，而是“世为侯伯”的夏朝、周朝的王室贵族地区。

“蜀”字通假“属”字。“蜀都”就是“属都”，属地之都。

“属”字中有“禹”，造字本意跟大禹有关，意为大禹治水拯救、统领天下，天下为大禹所属。母国和属地的关系，为“宗属关系”；母国和属国，共同称为“海朝”。

“海内”，指朝代的疆域，中原大部分则在“海外”。

《山海经》中有炎黄大禹，却没有夏商。

“海”字里有“母”字，造字本意跟“母”有关。“海”字，最早并不指海洋，是因存在一个“母国”，以“母国”为核心的属地范围，才称作“海”。这，就是《山海经》中的“海朝”。“海内”一词，也就来自这里。

成都：《山海经》中的城市

古蜀国，夏朝部落联盟所在地。

“海内”，按方位，分东海、南海、西海、北海。有些地方，时而在《海内经》里，时而在《海外经》里，说明“海朝”的疆域在不断变化。夏商是由古蜀国的“海内”分离出去的。

炎黄大禹，都属“海内”的昆仑虚。

夏启，独自在“海外”的中原称帝。

大一统王朝的盛世，大都由第二代、第三代皇帝开创。

《海内东经》中，有“岷三江：首大江出汶山，北江出曼山，南江出高山。高山在城廓西。入海，在长州南。”指今天的岷江被成都海（平原）分隔成三段，汶川至都江堰这段称“首”。

第一段，首大江从都江堰流出后，就没于成都平原。

第二段，称北江，从曼山流出。“曼山”，今成都新津至蒲江所在的山陵。

第三段，为南江，出高山。“南江”，今天的青衣江；“高山”

在成都西面，指今雅安至峨眉山的高山。

夹江县、乐山市以北的长条山脉，就是长州。

三条江水，最终注入大海。入海处，在长州的南面。

以今成都平原（远古为“南海”的一部分）为界，左边，青藏高原地区；右边，大巴山区，古巴人所辖。轩辕黄帝的领地，在青藏高原上与周边地区。古蜀国，轩辕黄帝的流放部族所建。

伴随着三星堆遗址件件珍贵文物出土，《山海经》中记述的各种神秘事件，可能都有原型。从青铜神树的铸造流程看，工匠们采用了最先进的工艺、手段，精心地完成了一批不朽的祭祀礼器。《山海经》囊括了文献、地理、神话、奇幻等的研究价值。

现代人难懂三星堆，是因为缺少一幅《山海经》地图。

如果看懂《山海经》，可能会破解巴蜀历史上的一些疑问。

“华夏文明第一宝典”，这本包罗万象的“天书”，仍有很多未解之谜，值得研究，期待更多的发现。考古发现对复原古蜀国当时整个神庙的礼仪空间、宗教体系、社会结构、哲学思想与宇宙观，都能提供新的支撑。

成都，就是唯一见载于中国最早古籍《山海经》中的大城市。

一个延续近两千年文明的现场

自带高光

三星堆开启了第二次大规模成体系的发掘，不仅承包了热搜榜单，更是再次让世界为之瞩目。

2021 年 3 月、9 月与 2022 年 6 月、8 月，三星堆连创考古史之最，创造、打破多项世界纪录、中国纪录。

“大型穿越现场”，再次震惊世人。

6 座“祭祀坑”，位于 1 号、2 号“祭祀坑”旁边。四大两小，朝向一致，都是东北—西南走向。6 号坑出现的时间，比 7 号坑晚。5 号、6 号坑的面积较小，不超过 5 平方米，深度为 1 米左右；6 座坑超过 8 平方米，深度为 1.6 米左右，有的可以达到 2 米。器物掩埋的时间差异明显，不同坑的器物，明显埋藏于不同时期的土层。

文物埋藏方式，大体分两类。一类，像是有意识地、虔诚地摆放进去的，如 6 号坑中与坑同长的木匣，摆放得规整、有序；另一类，更像是直接抛进去、倾倒进去的。

这里是古蜀国祭祀天地、先祖、神主，祈求国泰民安的场所。

2022 年 6 月 13 日，四川省文物考古研究院公布成果：6 座“祭祀坑”目前共出土编号文物近 13000 件，其中相对完整的文物 3155 件。7 号坑仍保持着“小而美”的特点，满坑小件器物堆积，显得“琳琅满目”。考古专家预计，仅 7 号坑就可提取文物上万件。

新发掘的 6 座“祭祀坑”，将开工建设三星堆博物馆新馆。

点燃探索古蜀文明、中华文明的热情，广大网友感叹：“顶流”终于不再是某位流量明星的“瓜”。在迎接考古文物、力压娱乐八卦而“上位”之时，三星堆自带高光，裹挟着诸多千古谜团“款款而来”，凭实力“硬核圈粉”。哪怕只是“吃瓜群众”，也会为之着迷、好奇、惊叹。一探究竟之余，心里也不免藏满一连串疑问，有待发掘研究、解开。

乐见的社会景观。

与世界的神奇“互动”。三星堆、金沙城，与大约同期其他文明的种种“巧合”“互动”，既彰显了联通黄河、长江文明的共同“文化底层”，也表明人类文明的绚烂多彩、互鉴共鸣。

三星堆、金沙城两个遗址，有不少文物“撞款”。

有个呆萌可爱的泥塑陶猪与“愤怒的小鸟”中的反派绿猪，极其相似。

制作水平高超，制品精湛。

1 号坑，祖先崇拜，以青铜人像等器物为代表；2 号坑，太阳崇拜，以太阳形器为代表。两个“祭祀坑”，表明三星堆文化时期社会王权、神权并存，在后来的金沙文化中又得到延续、发展。

三组“CP”

在4号坑取数十份碳14的标本样品，测定在距今3148年至2966年，属商代晚期。3号坑与2号坑同属一组“CP”，年代与4号坑非常接近，大致为晚商时期（约当殷墟二期）。5号坑与6号坑同属一组，似乎年代较晚；7号坑与8号坑同属一组，似乎构成一组关系。

不成“CP”的坑，可能就有了差别。4号坑，典型的火烧；8号坑，有典型的倒灰烬渣子的情况，同组“CP”的2号坑、3号坑，就没有倒，在黄土之下，直接掩埋了大型器物。

器物大部分都砸碎，特别是铜器，玉器却又不砸。然后，还经过焚烧，焚烧后，再把器物敲得非常碎，均匀地倒在坑里，把整个坑都铺满，感觉目的性、宗教仪式性非常强。

埋藏者以一种虔诚、尊敬的心理，做事谨慎、认真。

“制霸级”的关注度，远古时期的“中国制造”。

令人瞠目结舌。古蜀特有的创意器形，“现代感”文物超越认知，“奥特曼”“诸葛亮”“火锅”“烧烤架”等形象纷纷穿越，“撞脸”的青铜人像，也有颜色、大小的不同，美不胜收。

金斧、金珠、玉刀、木箱……

出炉的器具，也越来越出圈。既有青铜尊、青铜罍、巨青铜面具的“重器”，也有硬币大小的圆形黄金饰片、数量众多的玉质管珠、象牙微雕等精致细微的“精品”。

这些都是“大国工匠”的文创、出品。黄金、象牙、玉、铜、丝绸等珍贵材料，更是应有尽有。令人惊叹，让人感慨。

姿势迥异、大小不一。3 号、8 号“祭祀坑”，各发现一件青铜神坛。8 号坑，挖掘出迄今最大的青铜神坛，神坛上有一只戴着“项圈”的青铜神兽，还有“迷你版”纵目面具，高度仅 5 厘米。

继 5 号“祭祀坑”发现体量巨大的金面具后，3 号“祭祀坑”再次发现一件金面具。这个面具保存得相对完整，平铺展开有 40 厘米宽，高约 27 厘米，是目前发现的完整金面具中体型最大的一件。

青铜人像造型，有的身着飘带彩衣、翩翩起舞，有的小腿布满文身、肩扛祭品……

3 号“祭祀坑”出土各类器物残件标本，共 729 件，较完整的有 478 件（组）。

“龙凤合体”？在 3 号坑，考古人员再次提取出造型独特的青铜器，暂定名“青铜走兽”，主体是一个昂首挺胸、四肢着地的猛兽形象，头上有一根夸张的犄角，爪子类似于龙，尾巴却又像鸟。

器型全新，整体造型飘逸夸张。

还有，考古人员新提取出的一件青铜神树，与 1986 年发现的 2 号坑的神树树枝形状、长度一致。

4 号“祭祀坑”，共出土完整器 79 件、残件 1073 件。3 件青铜扭头跪坐人像，手指关节处凹凸分明，小腿腿部肌肉紧绷、线条优美，与西方写实的雕塑艺术，有异曲同工之妙。这是首次发掘出土该类型的青铜人像。他们呈跪坐姿态，双手合十，头扭向右侧，头上还连接一个长条形铜器。一男子跪坐在搓板上歪头认输，双手合十向老婆告饶：下次不敢了，再也不敢了。“与时俱进”的解读——男人跪搓板的历史，往前推了数千年。

坑中碳屑含量丰富，以竹子为主，另有少量楠木等阔叶树种。

植硅体中，有疑似水稻、芦苇、莎草等。再次证明，三星堆人已经开始种植大米、小米等粮食作物。

考古人员还利用锶同位素技术判断，证明象牙来自亚洲象。

5 号“祭祀坑”，在三星堆“祭祀坑”中面积最小，含“金”量却最高，已出土重达 280 克的半个黄金面具、鸟型金饰片等金器与玉器、象牙器等。

坑中发现不少金珠，含金量高达 99%，几乎是纯金。它们并不是从坑内的其他金器上熔解而来，而是在制作时采用炸珠工艺，即将黄金溶液滴入温水中，形成大小不等的金珠。这是中国最早的炸珠工艺。

除了金珠，坑中还分布着大量中间带孔的金圆片，分布方式有一定的规律，应是供特殊的仪式或特殊的人使用。金饰附着在衣服上，非常华美。

6 号“祭祀坑”非常特殊，坑里除了一个木箱，“一无所有”。却有两大发现，丝织品的痕迹，箱底发现一件玉刀，与现代“西餐刀”别无二致，工艺、材质与纹饰都非常精美。

玉刀长 22 厘米，宽 3.4 厘米，刃部厚 160 微米。表面色彩鲜艳，刀背有勾云纹，刃部非常锋利，可以轻易将人的手指划破。

它不是切肉用，应是古代三星堆人纺织所用的“打纬刀”。

古蜀人极重祭祀

金器崇拜，一脉相承。

金沙遗址博物馆保存的商周大金面具，为同时期最大。面具虽只有半张，已足够令人惊喜。其方形面部、镂空大眼、三角鼻梁，还有宽大的耳朵，与三星堆所出土的黄金面罩风格相似。

面具的半张脸都有 280 克，完整的重量将超过 500 克。

经检测，面具的含金量为 85% 左右，银含量在 13%—14%。这与此前三星堆遗址所发现的金器的黄金含量相似。宽度约 23 厘米，高度约 28 厘米，比完整的金沙大金面具还要大。

面具的厚度非常厚，不需任何支撑，就可独自立起。如果能发现完整的黄金面具，其将不仅是国内发现的同时期最大的黄金面具，还是国内所发现的最重的金器。

携带的神秘信息。大量的金器都与宗教祭祀相关，象征最高特权，昭示特殊身份，与在国内同一时期其他遗址中主要以玉器、青铜器作为祭祀品相比，三星堆非常特殊，体现了“古成都人”对金器的崇拜。

铜人顶尊罕见。尚未完全出土的铜人顶尊，肩部四周装饰了 4 条飞龙，从尊的口部游动而下，栩栩如生。再往下，便可见铜人双手做拱手状，头部、尊的底座连接在一起。

这体现了“古成都人”的浪漫、艺术创造力。

“男尊女卑”。神灵崇拜已经深入骨髓，古蜀先民忌讳女子前来拜神。

十分特殊，众多青铜像中，有一件小巧的女性青铜造像，只有 15.6 厘米。人像整体呈跪姿，双手扶举着头顶上高大的尊。体态上，女子丰乳纤腰、手臂圆润，胸部较宽，女性部位突出，上身无衣，下仅穿一条刚到大腿的“超短裙”，裙腰上还有一处扎结的蝴蝶结。一副宽眼、高鼻的刚硬形象，与青铜男性形象如出一辙。如果不是女性特征突出，人们难以分辨。

除蝴蝶结外，再无装饰。甚至没有流行的耳孔——当时的女子应该都不佩戴装饰品。

考古人员还在两个祭祀坑中，找到了 57 件青铜人头像。

人头像一般高 40 厘米到 50 厘米，最小的仅 10 余厘米，造型比较一致：鼻子高大，嘴咧到耳根，眼睛呈斜三角注视下方，神态庄重。头部却各有特色，有圆头，有平顶；有的戴着回纹头冠，有的戴着两角向上翘起的头盔，还有的像是将头发编成辫子盘在头上等。底部都被浇铸呈 V 字形状，显然为了方便插入，可能是配合木制、泥塑身躯，也可能是直接插在土台、祭坛上使用。

众多祭祀，以及不同形状的青铜人像、人头像，表明三星堆可能是一个已经产生阶级分化的神权社会。

古蜀人对祭祀的重视程度，不亚于中原的殷商。

“青铜大立人”本身头戴高冠，身穿窄袖、半臂式共三层衣，衣服纹饰繁复精丽，以龙纹为主，辅配鸟纹、虫纹和目纹等，身佩方格纹带饰，他应是具有通天异禀的“祭司”或“蜀王”。

人和天相互沟通的祭祀器物。无论是三星堆早期出土的落着九只鸟的青铜神树，还是造型独特的青铜神像，包括玉器、象牙上的雕花纹饰，都显示出明显的神化色彩。

最后两个“盲盒”盖子打开，7号、8号“祭祀坑”露出厚实器物层，发现数百根象牙、玉器、金器以及青铜器，复杂程度前所未见，包含的历史信息、价值超越想象。

一组“CP”的7号和8号“祭祀坑”，神秘面纱被揭开，坑中铺满象牙、青铜器、玉器等珍贵文物，琳琅满目，层层叠叠，目之所及，非常震撼。

7号“祭祀坑”里，玉璋、玉凿、玉斧、玉瑗等，琳琅满目。

戈形玉器，祭祀中重要的道具，是古蜀人沟通天帝的中介物。

象牙层叠，密不透风。7号“祭祀坑”，已经暴露出的象牙有180根。8号“祭祀坑”，不算下面尚未露出的，已有202根。

三星堆首次发现“金镶玉”，形态罕见。一件还未完全出土的葱绿色“玉板”，镶嵌在一块镂空的青铜网格之中。

8号“祭祀坑”，最新发现的青铜神坛，高约85厘米，宽约50厘米。神坛上有青铜人像，插在木质的基座上。

祭祀场面鲜活。底部，一个高约30厘米的三层台基；第二层，可见勾云形纹饰；第三层，镂空花纹。台基上形成一个平台，地面铺满花纹。平台一角，有双手虚握的跪坐小人脸朝外侧；平台一面的中央，有青铜小人双手朝下、五指伸开，呈舞蹈状。一个完整的祭祀、仪式的场景。

神坛上的青铜人，与金沙遗址出土的青铜立人，如出一辙。

青铜立人像为圆雕状，由上下相连的立人、插件两部分组成，通高 19.6 厘米。

神坛旁边，还有目前发现的最大的三星堆“神兽”，相当于成年的柯基犬大小，大眼、宽嘴，细腰、粗腿、厚臀，非常可爱。神兽头上的独角，还顶着一个平台，平台上站立一个青铜立人。其描绘的是一个祭祀场景，代表着古蜀人对于世界的理解。

考古人员还发现了见证中原文明、古蜀文明交融的朱砂彩绘青铜尊、面部彩绘的青铜人头像等。

8 号“祭祀坑”的青铜神兽颈部缠绕了一圈铜丝，3 号“祭祀坑”中造型奇特的铜顶坛人像下方底座，也缠绕着一根相似的铜丝。目前出土的文物中，只在这两件器物上见到这样的铜丝。

灰烬不是在坑内形成的，而是在旁边的一个场所焚烧器物后，再将仍有余温的灰烬倒进这个坑里。

新发现的 6 个“祭祀坑”带来的证据，再次指向了“燎祭”。这代表三星堆文明末期、金沙文明初期，古先民的一个特殊的行为。

三星堆的祭祀文化

古蜀国崇拜火，也崇拜太阳。

国家祭祀时，类似的“祭祀坑”，前后不少于 8 个。

坑口大小不等，祭品多少不一。

三星堆遗址出土文物主要分为三大类，包括青铜器、骨器及玉石器。

玉石器数量巨大，玉圭、璋、瑗、璧、素琮、环、珠、管、戈、矛、斧……反映出古蜀人对于玉石的喜爱、重视。以玉璋、玉戈、有领玉璧与各种材质的珠环佩饰为特色，做工细致，与中原的形制接近，类似西周礼器，集中展现了古蜀人的审美观念、价值取向，凸显出三星堆文明与中原文明的交相辉映。

商朝的祭祀文化，是一个面目凶猛让人恐怖的“战士”。

大型祭祀时，商人曾经一次杀死500多人当作祭品。

活人献祭，透露出商朝人在刻意让人领略到鬼神的威严、生而为人的卑微。

鬼神、巫术统治着中原大地。除了在大型祭祀活动中，广泛地使用“人牲”作为献礼外，哪怕是新建一座房屋，在房屋的地基、承重柱、大门等部分，都会埋上“人牲”作“奠基”之用。

三星堆的祭祀文化，一个美丽且令人神往的“美女”。

这是一幅“奢侈”的场景。

大量砸碎的祭器、燃烧的丝绸。

青铜器被打碎、用火烧，就是文献里记载的“燎祭”“瘗埋”。“古成都人”认为祭祀祖先，需把奉献的祭品焚烧，神明才能享用到，只有把祭品打碎埋到地里，才能诚心诚意地献给祖先。烟飘到天空中，天神才可能闻到，祭品埋入地下，地下的神才可能摸到。

文物在被掩埋前，都经过击打、焚烧。

焚烧，没有在坑里进行。器物有规律地摆放在祭祀坑中，有序掩埋。下面，小件；中间，青铜容器和面具；上面，象牙，这是一种主观的“故意”行为——祭祀。

它不像一般的祭祀。祭祀，属于经常性的活动，一般不会埋太多，比如宰一头羊、一头猪，已是很大的祭祀活动。而三星堆的8个坑颇为不同，珍贵的黄金器物、象牙、玉器，全部被埋了进去，数量庞大。

耗费整个族群、国家掌握的青铜资源来祭祀，难以令人信服。以后哪里还有青铜材质的器物，从事“国家级”的祭祀活动?

6个或8个“祭祀坑”，属于变革、迁都、封王等重大事件的“遗物”?

期待考古发掘能带来更多有机质的物品，这是还原艺术形象全貌的重要一步。

发掘1号、2号“祭祀坑”的一大遗憾，可能就是未能及时识别、保存有机质的文物遗存。目前进行的发掘工作，大大丰富了三星堆文明研究的资料，增加以前没有的种类，比如木器、纺织品。

“祭祀坑”的出土物，都是一代代蜀王生前至爱。每座坑都有主题，又能相互补充，目标指向一致，形成一个有机的整体。

7号、8号坑仍在挖掘，祭神、宴享、出行的场景，随时可能出现。

星空中那一颗最神秘的星辰

重器物　轻人像

三星堆、金沙城所属的古蜀国，一个独立体系的巴蜀文明，一个与中原王朝并存、独立的方国，一个未曾间断、自成系统的完整文明体系。

与世界的神奇“互动”，古蜀国强大到令人瞠目结舌。

世人惊叹于三星堆的神秘、金沙城的辉煌，出土的“国宝”太过耀眼，独一无二。

注重礼制，是三星堆青铜器的重要特色。

重器物、轻人像，神圣、严谨、凝重、诡异，造型耀眼寰宇，具有沟通“天地神灵”的赫赫神威、凌厉旖旎的多元造型。

一张完整的绝美的黄金面具，引人注目。

惊艳亮相。面具在3号“祭祀坑”出土，比正常人脸稍大。与现代人相比，它竟被古代工匠捶打得如纸薄，造型更加夸张，大招风耳、菱形大眼、高鼻梁、大嘴咧开，整体造型却威严神圣。

三星堆、金沙城遗址出土的金面具，都是用模具捶揲而成。

距今3000多年的商代晚期捶打工艺，堪称中国最早、最重要的金器制作工艺。黄金捶揲技术，流传于世界的旧大陆各地，中国的制金工艺或源自欧亚大陆草原地带。

三星堆的黄金面具，是为了增加铜像的神秘感，赋予人与神灵沟通的能力。

金沙城出土的许多文物，都有太阳神鸟的形象，表达了先民对于太阳神的崇拜。

黄金闪烁着太阳般熠耀的光芒，制成面具等圣器，可借以同神灵沟通。

青铜群像之美

三星堆遗址出土的500多件青铜器中，青铜人像最为引人注目。

据相关统计，三星堆遗址共挖掘青铜立人像29件、青铜人头像57件、青铜人面具32件，并发掘出世界形体最大、保存最完整的青铜立人像——青铜像之王，高达2.62米，重达180千克。

阶层分明。青铜人像造型的意图，是根据当时宗教祭祀礼仪的需要，分别铸造成不同身份的主持、祭司、参加祭祀活动的人物与祭祀崇拜的偶像——祖神、先王、神灵等。

造型上，可以分为青铜立人像、青铜人头像、青铜面具、青铜跪坐人像等，无不以其独特的造型特征、艺术魅力，成为商周时代青铜人像艺术史上的巅峰之作。

三星堆文物中，至少有四件——青铜神树、金杖、纵目青铜面具与青铜大立人，是举世瞩目的“国宝”，造型奇特、美轮美奂，掀起了考古界、学术界与爱好者，对古蜀历史文化的探索高潮。

如影相随，发掘也带来至今尚未解开的一系列秘密。

青铜神树神鸟，何以弓枝折翅?

如西方权杖一样，三星堆的金杖是象征权威，还是巫术的魔杖?

巨大的青铜面具，到底是何人所戴?

青铜大立人双手各自握成环状，究竟是何用意?

这一切应与古蜀国的祭祀活动，关系密切。

古蜀青铜工艺的繁荣，为金器的发展奠定了雄厚的物质、技术基础，玉雕、漆器等工艺的发展，也促进了金器工艺的发展，金器得以在更广阔的领域中，以更多样的形式，发挥审美功能。

三星堆遗址的黄金器，种类多、形体大，夏商文化遗址中最丰富。

金箔面罩，都是粘贴在铜头像上使用。

出土的黄金制品，还有金箔、金片制成的金虎、金叶、金鱼、金璋、金带等，制作工艺采用了捶锻平展、剪裁修整、平面雕刻等手法。例如，金叶，形似细长的叶子，上面用浅雕手法刻画了多组“∧”形的平行线条，在每组“∧”形线条之间，布满刺点纹，显示出独特的装饰效果；叶片柄端两侧，有小缺口犹如鱼头形，有小孔供穿系用。

黄金面罩，古蜀人使用黄金制品方面的又一杰作。

其制作工艺，是先将纯金捶锻成金箔，做成与青铜人头像相似的轮廓，将双肩、双眼镂空，包贴在人头像上，经捶拓、蹭试、剔除、黏合等工序，制成与青铜人像浑然一体的黄金面罩。

金面铜头像，由铜头像、金面罩组成。

铜头像为平顶，头发向后梳理，发辫垂于脑后，发辫上端扎束。头像尊严高贵、气度非凡，金光熠熠、耀人眼目，俨然王者之气的“金面使者”，掌握生杀大权，具有国王的权力意味。

古蜀人在铸造青铜人像时，采用六点定位铸造的方法，充分考虑到人体顶骨、顶丘、结节、下颌及隅角的空间定位，使得整个人像造型圆润饱满、充满张力。

观物取象的艺术手法，已从最初的观照动物的视角转向观照人类自身，打破了传统的夏商周时期青铜器以动物写实为客体的艺术表现方式。

以三星堆、金沙城为中心的古蜀王国，在进行祭祀活动中大量使用青铜器，出现了一大批人、动物、植物的立体塑像、人兽形状的饰件，成为早期巴蜀青铜器的典范之作。

青铜群像，汪洋恣肆、气象万千，

带着一种严肃、狞厉、神秘、具象的美。

怪诞狰狞，演绎着动物纹样的神性之美。

造型夸张，绽放着几何符号的抽象之美。

它们具有与内容相适应的完美形式，折射出一种区域化模式下，独特的艺术观念、文化传统，让世界领略了古蜀人在“尚巫崇神”中的非凡创造力。

一个文化共同体

一脉相承。与千里之外的文明交流、沟通。

宝墩文化、三星堆文化的制陶、石器工艺、城墙修筑技术、建筑形态、主业经济，延续明显，在宝墩文化的基础上，三星堆文化融合中原文明、长江中下游文明因素综合发展而来。

天府之国固然滋养文化，富庶与陡不可攀的高山，一个兼具刚健与柔媚、激昂与含蓄的环境，更使“古成都人”在探索、自省、相契的状态中，走出封闭的天地，设计人才、高级工匠辈出。

三星堆、金沙城在青铜器冶铸方面，使用范铸法和分铸法，以铅、锡、铜为主的三元合金的冶炼，表明在商周时期，成都平原即已拥有高度发达的青铜文明，填补了中华文明演进序列重要文物的缺环。作为长江上游的古代文明中心，中国文明重要的起源地之一，两处遗址有助于探索人类早期政治组织、社会形态演化的进程。

同根同脉，三星堆、金沙城是一个文化共同体，一个以成都平原为中心、巨大的地域性邦国族群联盟。

三星堆文化与十二桥文化，属于同一文化传统的早晚两个发展阶段。

基本完整的考古学文化序列。成都平原发现的重要考古遗址除三星堆、金沙城外，还有宝墩遗址、桂圆桥遗址、十二桥遗址、芒城遗址、双河遗址、紫竹遗址、竹瓦街遗址、城坝遗址等。宝墩文化、桂圆桥文化，显示出文明的起源。三星堆文化、十二桥文化，已进入文明阶段。

远古神话传说的神秘面纱，被逐层揭开。古蜀先民创造的文明古国历史，终于让21世纪的人们可见、可触、可摸。

三星堆与金沙城一脉相承，与二里头、安阳殷墟、巫巴文化、武汉盘龙城，联系密切。

“非典型”特征，展现了中华文明的多样性。受到中原文明与其他周边文明不同程度的影响，古蜀先民与商周时代中国的各种人面特征不同。艺术风格上，它的面部神态，几乎都是庄严肃穆，眼睛大睁，着意表现双眼在面部的突出地位。

虽然受到其他文明的影响，但古蜀国在相对独立的发展过程中，思维灵动、创造理念脱俗，极富创造力、想象力，孕育出与中原青铜器迥然不同的艺术风格，带有“杂交”“共享”“互鉴”特征的青铜文化，使古蜀艺术从传统艺术追求中悄然脱离而出。这促进了写实艺术的逐渐形成，创造了一种令人耳目一新的新美学典范，在柔美的古代东方艺术中，开辟出一处鲜明活跃、别具一格的领域。

例如，青铜器制作工艺、艺术魅力，一直居世界领先地位。

2022年央视春晚上，3号“祭祀坑”出土的青铜大面具惊艳亮相，打动了全国观众。

2022年10月10日，在北京展览馆举行的“奋进新时代”主题成就展上，一尊来自三星堆最新出土的青铜人头像首次面向观众展出。青铜人头像于2022年7月在8号“祭祀坑”出土，为三星堆众多出土青铜人头像中体量偏大的一件，颈部造型和既往出土的截然不同，独特的大面积蓝色锈蚀物，也令其在一堆铜绿色器物中显得别具一格。

“孤品”。这尊青铜人像高 26 厘米、宽 27 厘米、深 24.5 厘米，重量达 6.126 公斤。头像一展“庐山真面目”：平头、凸目、粗眉、高鼻、阔嘴、长耳，双耳耳垂处各有一个耳洞。在头像的眉毛、眼球、脑后、鬓部均涂有黑彩。转到脑后，可见人像笄发，鬓部和下部四周有小孔，推测为固定之用，头顶可见清晰垫片，为铸造痕迹。

这尊青铜人像在北京展出 3 个月，让观众得以亲眼看见三星堆考古研究的最新成果。

眼睛崇拜

三星堆人、金沙城人，住的不是茅草屋，而是木制的亭台楼阁，他们三千年前就佩戴玉器，出土人的长相像奇怪的外星人。他们雕刻的面具栩栩如生，采用的夸张的艺术，是真实生活的艺术表现。

古蜀先民描绘出的凝重、肃穆感，将眼睛崇拜传承，得以通天窥神、与神明交流，与邪恶力量抗衡，展现“视通万里”的超现实感，威凌八方。

三星堆凸眼巨目。两只眼睛突出来，好像两根长长的竹筒，又像是安装在眼睛上的“望远镜”，抑或是具象化了的“目光”。走遍全世界，人们也很难找出相似的雕像。人们只需要看一眼，印象就极其深刻。其实，出土的大量的青铜“眼睛”，绝不止这一件。而这些眼睛的造型，似乎也在暗示着古蜀人某种“睁眼看世界”的精神。

金沙城“眼睛”。气势磅礴的祭祀场面，惊呆了外地前来参与祭祀活动的巫师们，他们感到有一种威严的力量穿过，不禁双手合十，闭目祷告。一阵密集的鼓声后，祭祀仪式结束，人们怀着敬畏，将祭祀台上的一双双“眼睛”埋入河滩，用土覆盖……

这些“眼睛”仿佛在四处询问：世界有多大？

古蜀人想去看一看，走一走，难道不好吗？

“纵目”，表现眼神的深远、精准，渴望以纵目开天眼，观望更宽广的世界，望着辽阔的苍穹，期望通过双目，窥见宇宙中的奥秘……

与此同时，这也带来至今需要破解的重重迷雾。

地震毁灭？洪水肆虐？雷击毁灭？政权更迭？巴人占据？还有流行的“十大未解之谜”，甚嚣尘上的“玄幻传奇”。

这再次证明了中国古人的想象力、创造力与创新精神，远超现代人的想象。

三星堆创造了中国考古学的里程碑，创造了中国考古新高度，昭示长江流域、黄河流域同属中华文明母体，证明中华文明起源的多样性。

“满天星斗”中，那一颗最神秘的星辰。

未完待续的考古现场，不断接近巴蜀真正历史的真相……

“双循环”的天下体系

成都：“T”字的中心

殊途同归。不同的地理环境、人文环境下，具有不同源头的文化，会以不同的道路和方式，走向文化发展的高级层面，背后既有全球性气候变迁的影响，也是经济积累发展的必然趋势。

“长江·沿海”半月形传播带，以长江下游为节点，孕育中国最早的稻作农业，以水路交通为主，自长江上、下沿线，上至岷江中游，下延东部沿海，再面向东南亚、环太平洋的广袤天地。

一如一个世界博物馆，中原最好的玉器、礼器，南亚最好的象牙，西亚最好的青铜工艺，埃及最精美的金器，古蜀国就像三千年以前世界中心的“土豪”一样，没有就买，买遍全球；实在买不了，自己就加大资金投入“文创”，砥砺前行……

钱从哪里来?

靠成都平原出口的丝绸。

相对于三星堆文化，生活于金沙遗址一带的“古成都人”，其文化对贵州、云南等中国西南地区的影响更大。文化之间的交流，伴随着经济扩张，强力渗透，民间交流特别频繁。有的甚至远至如今的越南一带。

在“南北丝绸之路”沿途，中华文明多元一体的历程当中，金沙文化的作用十分重要。

成都、重庆与武汉、杭州，都创造了灿烂辉煌的文化，是中华文明中特色最鲜明的一支。

这些城市之间绝不仅是文化相互交往、渗透，还是一个经济网络、道德体系。华夏文化里的每个区域文化圈，一如“汤继强线”的空间经济学一样，每一个区域经济中心都超越地理，强势辐射四方。

成都平原的铜牌饰与新疆哈密的牌饰，在形制、镂孔、穿孔方式上密不可分，镶嵌绿松石牌饰的起源地在河西走廊，岷江流域、白龙江流域，成为沟通成都平原与河西走廊的两条通道。

中国西部巨大的文化传播带。黄金制品传播的“草原之路”，贯穿着北中国非农耕的草原文化带，与万里长城的修造路线，分割农耕、游牧两种生活方式的分界线大致吻合。

“长城·藏羌彝”传播带。如果将三星堆所在的成都平原西北与河西走廊画一条连线，与上述连线形成一个巨大的半月形，恰好将中原地区包在中间。

“长江·沿海”半月形传播带。如果将金沙城所在的成都城北、大溪文化所在的重庆巫山，与武汉市黄陂区的盘龙城、杭州城北的良渚古城、广州市区的文德路画一条连线，也是一个巨大的半月形，恰将江汉平原、杭嘉湖平原、珠江三角洲包括在内。

成都，正位于一个等边三角形的中心点，也是“T型经济带”“汤继强线”的原点。

以成都为原点，一个“T”字，将中国西部的重要城市集合到一起：

向北是西安，“北方丝绸之路”的起点城市和桥头堡，“T型经济带”的北延线节点。

向南是昆明，中国面向东南亚、南亚开放的门户城市，“T型经济带”连接东盟十国。

向东是重庆，连接长江经济带，以重庆为突破口，沿江而下至武汉、杭州，联合成都、宜宾、泸州等，延伸“T型经济带”至贵州、湖南、江西等中部地区，带动区域协同发展，缩小城市之间的差距。

这是区域经济发展版图上的“新大陆”。

若是将青铜生产技术在中国的发生史，作为一种产生于西亚的文化传播现象，由河西走廊延伸向东，围绕中原地区分成南北两道“中国弧”的新月形，堪称中国境内的“青铜之路”。

放置在世界版图上，还有时代更早的中国以西的那一段。

来自中亚的传统“地理身体”语言，内与外之间界限模糊，跨越区域边界的经济、文化和权力的流动、渗透，与中心点、原点的成都，共同组成了中国内外“双循环”的天下体系。

两者联结，就是一条横贯欧亚非三大洲的“青铜之路”，“一带一路”北上南下、内外“双循环”线路。

古代文明和艺术令人感动、令人神往的事物，远远超出了我们的想象。

日月同辉，文明大同，不同地区的文化必会在某个点交汇。

中国向世界贡献了物质、精神的双向财富。在“美人之美、美美与共”的文明观基础上，推动构建人类命运共同体。

“文明肇于长江”

各文明之间的联系、交往与互鉴，存在着无数谜团，令考古学家好奇、神往。

这是一次“青铜之路”与“丝绸之路”的精神之旅。

三星堆文化、金沙文化，在诞生大禹的“江原文化”、乳育“夏文化”的古蜀文化的基础上，既吸收了中原殷商文化因素，又吸收了来自西亚、中亚与亚欧草原的古老文明元素，形成了独特的复合型的文化体系。作为世界历史发展的原动力之一，成都平原在中国古代历史发展中表现明显。

成都、重庆与武汉、杭州，“文明肇于长江”，被以良渚、宝墩、巫盐古道、盘龙城、三星堆、金沙遗址文明为代表的“长江流域的史前城邦集群”——灿烂、辉煌的青铜文明证明。

低调却又唯美，在天府文化的外延中；

精彩却又低调，在古蜀文明的渊源里。

巴山蜀水的翕张之势，成就成都亘古的开放之利。

江原文化的人文底蕴，造就四川纯正的巴适之缘。

道法自然的诗情画意，塑就巴蜀独特的个性魅力。

不以日出为早，不以日落为迟。

深厚、同根同源的文明，为南北文化的融合，东西经济的发展，甚至为秦统一六国，奠定了坚实的基础。

玉琮

仍是“T型经济带”的原点

成都：异质性文明中心

民族和文化融合发展中，成都平原的地位十分重要。

至少在商周以前，“南北丝绸之路”间的青铜文化，把华夏文明的边缘地带，东北的内蒙古、河套地区，西南的四川地区和西北的甘青、新疆地区，连为一体，通过“Y”字形“藏羌彝走廊”沟通交流。以南西伯利亚为主的欧亚草原的异域文化，通过“半月形文化传播带”，沿着“西北走廊”源源不断地南下，通过“藏羌彝走廊”上的成都平原，再南下，上“南岭走廊”。

成都，正位于南北两大走廊连接的中心“节点”上。

强力纽带。成都还是汤继强“T型经济带”的原点。

跨三大“地理阶梯”的文化交流，九州内外的“双循环”。按照《禹贡》的解释，大禹九州的巡行路线，以龙门口为起点，按冀、兖、青、徐、扬、荆、豫、梁、雍的顺序转大圈，最后又回到龙门口，成都平原独特的地理区位，为三星堆文化、金沙文化的爆发式发展，提供了无与伦比的“循环洼地”“枢纽原点”。

青铜时代的全球化。一面，铜器制造技术与小麦、黄牛、绵羊“打包”，被中原地区接受，中原地区技术层面的东传、南下，到成都平原；另一面，粟（黍）、丝绸与铜器制造技术的西传、再南下，也是种植技术层面、文化高层传播的发散。

青铜时代的传统核心区域，以洛阳盆地为中心。

文化、社会旋起旋落，“转移”到半月形地带下端的成都平原。

“文创”出来的古蜀文明中心——宝墩村、三星堆、金沙城。

成都成为一个与中原，甚至西方，更加不同的“异质性”的文明中心。与亚欧草原崇尚黄金的游牧文化关系密切，反与中原地区的二里头、二里岗和殷墟的世俗文化关系还要疏远一些。

这是青铜时代全球化“同质化”的开花结果，是欧洲、亚洲，东方、西方“异质化”的滥觞。

“中国式”创新

随着夏商周三代东亚文明中心的形成，半月带文化与文明的衰落，“中国弧”的功能从欧亚东西双方贸易的媒介，转变为依附于中原、东亚腹地、西北面对广袤亚欧草原的“保护膜”，如同带有瓣膜的细胞壁，阻隔了东西方的自由交流。东西双方只是透过“中国弧”进行“接触”，并非“交流和融合”，中原仅仅是有选择地接受西方的文化因素与技术。

中原透过半月带“保护膜”，向西方主要输出丝绸、粟。

中华文明具有很强的包容性、接纳性与创新性，并始终秉持一种整体性、连续性与发展性。

大凡传入的新技术，都被“中国式”创新。

只接受可以被本土化融合的文化，本能地拒绝难于转变的文化。青铜，原本作为一种武器技术在欧亚间传播。进入中原地带、成都平原后，青铜与本地的特色文化、祭祀传统融合，变成有礼仪功能的炊具、酒器与神树、面具。

农作物同样选择、创新为“中国式”。

小麦种植技术，东传中失去原有的品种丰富性，经历“中国式”的融合，原有的冬季生长特征被“创新”成多季节生长，增加了季节多样性，产量得以提升。在西亚地区，新石器时代种植有多种小麦。公元前2000年前后，只有面包小麦一种传入中国。盛行西亚、欧洲的“一粒小麦”“艾玛硬粒小麦”和“斯佩尔特小麦”等，都被东方的饮食传统拒绝。

东亚文明核心

夏商周三代的政治发明、策略，都被视为“秘密武器”，禁止西传。

发达的天文历法知识体系、完备的圭表测量技术、制定夏至影长标准的秘诀、天下观、礼乐制度观念、青铜礼器制度观念、玉礼器制度观念等，进一步加深了欧亚东西方文化的差异。

先秦时期中原政权，始终将东亚大陆低地视为安全腹地，将欧亚草原高地视为“西戎”、将古印欧人视为“鬼方”。这使得以洛阳盆地为中心的“青铜时代的全球化”，始终停留在浅表的金属、作物、家畜三类技术层面。将青铜、牛羊、小麦引入“祀与戎”的领域，加深了青铜时代东西双方的“异质化”，进而使先秦时期的中原、成都平原，成为坚挺的东亚文明核心。

在“藏羌彝走廊”南面的成都平原，以三星堆文化、金沙文化为重心的古蜀文明的历史性传播、推动，产生了强大的吸引力和凝聚力，“南方丝绸之路”沿线地区，相继产生了青铜文化；酋邦组织形成，推动中国西南地区文化的演进，文化从分散的后进状态逐步走向文明，初步形成古蜀文明影响、制约下，政治和文化的一体化状态，对秦汉时代西南民族地区纳入中国文化大家庭，作用重大。

实际上，夏商两代只是个大方国，很多邦国的混合体。

万国朝圣，文明中心。

三星堆西连古巴比伦文明，东连杭州良渚文明，南连古印度文明，北连中原黄河文明，汇聚了全球先进文明因子。它领先的金、玉、青铜、陶瓷等技术，甚至远超同时代的中原的冶金技术。

“内循环”保证凝聚。

“外循环”保证活力。

寻找本原，守护原点。

大量祭祀用品的地域特征不同，表明三星堆曾是世界“朝圣”中心。

探索中国文明起源的圣地

大禹与成都、杭州

成都，接着重庆，连着武汉，串着武汉与杭州这两座城市。

一个被称为“天府”，一个被称为“天堂”。

一个在长江上游，一个在长江下游。

一个在西，一个在东，直线距离1580公里。

二者都是著名的休闲之都，同处“长江·沿海”半月形传播带上，同在长江经济带上。

两地在5000年中华文明史上，多次成为区域性的经济中心。

古蜀、巴渝、荆楚、吴越……

两座看似遥远，却又因文化“神秘链接”的城市。

生活模式。良渚人筑土为城，种植水稻，普遍使用石犁、石镰。一片高地、一条河：一条三四十米宽堆筑而成的高地，上面住人，临河而居，类似于江南水乡。现在的乌镇，即5000年前良渚水乡人家生活的“迭代版”，活灵活现。

同时期的宝墩人，也在被两条河流夹着的高地位置上，沿台地边缘筑起墙垣来防洪，既能避免水患，取水、渔猎又方便。这非常像现在崇州市的街子镇、天府新区的黄龙溪街道。

“天堂”的良渚，手工业成就天下，玉石制作、制陶、木作、竹器编织、丝麻纺织，水平都很高。以玉琮为代表的良渚玉器数量之多、品种之丰富、雕琢之精美，均达到史前玉器的巅峰。

无独有偶，在长江流域上游的“天府”，继与良渚文明同期的宝墩文明后，诞生了辉煌的三星堆文明、金沙文明，他们同样种植水稻，使用包括玉琮在内的精美玉器，却在青铜、金器的制造工艺上另辟蹊径，登峰造极。金沙太阳神鸟，承载着厚重文明与对太阳永恒的热爱，是中国文化遗产标志，而成都是城市形象标识。

历史巧合。帝舜时代，一场洪水肆虐中国，中华文明的人文始祖大禹、岷江上游的古羌部族联盟、岷江中游的柏灌部族部落，从成都西北的龙门山脉走出，迈出成都平原，“北上”“南下”，走遍天下，疏通长江，治理江汉，对各地的地形、习俗、物产了如指掌，终于成功降伏治理滔天洪水，疏浚河流，解民倒悬。

“禹封泰山，禅会稽”。大禹把成都平原先进的文化基因、思想理念、生产经验等带到中原，将不同地域、不同部落的人们的命运紧紧联系在一起，为大一统国家的形成奠定了基础。

“蜀夏同源”。大禹带领“北漂大军”治水，许多地方都有大禹治水的传说，但他主要在长江、黄河流域活动。他是立国始祖，从此中国有了“九州”的别称。

核心地带

成都平原核心地带，今双流、温江、崇州、都江堰、大邑、新津一带，动植物极为丰富，盛产水稻、水果，亚洲象、大熊猫、野猪等生物。

三星堆、金沙城，都发掘有大量象牙、野猪獠牙等。

能捕杀大象、野猪者是英雄，受人尊重。

来源无论怎样，这些都是统治者财富、权威的象征。

三星堆、金沙遗址的黄金、青铜器、玉石原料，主要从龙门山、湔江河谷、阿坝州采集。

“工程师”大多来自“北漂大军”后裔的“夏氏遗族”。

古蜀原始宗教体系完善，政教合一。

人像采用了巫术、巫师的艺术夸张形式，并参考了西亚、南亚、中亚等的脸型。

三星堆的金属面具，就是各种巫师形象、祖先神像。

因为交通不便，青铜器面具只能在本地制造。

大鼻子、长耳朵、突眼睛的青铜人面像，是“川剧变脸”的起因、始祖。

青铜站立人身上各种纹饰，为部分巴蜀文字，表示大地、水波、鱼鸟、太阳、行人、王者等意义。金杖的纹饰双鱼、双鸟、双人头和箭头，也是巴蜀文字，说捕鱼鸟、捕鱼人，为权力象征。

四川扬子地块西缘，中国重要的铁、铜等黑色、有色、稀土与贵金属成矿带，以独特的构造演化过程、丰富的矿产资源分布为特征。龙门山地区，一直是国内地质研究的热点地区。

阿坝州紧邻成都平原，已探明矿种60种，矿产地318处。已探明黄金储量116吨，占四川的49%以上。有马脑壳金矿、草地金矿、东北寨金矿、新康猫金矿、漳腊砂金矿等大型矿床。

国宝玉琮

动态的城市发展过程。良渚人向成都平原迁徙，不仅带来了十节玉琮的国宝，也带来了良渚的文化。长江流域的良渚文明与古蜀文明交融的过程，成为中华文明多元一体的重要组成部分。具体反映在三星堆出土的骑虎铜人像、金沙出土的玉琮与线刻人像。

玉琮，宗教信仰和权力的最高象征。中华大地的多个古文明中都有出土，远到西北的甘肃齐家文化，南至广东的石峡遗址，时间跨度从新石器时代到西周时期，都有型制相同的玉琮。

这彰显了良渚先民的宇宙观念、精神信仰。

“琮”字，右边的“宗”，《说文解字》里解释，是神庙中的祭台。

玉琮用于“祼祭”，在祭祀仪式中具有重要的功能。祼，古同“裸”。祼祭，即灌祭，用牲血、酒灌注于地，以祭地神。《周礼·春官·大宗伯》中，也有“以苍璧礼天，以黄琮礼地”的记载。

三星堆与金沙遗址出土的玉琮，都与随葬无关。

特别创制的“成都式”的“蜀琮”，为内圆外方的筒形玉器，其制作规整，通体打磨光洁，内壁异常光滑、平整，未见使用痕迹。与其他玉琮的最大不同是，它在造型上出现了“射台”：琮体的方形外筒、圆形内孔间的连接位置，形成一个台面。

在“古成都人”的心目中，玉琮并未失去良渚初始的寓意，仍是执掌神权、沟通天地的象征，仍被赋予了通灵、沟通神鬼两界的神秘感。

古代中国，玉器时代贯穿于整个石器时代、铜器时代。

久远年代的历史、信仰。从东南良渚到黄河龙山，再到西北齐家与中原三代，还有西南古蜀，玉琮的影踪已经越来越清晰。玉琮上，有一条血脉将5000—3000年前的大华夏紧密联结。

美好的代名词，连想象中天神的居处，也称为玉台。

从巴山蜀水到江南水乡

家国情怀的源头，江原文化中的密码，仅存于四川。

大禹，四川向中华民族捧出的万世祭奉的伟人。他会诸侯于会稽，封禅于会稽，归葬于会稽。他生于成都西北，葬于杭州东南。成都附近走出的大禹，被人们葬在杭州附近的绍兴。

两座古老的城市，天然地架起一座人文的桥梁。

成都、杭州均以丝绸纺织闻名于天下。在汉代，成都便已设锦官，统筹管理蜀锦织造，故有“锦官城”的别称。环绕成都的那条半天然、半人工的母亲河，也被人们称为“锦江”。

蜀锦畅销。20 世纪 90 年代，出土于新疆的汉代蜀锦，因绣有“五星出东方利中国”八个字，蜚声海内外。巧合的是，极具考据、文化价值的文物，近年由杭州中国丝绸博物馆成功复制。

杭州丝绸的历史，可追溯到良渚文化时期，顶峰是明清两代的杭州织造局。官办丝绸几乎成为皇室的专供品，民间丝织业也呈现出“机户万计”的盛况。

两城之人都爱喝茶，市井中茶馆林立。

两城附近都产好茶，蜀地的蒙山茶均为历代帝王祭天贡品，“扬子江心水，蒙山顶上茶”，人们耳熟能详。西湖龙井，名扬天下，在宋元明清四代，更是成为宫廷专享的“御茶”。

自古文人多入蜀，几乎所有“文化巨星”都曾在成都居住过。

无独有偶，杭州也是“文化巨星”的向往之地。

无巧不成书。杜甫、白居易都是河南人。从京城长安出发，一个向西，一个向东，分别来到成都、杭州。杜甫写成都，“窗含西岭千秋雪，门泊东吴万里船”；白居易写杭州，“山寺月中寻桂子，郡亭枕上看潮头”。写杭州的苏轼，是成都附近的眉山人，他眼中的杭州“水光潋滟晴方好，山色空蒙雨亦奇”。写成都的陆游，是杭州附近的绍兴人，笔下的“成都海棠十万株，繁华盛丽天下无”。

在杭州，苏轼说西湖，“淡妆浓抹总相宜”；在成都，张籍却感慨，“游人爱向谁家宿”？

成都，诸葛亮立誓“鞠躬尽瘁，死而后已”；杭州，岳飞高呼“壮志饥餐胡虏肉，笑谈渴饮匈奴血”。在岳王庙前慷慨激昂的人，到了武侯祠，也免不了黯然神伤。

鞠躬尽瘁和精忠报国，竟然异曲同工。

当人们感叹成都的薛涛时，可能也会想起杭州的苏小小。

不期而遇。相距三千里风和月，两城却总能在历史长河中“神秘链接”。

“感觉”相同。坐在成都的茶馆里喝喝茶，与漫步在西子湖边吹吹风，“感觉”相同。

这种文化的多元、融合，内外“双循环”，滋养着古蜀文化的发展与辉煌。

从巴山蜀水到江南水乡的千年文脉，成都和杭州，是探索中国文明起源的一块圣地。

这既能说明中华文化区别于世界其他文化的独特性，也能解释中华文明的根本来源和根基。依靠自身深厚的底蕴和不屈的韧性，中华文明在交流中学习、借鉴外来文明，实现了文明的创造性转化。

另外，中国的古老文明，同样起源于长江流域。中华大地的古文明同出一脉，为“多元一体”的发展特征，提供了最完整、最重要的考古学物证。

玉蝙蝠人（正面）

蛇纹石玉，高约20厘米。男女一对，裸体，性征鲜明，背负蝙蝠张开的双翼，其上阴刻古蜀文字和星相图。玉人并拢的双足下各有一个小孔，应是套插在某个支点上。

▲ 玉蝙蝠人（背面）

第六章 『全域成都』公园城市

中国上古精神世界的知识图景。

从“三星堆”到“金沙城”，极其相似的知识体系、信仰体系与价值体系，前后相继、中间交叉重叠，共同构架出古蜀文明最灿烂的篇章，滋生孕育发展了源远流长的天府文化。

巴蜀两端连接东方、西方两大文明。

哲学上，气脉是道家哲学，以岷江上游为开端，湍湍流淌，直至江东。

生态上，江河绿地，沱江、涪江，成渝“双城”的主动脉。

二者不仅在历史上扮演了极为重要的角色，也会在未来城脉推动的“双核”驱动中占有重要地位。

锦江城脉构成成都都市圈，土地平衍，河流众多，得灌溉之利；重庆，处于众水汇聚之地，浩浩汤汤，恢宏大气，地势起伏，人民则豪爽善牟利。

城脉与水系对应。

成渝城脉的层级结构与川江水系不尽相同，以太极图的轮廓线为第一层级，即长江、岷江、沱江、涪江、嘉陵江；第二层级为巴水、垫江，大渡河、青衣江等；第三层级为斜江河、鸭子河等。

前驱文化，巴蜀英雄史诗，跨越 3000 年时光。

“双核一体”的雏形。从“三星堆”到“金沙城”——成都平原的小“双城记”，迈步向从成都到重庆——中国西部的大“双城记”。

远远超出区域中心城市概念

古蜀与夏、周同族

一部古蜀邦交史，也是一部战争史、迁徙史、文化史。

杜宇执政末期，正是商王朝接近灭亡之时。

几百年来，古蜀国就与商朝不合，在伐纣的洪流中勇往直前。

三星堆文化器物，首次再现了战争场面。

一套特大圆形阴刻玉石板画，由四川民间收藏家收藏。它由88块石板拼成，直径2.54米。

有押送俘虏、抬运伤员的画面，有短兵相接搏斗厮杀、人和马中箭倒地的画面，有城墙口守卫站岗、士兵整装待发的画面，还有挑水、煮饭、休憩、习武的画面，由长官带领众人双手高举牙璋，跪向纵目大耳人面具祈求保佑的画面等。涉及各种人物92个，牛、马、鹿、象、鱼、鸭等近20个动物……圆形玉石板画的背面，阴刻着一条龙。

巴蜀军队，“以战死为吉利，病终为不祥”，骁勇善战，战斗力最强。他们对商纣的军队“歌舞凌之”，这是一种鼓噪夸张、类似歌舞的战斗方式，不是以艺术、审美为目的的歌舞。

这场神圣之战，从始至终伴随着舞蹈、歌曲。

在《华阳国志》中，常璩写道：巴国军队参加周武王伐纣的联军，成为先锋部队，戴着百兽面具，跳着巴渝舞，冲锋陷阵，打败殷商，战后被封为子国。

大战前夕时，巴蜀士兵通宵载歌载舞，等待拂晓；大战冲锋时，伴随着舞蹈、歌曲，戴着百兽面具，一边舞刀弄枪，一边发出吼叫，悠长婉转的嚎叫能增添军威，用请神明附体的舞蹈仪式来增添勇气，在面具的变换中，制造出紧张恐怖的气氛，然后向敌军战阵中冲去。

面具，巴蜀先民狩猎时，戴在脸上既能吓唬猎物，又能给自己壮胆，还用于战争前后的祭祀、庆祝，再扩展到庆祝活动的舞蹈之中。如今，大部分“变脸面具”，仍然保留在戏台上。川剧、京剧、傩戏、藏戏里的面具，各具特色。

刻有“牧正父己”“覃父癸”铭青铜觯，是武王伐纣时的战利品，周王颁赐的掳获物。《尚书》记载，其是“巴蜀之师”参与灭商战争的见证物。周王将战利品颁赐给参与的部族，理所当然。

在“巴蜀之师”的强力帮助下，周人建立新的周王朝。

自周武王建立政权后，西周的历代君王，起伏不定，良莠不齐。

以穆王西征为起点，周王室开始埋下被“清盘”的缘由。

对西戎胜了，却早不是之前的“以德服人”模样，而是变成了武力征讨。再后来，周厉王把“德行”抛在脑后，导致百姓对王室的印象坏到极点。当历史的方向盘交到周幽王手中时，他仍没看准国家发展的弊病，依然放飞自我，我行我素，最终引发终极之乱。

西周灭亡，大势所趋。从“地方”到“中央”，各个诸侯国在西周王室的大伞下，得到足够的发展时间、空间，劳动工具、经济实力发生变化，诸侯们手中的权力、力量日趋强大，心态“水涨船高”。周王室却因循守旧，“天下大势”发生变化时，还是自暴自弃。当周武王的后代子孙，把先王们积攒的德行透支消费之时，天下之变已经不可逆转。

蜀夏同族。商革夏命时，古蜀人助夏攻过商。

蜀周同族。古蜀国与周王朝共起，却并未与周王朝同亡。

巴蜀一家。在大禹时期，就“你中有我，我中有你”。

古蜀国对外扩张

遥相呼应。蜀国与巴国，共同拥有一个“文化底层”。

地方千里。到了开明王朝时，古蜀国空前发展、强大。

南征北伐。从开明二世开始，古蜀国争城夺野，频频用兵。

向西，“攻青衣”。

将古蜀国边境西推至青衣江流域，芦山一带成为西方门户。青衣，一个古地名，在今雅安市芦山、宝兴、泸定与阿坝州金川县附近。这促进了成都平原农业经济，与青衣江流域以畜牧业为主的经济的深度交流。

向南，“雄张僚”。

沿岷江南下，征服僚（指夜郎）、僰（今四川宜宾到云南昭通地区）之地，成为古蜀国附庸。广大“南中地区”，已为古蜀国所控制，成为古蜀国的南疆。

南中地区，即今天的大渡河以南和云南、贵州两省。“西南夷”生活地带，资源充足，特别富于铜、锡、铅等古代最重要的战略资源。

向东，与楚抗衡。

“经济梯递”。“伐楚，取楚兹方。于是楚为扞关以距之”。古蜀国的势力范围到达鄂西地区，促进成都平原与长江中游地区的稻作农业、水利灌溉技术的交流，形成了“东接于巴（今重庆），南接于越（今贵州中部），北与秦分，西奄峨（峨眉山）嶓（嶓冢山）”的疆界。

向北，与秦争夺汉中平原。汉中平原的富庶程度，可与成都平原媲美。“攻秦，至雍”，古蜀与秦展开了长达数百年对汉中地区激烈的争夺战。《华阳国志》赞美汉中：“厥壤沃美，赋贡所出，略侔三蜀。”争夺汉中，既出于军事目的，更看重经济资源。“以褒斜为前门”，汉中平原曾纳入蜀国版图。

古蜀一度是泱泱大国，“西南诸侯之长”。

首屈一指。开明王朝还拥有附庸属国，丹犁国（今四川丹棱）、僰国（今四川宜宾）、獠国（今老挝）等，甚至，还分封下属的诸侯，苴侯（今广元昭化一带），享侯爵的待遇。

古蜀经济、文化发达，并不弱于中原王朝。

古蜀对外政治扩张，不仅出于军事目的，经济意图也明显，即控制不同生态的地区，占有不同类型的资源，将政权建立在地理多区位、物资多资源、经济多样化的广阔坚实的基础上。

四处开疆拓土，强化了古蜀政治统治的经济基础。

对异族滋扰的打击，古蜀毫不留情。

一次，面对僚人等异族滋扰时，开明王领着军队自温江饮马河一直往西，追到了天全、泸定一带，一直往南，杀到了荥经、汉源一带。僚人、讫人，很长一段时间内连临邛都不敢进。

到战国中期，古蜀国已成为一个幅员辽阔的强大国家。“全域成都”，一幅壮阔、辽远的山水画面。疆界，“东接于巴，南接于越，北与秦分，西奄峨嶓”。

摇篮的轴心

山如城郭，成都平原好似生活的城市空间。

平原的自然之势，想象空间极大。

在《蜀都赋》中，左思把成都之门延伸到玉垒（汶川与茂县交界的九顶山）、灵关（宝兴、天全一带）一带，“廓灵关以为门，包玉垒而为宇”。《华阳国志》中更是把蜀都描述得四至完备：北以汉中褒斜谷为前门，中间以玉垒山、峨眉山为城郭，西部以汶川、茂县盆地为牧场，南部以云南、贵州的南中地区作为苑囿，城前以岷江、渠江等为池沼。

巅峰时，古蜀国北控汉中地区，在汉水上游，与楚、秦、巴角逐；东边接于巴族；南包凉山州、云南北部，役使着氐、羌与西南夷众多部落，以今天青神、芦山一带为后门，将玉垒山、峨眉山作为城墙，以岷江、渠江、绵远等作为水池，将岷江上游适于放牧之地作为畜牧资源，以今天四川凉山、宜宾一带与比邻的云南、贵州等地作为花园，与越族相邻。

以成都为轴心线，西边龙门山，东边龙泉山。两座山脉，一西一东，逶逶迤迤，向南长来。

龙泉山脉，山脉长 200 公里，宽 10 公里，山体细长，将西端的平原从整个平原区切割出，称为川西平原，地缘中心是成都主城区，也被称为成都平原。

龙泉山脉，北起安县，经绵阳、德阳、中江、广汉、金堂，绕开成都主城区，经龙泉、双流、简阳、仁寿、眉山、青神、井研，南达乐山，呈东北西南走向，长而狭窄，一如墙垣，是岷江、沱江两大水系的分水岭。

成都平原，为两座山脉夹持出的一块平展、水滑的地带。

广义的成都平原，介于龙泉山和龙门山、邛崃山之间，北起江油，南到乐山五通桥，包括北部的绵阳、江油、安州间的涪江冲积平原，中部的岷江、沱江（绵远河、石亭江、湔江）冲积平原，南部的青衣江、大渡河 8 个冲积扇重叠连缀的冲积扇平原，总面积 2.3 万平方公里。这里是天府文化的主体区域。

狭义的成都平原，指都江堰、绵竹、罗江、金堂、新津、邛崃 6 地为边界的岷江、沱江冲积平原，面积 8000 平方公里，构成平原的主体部分，为成都平原腹地。俗称“川西坝子”。这里是天府文化的核心区域。

盆地东部，地形明显复杂。与龙泉山脉形态和走势相类似的山体，相对均匀地分布在大巴山和云贵高原之间，叫作“川东丘陵”或“川东山地”，是巴人活动的核心地区。

平原与山地的分割线华蓥山，南端是巴渝文化的地缘中心重庆。

由于龙泉山，整个成都平原被看作一个盆地区。

青藏高原与四川盆地独特自然条件的恩赐。西面的成都平原，东面的川中丘陵，南面的平原、浅丘、深丘、低山，高低错落。北段，沱江切割成金堂峡；南段，岷江切割成平羌三峡。

龙泉山既是城区的防御，也是市际的边界；“胡焕庸线”的屏障，富饶平原与方山丘陵的自然分界线；“汤继强线”的原点，“T 型经济带”的经济“发动机”。

成都平原远远超出了区域中心城市的概念，并扩展至青藏、云贵的山原壮形。它像一个偌大的摇篮，边缘延伸、排列，秦岭、大巴山、巫山、乌蒙山、峨眉山、邛崃山等，摇篮的轴心是成都平原。

归宿是成都

远古来自各方部族迁徙的最后节点。

中国三大民族走廊的“枢纽”，“生命走廊”。

西北端，由甘青高原西行，进入“西北走廊”，连接“北方丝绸之路”。

东南端，经“僰道”与“南岭走廊”贯通，到达广州，汇合“海上丝绸之路”。

国际走廊。连同南北两条“丝绸之路”，像两个头向外、尾相连的巨大的“Y”字。

成都平原两端连接东方、西方两大文明，拥有天然参与中国历史的能力。

成都平原的空间特点，决定了它的独立性、开放性。

平原西北缘，由岷山连接的龙门山脉包围着；东南缘，有龙泉山脉横亘，只留下岷江河谷，作为泄水孔道。平原地面并不完全水平，自西北向东南倾斜，有一条条鱼脊形的高地。

都江堰、郫都、成都城区，基本上三点一线，排列在冲积扇的中脊线上；龙泉山脉南段山前过渡带，沿着平原与台地的交界处，又有成都、双流、新津三城一字排开，直抵岷江河谷。城市之间，彼此相距大约20公里，相互沟通。

在地理上，这里是“藏羌彝走廊”多条文化交流路线的自然归点：从岷山山区南下的部落，落脚点为郫都、彭州，归宿是成都；沿岷江北上的部落，落脚点是天府新区、双流，归宿也是成都。

平原盛产稻谷，是人文荟萃的渊薮，盛产英才，既是物质上的富庶，又是文化上的昌盛。

古蜀国经济实力雄厚，对内开展了各项改革。

首先，效仿中原礼制，建立宗庙礼乐制度。

《华阳国志》记载：“……未有谥列，但以五色为主，故其庙称青、赤、黑、黄、白帝也。”宗庙礼乐制度，以世代定居的农业经济为基础。

“酒”，改用“醴”称。中国古代祭祀用酒为醴，酒一宿熟为醴。“酒”或“醴”的出现，说明开明王统治时期，粮食丰获，承续杜宇王朝的习俗，有足够剩余的粮食酿酒，既用于饮，更用于祭祀。

其次，就是迁都。

《华阳国志》记载：“开明王自梦郭移，乃徙治成都。”

迁都成都，基于地理、政治与经济的原因。

成都平原水患经开明王的整治，颇长一段时间，再未遭受洪水袭击，变得适合发展生产。湔、毗、雒、绵四水已无大害，越毗河而南营邑于成都与广都，便于疆理成都平原西北。

开明王朝

开明王朝沿袭杜宇王朝的君主制政体。

王位世袭制度。《蜀志》中介绍，“王蜀凡十二世”，一世丛帝鳖灵、二世卢帝万通（成帝）、三世保子帝芦保（褒子帝）、四世青帝胡、五世赤帝（别帝）、六世黄帝、七世白帝、八世黑帝、九世圣帝、十世尚王、十一世后王、十二世末王。

王室立太子，别子为群公子，与诸夏同制。王朝的职官，有太傅、丞相、郎中令等，皆为朝官。效法西周的分封制，封边防重镇于王室弟子，以为屏障。封君为一方之长。

阶层分为统治阶层、被统治阶层。

统治阶层，拥有一切权力，包括蜀王、王室子弟和姻亲、王朝大臣、封君，与各地大大小小的“王”“侯”（族长）。被统治阶层，主要是农奴、工商业者和其他平民等，奴隶只占极少部分，通常指的是王室和大小统治者的家奴。

到开明五世时，删去“中原人”妄称的“帝号”。

开明九世，从祭祀到礼仪，大张旗鼓地“变脸”。

群雄之中，开明王再不愿以“夷狄”的身份出现，而是用正统的“黄帝后裔”之名，与众王平起平坐。

盛世强君。从开明六世到开明十二世，古蜀国一直处于内忧外患的战争阴影、对外扩张的理想中，秦国与蜀国对于汉中要塞的争夺，更是一场紧张而持久的拉锯战，双方囤积重兵，你争我夺。

在此期间，双方既有军事攻伐，也有商旅往来。交好，是战争间隙的暧昧时光。

同床异梦，各怀鬼胎。蜀国与秦国两国边境相对平静时期，不仅战事稀少，还有使臣往来，互有馈赠，但又都希望对方在与对手的交锋中受损，以便得渔翁之利，使自己成为“天下霸主”。

公元前387年的中国，大地一片宁静，天空却乌云翻滚。成都平原的古蜀国与渭水一带的秦国，战争一触即发。

与东北方被“吴起占领秦之洛阴、合阳”五城相比，秦国在西南方的军事态度更为坚决、强硬、积极，南郑（今陕西汉中）刚刚丢失，再次攻取，司马迁称为“伐蜀，取南郑”。之后，双方军事斗争不断。

“据有巴蜀之地”。

巴国、蜀国捐弃前嫌，联合对楚。

公元前 377 年，蜀国南下，沿着汉水河谷（荆襄通道）伐楚。

巴国挥师东进，攻取楚国的兹方。

吴起虽死，但“变法”却已深入楚国的五脏六腑。虽然蜀军以迅雷不及掩耳之势，一路高歌，进入楚国今湖北十堰房县一带，距楚都江陵（今湖北荆州）还有 400 公里，楚人就已经“为扞关以距之”。这不仅抵挡住巴国的东进，也终止了蜀国的南下。

扞关，故址在今湖北省长阳县西。房县距长阳，还有350公里。

眼见取胜无望，东征受挫，巴蜀联军不得不退兵。

在对秦国、楚国的军事行动中，开明王一度战果辉煌，非常满足。

大争时代，“凡有血气，必有争心”。

秦国变法图强，壮大军队，网罗人才。

通往成都平原的陈仓“故道”上，秦国虎视眈眈。

“金沙人”美好而诗意的黄昏

金沙王都

“金沙城”位居现成都城西“2.5 环”。金沙遗址东距现在成都市中心约 5 公里，处于城市的核心区，分布面积 5 平方公里以上。它东南距最近的抚琴小区遗址 3 公里，距羊子山土台遗址 8 公里，距最远的岷江小区遗址 9 公里。

成都人通常把南北向以苏坡路、羊西延线，东西向以青羊大道、三环路为界线所包围的区域，划定为“金沙片区”。如今，它仍是成都 2000 多年以来“西贵”的典型代表。

锦江城脉。金沙依水兴建，城市中心的“都邑”，至少包括古郫江水在内的四条古河道，由西北蜿蜒流向东南，密布的农田、灌溉沟渠，城与水互相交错，古河道横亘于“祭祀坑”腹地。

平原气候湿润，河流穿城而过，地下水不断变化。

清水河，位于金沙南面 1.5 公里处；北侧，为郫江故道。

摸底河，汩汩东流，将遗址分为南北两半。

这里河流纵横，人们傍水而居，滨河祭祀。

一个高度发达的城市文明。

在王都的整体布局当中，不仅有居民生活区，还有祭祀区、墓葬区。

金沙遗址的宫殿建筑。今天的“三和花园”之地，有一处大型房屋基址，占地面积逾 1 万平方米，气势宏伟，规模巨大，布局上具有极强的规律性，在西南地区尚属首次发现。

生活场景。考古人员共发现房址 17 座、窑址 17 座、灰坑 300 多个、墓葬 13 座。

修建考究。墙体，为挖基槽埋柱子的木骨泥墙式结构，基槽宽约 0.5 米，槽内小的木骨洞排列规整而密集，大柱洞间距为 1.4 米至 1.5 米。最大的一座单体建筑宽近 8 米，长度 54.8 米，至少有 5 个开间，面积在 430 平方米以上。

精心考量。一般庶民的生活区，要简洁得多。位于“金沙片区”的兰苑、金沙国际、博雅庭韵（楼盘名）等范围内，居住区分布较广，面积达数十万平方米。居住区内，有房址、灰坑、陶窑、墓葬等遗迹。房址，基本上为西北—东南向，构筑方式，均为木骨泥墙式建筑。小户型，面积不大，多在 20 平方米左右。由于没有直径较大的木柱支撑，房屋容易垮塌，重建的次数较多。

金沙王都，是沿着两江修建的。

居住区附近的墓葬区，已发现 1000 多座墓葬。

墓葬，多是居住区废弃后形成，打破了大多居址就地墓葬的“旧制”，使城区逐渐变得狭小。各墓区内都有一定的规划，排列有序。以“燕莎庭院”地点的墓地规模最大。

墓葬一般分为一次葬、二次葬，盛行二次葬。

葬式大多为仰身直肢，也有少量俯身葬、屈肢葬，还有的死者双手抱于胸前。约半数的墓葬无随葬品，有随葬品的数量也不多，随葬多为陶器、石器，也有一定数量的铜器、玉器。随葬品的规格、数量、等级等不算高，可看出当时的社会分层、等级划分明显。

城市规划，井然有序。

祭祀区、王都、生活区、墓葬区，各有应有的区域。手工作坊，在居住区之内。

中国城市历史悠久，有丰富的建设经验，先秦时期就已形成一系列的城池选址原则，除“择中”“相土”“形胜”等城市选址思想外，“资源”在原始村落、城池选址中，受到高度重视。

金沙城的城市建设、规划，虽然没有更多的生态思考，仍是择地而居，也已初具规模，相当数量的人口聚集在一起，有王都在，也就决定它成为成都平原的文化、政治、经济的中心。

金沙人的祭祀

神秘区域。祭祀区场面宏大、壮观。

这是一处专用的滨河祭祀场所，沿着郫江古道的南岸分布，面积约 1.5 万平方米。

祭祀，在河岸上进行。

点燃薪柴、火把，“古成都人”向太阳致敬。“古成都人”一直有崇拜太阳的习俗，就像祭祀创世祖先、神王君王与其他神灵一样。从纯自然神向超自然神发展，从三星堆城的祭司到金沙城的平民，太阳都成为倾诉的对象、希望的寄托和信仰的所在。

在袅袅升起的香烟中，“古成都人”将大量象牙、玉器等贵重物品，敬献给神灵。

在香烟中等待，在飘雾里泪奔。

祭司头戴项圈、黄金制成的面具，虔诚跪拜，将玉器、象牙或埋葬于土中，或倾倒入河道。祭品埋在河滩上，上面用土覆盖，下次祭祀仪式后，再将祭品掩埋层层垒叠。

古蜀王国实力雄厚。

繁多的祭品，承载着先民们丰富的精神世界；精美的文物，凝聚着工匠非凡的创造力。

古河道两旁的祭祀区还存在大量树木类、多种草种遗存。种类、数量很多，可分为农作物、水果/干果、杂草、乔木、灌木、藤木等，鉴定出40余科60余属30余种，说明周围存在着园圃业。

祭祀方法丰富多彩，“燎祭”是极其重要的一种祭祀仪式。

在《礼记·祭法》中，记载：“燔柴于泰坛者，谓积薪于坛上，而取玉及牲置柴上燔之，使气达于天也。”高诱在《吕氏春秋·季冬》注中释解：“燎者，积聚柴薪，置璧与牲于上而燎之，升其烟气。”

燎祭需要“积聚柴薪”。

留下的大量炭屑表明，当时的祭祀活动十分频繁，规模隆重。与成都平原同时期的其他遗址相比，金沙遗址祭祀区的炭屑含量非常高，特别到了第三期中段的炭屑含量丰富程度，令人瞩目。

炭屑大部分来自地层，表明人们用火的频率很高。

燎祭需要“升其烟气”，以达于天。祭祀活动对燃料的选择颇有讲究。除了选择能够产生大量烟雾的材料，还会燃烧一些含有香气的植物。祭祀的目的，在于通神。香气，则是上天通神的媒介。比如，樟树、花椒等，都是可以产生香味的材料。

金沙人的农业、手工业

金沙遗址出土了农耕用具耜。耜的长度约 1.42 米。

耜的起源很早。《周易・系辞》中，记载“斫木为耜，揉木为耒”。它是一种翻土耕种用的农具，适用于稻作农业。这说明成都平原地区的稻作农业历史，4000 多年前即已存在。

这个耜发现于生活区的一个“水塘”中，由于环境潮湿，才得以保存下来。

这是中国唯一一件保存较为完整的商周时代的木制农具。

耜的出土，有力地证明了“古成都人”的农业已经相对发达。农耕生活使人们有很多的空余时间从事手工业劳动，如影随形，大量的陶器就出现了。

制陶业，是重要的行业，很多“古成都人”从事它。分工合作比较完善。制作的陶器，大都为夹砂褐陶、灰陶，工艺以手工制作、慢轮加工为主，器形以实用为主，纹饰较少，素面居多。

遗址中发现了不少小型馒头形窑，面积约 6 平方米，由工作面、窑门、火膛、窑室组成。窑室多呈前低后高的斜坡状。烧制时，火焰由火膛进入圆形窑，对充分燃烧、提高窑温有利。

陶器有各种炊器、食器、饮器、水器、酒器，还有大量的贮器。丰富的器形，反映了“古成都人”饮食的多样性。

陶器中有很大一部分是酒具、酒器。要酿酒，必须有多余的粮食，说明当时农产品的富余。

“旧瓶装新酒”，礼仪功能完全实现了“成都制造”。

典型的中原文明的青铜容器青铜尊，在商周文化中主要用于装酒。三星堆、金沙也出土了青铜尊，表明古蜀文明对外域文化的吸纳、吸收，也表现出自身信仰体系的独特。

“古成都人”的饮食与器具

“古成都人”吃的东西，比现代人更加健康。

“古成都人”80%以上以稻、粟、黍为主食。稻谷最多的时期，能达到100%。

谷物结构以稻谷为主，兼种少量粟、黍，与成都平原同时期的其他遗址类似，与众不同的是发现了种类、数量繁多的树木种子、果实。粟、黍的比重较低，粟的数量多于黍。

吃法与北方有所不同。

以火熟食。商人、周人对食物的吃法，具体的制作方法有燔、炙、炮、烙、蒸、煮、爆、烧、炖、烩、熬、脯、羹等。殷墟、春秋出土的许多器物底部都有烟熏痕迹，火烧的遗留。

一般平民，日常用具是陶器，种类简单，制作也不精。

贵族主要的生活用具是青铜器物。

炊器，有鬲、甗、甑；食器，有豆、簋、盂等；贮器，有尊、壶、卣、罐、盆、盘等。在商周贵族阶层生活中，陶器有时也是不可或缺之物，与平民所用陶器相比，不仅造型繁多，纹样别致，器类齐全，许多还是制作精致的仿铜陶器。

陶器制作，用轮制、模制和泥条盘筑法制成。质料可分为夹砂灰陶、夹砂红陶、泥质灰陶、泥质红陶等。

进食方式有两种，抓食、使用餐具。用手抓食，是文明产生前和文明早期的一种进食方式。甲骨文记载，当时的人们在进食前先要洗手，然后才进食。饭后，还有用牙签剔牙、洁齿的良好习惯。

在商周，采用餐具将食物或饮品送入口中进食的方式，已被广泛使用。在殷墟考古发掘中，发现了很多商朝餐具，有的制作十分精美，纹饰华丽，俨然是一件难得的艺术珍品。各类餐具，又分几种质地，有铜质、玉质，也有骨质、木质。贵族使用铜勺、铜斗、铜箸等青铜餐具进食之风，十分流行。

三星堆、金沙城“双城”繁盛时期，没有大的战争、冲突，小日子过得安逸、巴适。仿佛古老时光的轻微回响，从朦胧的意识深处穿越而来。

美好画面，惬意黄昏

一个普通的生活场景。

六月，连日闷热潮湿的天气，迎来一个凉爽的日子。

“古成都人”聚居的金沙城，房子参差不齐，有圆形、方形、长方形等各种形状，以沟槽基础、木骨泥墙、榫构梁架的木构房屋为主，人来人往，成年人在劳作，小娃儿在泥水、草丛中嬉戏。

酒香淡淡，扑鼻而来。

街道，整齐有序。各家各户都备有酒具，酿酒、盛酒、饮酒，有的酒具做工非常精美。大的称“陶盉”，类似于如今的酒茶壶，与“陶三足炊器”一样有三条腿，可在火上加热，围在它身边的称“平行杯”，相当于今天的酒杯。

忙碌完一天，人们围坐在地上，准备开始享用一顿丰盛的晚餐。

陶高柄豆、小平底罐等食器摆在席间。陶三足炊器中盛上清水，加入一条白天捕的鱼，下部用柴火加热。三足成鼎立之势，可生火加温。袋状足中空，与口部相通，储水量大，盘面类似于今天泡菜坛的坛沿，可盛水或置物。

带着淡淡腥味的鱼汤香气，四散、弥漫。

主人从旁边的陶高柄豆上，拿了主食分给家人们。陶高柄豆造型修长，是一种设计巧妙的实用的生活器皿。上部，呈盘状，用以盛物；中部，为管状的豆柄，中空，与喇叭形器圈足相通。

盛食物的盘子颇高，小娃儿要站起来才够得着。

鱼汤缺少香料，有些腥味。主人便放入一些带香味的植物。

配上一杯温酒，口感好了不少。一个人拿出置于热水中的陶瓶形杯，里面的酒因长时间的温煮，已散发出浓浓的粮食味道。温酒所用的器具——陶制的瓶形杯，类似于今天的清酒瓶。有大开口、小开口两种，瓶身小略长，方便温煮。

一旁，孩子们有滋有味地吃着鱼汤泡饭。

饭后，每个孩子领到一小把水果，如猕猴桃、桃子、梅子等，还有敲碎的山核桃，笑哈哈地吃完，一会儿就又跑得不见踪影。

夜晚，没有了白天的繁华、喧闹，只有一片静谧、无声。如今，成都的天际线依旧美得让人窒息，雪山的剪影加上城市的轮廓，在夕阳下格外壮美，明月慢慢爬上“楼梢”，抬手可摘。

推窗见雪山，夜至望明月。

夜已深沉，天空不再孤独。

一轮明月高挂，在广袤的银河与成都人打招呼、问好……

成都平原，既有陡峭的雪山峻岭护卫，也有水乡一般烟柳葱茏的湿地。

川西坝子，既有水网密布的水乡泽国，更有适合稻谷生长的肥沃台地。

这里有一种极深厚的气脉，贯穿所有的巴蜀城市，在巴山蜀水间流淌数千年。

哲学上，气脉是道家哲学，以岷江上游为开端，湍湍流淌，直至江东。

生态上，是江河绿地。

沱江、涪江，成渝“双城”的主动脉，不仅在历史上扮演着极为重要的角色，也会在未来城脉推动的“双核”驱动中占有重要地位。

锦江城脉构成成都都市圈，土地平衍，河流众多，得灌溉之利；重庆，处于众水汇聚之地，浩浩汤汤，恢宏大气，地势起伏，人民则豪爽善牟利。

城脉与水系对应。在水文地理上，长江为干流，岷江、沱江、嘉陵江等为一级支流，大渡河等为三级支流，四级、五级支流众多。

成渝城脉的层级结构与川江水系不尽相同，以太极图的轮廓线为第一层级，即长江、岷江、沱江、涪江、嘉陵江；第二层级巴水、垫江、大渡河、青衣江等；第三层级斜江河、鸭子河等；第四、第五层级，不胜罗列。

微观城脉系统交叉、叠加，构成宏观的成渝双城城脉系统。

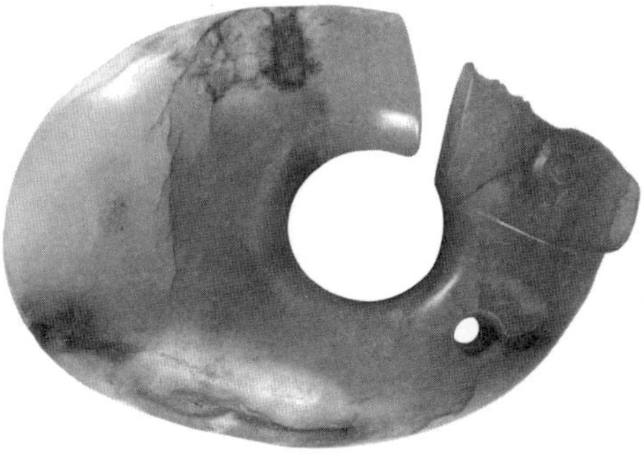

玉C形龙仔

透闪石龙溪玉，浅绿色，玉质坚硬致密，半透明，局部黑色沁，尾部表面石质钙化。此玉龙高28.5厘米。虽然与红山文化中习称的玉猪龙C形龙造型相近，但是出现在三星堆文明器物中，殊为罕见，可见上古时期先祖们的流动迁徙带来文化的融合交汇，此为物证。

“天人理论”创造出的“巴蜀图语”

“天人合一”与“巴蜀图语”

巴蜀图语不是真正的巴蜀文字，更不是三星堆、金沙“双城”遗址出土的文字。

符号用来承载意义。符号学，就是意义学。

它是一种象形符号，一个符号，就是一幅图画，看图像以解语意的图画语意符号。

它有完整的故事寓意，但不能作为文字连接起来解读，有介于图文、语象之间的中性特点：图像性、集体标志性、名物性。

图语刻在青铜器、印章上，以近乎玄秘的方式，代代流传。

“巴蜀图语”，古蜀人结束结绳记事时代后，创造出的原始文字。它分为两类：以图像为主，集中在商周时期的兵器、印章上，字数不多；以方块为主，表现在周后期的兵器“有胡戈”上。

巴蜀图符简化、创新，慢慢成为“巴蜀文符”，形态比较接近古彝（夷）文，文符大多作为印章、器物的标识，抑或类似表达。直到开明王时代，它才慢慢向“巴蜀文字”转变进化。

印章的材质以青铜为主，极少数为石质、骨质和琉璃质。印章，大似铜钱，小如纽扣，轻的一两克，重者十余克。同为青铜器的后母戊鼎，重达几百公斤，可铸造数以万计的巴蜀印章。

巴蜀印章的出土，有特点，也有规律。出土的地方多为土坑船棺墓，墓主的社会地位较高；印章多携带在主人的脖颈和腰上，为主人所钟爱、重视；出土所在地，大多都是巴蜀重镇。

图语形态，包括植物、动物、人物，以及一些抽象的山川、河流等。通过象物、象事、象征等手法，被某个社会集体用作图腾、族徽、宗教符号与各种物类的区分标志。

除文字以外，巴蜀先民还将文明记载于“图语”，流传后世。

一如燔燎、沉埋“祭祀之器”一般，存在于至今无法破解的“巴蜀图语”中。

这是一套独有的巴蜀“天人合一”的理论。

两个系统。文字流行于上层社会，图语通行于部族、聚落与部族联盟。

为了提高人口素质，避免近亲繁殖，各聚落树立了自己的宗教图腾、族徽，分封部族也会打出相应的族标。《山海经》的叙事语境中，图腾、族徽，以“其”字表示；族标，以“有”字表示。

文字通往，书信联络。迁徙或经商路途中，部族间相遇，只要观察对方的图腾、族徽与族标，就可对不同族群间婚配的可能性作出合理判断，在地盘、采摘、狩猎等利益前，取舍合作、回避，还是争夺。

华夏文明圈的方国、族群、聚落，无不施行图腾、族徽和族标徽铭志。

上古世界有两大图腾：以燧人氏、弇兹氏为代表的西戎“蛇”图腾，以帝俊、少昊氏为代表的东夷“鸟”图腾。其他族徽、族标，均为上述两大图腾的衍生、别系、苗裔。中国唐代以上的所有历史、史前史，基本都是围绕持“蛇”“鸟”两大图腾的族群展开的。

文字还未通用前，凡涉重大政治事件、激烈族群争斗，人们均用类似绘画的“叙事图语”。

巴蜀文字

巴蜀文字与甲骨文、金文不同，不是拼音字，从方块字，直行而非横行，属于表意文字范畴。字体也已达到简化、省略、定型、单位小的水平。相较已经高度系统化的甲骨文和汉字，恰介于文字与图画之间，保留了较原始的图像理据性特征。它主要铸印、刻划在铜兵器、铜乐器、铜玺印等器物上。造型有人形、动物形、植物形、器物形、建筑形、几何形等。

巴蜀文字是在一定范围内约定俗成的，它主要分布在四川、重庆、湖北东部、湖南西部地区，与巴蜀文化的分布范围一致。

它的使用主要集中在战国时期，时代上限可至春秋晚期，下限为秦汉时期，前后延续达 800 年之久。

巴蜀文字组合，一般由两个图案到七个不同的图案组成，最常见的图案有“手”“花”“鸟”“虎”“龙”“树”“蜜蜂”“眼”“人”

“人头”“竖心”“八形纹”“星纹”“山”等。

兵器中出现得最多，至今发现带有“巴蜀图语”的器物，已超过 1000 件。

目前可考的文字超过 300 个。包括人形符号 12 种、动物形符号 26 种、植物形符号 33 种、器物形符号 31 种、建筑形符号 20 种、几何形符号 150 种等。

目前国内唯一未破译的公元前的古汉字。

它是一种定型化的象形文字，巴蜀文化体系的一种表现。

宗教性质的文字，都是象形文。

人神之间的交流，除了嘴，眼睛特别重要。人们通过文字、图符完成眼神的交流。

三星堆出土的高柄豆圈足上刻画的“眼”纹、陶盉上的“贝”纹与其他器物上的刻画符号等，可以视为用不同的图案，组成一组组的“记事”，构成记载巴蜀相关的史事、方志、地情的“文献”。

“飞天之船”。三星堆遗址 2 号“祭祀坑”中的玉璋，长达 55 厘米，正背都刻画有繁复的纹饰，以表现人的装束、活动为主题，出现的人物有 20 多位，还有山形与太阳之类的场景。就在两山之间，有船形符号出现，船中似有人站立。船形很小，外廓为方框形，框上有 4 至 6 根好似飘动的线条。确实应当是船，船上有物或人。

等待破解

一些“巴蜀图语”的组合，呈现出特别紧密的关系，部分符号常形成固定组合，可能是固定的习语，或是复合性的符号。符号数量组合，在战国时期的变化趋势，先渐而增加，到战国晚期早段发展到最为繁复，到战国末期又呈现简化、少化的态势。有的巴蜀符号与器物种类关系密切，有的巴蜀符号只出现在特定的器类上。

成都博物馆的藏品——巴蜀图语铜勺。

铜勺的勺面上，精心地刻上了三组图案：中间，一只乌龟，有头有尾，十字形的龟甲；左边，一只展翅欲飞的飞鸟；右边，一条游鱼。在飞鸟和游鱼后面，还分别刻着云雷、花枝的花纹。

图案代表传说中的祖神——蜀王。

宣汉罗家坝战国墓葬中出土过一枚铜印，铜印左右为两棵树，跟三星堆遗址出土的青铜神树颇为相像，中间仿佛是一扇窗户，下面是一个太阳。墓葬中还出土了大量铜戈、铜剑、铜矛等礼器。礼器都是五个一组，上面印着跟印章上一样的窗户——开明王朝的王国标志，窗户和太阳，代表着推开窗户看太阳之意，也就是“开明”，甚至就把这个图语，读为“开明”。

三星堆、金沙城“双城”的文明体现在宗教、祭祀的体系中，不一定是文字传承，而是通过世代的巫师、祭祀来传承。现在云南一些少数民族的宗教艺术、祖先传说，就是通过这种形式完整地传承下来的。

出土的许多器物上都含有信息，金杖上刻的戴冠人首、鱼、鸟图案，实际是一组记事的图语；一件玉璋上，所刻的大山、人物、牙璋、手、象牙等图案，应是记载古蜀人有关祭祀的“文献”。

春秋战国时期的“巴蜀图语”，已将中原的“王”“田”等字纳入其中。

三星堆、金沙城“双城”繁荣、延续2000多年，突然一下就消失。等历史再次衔接时，已经过去将近2000年的时间。

“巴蜀图语”能否像古苏美尔人创造的楔形文字一样被破解，暂不可知。或许，当“巴蜀图语”被破解的时候，人们才能更为清晰地了解高度发达的古蜀文明。

玉鼓乐队

上古精神世界的知识图景

“古成都人”的精神世界

中国古代祭祀天地神祇源远流长。

三星堆、金沙城的“双城”文化，属于“祭祀文化”。

从功用角度，青铜器主要用于祭祀礼仪，宗教色彩浓郁，传达了古蜀先民的神巫观念、创世祖先敬仰、仁德君王崇拜、精神文化诉求，希望赋予器物以沟通神灵、祈福禳灾、天地太平的和平愿望。

这些共同形成了中国西南青铜文化的独特风貌。

三星堆的青铜神树，象征着人类远古文明中的宇宙树、太阳树。

金沙城的太阳神鸟，蕴含的深意与青铜神树有着异曲同工之妙。

相同之处，金沙小铜立人，头上戴的插有旋转的弧形芒状饰的涡形帽圈，象征着光芒四射的太阳，造型与“太阳神鸟”金饰相似。不同之处，“太阳神鸟”金饰的太阳为十二芒，呈顺时针旋转，小铜立人的帽圈为十三芒，呈逆时针旋转。金饰件的十二道光芒，象征一年的十二个月，或每天的十二个时辰；铜立人帽圈的十三道光芒，可能是对闰月的一种暗喻。

日出月落、四季更替。

“古成都人”细致观察，深刻体会到太阳的强大力量，创造出的代表日月崇拜、阴阳四季等观念的黄金制品，不仅是中华民族对于宇宙世界、天地万物最为朴实而自然的表达，更以几近完美的艺术赋形，为世界美术史、上古思想史，提供了极其珍贵的典范之作。

一组神秘图案，刻在黄金器物上，将三星堆、金沙城“双城”紧密联系。

三星堆遗址 2 号“祭祀坑”出土了一件黄金杖体，木芯外层包裹着由金条拓展成的金箔，代表权力、威仪、等级等含义的“权杖”，或称为“神杖”“王杖”。

杖体上端，保存着用两组阴线刻成的纹饰图案，图案相同，一端为并列的三个头戴宝冠、耳佩大环的人头像；一端有两组相同的纹饰，各由一支箭、一只鸟、一条鱼组成，含义神秘。

无独有偶。在金沙遗址中，也出土了一件“金冠带”的金器，呈圆环形，出土时断裂为长条形，直径上大下小。它表面也錾刻着四组相同的图案，基本构图特点也是一支箭、一只鸟、一条鱼和一个类似人面孔的圆形纹饰，与三星堆金杖上的图案几乎完全相同。

来自三星堆、金沙城“双城”最高等级人群之间的“血缘”，黄金权杖、黄金冠带，共同的文明传承、表达权力的象征。

不管是象征不同族群的“图腾”“族徽”，还是传递某种神秘寓意的符号，两件黄金器物上的纹样相似度颇高，图案中的鱼、鸟，由一支箭串联，箭杆从鸟的身躯旁边掠过，箭头射进鱼的身体内，让人联想到“双城”的先民们，在用符号进行思想表述、记录和传承。

具有神秘力量的鱼、鸟、箭等图案，与古蜀的王系、世系之间密不可分，同时出现在三星堆、金沙城“双城”黄金器物上，价值、意义特殊，究竟暗示着权力的交替、更革，还是意味着文明的传承不止？上古先民运用神秘符号，来表达某种知识、思想的能力，已经彰显无遗。錾刻在黄金器物上的神秘图案，能够透露出古蜀文明中已经消逝的“知识密码”。

在事实性结构中，以一种图形符号的方式展现，本身可能仅仅是一种“视觉形象”，进入活动经验与人的思维发生联系，便拥有了无穷无尽、引人深思的“意义世界”。

无论青铜大立人服饰中布满的雷纹、饕餮纹、目纹、虫纹、龙纹，还是雕琢神鸟、铜鸡羽毛结构的鳞状纹、鸟纹等，这些具有美学价值的艺术纹样形式，以抽象性、符号化的特征凸显，赋彩制形，凝聚着古蜀文化精神、宗教神话观、创世英雄崇拜理念，既是一种超越现实的深层“灵境”启示，更是传递外在“象”与内在“意”的契合、交融。

五百年祭祀

区域中心，具有标尺意义。

成都市郫都犀园村，春秋时期成都平原最大规模的墓地。距离三星堆 45 公里、金沙城 13 公里。

西周时期，这里是中心性的居住区，鳞次栉比，人声鼎沸。经过精心规划，房屋排列有序，朝向统一。

发掘的建筑分为两种，基槽式、柱洞式。在发掘区内，考古人员发现可合围建筑多达 15 座，同时还发现一些柱洞内埋藏了钻孔的卜甲，基槽内放置了完整的陶罐。

春秋时期，此处作为公共墓地使用。墓葬中出土了大量柳叶形剑，体现古蜀亦农亦兵的社会组织形式。柳叶形剑器形小巧、造型古朴，是最具蜀地特色的武器，体现了蜀国、楚国之间的文化交流。

历时性的变化。从西周聚落，到春秋墓地。

鹿，具有财富象征、祭祀意义，在金沙遗址祭祀区出土了大量鹿角。随葬动物与经济生活紧密相关，反映出当时狩猎业的发达，表现出狩猎在“古成都人”的生产、生活中占有重要地位。

地区功能逐渐演变，串联起两个文明。

一头，链接三星堆时期的市民居住区。

一头，串联金沙城时期的公共墓葬地。

“绝地天通”，神圣的祭祀场所。

商周时期，中原卜辞中记载，祭祀有“燔燎”“沉埋”等不同祭法，有的焚烧祭品、烟气上升，使天上的神灵得以享用；有的在土中埋藏祭品和牺牲，向天上、地下的祖先、神灵贡纳输诚。多样性、包容性与创新性，构成古蜀文明的重要基因。

中国传统文化中，玉代表着极为美好的一面。

重要礼器。活人，佩戴玉是权力、财富、品德的象征；去世的人，随葬玉也代表着财富、地位、祛邪避凶的意义。在宗教中，玉也被赋予了通灵、沟通神鬼两界的神秘感。

玉戈类似玉璋，前锋凹入缺口较大，内刻飞鸟。带飞鸟的玉戈形象组合，具有三星堆文化特征，在成都平原之外很少见。玉是祭祀中重要的道具，“古成都人”用以沟通天帝的中介物。

祭祀区内出土的器物，大多不是实用品。

首先，祭品大量使用动物的角、牙等部位。

祭祀的“牺牲”。与三星堆“祭祀坑”一样，金沙祭祀区内也出土了大量象牙，最长的达 1.85 米。除了以玉器、铜器、石器等作为祭品，还出土了野猪獠牙、鹿角、麂角等动物骨殖。野猪的獠牙，数量多达数千枚。

祭祀用品，经过精心选择，含义特殊。

鹿，自古就寓意美好，是各种宗教体系中的神瑞之兽。因谐音“禄”，有着福禄吉祥之意。

其次，折射出金沙城时期的社会变化。

祭祀的“人牲”。祭品中，有专门制作的石虎、石蛇、石龟等动物形象，五官处多用朱砂涂红，还有双手反绑在后的跪坐石人像，有的五官同样涂以朱砂，极有可能是战争俘虏、奴隶。

再次，祭祀礼仪、程序逐渐形成。

祭祀活动，经历 500 年左右。

文明进步。从公元前 1200 年前后的商代晚期，一直延续到公元前 476 年的春秋早期。初期，约为商代晚期，流行以象牙、石器作为祭品；中期，从商代晚期到西周中期，大量使用玉器、铜器作为祭品，象牙也仍使用；晚期，为西周时期至春秋早期，前一时期流行的铜器、玉器和象牙等祭品数量骤减，大量使用野猪獠牙、鹿角、麂角等动物骨殖、美石、陶器等作为祭品。

同为祭祀，祭祀对象、祭器使用、祭祀场所等，金沙都与三星堆有所不同，没有出现三星堆最具标志性特点的青铜头像、面具、大型立人像、大型青铜神树等重器。尽管也出土了造型相同的黄金面具、青铜小人像等，但体量、规模都远不如三星堆，是金沙时期总体国力消退、祭祀资源的匮乏，还是不同场景下开展的不同性质、功能、方式的祭祀活动?

“沟通神人”

“沟通神人”上，金沙人用大量象牙、金箔神器、玉器祭祀。

中国古代早期文明，一直在思索天人之间、人神之间的交流、沟通与和谐共处。世界上有某种“神秘力量”，存在于天地人神之间，人类通过特定的仪式、仪轨，能够“通天达地”。

古老传统的别样表达。新石器时代，良渚文化玉琮上的兽面纹、河南濮阳蚌壳龙虎图案、安徽含山凌家滩玉版图案、辽宁喀左红山文化神庙与神像等，都含有原始巫术、祭祀的寓意，拥有“沟通天地、接引鬼神”的神秘力量。进入商周青铜时代，祭祀成为国之大事，形成以青铜礼器为中心的一套礼仪制度。

从“三星堆”到“金沙城”，既继承了远古时代以来神人混杂、“绝地天通”的宇宙观、神灵观，又以成都平原的独特视角，非凡的观察力、创造力，构建出对上古精神世界的理解、运思和表达。一如毕加索的画，具有与内容相适应的完美形式。

中国人上古精神世界的知识图景，前所未有。

每一代人通过考古得到的认知，都在不断变化。就像考古剥去地层一样，一层又一层，一步一步地靠近历史。

最新考古发现，三星堆与金沙城繁盛时期共存更长的时间。

从“三星堆”到“金沙城”，极其相似的知识体系、信仰体系与价值体系，前后相继、中间交叉重叠，共同构架出古蜀文明最灿烂的篇章，也滋生孕育了源远流长的天府文化。

玉蝙蝠人（背面）

中国经济增长的“第四极”

雄踞西南

“禅让”鳖灵，“委以政事”。

以宽厚、充满灵性的气度，杜宇把王位“禅让”给了鳖灵。

约公元前 1046 年，鳖灵取代杜宇，建立了开明王朝，是为“丛帝”，传位 12 代，统治古蜀国 350 年。

处处“有鱼、田之饶”。鳖灵治水后，成都平原水稻、粟等粮食的种植规模、产量大幅提高，成为中国著名的粮食丰产区。古蜀先民不仅大规模种植粮食作物，还大力开展经济林木的栽培、种植。

梅，蔷薇科落叶果树，核果，主要分布于中国南方各省。食梅的历史悠久，早在春秋之际，家梅已经驯化成功。

桃，蔷薇科落叶果树。西南山区也是野生桃的分布区，栽培历史同样悠久。薄皮甜瓜，起源于非洲，中国是次级起源中心。《诗经》记载，先秦时期人们已经栽培甜瓜。

一幅生动的采桑图。一群身穿长裙，梳着长辫的妇女在园中，繁忙地采摘桑叶，有的攀爬在树上采、有的在树下头顶竹篮或手挽篮筐运，还有一人在一旁歌舞助兴，场面异常热闹。

到开明王朝时期，蚕桑业取得巨大发展。

《汉书》描述：“巴、蜀土地肥美，有江水沃野，山林、竹木、蔬食、果实之饶。”《华阳国志》记载：“桑、漆、麻之饶……其山林泽渔，园囿瓜果，四季代熟，靡不有焉。”

古蜀国五谷丰腴，多余的粮食被做成各种米酒（醴）、烧酒。

在“古蜀国母”朱利酿“务农酒”前，柏濯部落在“故地”就已酿酒，后随同大禹“北漂”。夏帝杜康（少康）“初作秫酒”，就是根据柏濯的“斟灌氏”酿酒原始方法，提炼、精化而成。

“斟灌”，“斟”的本义“往樽中倒酒”，即斟酒。

成都平原的酒文化再度繁荣。

家畜动物不仅用来食肉，还具有某种宗教礼仪功能，“古成都人”将完整的公鸡埋入填土中，用来举行祭祀活动。新都战国木椁墓出土的铜鼎内，也盛有鸡、羊、猪骨骸。

农具，变化不大。

青铜工具在农具上应用不多，与当时全国青铜农具少见的情形吻合。

成都平原是山前冲积扇平原，土质肥沃，对耕作工具的倚重不高，石质、木质农具即可满足，在没有金属农具的深耕下，农业生产就能达到一个很高的水平。

古蜀对西南地区的历史产生深远影响，以富庶闻名，为雄踞西南的泱泱大国。

治水患。勤付出，修堤坝，筑河道。

兴水利。拓平原，保良田，观四象。

勤耕植，促商贸，开商道，扩坊市等措施渐收成效。

经济文化建设，使成都平原再次焕发出勃勃生机。

斗转星移。公元前500年前后，开明五世在“瞿上”北翼，新津“宝墩”、双流牧马山“九倒拐”向北、广汉三星堆向南，山水环抱的平原地带建都，大兴土木，重建城池，是为“金沙”。

建城的“古成都人”真正诞生

一个宏伟壮丽的建筑群腾空出世。从蚕丛到柏灌、鱼凫，直到望帝、丛帝，古蜀国在史书、考古、文物与现实的勾勒下清晰地显现，构成一个完整的系列文明季候。

作为政治实体，古蜀国不仅在社会治理、经济文化、思想理念、技术发明等诸多领域取得了伟大成就，经济居于同时代的领先地位，驯服、教化周边出现过的强力实体，也经受住了一系列不幸的地震、苦难水患的重压。即便遭受“灭顶之灾”，作为政治实体风雨飘摇，作为文化实体，却仍能走出从未有过的困境，以坚定的决心，百折不挠地追寻着希望，渴望着未来的美好生活。

文明的发展的确不是线性。

2000年前的“古成都人”，不过从一种草搭棚子换成一种木搭屋子。

2000年后的“古成都人”，却是从“三星堆文明”的巅峰又跨上“十二桥文化”的巅峰。

重建的“雪山下的公园城市”金沙城，也将正宗的古蜀文化传承，寄拥给中国。

个中缘由。古蜀文化超越性的维度，比周围的文化高很多。

三星堆文化的“主人”——蜀王鱼凫氏、蜀王杜宇氏，十二桥文化的“主人”——蜀王杜宇氏，晚期巴蜀文化的“主人”——蜀王开明氏，从秦统一到汉武帝前后，古蜀文化逐步融入中原文化之中。

青铜时代的成都与外部世界，是一个彼此开放的时空。

开放性、包容性，给成都提供了走向世界的强力支撑。

本原文化，既是一种文化信心，也是一种命运安排。

冥冥之中，或许都是人与自然和谐给“成都人”的定数。

它是城市精神气度勃发的内在原因。城市想象力、生命力旺盛的绝佳象征。

江原文化，由大禹父子开启。

“导江治河”。大禹改“堵”为“疏”，“疏浚”河道，拓宽峡口，让洪水能更快地通过，在都江堰的位置，将岷江分为岷江、沱江两条河流，通过沱江，将岷江上游多余来水导入长江，还留下“以德治人”“水可立国”“以民为本”的传统。

古羌生理基因与巴蜀文化基因，在大禹身上叠加得到完美体现。

在治水、立国中，体现出的爱民、礼贤、律已、创新的大禹精神，成了中华民族不可或缺的巨大无形资产、生生不息的强大文化基因，自己也成为世代中华儿女无限敬仰的伟大圣王。

公元前347年，等洪水消退后，擦干眼泪，开明九世重新聚集洪灾中幸存的“古成都人”，从西边的“金沙城”，迁移到西北边浅丘龙岗状台地的“武担山”一带，建起了王城。

从广汉三星堆，到彭州竹瓦街、新繁水观音，再到金沙城、十二桥、商业街船棺葬等遗址，从北到南，一条古蜀文化发展的纵轴线，正好是最典型的天府文化产生、发展的生命线。

3000年的都市文明也在这条生命线上。

城区最高地标，比周围高出30米至50米，长100余米。

成都城的“龙脊”。城区最高之地，少城的中轴线，由北往南向的长顺上街，以武担山为“靠山”，以红照壁为“案山”，上连凤凰山、下接开明王府，将山川风水格局形表于大城内。

“龙脉”在武担山，延续至今。

一段美丽的爱情故事

《华阳国志》说：开明九世颇会享乐，修过珍珠为帘的七宝楼、鹦鹉舟。传说雍州之域的武都有“山精”，化为年轻女子，美背、侧颜，貌美如花，蜀国的美女也难与之相媲美。开明九世把她接到成都，纳为妃子。

红颜薄命。王妃不习水土，哀怨地离世。

蜀王妃墓高大如山。以家乡用过的一块石镜置于墓前，又以本地泥土将墓堆叠成了一座小山，高度不亚于后来的皇陵，超过附近房屋的屋脊。后代称为武担山，或五担山。

武担山的“石镜”，为古蜀王妃的墓表，圆形光洁，半埋土中。

杜甫喻为“月轮”，薛涛比为“妆镜”。

古人曾称“蜀镜”，后人称为“史镜”。

“大石崇拜”，源自“古成都人”对蚕丛氏所居之地岷山的崇拜。建城“古成都人”灵魂与石砌建筑灵魂的共同载体。

“古成都人”模仿前贤的用意，称在“副都金沙”上再生的都府为成都。为避水患，取周王迁岐之意，“一年而所居成聚，二年成邑，三年成都”。

“成都”二字，蜀语的读音是“蜀都”。

最后的都邑。“成都”，“成”者，毕也、终也，永久定都于此，不再播迁。

蚕丛、柏灌和鱼凫开创的古蜀国，遵循中国建城鼻祖、“基建狂魔”的奠基者鲧的建城理念，传承正宗的“江原文化”，“疏”“堵”结合，与大自然最亲密的文化形态，人与自然和谐相处的生存方式，经历杜宇、鳖灵两代蜀王的开疆拓土、安民治水，不断迁徙、寻找，至开明九世始将国都定迁成都，结束先民2000多年寻找最佳居住地的漫漫旅程。

由小到大的“双城记”

城市文化的发源，高雅和创新的城市精神。

一条条巴蜀道路，一条条巴蜀人群迁徙的天然通道，能让金戈耀日、文脉长流，有深度；能让君王扬鞭，也能让百姓散步，有宽度。

寻访“藏羌彝走廊”上的“松茂古道”“古金牛道”，重走峡江上的“巫盐古道”、廪君带领巴人的迁移之路，那里深藏着现代成都人、重庆人的“生命密码”和天府、巴渝文化的“原始基因”，就像寻找一个失落已久的文明，寻找一份属于巴蜀人的历史荣光，寻访成渝双城先民曾经的美丽家园、砥砺前行的奋斗足迹……

像一支飘荡的曲谱，默默奏出悲凉而雄壮的史诗。

自古“巴蜀一家”。

与世界平行的巴蜀文明，是天府文化精神永恒的故乡。

稽古振今。古蜀人、古巴人的生活，同样经历着生命不能承受之重。这不仅为了5000年的人生，也为了现代人对自我生命的理解。回避、漠视史志的经验，也就不能真实地面对自我。

前驱文化，巴蜀英雄史诗，跨越了3000年时光。

“双核一体”的雏形。从“三星堆”到“金沙城”——成都平原的小“双城记”，迈步向从成都到重庆——中国西部的大“双城记”。

时代聚光灯下，每一段历史都有属于自己的剧情，都有震撼心灵的精神力量。

现在，“汤继强线”柔性突破了“胡焕庸线”。

“机遇之城”。成渝地区双城经济圈，从“公园城市首提地”，到“践行新发展理念的公园城市示范区”，整体进入国家战略规划、实施，赋予成都率先探索中国特色新型城镇化新路的时代使命，意味着成都要为当今世界提供“不争而善胜、不言而善应”的文明生活典范。

最大回旋余地的“内循环”，中国经济增长的“第四极”，同唱“双城记”，共建“经济圈”。

成都与重庆，比历史上任何时期，都更接近中华民族伟大复兴的目标。深深扎根于5000多年的巴蜀文化传统，传承中的升华，开放中的飞跃，具有深厚的历史渊源、广阔的现实基础和深远的世界意义，比历史上任何一次复兴都深刻、伟大；在以国内“大循环”为主体、国内国际“双循环”相互促进的新发展格局中，“双核”发力，创新是最强动能，开放就是最大变量。

国家，文明社会的总体概括，彰显着中华文明的高度。

世界“雪山下的公园城市”，引领世界城市3.0时代的一次重要机遇。顺乎历史潮流，合乎发展规律，为成都成为世界“公园城市”的“示范区”作出贡献，比历史上任何一次跨越都近在咫尺。

四川盆地，回到在世界经济史、中国社会发展史上应有的地位。

在历史的节点，着眼未来，回看历史，更知成渝双城“经济圈”的博大精深，高瞻远瞩。

后　记

追寻蕴藏在巴蜀文化中的民族精魂

“史以鉴古今，志以资治理。”

探寻古蜀文明前世，观照公园城市今生。

对三星堆、金沙城、十二桥商周遗址的数十次“惊鸿一瞥”，真正“落地”还是在最近10年。

距今快30年。最早“结缘”三星堆，是在1994年5月。

那时，我结束《成都工人报》记者的“北漂”生涯，告别“借调打工”的《工人日报》的领导、战友，回到成都，在《四川文化报》任副总编辑。我到博物馆采访，编辑、签发文博新闻，属于“规定动作”。受广汉文化局、三星堆博物馆（筹备组）之邀，例行公事，我安排记者去采访、报道；之后，又带领文字、摄影记者，做了专题报道。我是第一批到三星堆遗址采访的记者。

在三星堆博物馆的工地上，我感受强烈。除了文物给我的视觉冲击，就是考古、文博工作者给我留下的深刻印象，与我从“龙泉山知哥”调回成都当“市政工人”，在郊外工地风餐露宿、修桥筑路无二。

以后，我就经常“签发”有关三星堆的新闻、通讯与学术探讨一类的文章。

当年，受到报社同事、支部书记王琼的影响，我对文博亦颇有兴趣。我曾经想做一组三星堆遗址、金沙遗址的“深度系列报道”，因仅是才疏学浅的新鲜、好奇，故只能写不痛不痒的“本报讯”、貌似学问很深的“历史随笔”，无奈，不得不投入“实惠”的甲A足球报道、财经新闻，留下职业生涯的“遗憾”。

工人报刊记者在文化系统5年，居然没有“自选动作”。

金沙遗址、十二桥文化遗址就在成都市区，离我的家很近，属于零距离的“交往”。十二桥文化与三星堆文化属于同一种文化，十二桥文化是三星堆文化衰退后的延续。

倾心注目，是在2011年以后。

全情投入，是在2022下半年。特别是成都市地志办得知本书“选题”后，就介入全案策划，在充分尊重我的意愿的基础上，从主题思想到章节布局，从地情运用到文图呈现等，提出了令人信服的建议，鼓励我精雕细琢，以高质量、大格局、精文字，争取让本书进入来年设立、打造的“成都历史文化精品丛书”目录。

度是寂寞日　做是清冷事

中国，一个历史的国度。

巴蜀，一个文化的故园。

11年前的2012年，我从报社副总编辑位上辞职，离开新闻领域，决然“与世隔绝”，投身历史文化，读史研志，回归文博，且制定了一个“十年规划”，打算坐“冷板凳”中的“冷板凳”。

天地民物之变、兵火纷乱之迹、兴衰荣辱之慨。人类所能演绎出的悲欢巨变，无不曲尽精微，让人叹为观止。日拱一卒，不期速成；日积跬步，虽远毕至，去经历天人般的精神穿越。

盛世修志，功在千秋。

不仅是文物，当从中捡拾碎片拼起时，它是一幅画、一首诗、一段历史，甚至是一座取之不尽、用之不竭的历史文化宝库。

读史研志，我当时就告诫自己：功底占60%，习惯占40%。

至少还有15年的路要跑。

要么不做，要做就力争做到最好。

时断时续。处在马拉松的竞技状态，我一直在“文化故园”慢跑、游走与纠结，不是拼与苦，而是一种寂寞中充实的乐趣。既然在55岁时，就选择了60岁以后的生活，和史志对话、同文物互动、与古人进行灵魂交流，意味着坐“冷板凳”。要写出史诗一般的非虚构文学作品，必须放弃“老男人躺平”的乐趣，再次忍受“灵魂孤独”“爱好寂寞”，付出一般人不肯付出的代价。

坐“冷板凳”，不动如山、清湛如水。

数年如一日，一个“十年的终身姿势”。

母亲去世前，在病床上清醒时，还在心疼地说：“还在不要命地写，又不缺吃、不缺穿……”

女儿、儿子说：“正事一说完，爸爸就回到书房。”

妻子说：“坐在那里，像雕塑一样一动不动，一坐就是几个小时，书房的墙壁都被他抽的烟熏黄了。阴阳颠倒，就是一个怪人，幸好身体好，吃饭整一大碗，不然早就遭丢翻了。”

与寂寞如影随形，仍是坐“冷板凳”，无论有何“重大发现”，也只能“自娱自乐”，安慰的只是“科研成果”后的踏实，不见烁烁闪耀的光环、亲朋好友的好评，报纸杂志也不待见。

“冷板凳”，清苦的象征。

其实，又何止是我一人。

“在冷部门坐冷板凳，编冷资料”。地方志机关坐的是“冷板凳”、度的是寂寞日、做的是清冷事。至今有些单位还搞不清地方志办在做什么，面临“说起来重要、干起来次要、忙起来不要”的尴尬局面。职能部门都“边缘化”，文博单位的“冷落清秋”不言而喻。

地方志、文博也有“热闹”时，“戏说”历史。20世纪80年代以来，影视作品频频与史志题材联姻，历史戏热闹了，但离真实的史志却渐行渐远。地方志、文博仍然继续坐自己的“冷板凳”。

独立的复合型学科方志学，颇多时是粉饰学、影射学、鸵鸟学……

需要有坐“冷板凳”的心态，对历史负责任的担当。

地方志工作素有辛苦、艰苦、清苦的“三苦”之称。

“人向静中忙”，越冷，越得要坐，越是要沉住气。

要有“坐得住”的耐力、“坐得稳”的定力、“坐得正”的硬气。

做地方志、文博，都能坐“冷板凳”、耐得住寂寞，不需要鲜花、光环、闪光灯，也不需要别人过多的关注。甘坐“冷板凳”的背后，不仅是工作，还蕴藏着浓厚的家国情怀、责任、义务。

家国情怀，人生理想的力量源泉，本就是科学精神的首要内涵，也是地方志、文博工作的第一要求。只有把个人工作与国家前途相连，心无旁骛、甘于奉献，“冷板凳”才坐得甘之如饴。

既有仰望星空、紧跟时代的格局、胸襟，也有坐“冷板凳”的耐力、能力，让“想做的事永远超过能做的事”，就能在风云际会之时，为地方志、文博的创新发展作出贡献。

越是接近未知的“无人区”，越是容易陷入创造的“高寒区”，自己越是像“七老八贤”“出土文物”。看起来很近，走去却很远，永远走不到头。面对“时尚”的诱惑，我多次想“改行”。

缺少耐心，咫尺天涯。有了责任与情怀，才能坐得稳“冷板凳”，走通别人没有走过的路。怀着“火热的耐心”，保持“深沉的豪情”，再大的浪头也能驭稳，再冷的板凳也能“坐热”。

选择坚守，选择倾听内心的呼唤，坚守最饱满的人生。

世上只有一种勇气，就是认清真相之后依然“坚守”。

“志”存高远，没有焐不热的“冷板凳”。

坐热“冷板凳”，有为就有位。

“三星堆学”的主要倡导者

内容为王，主题为魂。

“贵人”相帮，“运气”真好。

这次比考勘、写作《成都传·雪山下的公园城市（上、下）》轻松。

三年前，刚刚确定提纲、书名时，我第一时间向西财智库主任、首席经济学家汤继强教授做了详细汇报，立即得到首肯。他热情洋溢地说，“旭东兄，放开手脚干，你的知识架构、研究能力、史志学养、文字表现能力足以支撑”，并给我“打鸡血”，“三星堆是中国的三星堆，也是世界的三星堆”，对我着力于“历史背景、文化渊源、奇异性、神秘性、独特性与在中国和世界上的重要性”予以赞评。

汤继强教授是建立“三星堆学”的主要倡导者之一。

三星堆学，一种基于复杂科学的跨学科、多学科研究的新学科，是一门研究三星堆地理、历史、文化、艺术、信仰、考古及其对世界影响的综合学科，完全能成为世界性显学。

汤继强，经济学家里的“劳模”，国家级智库入库专家，出版近10部专著。他是经济学家中“成渝地区双城经济圈”的建言者、倡导者、实践者；中小企业“梯形融资模式”“企业孵化大市场”“T型经济带”理论创建者；率先用“大历史观和大产业观”，阐释“产业升级互动与城市发展”的关系，对区域经济、文化发展也有独特阐释的视角、工具。

一个典型的“梦者”，梦成就“心中的成都”。

何以做梦？是因“我深深爱恋的成都”——终生难以割舍的“成都梦”情结，汤继强被文化新闻界称为“草根教授”。

早已是一名智识精英，更愿意当一名继续学习者，一如汤继强那本文集的书名《程门立雪》，希望自己永远做那个站在雪中拜师求学的学生杨时。“从巴蜀文化的精髓、成都的历史渊源中去解读成都这座城市的内核与气质，我们更容易了解成都的独特魅力，也更容易理解成都在改革开放、创新奋进中的光荣与梦想”。

始终在探索，在经历经济理论和历史文化融合的疼痛，呈现在作品中亦是砥砺前行，以筚路蓝缕之力摸索向前。不局限于“T型经济带”理论、“汤继强线”，而是有着文学的精美、思想的温度和思辨的色彩；更高层次上，展现对美学意义上的真与善的呼唤，从而增加了哲学和思想的探索，进而将这种情怀提炼到经济理论的高度。

两翼齐飞。汤继强教授，我30年的战友、朋友，早已形成默契。他，在经济领域纵横驰骋；我，在历史文化天地深耕细作。尽管我年长他10岁，但一直视他为我的“硕导”“博导”。

家国情怀悠悠千年，需要接力传承。

时代画卷波澜壮阔，需要创新记叙。

文必有源，论必有据。

山无定势，水无常态。

文物是活着的历史，镌刻着前人的智慧结晶、艺术成就。

在当今名家、大家、大师满天飞的时代，内行看门道。要分清戏说、传奇、胡编乱造与学术研究的区别，比如要区别《三国志》和《三国演义》的不同历史价值。

研写古巴蜀文化，需要“十年磨一剑”的基础研究，“长线”写作的持续努力。

从通志、通考、先秦文献与巴蜀地志等书入手，再读已读得“厌烦得想吐”了的《山海经》；从三星堆文化带、金沙文化带、巴文化遗址群、长江文化遗址群，反过来再去解读“三星堆”“金沙城”，进一步扩大到书稿，经过反复查找、对照，我从经、史、子、集中辑录、解读了大量世界、中国、古蜀、古巴史志与文物，成为考勘、写作的重要依据。

省、市两级地志办的支持

成都市地方志办深入学习贯彻习近平总书记关于历史文化传承发展及地方志工作的重要讲话和重要论述精神，立足成渝地区双城经济圈建设实践，首次将本书列为“成都历史文化精品丛书”，旨在进一步整合社会资源、开发地方志资源，创新时代表达，让读者在古蜀文化的“四川新闻”和“成都故事”中，感受到传达史志在审美之外的社会学、历史学、美学、文学价值，既是对我选择坐地方志、文博研究“冷板凳”并“坐热”的肯定，更是希望广大的作家、学者，同心协力，传承天府文化，增强历史自信、文化自信，推进文化创新的自觉性。

选择大于努力。

20年前，非主流研究三星堆文物（含金沙城）的学者、作家，仅在成都、德阳就有200多人；10年前，有100多人；5年前，已经不到20人。其中，不少人我认识，有几个还是老朋友。究其原因，不是学养不够、勤奋不足，而是路走“偏”了，进入了“闭环”的“误区”。为避免重蹈覆辙，根据汤继强、董宽的“路引”，我走访四川省地方志办、成都市地志办，希望得到指导、支持。

如愿以偿。与省、市地方志办领导多次交流，归纳起来就12个字——独立写作，保持个性，创新突破。

丰富的文化遗存，为已消逝的文化传统提供了有力的佐证。不管是微信互动，还是会议交流，从宏观的研究路径图，到微观的读者接受度，对三星堆、金沙城历史背景、文化渊源、奇异性、神秘性、独特性，与在中国和世界的重要性等方面进行互动，都对我主动担当作为给予了大力肯定。

要完成草稿时，恰逢四川省地方志办会同四川省文物考古研究院、三星堆博物馆、德阳市委党史研究室（德阳市地方志办公室）、广汉市人民政府办公室、考拉看看·书服家·方志通联合，整合全国知名考古机构力量，编辑出版《巴蜀史志》“聚焦三星堆”专刊。我被委以重任，担任编辑组“组长”，从专刊设计思路到版面语言呈现，大到板块划分，小到文中的小标题制作，我对编辑、出版全程指导，确保内容全面、资料系统、事实清楚、记述准确、编排精美。

对提前定稿的本书，是一场“真枪实弹”的“预演”。

我，是中国史志名刊《巴蜀史志》与四川省地方志办官微《方志四川》的“常客”。

因是作者，一直为文章能在名刊上刊发自豪。也因是作者，多次在下班时间，与编辑为一个字、一个句子，在微信、电话中“互动”，为他们敬业、严谨、认真、负责的精神动容。

“我们不专业，但我们很敬业。”

我，也是资深编辑、作者，从中央到地方，与上百家的报刊编辑部“交往”过，在职业生涯中第一次“邂逅”这样的团队，感佩不已。在“聚焦三星堆”专刊的编辑中，我与他们有了更深的“交往”，更为他们的职业操守、敬业精神、吃苦耐劳而数次动容，更是多次忆起在报刊从业时加班加点做“专刊”“特刊”时，夜以继日的“编前会”“定版会”。

实至名归。尽心、精心、用心。

名副其实。敬业、专业、精业。

不忘初心。激励我在传播、弘扬巴蜀文化中，60岁当30岁用。

坚持守正创新、积极探索。

“聚焦三星堆”专刊站在“传播中国声音、讲好中华故事”的高度，组织文稿、精选图片，打造成集大众性、专业性、学术性、艺术性于一体，与三星堆地位相匹配的可读性强的读物，既要突出大众性、普及性，又要兼顾专业性和学术性，更要具有美感，做到图文并茂，文章短小精悍，可读耐读。专刊出版、发行，获得国内外读者的好评。

本书的主要“观点”，约有4万字在“聚焦三星堆”专刊上刊登；有7个小节的“缩写版”，也是该专刊的“头题”与7篇“骨架”文章。巧合的是，专刊也是汤继强教授作序（卷首语）。

写作期间，四川省地方志办领导与《巴蜀史志》编辑部、成都市地方志办领导与《成都方志》微信公众号的编辑，还给我提供了大量参考、学习的地志书籍、期刊，鼓励我写出高质量的书稿。

成都方志馆对我“无差别”开放，差点儿成为我的“个人书房”。

感同身受，受益匪浅。

从《成都传·雪山下的公园城市（上、下）》的写作，到公开出版、发行，省地方志办官微《方志四川》、成都市地方志办官微《成都方志》见证了全部“流程”，至今，该书的初稿、定稿与初始样书，都在编辑部里有“备份”。

在“地方史志与城市传记融合创新”上，四川省地方志办的领导予以赞赏。

成都市地方志办领导在书的首发式上强调，易旭东充分运用地方志历史记载，从历史的维度，描述了成都从历史上的生态城市、花园城市，再到今天的公园城市示范区的演绎过程，从历史现象中揭示“雪山下的公园城市”的历史规律，不仅是史志与现实结合的“文创”，也是“雪山下的公园城市”呈现给世界的精彩。

在书稿排版期间，成都市地志办出台了《成都市地方志编纂委员会办公室成都历史文化精品丛书项目实施意见（暂行）》，又提示我与出版社联系申报。我非常乐意，尽管知道竞争者众，首次入选创新式的“成都历史文化精品丛书”很难，但仍然充满信心，与责任编辑反复沟通、交流，从版芯圈定到封面设计，从标题修改到图文配置，力争本书是一部镌刻四川印记、演绎成都故事的文化精品。

从原点出发，又回到原点

世间轮回，时空穿越。

依然需要“坚守”。

数千年后，古蜀人的痕迹早已是隔绝离世、埋于地下的宝藏。

当所有人都在对三星堆文化、金沙文化的“盲盒”爆发出各种猜想、解读时，世界级“IP”三星堆、金沙城迎来最好的时代，也必将构建世界级的文化“IP”。于我，难中之难在于还要恰当地表达，真实客观、准确考据、依据充分，能够在一定程度上实现增强、复原“三星堆人”“金沙人”的生活空间，再现以人为本、民为邦本的“天人合一”的城市文化场景。

成都人的“秘史”，从“营盘山人”到“宝墩人”，从“三星堆人”到“金沙城人”，从青铜纵目面具穿越千年的相遇，到中国文化遗产的标志、精神象征的太阳神鸟主题的不断升华，古蜀文化的神秘、璀璨、悠远呈现在世界眼前。历史研究、考古、地方志、文博工作者们，记录描绘了一个民族的“正史”、城市的“正传”，我，勾勒了成都平原的“秘史”、成长中的“成都人”，这都值得人们尊重、纪念。

成就与光环并不成正比。镁光灯不停闪烁的地方，未必是文化高地；而远离光耀的僻静之处，却屹立着文化高峰。不要忽视、忘却蛰伏的“坐冷板凳者”，他们足够伟岸，也颇为寂寞。

冷清没有关系，甘坐“冷板凳”便不会再去计较哀荣。面对不同“坐冷板凳”的身形，我们不妨稍稍“分神”，将目光聚焦到历史、考古、地方志、文博工作者上，哪怕就一秒钟。

天府文化是巴蜀文明的根与魂，传承天府文化是地方志工作者的使命与责任。要着眼服务于时代、服务于人民，坚持修志为用，通过深挖资政路径、创新传播方式，建设高素质方志队伍，不断扩大方志的影响。成都市地方志办表示，欢迎广大专家、学者能进一步加强对方志的活化利用，传承天府文化、讲好成都故事，让地方志在新时代“立”起来、“活”起来、“强”起来。

《成都传·雪山下的公园城市（上、下）》，是我研究成都历史文化、地方志题材创新的成果之一。在专题新闻的结构、散文式的语言中，向世界讲述世界历史与中国语境下的“四川故事”，揭秘成都城的“根魂”，复原“古成都人”的生活空间，解读镶嵌在中华文明血脉中的“成都密码”。

国内多家主流媒体纷纷报道，在社会上引起强烈反响。

被评论家称为：在历史时空里雕刻成都的前世今生，一部海阔天空的历史散札、一幅古今中外的地理图谱、一本畅谈人性的哲学著作、一篇记载人文的风尚华章。

被学者鉴定为：一方面体现了著名史学家黄仁宇的“大历史观”—— 宏观把握，微观研究，文学表达；另一方面体现了著名作家贾平凹的“大散文观”——大境界、大气象、拓宽写作领域与范围。正是“两观”融合，成就了这部宏大的“历史新闻”的成都志。

如愿焕发“第二春”。

追溯“风雨兼程”的考勘、研究、写作之路，从战友、朋友、“老领导”的“赋能”，到省、市职能部门的指导、支持；从出版社编辑到作者的“全息沟通”，“从上到下”的合力助推，成全了充满个人色彩的“职业”丰富记录，也是资深媒体人回归文化自觉、历史自信的体现。成都承担的国家战略作用的深切期许、历史嘱托，将为全球城市面向未来、探索可持续发展，提供“中国智慧”“中国方案”。

离去时中年，归来时如少年。

历史是现实的凝固，现实却是历史的延伸。从 30 年前文化记者采写三星堆的“规定动作”，到现在的《三千年前的“双城记”——从“三星堆”到“金沙城”（上、下）》的“自选动作”，既是工人报刊记者职业生涯“换道”不忘初心的延续、拓展，也是西财智库研究人员“既要立足金融财经的学科优势，又要博采众长多元相融互补”的生动呈现。

时间，总在眺望中遥远，在回忆中短暂。

人生，也仿佛一次马拉松，从原点出发，又回到原点。

11年前，在人生最沉重的时刻，选择读史研志、考文究物的“冷板凳”，如今，时来运转，史志、文博“一醒惊天下”，又是人生最轻松之时。理想与梦，已不重要，如果一切都还未按时来到，那就让等待的姿势更为虔诚。在繁华与喧嚣的表象背后，依然不相信学术等于权术，不相信风骨类似媚骨，静静地享受着悬挂在面前的憧憬，所能带来的一份感恩、快感、愉悦。

感谢三星堆博物馆、成都金沙遗址博物馆积极认真、一丝不苟地组织、筛选的精美图片，并无偿提供给本书。有些图片为临时补拍，甚至是首次对外发布的，十分珍贵。

感谢关心、支持本书写作、出版的不认识的朋友与广大读者。

我，继续怀着感恩、谦卑的心，逐梦前行。

从史志的卷帙、遗址的文物中，寻找诗意。

在历史与现实的交错中，追寻蕴藏在巴蜀文化中的民族精魂，把“公园城市记叙”“成渝地区双城经济圈溯源”当作责任。

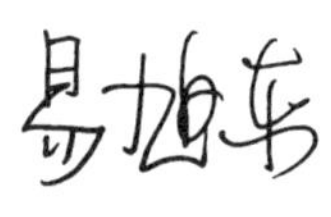

于成都

2023年8月

青铜大耳纵目面具